南开马克思主义研究丛书
总主编 刘景泉

马克思主义中国化与中国现代化研究丛书

主编 张静

天津市哲学社会科学规划重点项目研究成果

马克思主义中国化与中国生态现代化

赵美玲 等著

南开大学出版社
天　津

图书在版编目(CIP)数据

马克思主义中国化与中国生态现代化 / 赵美玲等著. —天津：南开大学出版社，2019.2
（马克思主义中国化与中国现代化研究丛书）
ISBN 978-7-310-05529-6

Ⅰ.①马… Ⅱ.①赵… Ⅲ.①马克思主义－发展－研究－中国②生态环境建设－研究－中国 Ⅳ.①D61②X321.2

中国版本图书馆 CIP 数据核字(2017)第 327511 号

版权所有　侵权必究

马克思主义中国化与中国生态现代化
MAKESI ZHUYI ZHONGGUOHUA YU
ZHONGGUO SHENGTAI XIANDAIHUA

南开大学出版社出版发行
出版人：陈　敬
地址：天津市南开区卫津路 94 号　邮政编码：300071
营销部电话：(022)23508339　营销部传真：(022)23508542
http://www.nkup.com.cn

天津泰宇印务有限公司印刷　全国各地新华书店经销
*
2019 年 2 月第 1 版　2019 年 2 月第 1 次印刷
240×170 毫米　16 开本　19 印张　4 插页　311 千字
定价：56.00 元

如遇图书印装质量问题，请与本社营销部联系调换，电话：(022)23507125

马克思主义中国化与中国现代化
（代序）

通过现代化实现中华民族的伟大复兴，始终是近代以来无数先进中国人执着追求的梦想。许多仁人志士为中国走向现代化殚精竭虑、艰辛探索，却屡遭挫折，始终未能找到一条通向现代化的道路。以五四运动为转折点，中国人民的现代化追求和实践，与马克思主义理论的科学指导结合在一起，有了全新的选择和出路。翻开中国近现代历史的长卷，可以清楚地看到，是马克思主义中国化的"两大理论成果"，引领中国共产党人取得了新民主主义革命和社会主义革命的胜利，从社会主义建设到开辟中国特色社会主义道路，中国真正步入了现代化的前进轨道。

"现代化"作为一个具有特定含义的学术概念，反映了人类社会物质生活、精神生活等各个方面的先进状态，以及自工业革命以来整个世界的变革过程。这种先进状态和变革过程，不是仅指社会的某一方面，而是指社会整体，即从经济、政治、文化到社会生活诸方面。现代化建设作为一个系统工程，也相应地涉及经济现代化、政治现代化、文化现代化和社会现代化等诸多领域。

经过半个多世纪的艰辛探索，伴随着马克思主义中国化的历史进程，进入新世纪后，中国社会主义现代化建设已经进入发展社会主义市场经济、社会主义民主政治、社会主义先进文化和社会主义和谐社会的新阶段。在这"四位一体"的中国特色社会主义现代化建设总体布局中，经济建设、政治建设、文化建设、社会建设是一个有机的统一体：经济建设为现代化创造物质前提，政治建设为现代化提供制度保障，文化建设为现代化提供精神动力和智力支持，社会建设为现代化提供有利的发展环境。

在全面推进"四位一体"社会主义现代化建设的伟大征程中,作为领导核心的中国共产党,也在经历着自身的现代化变革。历经革命、建设和改革,中国共产党已经从领导人民为夺取全国政权而奋斗的党,成为领导人民掌握全国政权并长期执政的党;已经从受到外部封锁和实行计划经济条件下领导国家建设的党,成为对外开放和发展社会主义市场经济条件下领导国家建设的党。特别是在充满风险和挑战的新世纪、新阶段,面对世情、国情、党情的巨大变化,中国共产党要站在时代前列,带领全国人民不断开创中国特色社会主义事业发展的新局面,担负起实现推进现代化建设、完成祖国统一、维护世界和平与促进共同发展这三大历史任务,就必须与时俱进地推进马克思主义中国化,以改革创新的精神加强和改进自身建设,全面推进党的建设新的伟大工程,使党始终成为中国特色社会主义事业的坚强领导核心。从这个意义上讲,中国共产党自身的现代化,又是中国实现"四位一体"现代化的根本保证。

无论是"四位一体"的现代化,还是中国共产党自身的现代化,都需要马克思主义理论的科学指导。马克思主义是一个博大精深的理论体系,揭示了自然、社会和思维发展的一般规律,是人们认识世界和改造世界的科学指南,是我们立党治国的根本指导思想,是全党全国各族人民团结奋斗的共同思想基础,是指引党和人民在中国特色社会主义现代化发展道路上沿着正确方向前进的根本思想保证。

马克思主义来源于社会实践,又在指导社会实践中接受检验和继续发展。中国社会的特殊性,决定了无论是革命还是现代化建设,都不能完全照抄马克思主义的"本本",也不能机械地照搬外国的经验模式,必须把马克思主义基本原理与中国具体实际相结合,努力实现马克思主义中国化。这是中国共产党人在深刻把握马克思主义理论品质,清醒认识中国国情基础上得出的科学结论。在这个问题上,我们有成功的经验,也有过惨痛的教训。在深刻总结正反两个方面历史经验的基础上,中国共产党实现了马克思主义中国化的两次历史性飞跃,创立了毛泽东思想和中国特色社会主义理论体系两大理论成果。历史证明,一部中国特色社会主义现代化的探索史,与中国共产党在实践中不断推进马克思主义中国化的探索史是紧密结合在一起的。

认识到马克思主义中国化与中国特色社会主义现代化的探索相互交

织、密不可分,仅仅是一个研究思考的起点。这两者之间,在理论上究竟有何内在联系,在实践中又如何相互作用?张静教授在2009年出版的《现代化新路——马克思主义中国化与中国特色社会主义现代化》一书中,对这个问题做了初步回答,指出:马克思主义中国化为中国现代化确定了正确的发展方向;在马克思主义中国化理论成果的指导下,我们经过不懈的探索,最终成功开辟了中国特色社会主义现代化道路,并取得了现代化建设的巨大成就;而现代化道路的探索与实践,也极大地推动了马克思主义的中国化,使马克思主义中国化不断发展到新境界。

在此认识基础上,为进一步回答马克思主义中国化与中国特色社会主义现代化整体布局中各个领域现代化之间的内在联系和相互作用的问题,南开大学马克思主义教育学院马克思主义中国化研究部的专家学者,共同撰写了"马克思主义中国化与中国现代化"研究丛书,希望能够在马克思主义中国化和中国特色社会主义现代化研究方面,发出南开自己的声音,推动学术的繁荣发展。面对这一新的重大研究课题,思考不成熟之处,也请学术界同仁不吝批评指正。

是为序。

刘景泉
2012 年 3 月

目 录

导论 走向社会主义生态文明的新时代……………………………（1）
第一章 马克思主义中国化与中国生态现代化的关系……………（6）
 一、马克思主义中国化、现代化与中华民族的伟大复兴………（6）
 二、生态现代化与中国现代化模式的转型………………………（17）
 三、马克思主义中国化与中国生态现代化互动发展……………（28）
第二章 马克思主义生态思想与中西方生态观分析………………（39）
 一、马克思主义生态思想的主要内容和当代价值………………（39）
 二、中国传统文化中生态思想的现代阐释………………………（55）
 三、西方生态现代化理论与生态社会主义思潮及其评价………（64）
第三章 中国特色生态现代化的理论发展与实践探索……………（77）
 一、中国特色生态现代化的初步探索（1949—1978年）………（77）
 二、中国特色生态现代化的深入探索（1978—2002年）………（86）
 三、中国特色生态现代化的创新探索（2002年至今）…………（99）
第四章 中国特色生态现代化的战略选择…………………………（114）
 一、中国特色生态现代化面临的困境……………………………（114）
 二、中国特色生态现代化的逻辑架构……………………………（124）
 三、推进国家生态治理体系和治理能力现代化…………………（134）
第五章 中国特色生态经济建设……………………………………（144）
 一、生态经济的基本理论…………………………………………（144）
 二、中国特色生态经济建设的现状及存在问题…………………（159）
 三、中国特色生态经济建设的路径选择…………………………（165）
第六章 中国特色生态政治建设……………………………………（174）
 一、中国发展模式的转型与生态政治建设的兴起………………（174）
 二、中国特色生态政治建设的内涵、理念与特征………………（190）
 三、中国特色生态政治建设的路径选择与制度安排……………（201）
第七章 中国特色生态文化建设……………………………………（216）
 一、中国特色生态文化建设的理论语境与理论内涵……………（216）

二、中国特色生态文化建设的战略意义 …………………………(228)
　三、整合与创新：中国特色生态文化建设的路径选择……………(235)
第八章　中国特色生态社会建设……………………………………(247)
　一、中国特色生态社会建设的意义 …………………………………(247)
　二、中国特色生态社会建设的内涵与本质 …………………………(255)
　三、中国特色生态社会建设的路径选择 ……………………………(266)
参考文献………………………………………………………………(278)
后记……………………………………………………………………(293)

导论　走向社会主义生态文明的新时代

党的十八大报告把中国特色社会主义事业的总体布局由"四位一体"扩展为"五位一体",把生态文明纳入社会主义现代化建设总体布局,指出"把生态文明建设放在突出地位,融入经济建设、政治建设、文化建设、社会建设各方面和全过程,努力建设美丽中国,实现中华民族永续发展"。这体现了我们党对人类文明演化规律、对中国特色社会主义建设规律的认识更加深刻,同时也表明,在"五位一体"的总体布局中,生态文明建设在国家现代化建设中具有特殊的重要地位。

第一,生态文明是人类文明的一个新形态,全球文明正在向生态文明转型,中国共产党提出生态文明建设的主张,是主动适应人类文明转型、引领人类文明发展的新潮流的重大抉择。

20世纪七八十年代,西方许多学者已经认识到,工业文明面临多重全球性问题,必将发生转型。1995年,美国著名作家、评论家罗伊·莫里森在其出版的《生态民主》一书中指出,"生态文明"是一种正在生成和发展的文明范式,是继工业文明之后人类文明发展的一个高级阶段,是人类社会一种新的文明形态。这个观点是非常有远见的。人类文明正在向生态文明转型,对于这个观点,人们过去的认识不是很清晰,现在人们的认识越来越清晰,基本形成共识。人们得出这个判断的基本依据就是对工业文明不可持续性的反思。

工业文明在历经三百年的辉煌之后,出现了严重的人口、资源、环境问题,现在已经走到了它的尽头。人类正面临存亡续绝的重大抉择,生态文明在世界范围兴起,这是不可逆转的历史潮流。

迄今为止,人类社会文明经历了原始文明、农业文明和工业文明三个阶段。从人与自然的关系看,原始文明阶段,人类完全被动接受自然,几乎对自然没有伤害。农业文明阶段,人类开始对自然进行探索、初步开发,但人与自然的关系基本上是依赖与被依赖的关系,人类对自然的破坏力微弱,二者之间的关系和谐融洽。到了工业文明阶段,人类利用飞速发展的生产力和科学技术,提高了改造自然和利用自然的能力,大规模"征服"自然、"改造"自然,创造了比过去一切时代创造的财富总和还要多的物质财富,极大地提高了自身的生活水平。但与此同时,由于无视自然的价值,将原本充满灵性的有机自然看作机械的、僵死的被征服与掠夺的对象,并对其过度"索取",从而对自然造成极大的破坏,人与自然关系不断恶化。

工业文明的本质是资源型经济,其生产和增长依赖于大量的资源投入。而自然资源是有限的,生态环境的承载能力也是有限的,因此工业文明这种高投入、高消耗、高污染的发展模式是不可持续的。西方发达国家采取"先污染后治理,先破坏后整治"的办法,同时将污染产业转移到发展中国家。但这种转移从全球来看,不能从根本上解决资源和环境问题。如温室气体排放导致全球变暖,危及的是全人类的利益,发达国家也不能独善其身。据《新科学家》的一个研究,全球气温升高 4℃后,从地图上看,大多数当前人类居住的地区,包括亚洲、北美洲、非洲、南美洲大部分地区和整个澳大利亚,将会成为不适合人类居住的沙漠,或者因洪水、干旱等极端天气而不再适合人类居住。如果我们不能应对这一危机,在 21 世纪末将会只剩下 200 万人居住在北极附近。这个观点令人震惊,我们似乎要面对因生态破坏导致的文明崩溃和人类的毁灭。①

在人类社会发展难以为继的严峻形势下,我们有理由认为:传统的工业发展模式已经无路可走,工业文明已走到了尽头。生态文明是人类对传统文明形态特别是工业文明进行深刻反思的成果。

我国现在处于工业化中期阶段,我们的工业化还没有完成,2010 年我国工业化指数还不到 60%,距离完成工业化还有 40%的路程。因此我们需要继续发展工业文明,同时,必须大力建设生态文明,通过绿色发展来实现工业化。可以说,十八大报告标志着我国开始进入生态文明时代,并在全世

---

① 阿伦·盖尔:《走向生态文明:生态形成的科学、伦理和政治》[J],《马克思主义与现实》2010年第 1 期,第 191-202 页。

界高高举起绿色发展的旗帜。我们党将生态文明建设纳入国家现代化发展的整体布局,是主动适应人类文明转型、引领人类文明发展新潮流的战略选择,是我国全面建成小康社会、实现工业化、进而实现中华民族的永续发展的必然要求,也是我国对全球生态环境安全高度负责任的重要体现。

第二,生态文明建设,关系人民福祉,关乎民族未来,中国共产党提出"五位一体"的总体布局,突出生态文明建设战略地位,把对中国特色社会主义建设规律的认识提高到新水平。

改革开放以来,我国经济社会实现了快速发展,经济总量已达到世界第二,人民生活水平也有了大幅度的提高。但是我们的发展模式基本上还是传统工业化发展模式,即高投入、高消耗、高污染的发展模式,为此我们付出了沉重的资源环境代价。现在我国主要原材料消耗量和污染排放量居于世界前列,这种发展模式是不可持续的。虽然我国近年来高度重视节约资源和生态环境的保护工作,生态文明建设取得重大进展,但我们清晰地看到,我国面临的生态环境形势依然十分严峻。资源相对不足、环境容量有限,已经成为我国新的基本国情,成为我们发展的短板。我们只有大力推进生态文明建设,转变发展模式,才能实现中华民族的永续发展。

生态文明是人类为建设美好生态环境而取得的物质成果、精神成果和制度成果的总和。生态文明建设,以尊重自然、顺应自然、保护自然为前提,以人与自然、环境与经济、人与社会和谐共生为宗旨,以转变发展模式和生活方式为基本路径,要求我们节约和合理利用自然资源,保护和改善自然环境,修复和建设生态系统,为国家和民族的永续生存和发展保留并创造坚实的自然物质基础。

在中国特色社会主义总体布局中,经济建设、政治建设、文化建设、社会建设和生态文明建设这五大建设构成了一个有机联系的整体,在这个整体当中,生态文明建设又具有特殊的地位。生态文明建设是和其他几个建设融合在一起的。也就是说,只有把生态文明建设的理念、原则、目标等深刻融入和全面贯穿到我国经济、政治、文化、社会建设的各方面和全过程,才能保证中国特色社会主义事业的整体性、全面性和可持续性。

因为,生态环境是人类社会存在和发展的必不可少的前提条件,生态文明构成社会整体文明和整体进步的自然基础。忽视生态文明建设,社会发展就会失去整体性、全面性和可持续性,经济建设、政治建设、文化建设、社会建设就没有坚实的根基。生态危机一旦形成,也必定会引发深刻的政治危机、文化危机和社会危机。经济建设包含着生态文明建设,经济建设要求协调好经济发展与生态环境优化的关系,这样才能实现经济社会与生态环境的协调和可持续发展。政治建设必然要求把生态问题视为重大的民生问题和重大的政治问题,从生态政治的高度推进制度创新,制定出有利于生态文明建设的政策法规,保证社会的生态安全,以此推动和谐稳定。生态文明建设也是一场深刻的思想文化建设,只有在全社会大力倡导生态文明理念,使人们牢固地树立生态意识,在科学的生态文化价值观和生态伦理道德观指导下,形成绿色生产方式、绿色生活方式和绿色消费方式,才能在全社会推动"生态理性人"的成长。在社会建设中,也只有明确社会建设与生态文明建设之间的互动性、互渗性和互促性关系,才能以生态化的理念推进社会治理。

因此,我们要从建设中国特色社会主义的高度,从中华民族永续发展的高度来认识将"生态建设"纳入中国特色社会主义事业总体布局的问题,把生态文明建设提高到国家发展的战略地位,推进经济建设、政治建设、文化建设、社会建设、生态建设等方面建设密切配合、协调发展;同时,要将生态文明建设融入经济建设、政治建设、文化建设、社会建设各个方面,推进中国特色社会主义现代化事业不断向前发展。

第三,以生态文明建设引领发展模式和生活方式变革的新路径,促进绿色发展和绿色消费,努力建设美丽中国。

党的十八大报告指出,坚持节约资源和环境保护的基本国策,着力推进绿色发展、循环发展、低碳发展,形成节约资源和保护环境的空间格局、产业结构、生产方式、生活方式。这里具体指出了生态文明建设的实现途径,就是发展模式和生活方式的根本性变革。发展模式就是要由原来的高投入、高消耗、高污染的发展模式转变到绿色发展、循环发展、低碳发展,实现从生产到消费的全面生态化和绿色化。这就要彻底转变经济发展方式,转变高投入、高消费、高污染的工业化生产方式,发展以生态技术为支撑的绿色产业;运用生态技术和生态工艺,改造传统产业,形成生态化的产业体系。同时,还要大力开发和推广节约、替代、循环利用和治理污染的先进技术,发展清洁能源和可再生能源,保护土地和水资源,建设科学合理的能源资源利用体系,提高能源资源利用效率;大力发展环保科技,改革生产方式,做强生态产业；优化空间开发布局，控制开发强度，调整空间结构，促进生产空间集约高效、生活空间宜居适度、生态空间山清水秀，给自然留下更多的修复空间，给农业留下更多的良田，给子孙留下天蓝、地绿、水净的美好家园。

要改变人们的消费方式，推行简约的低碳生活；尽量减少二氧化碳的排放量，从而减少对大气的污染，减缓生态恶化。生态文明崇尚精神和文化的享受，倡导人们追求生活的质量，而不是简单需求的满足，反对过度消费和对物质财富的过度享受。

发展模式和消费方式的改变，需要解决两个根本性问题。

一是确立生态文明的理念。生态文明的核心理念是人与自然和谐相处。建设生态文明必须树立人与自然和谐相处理念，树立人与自然平等的生态文明意识，遵循可持续发展原则，既满足当代人的需要，又不对后代人满足其需要的能力构成危害，不能危及后代人的发展。为此要加强全民生态教育，通过生态教育提升公民生态意识和责任感，要把生态教育作为公民素质教育和全民终身教育的重要内容。大学不仅要培养环保人才，承担环保课题，而且在生态教育方面要做出应有的贡献。

二是要加强生态文明制度建设。保护生态环境必须依靠制度。要加强生态文明考核评价制度建设，必须改变"唯GDP"[①]的观念，增加生态文明在考核评价中的权重。要健全基本的管理制度；建立国土空间开发保护制度，如要完善最严格的耕地保护制度、水资源管理制度、环境保护制度；要建立资源有偿使用制度和生态补偿制度；要健全环境保护的责任追究制度和环境损害的赔偿制度等。

---

① GDP，即国内生产总值，英文为 Gross Domestic Product。

第一章　马克思主义中国化与中国生态现代化的关系

生态现代化是世界现代化的生态转型,是现代化与自然环境的一种互利耦合。中国生态现代化,无论是理论创新还是实践自觉,都必须立足中国实际,从马克思主义中寻找生态智慧。中华人民共和国成立以来的现代化实践充分证明,中国生态现代化与马克思主义中国化相互依托、彼此契合、共同发展:生态环境问题向马克思主义中国化提出了理论诉求,中国化的马克思主义为生态现代化建设提供了理论指导,生态现代化实践丰富了马克思主义中国化的时代内容。

一、马克思主义中国化、现代化与中华民族的伟大复兴

中国现代化最早发端于1840年鸦片战争,至今已经走过170多年的艰难历程。面对世界现代化浪潮的冲击,从早期的本能回应到后来的主动参与和积极探索,中国现代化先后经历了三种道路的选择:资本主义现代化、苏联模式现代化和中国特色社会主义现代化。而主导这一变迁的正是作为中国现代化理论基础和思想指导的马克思主义及其中国化的成果。马克思主义中国化是中国现代化追求的产物,它影响了现代化的模式选择并为其提供理论指导;实现现代化是马克思主义中国化的核心内容,它规定了马克思主义中国化的历史主题并为其提供理论源泉,二者的良性互动实现了理论逻辑和历史逻辑的高度统一,为实现中华民族的伟大复兴提供了坚实的理论支撑、奠定了丰厚的物质基础。

(一)中国现代化的历史语境与道路选择

中国现代化是在西方资本主义侵略的刺激下,因其传统社会发展路径

难以为继,在救亡图存的渴望中被动发起的。鸦片战争前的中国,虽然受某些外来文明的渗透和影响,出现了最初的资本主义萌芽,传统社会内部产生了一些现代性因素,但其微弱的力量尚不足以启动现代化。鸦片战争的失败,打破了中国人"天朝大国"的迷梦,同时也给这个刚刚从睡梦中惊醒的古老民族注入了启动现代化的催化剂。"在其中,来自西方的霸权威胁与文明示范成为一个不可或缺的关键性启动因素。"①所以说,中国现代化的起步并非是中国人对现代化的自觉认知和主动选择,而是"被动挨打"的结果。由于中国曾是落后国家,中国现代化一开始只能以西方现代化模式为参照,从而被纳入资本主义世界市场体系之中。这实际上昭示了中国现代化展开的国际背景,即非自主性的对外开放条件下的被动、依附和畸形发展。

作为"晚发外生型"的中国现代化,"既存有后发展中国家普遍面临的遭遇和困境,也有中国特殊国情下的沉重包袱"②。当时中国最大的国情就是处在半殖民地半封建社会条件下,加之两千多年自然经济的羁绊,故中国的现代化又是在特殊的国内背景下启动的。第一,中华民族处在亡国灭种的历史关头。帝国主义用坚船利炮打开中国的大门以后,强迫中国签订了一系列不平等条约,中国已经丧失了完全独立的地位。因此,反对殖民侵略、争取国家独立的民族化,与工业化、民主化一起,共同成为中国早期现代化的核心含义。第二,中国社会呈现分崩离析的政治乱象。被裹挟进世界现代化潮流中的旧中国政治主权丧失,国家财政破产,社会资金不足,科学技术落后。在这种国家分裂、政治衰败的混乱局面下,缺乏一个具有现代化意识、权力集中、能够担当现代化领导的政府权威。第三,传统经济结构阻碍社会进步。中国以小农生产方式为核心的传统自给自足的经济结构曾在长时期内促进了农业文明的持续发展,但与近代"破门而入"的外国资本主义文明对接时,却缺乏接纳大规模变革的制度空间和文化空间,不具备与资本主义接壤的经济基础。同时,由于生产力发展主要依赖人口的增长,导致人口相对过剩与资源相对不足的矛盾更加激化,广大人民生活贫困、人心涣散,使中国早期现代化缺乏建设主体和社会力量,这就决定了中国从传统走向现代的艰难性和曲折性。因此,中国现代化启动的背景构成了中国现代

---

① 陈勤等:《中国现代化史纲》(上)[M].广西人民出版社1998年版,第5页。
② 王增志:《当代中国现代化马克思主义中国化与的契合性》[J].《求索》2009年第1期,第90-92页。

化的历史语境和路径选择依据,也决定了中国现代化必须分两步走:第一步,取得民族独立、人民解放,为现代化奠定制度基础和政治权威;第二步,探索适合中国国情的现代化道路,实现国家富强、民族复兴和人民幸福。

刚刚睁眼看世界的中国,就在这特定的历史语境中开始了早期现代化的蹒跚起步,跌跌撞撞地寻找着救亡的出路。魏源"师夷长技以制夷"的呐喊,代表中国现代思想意识的觉醒;以"自强""求富"为口号的洋务运动从器物层面开始了现代化的实践;以社会改良为目标的戊戌变法则从制度层面进行了现代化的变革。这些试图在封建政治制度内通过改良方式谋划现代化的尝试均以失败告终。辛亥革命推翻了封建帝制,建立了资产阶级共和国,并制定和实施了一系列资本主义现代化建设方案,不但整合了之前已有的诸多现代化启动因素,而且增添了为中国社会现代化所需要的新因素,实现了资本主义民主制度变革和领导力量现代性转移。但是"新社会因子的增长赶不上传统社会的突破速度,中国又从辛亥革命将其升华的高度跌了下来,由一个皇帝的统治变为多个'皇帝'的分治,革命的成果被封建军阀、官僚、政客所攘夺,中华民国远未建立起真正的民主制度"[①]。由于袁世凯复辟帝制,新建立的政治权威很快失落,之后中国陷入政治分裂、军阀混战、社会动荡的尴尬境地,现代化进程举步维艰。

以上分析可以看出,中国早期现代化经历了一个长期的模仿、学习西方资本主义的过程,但由于中国封建势力的顽固和外国资本主义的挤压,中国并没有走上资本主义现代化道路。但是选择西化模式的失败并不能说明学习西方是错误的,相反,其符合世界历史发展潮流,是中华民族抗争的必然选择,也是中国现代化无法绕开的途径。只是当时中国内忧外患的诸多因素决定了资本主义现代化道路在中国行不通。

(二)马克思主义中国化与中国现代化的关系

正当中国人苦苦找寻现代化出路时,俄国十月社会主义革命给中国送来了马克思主义,为在黑暗中摸索的中国人照亮了前行的方向。"十月革命证明,物质文明落后并不妨碍社会主义的进行,落后国家也可以用社会主义

[①] 许纪霖、陈达凯:《中国现代化史》(第一卷)[M].北京:生活·读书·新知三联书店 1995 年版,第 269 页。

思想指引自己走向解放之路。"①在经过鉴别比较和主动选择以后,中国人由"效仿欧美"转向"以俄为师",这是中国现代化范式转化的前提。所以说,马克思主义传到中国,一开始便是作为摆脱现代化困境、指引现代化方向的理论指南而被接受、理解和运用的。从此,马克思主义中国化与现代化成为中国近现代史上相互交织的两条主线,二者在理论逻辑和实践具体的高度统一中推动中国前进。

1.马克思主义中国化影响了现代化的模式选择并为其提供理论指导

马克思主义中国化,就是将马克思主义基本原理与中国具体实践相结合,探索适合中国国情的社会主义革命、建设和改革道路的历史过程。依据时代性和实践性的统一,马克思主义中国化经历了不同内容和特点的两次历史性飞跃,产生了一脉相承的两大理论体系:毛泽东思想和中国特色社会主义理论体系。这两大成果指导了中国革命、建设和改革开放的伟大实践,影响了中国现代化的模式选择并为其提供理论依据。

(1)在毛泽东思想指导下,中国现代化由资本主义模式向社会主义模式转换

马克思主义传入中国,使中国现代化道路发生了大逆转,即由资本主义现代化转向社会主义现代化。中国共产党成立之初,在马克思列宁主义指导下以俄为师,明确地提出了社会主义现代化的目标,但当时并未弄清实践这一现代化模式的前提。在以后的革命斗争中,共产党用马克思主义的立场观点来观察和思考中国社会所面临的实际问题,发现帝国主义的侵略和封建军阀的统治是阻挡中国现代化步伐的最大障碍,只有首先推行反帝反封建的民主革命并取得胜利,才能为现代化的开展和社会主义的建立创造历史前提。鉴于中国不同于苏俄的特殊国情,毛泽东提出了"马克思主义中国化"的历史命题,并取得了马克思主义基本原理与中国实际相结合的理论成果——毛泽东思想。在毛泽东思想指导下,共产党设计出真正适合中国国情的新民主主义现代化模式。"所谓新民主主义现代化,简单地说,就是用新民主主义的办法搞现代化。其内容包括两层含义:一是通过开展新民主主义革命,消灭帝国主义、封建主义和官僚资本主义的剥削和压迫,以新

---

① 张静等:《现代化新路——马克思主义中国化与中国特色社会主义现代化》[M].天津:南开大学出版社2009年版,第3页。

民主主义社会代替半殖民地半封建社会,为现代化创造良好的环境条件;二是在新民主主义社会的条件下,大力发展新民主主义经济,不断完善新民主主义政治,推进工业化和民主化的进程,并基本实现中国社会的现代化。"①

中华人民共和国成立初期,党领导全国人民认真实践新民主主义现代化模式,在经济恢复和社会改造方面取得了奇迹般的成就。但社会主义改造过早地结束了新民主主义时期,之后的社会主义现代化建设基本上照搬了苏联模式。苏联模式的突出特征是高度集中和高度集权,可以高效率地组织和调动全社会的一切资源。这种模式对生产力落后、现代化资源缺乏的中国来说,在国民经济恢复至社会主义现代化建设初期的作用是显著的,但其弊端很快暴露出来。于是毛泽东提出以苏为鉴,走自己的路,并撰写了《论十大关系》《关于正确处理人民内部矛盾的问题》等重要著作,这是毛泽东为冲破苏联模式束缚、探索适合中国国情的社会主义现代化道路所做的努力。但遗憾的是,由于种种原因,最终未能突破苏联模式,致使中国现代化事业遭遇严重挫折。中国人民不得不面临中国现代化模式的再次选择。

(2)在中国特色社会主义理论体系指导下,中国现代化由苏联模式转向中国特色社会主义模式

经历学习西方模式的痛苦和照搬苏联模式所走的弯路以后,中国共产党才准确地把握了的现代化的脉搏,探索出符合中国国情的现代化模式,即中国特色社会主义现代化模式。这一模式是在马克思主义中国化的第二大理论成果指导下形成的。

邓小平以政治家的战略眼光对国际形势进行科学分析之后,作出"和平与发展"的世界主题判断,党的十一届三中全会毅然作出把党的工作重心转移到社会主义现代化建设上来的决定。但是采取什么样的社会主义模式推进中国现代化,这首先是一个理论问题。对此,邓小平进行了长期的、深刻的理论思考。在党的"十二大"开幕词中,邓小平总结了中国和世界社会主义建设过程中正反两方面的经验教训,根据时代主题转换和新技术革命蓬勃兴起的要求,旗帜鲜明地指出"把马克思主义的普遍原理同我国的具体实际结合起来,走自己的道路,建设有中国特色的社会主义,这就是我们总结

---

① 虞和平:《中国现代化历程》(第二卷)[M].南京:江苏人民出版社 2007 年版第 846 页。

长期的历史经验得出的基本结论"①,提出"建设有中国特色的社会主义"这一崭新的命题,使我国改革开放和现代化建设的指导思想有了自己科学的称谓。1992年邓小平在重要的南方讲话中,科学阐释了计划经济与市场经济的辩证关系,明确回答了长期困扰和束缚我们思想的许多重大问题。党的十四大报告中首次明确提出社会主义市场经济理论,并从中国社会主义初级阶段这个基本国情出发,第一次比较系统地回答了经济落后的条件下如何建设社会主义现代化的基本问题;用新的思想观点继承和发展了马克思主义,形成了马克思主义中国化新的理论成果——邓小平理论;回答了"什么是社会主义、怎样建设社会主义"的问题,初步建构了中国特色社会主义现代化发展模式的理论框架。这样,在理论和实践两个方面从根本上突破了苏联模式的束缚,实现了现代化建设由计划经济向市场经济的体制转型。

以江泽民为核心的第三代中央领导集体,继续沿着邓小平开辟的中国特色社会主义现代化道路勇敢前行,开拓创新。世纪之交,在世情、国情、党情发生重大变化的历史关头,在中国现代化处于承上启下、继往开来的关键时刻,江泽民坚持把马克思主义基本原理与中国新世纪新阶段的实际相结合,围绕建设中国特色社会主义这个主题,不断推进理论创新,形成了"三个代表"重要思想,创造性地回答了"建设什么样的党、怎样建设党"的问题,进一步解决了领导中国现代化的政治权威问题,使中国特色社会主义现代化模式更加完善和科学。

善于根据实践的新鲜经验推进理论创新,并坚持运用理论创新成果指导新的实践,这是我们党推动事业发展的根本保证。党的十六大以来,以胡锦涛同志为总书记的党中央立足于社会主义初级阶段基本国情,对我国现代化发展关键时期呈现出的阶段性特征作出准确判断。在总结我国发展实践、借鉴国外发展经验的基础上,集中全党智慧创立了科学发展观,科学回答了在新形势下"实现什么样的发展、怎样发展"的问题,开创了中国特色社会主义现代化新局面。在科学发展观指导下,党的十七大对推进改革开放和社会主义现代化建设、实现全面建设小康社会宏伟目标作出全面部署,十八大进一步提出了社会主义经济、政治、文化、社会、生态五位一体的现代化建设布局,并提出了两个"百年目标",努力建设富强、民主、文明、和谐的社

---

① 《邓小平文选》(第3卷)[M].人民出版社1993年版,第3页。

会主义现代化国家。

十八大以后,以习近平同志为总书记的党中央紧紧抓住坚持和发展中国特色社会主义这一主题,创造性提出"四个全面"的重大战略思想,即全面建成小康社会、全面深化改革、全面依法治国、全面从严治党。"四个全面"与建设中国特色社会主义大系统紧密相连,是总布局与总方略、社会结构与社会动力、现代化道路与中国道路、制度建设与政党建设、治党治国与强军兴军的有机统一。在"四个全面"战略思想的理论指导下,中国社会主义现代化建设更贴近中国发展实际,更具有中国特色。

马克思主义中国化不但影响了中国现代化的模式选择,而且成为党和国家指导现代化建设的强大思想武器。在毛泽东思想指导下,我们取得了新民主主义革命的胜利,成立了中华人民共和国,完成了社会主义改造,为社会主义现代化扫清了障碍,奠定了根本政治前提和制度基础。在探索现代化道路过程中,虽然经历了严重曲折,但党在社会主义现代化建设中取得的独创性理论成果和巨大成就,为新的历史时期开创中国特色社会主义现代化道路提供了宝贵经验、理论准备、物质基础。在改革开放30多年一以贯之的接力探索中,中国特色社会主义理论体系更是指导党作出了一系列战略部署,实施一系列重大举措,引领我国经济社会发展取得了新的历史性成就。到2010年,我国经济总量超过日本跃居世界第二,人民生活水平和社会保障水平显著提高,综合国力明显提升,并有效应对了国际金融危机的冲击,这些都证明了社会主义理论体系的强大真理力量。

2.现代化规定了马克思主义中国化的历史主题并为其提供理论源泉

马克思主义是在中国尝试资本主义现代化道路失败后苦苦寻找新的现代化出路时传入中国的。但把发源于欧洲的马克思主义直接拿来作为中国实现现代化的思想武器,对主权丧失、积贫积弱的中国来说,显然缺乏与之直接对接的经济基础。因此,将马克思主义与中国实际相结合,进行适合中国国情的理论改造,用中国化的马克思主义指导现代化成为客观必要。这就决定了马克思主义中国化必须紧紧围绕现代化这个主题。也就是说,现代化规定了中国化的历史主题,中国化必须以现代化为理论旨归。

在对半殖民地半封建社会的中国国情作出科学分析之后,中国共产党认识到,中国现代化的第一步是清除现代化道路上的制约因素,即完成反帝反封建的新民主主义革命,为现代化建设创造良好的和平环境。于是,毛泽东把马克思主义基本原理与中国实际相结合,开辟了农村包围城市、武装夺取政权的新民主主义革命道路。这条道路内在地规定了现代化的政治权威是中国共产党,现代化的建设主体是工人和农民阶级,现代化的模式是新民主主义模式,将来必定走向社会主义道路。新民主主义革命胜利,中华人民共和国成立,使中国的现代化进程发生了历史性的转变,进入社会主义现代化启动阶段。所以,社会主义现代化道路在中国的确立,是中国共产党从实际国情出发选择正确的现代化发展道路的结果,更是对马克思主义的信仰与追求。

第一个"五年计划"开始全面启动社会主义工业化,在1954年召开的第一届全国人民代表大会上,中国共产党第一次提出了"四个现代化"的目标,毛泽东庄严宣布要为建设一个富强的现代化的社会主义强国而奋斗。1964年,根据毛泽东的提议,周恩来在政府工作报告中正式提出了"四个现代化"的战略目标,即"把我国建设成为一个具有现代农业、现代工业、现代国防和现代科学技术的社会主义强国,赶上和超过世界先进水平"[①]。但由于缺乏社会主义现代化建设的经验,并存在对马克思主义僵化的理解,现代化建设很快出现了脱离中国实际的冒进主义错误:"以阶级斗争为纲"代替社会主义建设,"无产阶级专政下继续革命"的理论被一度宣传为"马克思主义发展的第三个里程碑",使中国现代化遭遇重大挫折。"历史证明,'继续革命理论'不是对马克思主义的发展,而是对马克思主义的基本原理和中国国情的双重背离。"[②]可见,这一时期马克思主义中国化进程中的严重迷误,主要是因为背离了现代化这个历史主题,不但"四个现代化"这个有限的目标难以实现,而且导致人们思想僵化、迷信盛行,现代化建设在理论教条的禁锢中踯躅徘徊。

党的十一届三中全会,作出了把党的工作重心转移到经济建设上来的重要决定,并对逐步确立的适合中国国情的社会主义建设道路作了初步概括,实现了中国现代化模式的第二次转型,即从苏联模式转向中国特色社会主义模式。作为中国特色社会主义现代化总设计师的邓小平,在科学分析中国国情、准确把握时代脉搏的基础上,指出了中国现代化的基本路径:以

---

① 《周恩来选集》(下卷)[M].北京:人民出版社1984年版,第439页。
② 石仲泉:《中国共产党与马克思主义中国化》[M].北京:中国人民大学出版社2011年版,第281页。

经济建设为中心,四项基本原则是现代化的思想和政治保证,改革开放是现代化的动力和实现途径,并设计了实现现代化的"三步走"发展战略。在现代化建设过程中,邓小平就出现的一些重大问题进行了系统的阐述,形成了丰富的现代化思想,创立了马克思主义中国化的重要理论成果——邓小平理论,开创了中国特色社会主义理论体系。

世纪之交,国际及国内的政治经济、思想文化、民族宗教等各种矛盾因素沉积裂变、交织激荡,使当时的世情、国情、党情风云变幻,中国共产党面临着拒腐防变和执政能力的考验。"世界各国的现代化进程实践已经证明,现代化运动的成败在很大程度上取决于其领导者是否具有坚定正确的现代化取向和方针政策。"[①]江泽民在总结我党领导社会主义革命和现代化建设历史经验的基础上,结合社会主义现代化建设的现实状况和未来趋势,科学地提出"三个代表"重要思想,即中国共产党要始终代表先进生产力的发展要求,始终代表先进文化的前进方向,始终代表最广大人民的根本利益。"三个代表"重要思想充分体现了中国现代化的主题:它是共产党领导中国现代化历史实践经验的新总结,包含了中国特色社会主义现代化的主体内容和重要思想,把共产党自身建设和中国特色社会主义现代化紧密结合,创新了共产党领导中国特色社会主义现代化的总方针。"三个代表"重要思想既有理论导向性,又有实际指导性,体现了理论与实践的高度统一。

进入新世纪、新阶段,我国的经济发展面临复杂的国际形势和深化改革的艰巨任务。从国际形势看,当今世界和平、发展、合作成为时代潮流,世界多极化和经济全球化趋势继续深入,各国相互依存程度逐步加深,世界力量对比深刻变化,国际产业重组和生产要素转移加快,世界新一轮发展大潮给中国提供了重要机遇,但外部环境复杂多变,也给我们带来了极大的挑战。因此,必须将我国的发展置于世界大局中考量,趋利避害,扬长避短,抓住机遇,应对挑战,努力取得发展的主动权。从国内情况看,经过改革开放以来的不懈努力,我国取得了举世瞩目的发展成就,但是现代化建设也进入矛盾凸显期:发展不全面、不平衡,可持续发展能力弱,生态环境、自然资源和经济社会发展的矛盾日益突出。为解决中国现代化前进中的发展问题,以胡锦涛为总书记的党中央借鉴世界先进发展经验,并结合中国现代化发展实

---

① 虞和平:《中国现代化历程》(第三卷)[M].江苏人民出版社2007年版,第1460页。

际,提出了科学发展观,即以人为本,全面、协调、可持续发展。科学发展观是马克思主义同当代中国实际和时代特征相结合的产物,是马克思主义关于发展的世界观和方法论的集中体现,把我们对中国特色社会主义现代化规律的认识提高到新的水平,成为中国特色社会主义理论体系的重要组成部分。

根据十八大的战略部署,依据新形势下我国发展的实践要求和全面发展面临的主要矛盾,党中央创造性地提出了"四个全面"重大战略布局:一是要解决好发展不平衡不协调的突出矛盾,把全面建成小康社会作为目标牵引;二是要解决好发展的深层次矛盾特别是利益固化问题,把全面深化改革作为动力机制;三是要解决好治理方式不相适应、人治传统根子很深的现实矛盾,把全面依法治国作为路径选择;四是要解决好"四风"泛滥、腐败严重的紧迫问题,把全面从严治党作为全局枢纽。"四个全面"重要思想的提出,基于矛盾的逻辑、问题的逻辑、实践的逻辑,丰富和发展了中国特色社会主义理论体系,是新形势下建设中国特色社会主义现代化的科学纲领和基本遵循。

事实证明,中国现代化规定了马克思主义中国化的历史主题。马克思主义中国化只有紧紧围绕现代化主题,才能不断汲取中国传统文化丰厚营养,并以博大的胸怀吸收和借鉴世界各国包括资本主义发达国家的文明成果,从而创立适合中国国情的中国化马克思主义。而且也只有在现代化实践过程中,才能发现问题,解决问题,总结经验,创新理论。实践证明,马克思主义中国化的每一次理论创新都是科学总结现代化建设经验、探索现代化建设规律的结果;而现代化建设取得的每一次成就都会将马克思主义中国化推进到一个新的高度。因此,人民群众的现代化实践是马克思主义中国化的源头活水。

(三)马克思主义中国化与中国现代化进程中的"中国梦"

推进马克思主义中国化和实现中国现代化有一个共同的目标,就是实现中华民族的伟大复兴。习近平将这一目标生动形象地概括为"中国梦",指出"实现中华民族伟大复兴,就是中华民族近代以来最伟大的梦想"。中国梦就是实现国家富强、民族振兴、人民幸福。在实现中国梦的征程中,始终交织着马克思主义中国化与中国现代化两条主线,正是这两条主旋律的双重协奏,将中华民族伟大复兴这一华彩乐章不断推向高潮。

马克思主义中国化的思想史与中华民族的复兴史相统一。鸦片战争使中国沦为半殖民地半封建社会,中国被迫走入长达百年的屈辱历史,由此提出了民族复兴的任务。太平天国运动、洋务运动、戊戌变法等试图在封建制度体系内寻求复兴的尝试均告失败,孙中山通过资本主义道路来"振兴中华"的努力也未能如愿。马克思主义传入中国,为我们指明了实现民族复兴的正确道路。以毛泽东为代表的共产党人,坚持马克思主义与中国实际相结合,开辟了独特的新民主主义革命道路,在毛泽东思想指引下取得了中国革命的胜利,为民族复兴创造了历史前提;以邓小平、江泽民、胡锦涛、习近平为主要代表的共产党人,进一步把马克思主义与当代中国实际相结合,开创了中国特色社会主义道路,在中国特色社会主义理论体系指引下,中华民族伟大复兴展现出光明前景。"这个思想发展的历史进程,反映的就是民族复兴的历史进程。"①历史证明,实现中华民族伟大复兴需要以马克思主义为指导,而马克思主义也需要在指导中华民族伟大复兴中与时俱进。只有坚持理论自信和理论自觉,"中国梦"才会变成现实。

中国现代化的发展史与中华民族的复兴史相统一。民族复兴之路源自鸦片战争后中国人对现代化之路的艰辛探索。早期资本主义现代化道路的尝试,在封建主义和帝国主义的双重挤压下被迫中断,中国人没有找到民族复兴的出路。在马克思主义的科学指引下,共产党人找到了新民主主义现代化道路。中华人民共和国成立以后,才真正启动了社会主义现代化建设。在1954年召开的第一届全国人民代表大会上,中国共产党第一次提出了"四个现代化"的目标,毛泽东庄严宣布要为建设一个富强的现代化的社会主义强国而奋斗。后来邓小平提出:"党的十一届三中全会以后,我们集中力量搞四个现代化,着眼于振兴中华民族。"②十三大报告提出了实现现代化的"三步走"发展战略。党的十八大进一步提出,中国特色社会主义的总任务是实现社会主义现代化和中华民族伟大复兴,并将其具体分解为两个"百年目标",即在中国共产党成立一百年时全面建成小康社会,中华人民共和国成立一百年时建成富强民主文明和谐的社会主义现代化国家。当然,基本实现现代化并不意味着已经实现了民族复兴,还要继续发展,实现全面

---

① 李君如:《中国梦与马克思主义中国化》,2013年10月26日。http://www.qstheory.cn/zl/bkjx/201310/t20131026_282775.htm。

② 《邓小平文选》(第三卷)[M].北京:人民出版社1993年版,第357页。

现代化，达到发达国家水平，对世界做出更大的贡献，才算实现中华民族的伟大复兴。所以，"简单来说，我们民族复兴的中国梦，就是中国的现代化之梦"①。

从上述分析可以看出，实现中华民族的伟大复兴，需要马克思主义中国化的理论指导，始终围绕中国现代化的建设实践。马克思主义中国化的核心是以人为本，中国现代化的最终目的是实现人的现代化，中国梦归根到底是人民的梦，三者在"人民"这个音符上形成了最强合音。因此，中国梦就是"在马克思主义与中国实际相结合过程中实现社会主义现代化的梦想"②。

二、生态现代化与中国现代化模式的转型

改革开放40多年，我国现代化建设取得历史性成就，为全面建成小康社会打下了坚实基础。社会生产力、经济实力、科技实力迅速提高，人民生活水平、居民收入水平、社会保障水平大幅提升，综合国力、国际竞争力、国际影响力日益增强，国家面貌发生新的历史性变化。但是中国现代化的发展模式基本上还是传统工业化发展模式，高投入、高消耗、高污染，为此，我们付出了沉重的资源环境代价——资源约束趋紧、环境污染严重、生态系统退化。这无疑成为制约我国经济社会可持续发展及和谐社会构建的瓶颈，促使我们深入反思现代化的内涵和方向。因此，只有转变发展模式，实现现代化的生态转型，才能实现中华民族永续发展。

（一）生态现代化产生的背景

关于生态现代化的理论起源，学者们一般认为在20世纪80年代初由德国学者约瑟夫·胡伯和马丁·耶内克创立。但生态环境议题自人类社会进入工业化阶段以来就开始进入公共事务的视野，只是当时仅限于生物群落和环境共同组成的自然系统的讨论，尚未将人类纳入整个生态系统，缺乏一种自然与社会统筹考虑的人文观照。自工业革命特别是20世纪以来，社会生产力在得到空前发展的同时，生态环境也遭到前所未有的破坏，严重的

---

① 李君如：《中国梦与马克思主义中国化》，2013年10月26日。http://www.qstheory.cn/zl/bkjx/201310/t20131026_282775.htm

② 李君如：《中国梦与马克思主义中国化》，2013年10月26日。http://www.qstheory.cn/zl/bkjx/201310/t20131026_282775.htm

生态危机制约了各国经济的可持续发展。为此，各国政府急切需要寻求有效方法来协调环境与发展的矛盾，探索环境与经济的和谐发展已成为人类面临的共同挑战。"1962年，美国学者R.卡逊的《寂静的春天》一书出版，引起全球范围内对人类生存环境的极大关注；1972年，罗马俱乐部发表梅多斯等人的《增长的极限》的报告，引发人们对人类生存发展前景的深度讨论；同年联合国环境会议的召开，也引发了人类对环境问题的深切忧虑。"[①]20世纪70年代，西欧国家环境运动出现一种强势思潮，即所谓的"反现代化、反工业化、反生产力"思潮，认为污染和资源破坏是工业化的产物，环境和生态退化是现代化过程走向终结的证据。这一时期的环境关注虽然反映出环境与发展的内在联系，但大多表现为一种将环境保护与经济发展对立起来的生态主义思维范式，流露着生存危机的悲观主义情绪。特别是这一时期政府在环境管理层面出现的"失灵"现象，这些努力不但没有达到环境保护的预期效果，反而导致环境污染和生态恶化持续加剧，自然资源和能源状况依然紧张。20世纪80年代，西欧一批学者提出，现代化没有过时，但经典现代化模式存在缺陷，这些缺陷导致了环境破坏，现代化模式需要生态转型，这就是生态现代化理论的早期观点。1985年，德国学者胡伯在"现代化"传统意义基础上，正式提出了生态现代化理论，指出从农业社会向工业社会的转变是现代化，从工业社会向生态社会的转变是生态现代化。这种理论主要以欧洲经验为基础，描述一种新模式：追求经济有效、社会公正和环境友好的发展。其主要观点是把现代科学技术创新作为改善生态环境的核心机制，把环境污染既当作危机也当作发展环境技术的机遇，把减少污染看成提升经济竞争力的工具。他认为，生态现代化代表一种积极预防的环境思想，是利用人类智慧去协调经济发展与生态进步之间矛盾的现代化理论。[②] 这一理论将生态治理的理论关注点从环境问题的政策法律监管和事后处理转向了如何实现环境问题的预防和通过市场手段克服环境问题，积极寻求二者结合的可能性路径。之后，不同的学者从各自的角度和立场出发进一步发展和完善了这一理论，成为全球环境运动产生以来最为成功地

---

① 包庆德：《从"工业社会"到"生态社会"：生态现代化研究进展》[J].《内蒙古大学学报（哲学社会科学版）》2011年第3期，第9-15页。

② 黄英娜等：《20世纪末西方生态现代化思想述评》[J].《国外社会科学》2001年第4期，第2-9页。

解释生态环境与社会共同发展关系的一个范畴。生态现代化为整个世界提供了一条绿色资本与生态文明之路,从而使经济增长和环境保护成为相互促进而不是相互制约的两方面。可见生态现代化的提出顺应历史发展潮流和经济发展生态化趋势,并为人类进行生态环境改革提供了强有力的理论指导。

(二)生态现代化的内涵与特征

1.生态现代化的基本内涵

"生态现代化"这一概念,最早由德国学者马丁·耶内克于1982年1月26日在柏林州议会辩论中首先使用,随后出现在1983年第4、5期德文版《自然》杂志中,并于1985年在一个隶属于柏林科学研究中心的国际环境与社会研究所出版的题为"作为生态现代化与结构政策的预防性环境政策"的论文中,将其译为明确的英语术语。之后,约瑟夫·胡伯和其他"柏林学派"的环境政策研究者也使用了"生态现代化"一词,在学术理论研究方面做出重要贡献。[①] 对生态现代化理论做出重要贡献的还有阿尔伯特·威尔、阿瑟·摩尔、马腾·哈杰和迈克尔·S.安德森等人。

对于生态现代化的含义,学术界尚未形成统一的权威性定义。西方学者从不同维度加以阐释。马丁·耶内克认为,生态现代化是使环境问题的解决措施从补救性策略向预防性策略转化的过程。阿瑟·摩尔认为,生态现代化是一个处理现代技术制度、市场经济体制和政府干预机制之间关系的概念。马腾·哈杰认为,生态现代化是为环境的良性发展而对资本主义政治经济结构予以调整的过程。[②]

中国学者也从不同角度进行解释。有学者尝试从广义和狭义两个视角理解生态现代化理论:狭义上的生态现代化实质上就是从经济技术视角理解的经济社会的"绿化"过程,强调一种超越末端治理的预防性环境技术和政策革新与扩散解决生产过程中出现的环境问题,从而达到环境和经济的

---

① 另一种观点认为是约瑟夫·胡伯(Joseph Huber)最先提出,中国科学院中国现代化研究中心(2007)、蒋俊明(2007)、刘钧霆(2011)、郭熙保(2006)、陈瑜(2009)、陈涛(2008)、朱林(2010)等机构和学者皆持此观点。此外,朱芳芳(2010)等人并未区分谁最先提出这一概念,而是笼统地认为是胡伯和耶内克同时提出的。

② 包庆德:《从"工业社会"到"生态社会":生态现代化研究进展》[J],《内蒙古大学学报(哲学社会科学版)》2011年第3期,第9-15页。

双赢;广义上的生态现代化包括社会制度、社会结构和文化的生态化变革。① 中国社科院何传启提出生态现代化有四层含义。其一,生态现代化是世界现代化的生态转型,是现代化与自然环境的一种互利耦合。它包括从物质经济向生态经济、物质社会向生态社会、物质文明向生态文明的转变,自然环境和生态系统的改善,生态效率和生活质量的持续提高,生态结构、生态制度和生态观念的深刻变化,以及国际竞争和国际地位的明显变化等。其二,生态现代化是一个长期的、有阶段的历史过程。从20世纪70年代到21世纪末,生态现代化大致包括:相对非物化和绿色化、高度非物化和生态化、经济与环境双赢、人类与自然互利共生四个阶段。其三,生态现代化是一场国际竞争,包括不同国家追赶、达到和保持世界先进水平的国际竞赛,以及国内生态效率、生态结构、生态制度和生态观念的变化。其四,生态现代化具有绝对和相对两个视角,国内进程是绝对生态现代化;国际地位变化过程就是相对生态现代化。②

对生态现代化内涵的阐释虽然观点各异,但总体而言,基本上反映了当代生态现代化思想的基本要义:生态现代化是现代化与自然环境的一种互利耦合,是世界现代化的一种生态转型,即向符合生态学原理发展模式转变。

2.生态现代化的主要特征

关于生态现代化的特征,目前学界也没有形成统一的认识。但总的说来,其理论关注点在于现代工业社会对现有和未来环境问题的认识和应付能力,它构成了现代工业文明朝更环保的良性方向发展的理论基础。生态现代化的理论特征可以概括为以下三点。

(1)环境保护与经济发展相协调。对环境保护与经济发展二者之间关系的讨论与界定是环境社会学与环境政治学的一个核心问题,也是生态现代化理论要回应的首要问题。生态现代化理论的一个核心观点是,严格的环境政策与较高的环境标准非但不是经济的负担,反而是经济持续发展的前提条件,即环境保护与经济发展能够相互支持和促进,而不是相互抑制和冲突。生态现代化的过程意味着现代化进程同时也是生态理念的贯彻、生

---

① 李慧明:《生态现代化理论的内涵与核心观点》[J].《鄱阳湖学刊》2013年第2期,第61-72页。
② 何传启:《中国生态现代化路径图》[J].《高科技与产业化》2007年第3期,第30-32页。

态工程技术的广泛应用以及生态环境的保护和建设过程,一种前瞻性的环境友好政策,可以通过市场机制和技术革新促进工业生产率的提高和经济结构的升级,建构有利于人和生态环境共存共荣的生产方式和生活方式,从而实现经济发展与环境保护的"双赢"。

(2)科学技术在生态变革中发挥核心作用。本质上讲,生态现代化就是一个技术不断革新与扩散的过程,技术革新在生态现代化过程中发挥着核心作用。生态现代化主要强调超越末端治理的预防性技术革新,从生产和产品设计的源头就包含环境关切,利用技术进步减少原材料的输入并减少废物和废气的排放,因此,环境标准的不断提高将使那些优先采用这些标准的企业具有更高水平的资源使用效率,从而具备更强的国际竞争力。生态现代化实质上是一个工业社会的生态大转型,而技术和技术革新是这个过程最主要的发动机,也正是现代科学技术的高度发展,为生态现代化理论学者对实现环境问题的解决措施从补救性策略向预防性策略转化提供了理论支点。①

(3)政府与市场在生态变革中的协同作用。"市场失灵与政府环境管治失灵"一直是生态环境问题持续恶化的制度性原因。生态现代化的一个重要任务就是重构市场与国家之间的关系,一方面,需要国家灵活的管治来引导市场力量和经济行为体的经济活动,使之朝着更加有利于环境的方向发展;另一方面,国家管治也需要市场机制和市场力量,利用经济或以市场为基础的管治手段(比如税收、生态标签和排放交易体系等)来实现环境目标。总之,通过政府和市场的协同力量,可以创造一个使经济发展与环境保护可以良性互动的框架。

从上述分析可以看出,生态现代化理论的提出源于对环境保护和经济发展之间关系的重新定位和对传统不可持续发展的现代化模式的反思与变革,反映了西方国家在遭遇工业化发展危机后,就社会经济体制、经济发展政策和社会思想意识等方面的生态化转向。这是西方国家寻求解决现代性缺陷问题的必然选择,并在理解和阐释现代工业社会如何应对环境问题层面,逐渐成为社会科学的一种主导理论,同时也给中国实现现代化模式的生态转型提供了一种可资借鉴的理论范式。

---

① 吴兴智:《生态现代化:反思与重构——兼论我国生态治理的模式选择》[J].《理论与改革》2010年第5期,第12-15页。

(三)生态现代化:中国现代化模式转型的必然选择

1.中国现代化模式面临的生态困境

作为后发现代化国家,中国具备学习和借鉴西方现代化经验的后发优势,但同时也难免存在传统工业文明的路径依赖。中华人民共和国成立以后,我国的现代化建设正式启动,经过60多年的持续探索和40多年的伟大实践,现代化建设取得了巨大成就。但是,传统的工业增长方式、落后的资源利用手段、加速膨胀的城市化带来了严重的生态环境问题。自然资源急剧消耗,生态环境日益恶化,人与自然的关系空前紧张。同时,"目前我国关于现代化的研究由于缺乏生态哲学的理论维度和生态思维的有效规范,遮蔽了现代化得以有效运作的生态系统前提和自然承载基础"①。因此,中国的现代化进程面临着严峻的生态困境。

(1)资源约束趋紧。中国虽然地大物博,但人口数量庞大,所以又是人均自然资源占有量和环境容量都很低的资源贫国,尤其是一些对经济发展具有重要意义的战略性资源,我国的人均拥有量远远低于世界平均水平。首先,水资源紧缺。我国人均水资源量只有2100立方米,仅为世界人均水平的28%,比人均耕地占比还要低12个百分点;水资源供需矛盾突出,全国年平均缺水量500多亿立方米,三分之二的城市缺水,农村有近3亿人口饮水不安全。② 其次,耕地不足。我国人均耕地只有1.38亩(1亩≈666.7平方米),不到世界平均水平的40%。工业化、城市化进程不断加快,"人增地减"成为我国现代化进程中最突出的矛盾,18亿亩耕地红线面临挑战。同时,近年来,我国部分耕地质量降低,在农业科技没有重大突破的情况下,粮食单产持续提高难度加大。③ 最后,矿产资源缺乏。从现已探明的主导性资源储量与人均可利用量来看,主要矿产资源人均占有量占世界平均水平的比例分别是煤67%、石油6%、铁矿石50%、铜25%。④

---

① 包庆德:《从"工业社会"到"生态社会":生态现代化研究进展》[J].《内蒙古大学学报(哲学社会科学版)》2011年第3期,第9-15页。
② 《中国人均水资源为世界人均水平28% 2/3城市缺水》,新华网2012年2月16日. http://news.xinhuanet.com/society/2012-02/16/c_122712580.htm.
③ 《中国人均耕地面积仅为世界40% 18亿亩红线面临挑战》,中国广播网2011年2月25日. http://www.cnr.cn/xwph/201102/t20110225_507723050.html.
④ 《努力走向社会主义生态文明新时代》,中国环保网2012年11月13日. http://www.chinaenvironment.com/view/viewnews.aspx?k=20121113163436328

(2)环境污染严重。2015年6月4日,国家环境保护部发布《2014中国环境状况公报》(以下简称《公报》)。《公报》指出,2014年,在党中央、国务院的高度重视下,生态文明建设和生态环境领域改革取得积极进展,大气、水、土壤污染防治迈出新步伐,主要污染物总量减排年度任务顺利完成,环境保护优化发展的综合作用继续显现。但是环境状况总体恶化趋势没有根本遏制,形势依然严峻。2014年全国开展空气质量新标准监测的161个城市中,仅有16个城市空气质量年均值达标,145个城市空气质量不达标,达标城市不足10%。与此同时,我国的水污染状况也不容乐观:2014年,全国202个地级及以上城市开展了地下水水质监测工作,监测点总数为4896个,较差级的监测点比例为45.4%,极差级的监测点比例为16.1%。我国还面临土壤污染和水土流失问题,首次全国土壤污染状况调查结果显示,全国土壤总的点位超标率为16.1%。此外,我国现有土壤侵蚀总面积占普查范围总面积的31.12%。①

(3)生态系统退化。虽然我国生态建设取得了重大成就,但是,自然生态系统退化、生态布局不平衡、生态承载力低等问题依然十分严峻。森林分布碎片化和质量不高、功能不强的问题尤为突出,森林作为陆地生态系统主体的功能没有充分发挥。我国是世界上水土流失最严重的国家之一,全国水土流失面积仍达295万平方公里,占国土面积的30.7%。② 湿地生态系统还有一半尚未得到保护,面积减少、功能退化的趋势仍未遇到。荒漠生态系统问题更加严重,沙化土地面积占国土面积的18%,土地沙化已成为我国最大的生态问题。③ 90%的草原不同程度退化,严重退化的有50%以上(所谓严重退化,就是快变成沙地、盐碱地等不毛之地了)。④ 地面沉陷面积扩大,生态系统破坏带来的台风、洪涝、沙尘暴、热浪等自然灾害变得越来越频繁。

---

① 《2014中国环境状况公报》,2015年6月5日 http://www.mep.gov.cn/gkml/hbb/qt/201506/W020150605384146647135.pdf
② 《中国水土流失面积占国土面积30.7% 加剧群众贫困》,中国新闻网2013年11月1日. http://www.chinanews.com/gn/2013/11-01/5451502.shtml.
③ 《我国沙化土地占国土面积18% 生态系统退化严重》,中国天气网2013年1月2日. http://www.weather.com.cn/climate/qhbhyw/01/1767952.shtml
④ 《中国草原退化面积逾九成 专家称须尊重生态规律》,中国新闻网2011年4月22日. http://www.chinanews.com/gn/2011/04-22/2990729.shtml.

2.中国现代化生态危机的成因分析

由农业文明向工业文明的发展、由工业文明向生态文明的转变,这个在西方历时数百年的发展进程,高度浓缩化地挤压在当代中国的发展进程中。对一个后发现代化的发展中国家来说,这种"历时性问题共时性解决"的现代化境遇,决定了中国现代化生态困境的出现不可避免。造成中国现代化生态危机的原因很多,归纳起来主要有以下三点。

(1)资源环境的历史欠账是造成生态危机的重要原因。中华人民共和国成立于一穷二白的基础上,全民以极大的热情投入社会主义建设中,在"全民炼钢"的运动中,烧掉了全国的大量森林。之后,为了增加粮食产量,全国开展"让荒山变良田"运动和填湖造田运动,结果适得其反,森林植被遭受破坏,水土流失面积扩大,生态环境进一步恶化。改革开放初期,乡镇工业发展突飞猛进,但由于乡镇企业规模小、行业多、布局严重不合理、污染物种类繁多,造成处理困难,因而给环境带来了很大的负面影响。这是我国发展历史留给我们的资源环境问题。

(2)粗放的经济增长方式是造成生态危机的根本原因。我国经济发展中长期存在的突出问题是粗放的经济增长方式,主要表现为"三高"(高投资、高消耗、高污染)、"两低"(低质量、低效益)、"一依赖"(能源与矿产资源依赖进口)。在经济全球化背景下,我国由于廉价的劳动力市场而成为发达国家或跨国公司最便宜的"加工工厂"或"生产车间"。这就必然带来投资和出口以及加工制造业的快速增长,相应地带动消耗高、排放多的投资品生产及相关产业的扩张。同时,中国面临一个历史性的尴尬,就是中国虽然是一个"加工大国",但却是一个"创新小国",自主创新能力不强,科技对外依存度很高。因此,制造业和出口的快速增长又必然依靠附加值低而占地多、消耗多、排放多的贴牌生产方式来实现。这是支撑现阶段粗放经济增长方式的机制。由于一些地区超出资源环境承载能力的过度开发,导致资源短缺,绿色空间锐减,环境污染加剧,这就是"GDP主义"带来的无法估算的社会成本。

(3)生态意识缺失是造成生态危机的深层原因。首先,公民生态文明意识缺失,环保法制观念淡薄,不科学、不合理的消费观造成大量资源浪费和环境污染。一些企业看重经济效益,忽视环境保护,不惜以牺牲环境为代价获取经济利益,导致了环境污染的日趋严重。其次,一些领导干部的政绩观存在偏差,急功近利,偏重短期效应,片面追求经济增长速度,将"政绩"等同于GDP增长,却忽视对资源环境的理性关切。为解决日渐严重的环境问题,国家采取经济、立法和技术的手段保护生态环境,但由于缺乏道德意识的支撑,生态文明观念仍然淡薄。

我们不得不承认,中国现代化模式的成功很大程度上是以牺牲环境和能源为代价的。中国未来的现代化、城镇化、绿色 GDP、气候变化等诸多难题,将使拥有 14 亿人口的中国面临其他国家发展进程中不曾遇到过的严峻考验,而未来中国现代化模式的可持续发展又必须要在环保、节能等方面寻找新的解决方案。因此,生态现代化成为中国现代化模式转型的必然选择。

3.生态现代化:中国现代化模式的生态转型

工业文明的本质是资源型经济,其生产和增长依赖于大量的资源投入,上述生态危机暴露了传统现代化发展之痛,也说明工业文明高投入、高消耗、高污染的发展模式不可持续。因此,必须实现现代化模式的生态转型,即工业现代化转向生态现代化,在此基础上进一步实现工业社会向生态社会的转变、工业文明向生态文明的转变。

(1)我国生态现代化理论的提出

在学习和借鉴西方生态现代化理论的基础上,我国学者何传启提出广义生态现代化理论。"广义生态现代化,不是简单地从污染治理入手,而是从改变人的行为模式出发,通过改变经济和社会发展模式,通过环境友好的技术创新、制度创新和结构生态化,降低人类活动的环境压力,达到环境保护和经济发展双赢的目的。"[①]生态现代化是现代化与自然环境的一种互利耦合,是世界现代化的一种生态转型,为我们展现了一种新的社会经济发展模式。同时,我国的生态现代化又根据具体国情创设了不同于西方的建设环境与发展框架。西方生态现代化有三个理论要点:一是环境保护与经济目标的协调;二是现代科学技术是生态改革的核心机制;三是市场的优先性。也就是说,生态现代化理论将政策推动的技术革新和成熟的市场机制作为生态经济发展的核心所在。"到目前为止,生态现代化理论所提出的环境治理的思路与方案主要在工业文明框架内进行。"[②]而我国在党的十七大报告中明确提出生态文明建设,十八大报告更是把生态文明纳入社会主义现代化建设总体布局,并将其放在突出地位,融入经济建设、政治建设、文化建设、社会建设各方面和全过程。这标志着党对生态文明在我国现代化建

---

① 何传启:《生态现代化:经济和环境可以双赢》[N].科学时报 2007 年 2 月 15 日。
② 吴兴智:《生态现代化:反思与重构——兼论我国生态治理的模式选择》[J].《理论与改革》2010 年第 5 期,第 12-15 页。

设中战略地位的深刻认知,也昭示了我国生态现代化建设必须在生态文明的框架内进行。在生态现代化理论指导下,我们完全可以摆脱西方传统的"先污染、后治理"的工业化老路,走出一条中国特色的生态现代化之路,达到经济、社会和生态三维目标的协调发展。

(2)中国现代化生态转型的基本要求

"发达国家几百年里逐步实现的工业化、城镇化,在我国正加快推进;发达国家上百年间逐步出现的资源环境矛盾,在我国也集中显现。"[①]中国"历时性问题共时性解决"的发展境遇,也决定了当代中国不应当也不可能走西方式的现代化之路,而是要求当代中国必须在同一发展进程中化解工业文明与生态文明的内在矛盾冲突,并进式地完成工业现代化和生态现代化的历史任务。因此,借鉴国际上的成功经验,汲取失败教训,发挥新兴国家的后发优势,我们可以探索出一条不同于西方的发展路径。而顺利实现现代化模式的生态转型的前提条件是,必须根据中国国情,遵循我国生态现代化的基本要求,否则,转型就可能导致转向。

第一,树立"尊重自然、顺应自然、保护自然"的生态理念。这是推进现代化模式生态转型的重要思想基础。生态现代化与工业现代化,关键分野在于对人与自然关系的认识。工业现代化立足于对自然的征服和改造,而生态现代化则要求人类寻求与生态环境的和谐。综观人类文明发展史,人与自然的关系经历了人类依赖自然、畏惧自然再到征服自然的变化。在原始文明时期,人类本身是自然长期进化的结果,始终依存于自然。农业文明时期,人们敬畏自然,主张顺天应时。工业文明时期,人们在改造自然的能力迅速增强的同时,走向了自然的对立面,逐步成为生态系统的"管理者"或"操纵者"。尽管生态系统还在不知疲倦地处理人类活动造成的环境破坏,但是,生态系统的修复能力是有限的,而人类活动范围在不断扩大。人类正是因为自身的无知、贪婪抑或无能,无意和有意地损毁自己生存的自然基础。而生态文明的特征则在于,既克服了农业文明时代人类对自然的过分依赖,又超越了工业文明时代的人与自然的紧张、对立,克服了人对自然的盲目性和非理性。因此,党的十八大报告提出要尊重自然、顺应自然、保护自然,这既是现代化模式转型必须坚持的生态理念,也是我国生态现代化建设的前提条件。

---

① 李克强:《建设一个生态文明的现代化中国》,新华网 2012 年 12 月 13 日. http://news.xinhuanet.com/politics/2012-12/13/c_124086899_4.htm.

第二，坚持"以人为本"的基本原则。西方生态现代化要求"经济发展与生态保护"相互协调，追求的是"物本"目标取向；而我国生态现代化实现"经济发展与生态保护"相互协调，追求的是"人本"价值维度。我们认为，只注重经济增长而忽略人民群众生存环境和生活质量的"唯经济增长主义"的追求是错误的；只关注生态环境而不顾人民群众的物质需求和生活水平的"唯生态中心主义"的考量也是不可取的。我们的生态现代化要求不是简单的保护自然环境和生态安全，而是把这些要求视为发展的基本要素，归根结底是为了满足人民群众日益增长的物质文化环境等全方位需求。因此，中国现代化要顺利实现生态转型，必须坚持"以人为本"的原则，否则就会偏离社会主义方向。生态现代化的理论愿景是实现经济效益、社会效益和生态效益的统一，而现实生活中，这三者往往很难达成一致，其中的关键在于是否坚持把人民群众的根本利益作为经济发展的终极目标。科学发展观"以人为本"的价值取向充分说明了这一点，这是我国社会主义的本质属性决定的，也是当前我国经济社会发展失衡的现实使然。

第三，探索"绿色发展、循环发展、低碳发展"的实现途径。这是推进生态现代化建设的基本途径和方式，也是转变经济发展方式的重点任务和重要内涵。绿色发展是建立在生态环境容量和资源承载力的约束条件下，将环境保护作为实现可持续发展重要支柱的一种新型发展模式，要求把实现经济、社会和环境的可持续发展作为绿色发展的目标，把经济活动过程和结果的"绿色化""生态化"作为绿色发展的主要内容和途径。循环发展是将自然界生态良性循环的规律引入整个经济运行、社会运行的大系统中，把"减量化、再利用、资源化"的原则运用到现代化建设的各个方面，从污染治理、资源节约、生态修复入手，实现经济效益、社会效益、生态效益的共赢。低碳发展是一种以低能耗、低污染、低排放为特征的可持续发展模式，要求在减少二氧化碳排放的同时提高效益或竞争力，促进经济社会发展。当然，与发达国家相比，我国"绿色发展、循环发展、低碳发展"还面临许多阶段性的特殊考验：一是我国工业化、城市化、现代化加快推进，正处在能源需求快速增长阶段；二是作为发展中国家，我国整体科技水平落后、技术研发能力有限；三是我国经济的主体是第二产业，落后的工业生产水平又加重了我国经济的"污染、线性、高碳"特征。因此，"绿色发展、循环发展、低碳发展"必须走符合我国经济与社会发展阶段特点的道路，最重要的是转变发展方式，通过技术创新和政策创新，形成节约资源和保护环境的空间格局、产业结构、生产方式、生活方式。

第四,确立"生态文明"制度体系。十八届三中全会提出要紧紧围绕建设美丽中国深化生态文明体制改革,首次确立了生态文明制度体系,从源头、过程、后果的全过程,按照"源头严防、过程严管、后果严惩"的思路,阐述了生态文明制度体系的构成及其改革方向、重点任务。源头严防的制度,就是在源头上防止损害生态环境的行为发生。具体而言,即对国家自然生态空间进行统一确权登记,形成归属清晰、权责明确、监管有效的自然资源资产产权制度;建立空间规划体系,落实自然资源用途管制制度;健全国家自然资源资产管理体制,统一行使全民所有自然资源资产所有者和所有国土空间用途管制职责。过程严管的制度,就是在发展和开发过程中,建立一套制度约束地方和企业行为。即划定生态保护红线,健全国土空间开发保护制度、资源环境承载能力监测预警机制和生态环境损害责任终身追究制;实行资源有偿使用制度,逐步将资源税的征收范围扩展到占用各种自然生态空间的行为上;实施生态补偿制度,建立吸引社会资本投入生态环境保护的市场化机制,推行环境污染第三方治理。后果严惩的制度,就是要建立严格的损害责任赔偿制度,即改革生态环境保护管理体制,建立和完善严格监管所有污染物排放的环境保护管理制度,独立进行环境监管和行政执法,对造成生态环境损害的责任者严格执行赔偿制度,依法追究刑事责任。

三、马克思主义中国化与中国生态现代化互动发展

生态现代化是西方国家寻求解决现代性缺陷问题、探索工业化条件下应对环境挑战的一种创新理论,对中国具有重要的借鉴价值。但是中国特殊的国情和现代化实践对西方生态现代化理论本身也提出挑战。如果没有基于中国国情的理论自觉,简单照搬、套用西方生态现代化理论分析甚至"规范"中国的生态现代化进程,不仅可能会使我们陷入理论误区,甚至会误导实践。因此,作为以马克思主义为指导思想的社会主义国家,必须从马克思主义中寻找生态智慧,将马克思主义的生态思想与中国具体实际相结合进行理论创新,为中国生态现代化建设提供有力的理论支撑。中华人民共和国成立以来的现代化实践也充分证明了马克思主义中国化与中国生态现代化是相辅相成、互动发展的:生态环境问题向马克思主义中国化提出了理论诉求,中国化的马克思主义为生态现代化建设提供了理论指导,生态现代化实践丰富了马克思主义中国化的时代内容。

(一)生态环境问题向马克思主义中国化提出了理论诉求

中国生态环境问题是在长期现代化建设过程中作为为发展付出的代价累积而成的。在不同的发展阶段,生态环境问题的严重程度及表现形态有所不同,对马克思主义中国化理论诉求的迫切程度也存在差异。

中国生态环境先天脆弱,加之中华人民共和国成立初期开发利用不当,造成草原退化、林木匮乏、水土流失,生态环境失衡加速。"大跃进"和"文化大革命"时期,生态环境又遭遇了两次集中污染和破坏。在"大炼钢铁"方针指导下,"五小工业"全国开花,技术落后的小企业使工业结构呈现污染密集的重工业化趋势,管理混乱使工业"三废"放任自流,环境污染迅速加剧。在农业领域,片面推行"以粮为纲"政策,急于求成"向自然界开战",全国范围内出现了毁林、弃牧、填湖开荒种粮的现象,生态环境遭到了严重的破坏。[①]但从总体上看,这一时期,环境污染和生态恶化还没有成为真正意义上的"环境问题",经济发展和生态环境保护之间的矛盾还不突出,因此,当时对马克思主义生态思想的理论诉求并不迫切。

改革开放以后,我国的社会主义建设取得了重大成就。但是持续增长的人口对生态环境产生持久的巨大压力、粗放型经济增长方式的负面影响以及市场本身产生的外部不经济效应,导致这一时期的生态环境急剧恶化:水土流失严重;自然灾害频发;森林资源锐减;草原退化加剧;沙漠化迅速发展;水资源匮乏且污染严重;资源分布极不平衡;大气污染严重;农村环境污染向全国蔓延;生态环境破坏造成巨额经济损失。总之,这一时期生态环境的基本状况是:总体在恶化,局部在改善,治理能力远远赶不上破坏速度,生态赤字逐渐扩大。[②]这些事实和分析说明,1978年改革开放以来,我国遭遇严峻的生态破坏和环境污染的双重挑战。因此,中国共产党迫切需要从马克思主义生态思想中寻求理论智慧以破解中国生态难题。

随着我国经济发展加速,生态环境形势更加严峻。在环境污染中,工业污染总绝对排放量还在增加,环境污染的恶化由点向面、由轻到重。人口的过快增长造成对自然资源的过度开发和消耗,加剧生态破坏。在自然资源方面,水土流失日益严重,流失面积约占国土面积的38%;耕地面积减少,

---

① 《"大跃进"造成建国以来生态环境第一次集中破坏》,2010年12月30日 http://news.ifeng.com/history/phtv/tfzg/detail_2010_12/30/3783331_0.shtml.
② 胡鞍钢、王毅、牛文元:《生态赤字:未来民族生存的最大危机——中国生态环境状况分析(1989)》[J].《科技导报》1990年第2期。

土地质量退化;森林、草原和海洋水产品资源退化减少的现象继续发展;生物多样性受到严重破坏,有15%至20%的动植物受到威胁,高于世界10%的平均水平。这一切表明,经济快速发展与资源过度消耗之间的矛盾更加尖锐,环境污染更是严重影响到人民的生产生活。因此,现阶段妥善处理经济发展与环境可承受力的关系并为子孙后代创造良好的生存环境成为中国共产党的历史使命,如何将马克思主义生态思想与中国实际相结合进行理论创新,成为中国共产党人自觉的理论思考。

进入21世纪,生态系统呈现出由结构性破坏向功能紊乱演变的态势,生态问题呈现有进、有退、更为复杂的局面。这一切表明,传统工业文明的持续发展,使得我国资源环境难以支撑当前这种高污染、高消耗、低效益生产方式的持续扩张。更严重的是,当今社会的资源环境问题不再是一个孤立的问题,而是与经济、政治、文化、社会等问题紧密缠绕,相互影响,相互作用,构成一个复杂的社会大系统。因此,如何在政治、经济、文化、社会、生态五位一体的社会主义现代化布局中打破资源环境的瓶颈约束,中国共产党人在马克思主义中国化理论创新中有了更加自觉、更加丰富、更加深刻的生态考量。

(二)中国化的马克思主义为生态现代化建设提供了理论指导

面对不同时期生态环境问题提出的理论诉求,中国共产党在马克思主义中国化过程中都给予了理论回应。当然,我们党对生态现代化的探索和认识是一个与时俱进的过程,是马克思主义生态理论中国化在不同阶段的成果,这些思想共同构成了中国化的马克思主义生态现代化理论,并对中国生态现代化建设提供了科学的理论指导。

1.毛泽东思想与中国现代环保的初步探索

中国生态现代化从20世纪90年代开始起步,但对资源环境问题的关切,早已随着社会主义现代化的全面展开进入中央领导人的视野。中华人民共和国成立之初,我国以国民经济恢复和工业化为主要目标,生态问题处于边缘地位。但以毛泽东为核心的中央领导集体在领导社会主义改造和建设过程中,开始注意人口、资源、环境问题,提出一些生态环保的观点和主张。这些思想集中代表了第一代领导集体在社会主义建设初期对生态环境问题的认识水平,是毛泽东思想在生态现代化领域的生动体现,为这一时期的生态环境建设提供了理论指导。

第一,节约资源,勤俭建国。对于资源的合理利用主要表现在两个方面。一方面,要发挥资源的最大效益,反对破坏和浪费。毛泽东指出:"在生产和基本建设方面,必须节约原材料,适当降低成本和造价,厉行节约。"[①]另一方面,对于废弃的生产资料要变害为利,变废为宝,将勤俭节约上升到社会主义建设重要战略方针的高度。应该说,节约资源的生态思想是在中华人民共和国成立初期"一穷二白"的经济现状下所做出的必然选择,对于当时在有限的条件下进行社会主义建设产生了积极的作用。第二,兴修水利,植树造林。毛泽东将"兴修水利,保持水土"上升为全党意志,并掀起了轰轰烈烈的根治水旱灾害和水利建设运动:提出一系列措施根治淮河,建设三门峡水利工程解决黄河水患,修建葛洲坝水利工程消除长江水患,为解决"南涝北旱"发出"南水北调"的先声。水利建设思想是中国共产党早期生态现代化思想的重要组成部分,对促进人与生态环境的和谐发展起到了重要作用。同时,毛泽东十分重视植树造林和林业建设,发出了"植树造林,绿化祖国"的伟大号召,开启了中华人民共和国成立以来独具特色的植树造林运动。但由于后来出现的浮夸风,绿化工作并未完全落到实处。

从上述分析看出,第一代领导集体生态思想的核心是"人定胜天",在人与自然的关系上,过于强调人对自然的征服,缺乏尊重自然、顺应自然的生态关怀。中华人民共和国成立初期,在一穷二白、积贫积弱的条件下恢复国民经济和进行工业化建设,"向自然界开战,发展我们的经济"成为当时发展生产的重要思路。尤其是赶超型发展战略和粗放型发展模式导致对生态环境的认识具有较强的功利性。当然,在生态环境问题尚处于局部状态和自然灾害频发的背景下,当时最重要的历史任务是提高物质生产水平以满足强国富民的生存需要,这种认识具有历史必然性。因此,在毛泽东思想体系中尚未形成系统的生态理论,仅仅显露出质朴的生态环保思想的萌芽。但是,中国现代环保思想的初步探索,为今天的生态现代化建设奠定了理论依据和实践基础。

2.中国特色社会主义理论体系与生态现代化的深入推进

(1)邓小平理论与中国现代化的生态修正

改革开放以来,以邓小平为核心的党中央在领导社会主义现代化建设的同时,开始自觉关注生态环境问题,提出了若干生态文明思想并进行了现代化的生态修复实践。这些思想集中代表了第二代领导集体在改革开放初期对生态环境问题的认识水平,是邓小平理论在生态现代化领域的生动体现。

第一,植树造林,绿化祖国,将环境保护定为基本国策。邓小平继承毛

[①] 《毛泽东文集》(第7卷)[M].人民出版社1999年版,第241页。

泽东的植树造林思想,大力倡导植树造林运动。1981年通过的《关于开展全民义务植树运动的决议》,规定每年3月12日为我国植树节,并就植树造林做过多次重要批示或题词。全民义务植树运动,成为植树造林、绿化祖国、改善生态环境的重要抓手,产生了较大的生态、经济和社会效益。1983年环境保护被确立为我国一项基本国策。第二,控制人口,节约资源,人与自然环境协调发展。邓小平认为,我国"人口多,耕地少",造成人均资源不足,影响我国现代化建设目标的实现。因此,必须控制人口,确立计划生育基本国策,有效缓解人口对资源环境的压力。同时,邓小平特别重视资源的有效利用,党的十三大报告首次提出了"要从粗放经营为主逐步转上集约经营为主的轨道"[①]的思路。转变经济增长方式和经济、社会、环境效益有机结合的思路为后来领导人所吸收和发展,先后提出了可持续发展、和谐社会等一系列的战略构想。第三,依靠科学,完善法制,经济发展与生态建设相互促进。邓小平高度肯定科技现代化及其在现代化建设中的重要作用,面对资源环境问题,也主张依靠科学技术。他指出,"解决农村能源、保护生态环境等等,都要靠科学"。[②] "将来农业问题的出路,最终要由生物工程来解决,要靠尖端技术。"[③]这些思想使邓小平科技思想具有了生态色彩,也为我国生态现代化建设注入了科技含量。在治理环境污染方面,各种环境保护的法律法规的颁布,为我国环境保护事业提供了坚实的制度基础和法律支撑。

从上述分析看出,第二代领导集体生态思想的核心是"在经济发展的过程中保护生态环境",逐步改变过去单一的"向自然开战"的自然观,强调在利用自然资源的同时,要尊重自然,按照客观规律来发展经济。自然观的变化反映了国家发展观的理性回归,成为生态现代化建设的最初哲学基础;同时改变了对生态环境建设的功利性认识,强调生态环境保护和经济发展的同等重要性。这一切表明,第二代领导集体对马克思主义生态思想的理解与阐释,较第一代领导集体有了更高的理论自觉,初步形成了关于生态环境的理论框架,成为邓小平理论不可或缺的组成部分。在邓小平生态思想指导下,中国开始了第一次现代化内容的生态修正,生态环境建设取得了显著的效果,为生态现代化的正式启动做好了前期准备。

---

① 中共中央文献研究室:《十三大以来重要文献选编》[M].人民出版社1991年版,第17页。
② 国家环境保护总局、中共中央文献研究室:《新时期环境保护重要文献选编》[M].中央文献出版社、中国环境科学出版社2001年版,第34页。
③ 《邓小平文选》(第三卷)[M].人民出版社1993年版,第275页。

(2)"三个代表"重要思想与中国生态现代化的正式启动

随着社会主义市场经济体制的转轨,经济快速发展与资源过度消耗之间的矛盾更加尖锐。因此,妥善处理经济发展与环境可承受力的关系和为子孙后代创造良好的生存环境成为中国共产党的历史使命。以江泽民为核心的第三代中央领导集体,继续深化理解和继承发展第二代领导集体的生态思想,从立足子孙后代的长远发展角度出发,提出了可持续发展战略并制定了一系列与之相适应的方针政策。这些思想集中代表了第三代领导集体对生态环境问题的认识水平,是"三个代表"重要思想在生态现代化领域的重要体现。

第一,可持续发展战略是生态现代化的重要指针。为应对世界资源环境危机,联合国世界环境与发展委员会于20世纪80年代提出了新的发展观——可持续发展。为此,第三代领导集体做出了积极的理论回应和自觉的行动实践,指出:"经济发展,必须与人口、资源、环境统筹考虑,不仅要安排好当前发展,还要为子孙后代着想,为未来的发展创造更好的条件,决不能走浪费资源和先污染后治理的路子,更不能吃祖宗饭,断子孙路。"①在这一思想指引下,我国政府于1994年提出中国可持续发展的总体战略。第二,新型工业化道路是生态现代化的根本路径。传统经济增长是造成资源环境压力的根源,必须"走出一条科技含量高、经济效益好、资源消耗低、环境污染少、人力资源得到充分发挥的新型工业化路子"②。于是,转变经济增长方式,走新型工业化道路成为解决资源环境问题、建设生态现代化的根本路径。第三,科教兴国战略是生态现代化的技术支撑。一方面利用科学技术认知可持续发展的规律,调整产业结构,改变生产方式和生活方式,保护与恢复生态环境;另一方面大力提高全民族的思想和科学文化素质,提高知识创新和技术创新能力。科教兴国战略是实施可持续发展战略的必然要求,是生态现代化的技术支撑,为后来提出"三个转变"奠定了理论基础。

从上述分析可以看出,第三代中央领导集体生态思想的核心是"可持续发展"。这既是对世界环境问题的积极回应,也是对中国传统工业模式的理论反思,表明第三代领导集体对生态环境的认识达到了一个新的高度,体现

---

① 《江泽民文选》(第一卷)[M].人民出版社2006年版,第532页。
② 《全面建设小康社会,开创中国特色社会主义事业新局面——在中国共产党第十六次全国代表大会上的报告》,2002年11月17日 http://news.xinhuanet.com/newscenter/2002－11/17/content_632260.htm.

了共产党人高度的理论自觉和实践自觉。无论是可持续发展战略、科教兴国战略,还是新型工业化道路,都是在对马克思主义生态思想充分阐述的基础上,结合中国实际提出的生态思想创新。在可持续发展战略指导下,中国生态建设从相对被动的"应急反应型"向积极主动的"预防创新型"转变,真正意义上的生态现代化建设正式启动,并取得重大成就。

(3)科学发展观与中国生态现代化的全面展开

进入21世纪,我国工业化和城市化也进入飞速发展的时代,对资源和能源的依赖程度不断加深,面临经济发展与环境约束的严峻挑战。党的十六大以来,以胡锦涛为总书记的中央领导集体,在推进全面建设小康社会和现代化建设进程中,继续推行可持续发展战略,并与时俱进、高瞻远瞩地首次提出了"生态文明"概念,明确提出了一系列生态文明建设方略,集中代表了十六大以来党的领导集体对生态环境问题的认识水平,是科学发展观在生态现代化领域的生动体现。在这一理论指导下,中国生态现代化建设全面展开。

第一,将"生态文明"建设纳入社会主义现代化总体布局。党的十八大报告明确指出:"把生态文明建设放在突出地位,融入经济建设、政治建设、文化建设、社会建设各方面和全过程,努力建设美丽中国,实现中华民族永续发展。"[①]将生态文明建设放在如此突出、如此重要的地位加以阐述、强调、谋划,进一步昭示出党加强生态文明建设的意志和决心,标志着党对自然规律及人与自然关系再认识取得了重要成果,揭示了党对经济社会可持续发展规律有着深刻把握和自觉认知。第二,倡导"绿色发展、循环发展、低碳发展"。生态文明建设的关键是要转变经济发展方式,以胡锦涛为核心的党中央进行了不懈探索,相继提出发展循环经济、低碳经济和绿色经济理念,努力实现自然生态系统和社会经济系统的良性循环。"着力推进绿色发展、循环发展、低碳发展,形成节约资源和保护环境的空间格局、产业结构、生产方式、生活方式,从源头上扭转生态环境恶化趋势,为人民创造良好生产生活环境,为全球生态安全作出贡献。"[②]这是推进生态文明建设的基本途径和方式,也是发展模式和生活方式的根本性变革。第三,建设"资源节

---

① 《坚定不移沿着中国特色社会主义道路前进 为全面建成小康社会而奋斗——在中国共产党第十八次全国代表大会上的报告》,2012年11月19日 http://www.xj.xinhuanet.com/2012-11/19/c_113722546.htm.

② 《坚定不移沿着中国特色社会主义道路前进 为全面建成小康社会而奋斗—在中国共产党第十八次全国代表大会上的报告》,2012年11月19日 http://www.xj.xinhuanet.com/2012-11/19/c_113722546.htm.

约型、环境友好型"社会。建设资源节约型社会,要以节约使用能源资源和提高能源资源利用效率为核心,以节能、节水、节材、节地、资源综合利用为重点;建设环境友好型社会,要使主要污染物排放得到有效控制,生态环境质量明显改善,重点加强水、大气、土壤等污染防治。建设"两型社会"是我国走上"生产发展、生活富裕、生态良好"的文明发展道路的实践平台。第四,加强生态文明制度化建设。健全的生态法律制度不仅是生态文明的标志,而且是生态保护的最后屏障。党的十八大明确提出加强生态文明制度建设,同时强调,既要完善有利于节约能源资源和保护生态环境的法律和政策,使我们的生态文明建设有法可依;又要加大环境执法力度,真正做到有法可依、有法必依、执法必严、违法必究。

上述分析看出,以胡锦涛同志为总书记的中央领导集体生态思想的核心是"生态文明"。生态文明是工业文明发展到一定阶段的产物,是超越工业文明的新型文明境界,是在对工业文明带来严重生态安全进行深刻反思基础上逐步形成和正在积极推动的一种文明形态,是人与自然和谐的社会形态。这是将马克思主义生态思想与中国当代生态实际相结合所形成的生态理论创新,体现了共产党人高度的理论自觉和实践自觉。生态文明的核心诉求可从现实和理想两种意义上归结,理想诉求只有立足于现实诉求、通过某种现实路径才能实现。既有的可持续发展战略主要体现了生态文明的理想诉求,其政策实践或社会行动在不同历史境域下会呈现出不同的理解或分化现象。比较而言,生态现代化则因其对可持续发展战略内涵的承继和实际、理性的操作实践体现了生态文明的现实诉求,并对中国生态文明语境具有特定的适应性,因而成为中国生态文明建设的一种现实路径。

党的十八大以来,习近平站在谋求中华民族长远发展、实现人民福祉的战略高度,围绕建设美丽中国、推动社会主义生态文明建设,提出了一系列新思想、新论断、新举措,大力促进实现经济社会发展与生态环境保护相协调,开辟了人与自然和谐发展的新境界。[①] 首先,"生态兴则文明兴"。一部人类文明的发展史,就是一部人与自然的关系史,自然生态的变迁决定着人类文明的兴衰更替。习近平指出:"生态兴则文明兴,生态衰则文明衰。"[②]

---

① 《打造生态文明新常态——习近平生态文明建设思想评述》,2014 年 12 月 8 日 http://gb.cri.cn/42071/2014/12/08/5311s4795722.htm

② 中共中央宣传部:《习近平总书记系列重要讲话读本》,学习出版社、人民出版社 2014 年版,第 121 页。

这是对生态与文明关系的鲜明阐释,彰显了中国共产党人对人类文明发展规律、自然规律和经济社会发展规律的深刻认识,丰富发展了马克思主义生态观,成为新时期生态文明建设的指南。其次,"改善生态环境就是发展生产力"。习近平强调,"牢固树立保护生态环境就是保护生产力、改善生态环境就是发展生产力的理念"。① 并且形象地把二者比喻为"金山银山"与"绿水青山"的关系:"我们既要绿水青山,也要金山银山。宁要绿水青山,不要金山银山,而且绿水青山就是金山银山"。② 这些精辟论断深刻阐明了生态环境与生产力之间的关系,揭示了正确处理好经济发展同生态环境保护关系的极端重要性,是对马克思主义生产力理论的重大发展。再次,"良好生态环境是最普惠的民生福祉"。习近平指出:"良好生态环境是最公平的公共产品,是最普惠的民生福祉。"③保护生态环境,关系最广大人民的根本利益,关系中华民族发展的长远利益,是功在当代、利在千秋的事业。这一论断,深刻揭示了生态与民生的关系,既是对生态产品的准确定位,又是对民生内涵的丰富发展,反映了人民群众的新需求、新期待。最后,"实行最严格的生态环境保护制度"。建设生态文明是一场涉及生产方式、生活方式、思维方式和价值观念的革命性变革。实现这样的根本性变革,必须依靠制度和法治。习近平指出:"只有实行最严格的制度、最严密的法治,才能为生态文明建设提供可靠保障。"④最重要的是要完善经济社会发展考核评价体系,把资源消耗、环境损害、生态效益等体现生态文明建设状况的指标纳入经济社会发展评价体系,使之成为推进生态文明建设的重要导向和约束。《中共中央国务院关于加快推进生态文明建设的意见》进一步明确提出了生态文明制度建设的目标:到2020年,"基本形成源头预防、过程控制、损害赔偿、责任追究的生态文明制度体系,自然资源资产产权和用途管制、生态保护红线、生态保护补偿、生态环境保护管理体制等关键制度建设取得决定性成果"⑤。

---

① 习近平:《坚持节约资源和保护环境基本国策 努力走向社会主义生态文明新时代》,2013年5月24日 http://politics.people.com.cn/n/2013/0524/c1024—21608774.html

② 中共中央宣传部:《习近平总书记系列重要讲话读本》,学习出版社、人民出版社2014年版,第120页。

③ 中共中央宣传部:《习近平总书记系列重要讲话读本》,学习出版社、人民出版社2014年版,第123页。

④ 习近平:《坚持节约资源和保护环境基本国策 努力走向社会主义生态文明新时代》,2013年5月24日 http://politics.people.com.cn/n/2013/0524/c1024—21608774.html

⑤ 《中共中央国务院关于加快推进生态文明建设的意见》,2015年6月4日 http://env.people.com.cn/n/2015/0604/c396568—27104472.html

(三)生态现代化实践丰富了马克思主义中国化的时代内容

马克思主义中国化是一个理论创新的历史过程,同样,中国化的马克思主义生态理论指导中国生态现代化建设也需要一个历史进程。尽管改革开放前的生态实践带有萌芽性质,但毕竟迈出了生态现代化建设的第一步:参加联合国人类环境会议,认识到社会主义社会也存在污染;召开全国环境保护会议并通过环保文件,环境保护开始法律化;成立环保机构,奠定生态现代化建设的组织基础;将"国家保护环境和自然资源,防止污染和其他公害"写入宪法,生态保护措施逐步建成。通过这一时期的生态实践,我们党的生态保护意识明显加强,并从机构设置、政策制定、法律约束等方面对环境问题给予一定的重视和观照,为马克思主义中国化过程中生态思想的进一步培育提供了实践基础。

改革开放后,在邓小平生态思想指导下,中国开始了现代化的生态修正,取得很大成绩:初步形成了中国环保法律体系,奠定了生态现代化建设的法制基础;健全了各级生态环境保护机构,加强了生态现代化建设的组织基础;生态现代化建设初见成效。这一时期的生态实践中,新的生态思想不断孕育产生:从单纯的保护环境、美化家园转变为生态保护与经济发展并重;从孤立地发展经济、节约资源和治理污染转变为经济效益、社会效益和环境效益相结合。这说明我们党对生态环境问题有了更加深刻的认识和反思,为可持续发展战略的提出提供了更加丰厚的理论滋养。

在可持续发展战略指导下,中国生态建设从相对被动的"应急反应型"向积极主动的"预防创新型"转变,真正意义上的生态现代化建设正式启动,并取得重大成就:在经济社会全面发展和人民生活水平不断提高的同时,人口过快增长势头得到控制,资源保护和管理不断加强,环境生态建设步伐加快。随着生态建设的广泛开展,生态现代化理论也随着实践的深入而日渐丰富:新型工业化缓解经济发展与生态保护之间的张力;科教兴国为生态现代化树立技术支撑;可持续发展实现人与自然、人与社会、人与人的和谐共生。这一时期,我们党虽然没有明确提出"生态文明"概念,但曾使用过"生态建设""生态安全""生态环境良性循环"等相关概念,"生态文明"概念呼之欲出。

在科学发展观指导下,我国生态文明建设取得了突破性进展:进一步完善环保组织体系,为生态文明建设提供更为有力的组织保障;进一步完善生态文明建设制度体系,形成人与自然和谐发展的现代化建设新格局;生态环境建设成绩突出,生态系统稳定性增强,人居环境明显改善。随着生态文明建设的深入推进,我们党对生态文明建设规律的认识更加深入。无论是"尊重自然、顺应自然、保护自然"的生态文明理念,还是"绿色发展、循环发展、低碳发展"的生态发展方式;无论是"五位一体"的社会主义现代化整体布局,还是"两型"社会的理想构建,都体现出新时期新阶段我们党关于生态文明建设的又一次理论创新,为马克思主义中国化注入了新的时代内容,充分体现了我们党高度的理论自觉和实践自觉。

当然,生态现代化是一个历史过程,无论是理论创新还是实践自觉,都与马克思主义中国化相互依托、彼此契合、共同发展。生态现代化实践永无止境,对生态现代化规律的认识永无止境,中国化马克思主义的生态理论创新永无止境。

第二章　马克思主义生态思想与中西方生态观分析

20世纪80年代后,面对日益严峻的生态环境危机,西方学者在理论和实践领域中不断探寻保护环境和发展经济之间的平衡之路。在理论领域中,一方面,生态现代化的理念逐渐成为西方发达国家政策制定领域中的重要话语,并获得了不同社会力量的一致认可;另一方面,中西方学者将视角转向东方,在中国传统文化中汲取营养,重新挖掘和认识中国古代先哲从宇宙观的高度诠释的"天人合一"思想。不论是西方理论,还是东方思想,指导我们正确认识其价值的理论武器只能是马克思主义生态思想。虽然在马克思主义经典著作中没有专门章节详尽介绍其生态思想,但生态思想的智慧和火花却散落在马克思主义经典著作之中,蕴含于马克思主义对资本主义社会现实的批判之中,蕴含于对构建未来共产主义社会的美好追求之中,蕴含于其辩证唯物主义自然观和历史观之中。

一、马克思主义生态思想的主要内容和当代价值

20世纪70年代以来,有关马克思经典著作是否包含生态思想的争论始终没有停止过。持肯定观点的人认为,马克思恩格斯著作内包含了比较丰富的生态思想;持否定态度的人则认为马克思主义具有生态学思想是后人的牵强附会,根本不符合马克思恩格斯的原意。的确,在马克思主义经典作家著作中没有哪部著作或章节,甚至完整的段落专门讨论生态问题,但如果据此断言马克思理论中存在着生态学方面的"理论空场",无疑是一种简单肤浅的认识。[1]

---

[1] 余维祥:《马克思主义生态思想探微》[J].《生态经济》2010年第9期,第185-187页。

西方学者也客观承认,马克思思想中蕴含着丰富的生态思想,美国政治家、学者和生态社会主义者乔尔·科威尔认为:"……马克思极为关注自然,而且非凡地创做出包括农业与土壤在内的很多有关生态问题的作品。不仅如此,马克思的主要作品在本质上都与生态问题相关联,因为它阐述了人类作为自然的一部分与自然界其他物种之间的关系,以及在生产过程中人类特有的劳动能力如何改变了这一关系。马克思曾经提到,在财富创造过程中,劳动与自然的作用虽然不平衡,但却是平等的。因此,整个人类文明在本质上只不过是人类的集体劳动所改变了的自然形态而已。"①

资本主义工业革命的时代背景和资本主义社会矛盾不断激化的社会现实呼唤马克思主义生态思想的产生。18世纪60年代,以瓦特发明蒸汽机为主导的第一次技术革命肇始于英国。1826年,英国已拥有1500台蒸汽机;到19世纪中后期,蒸汽机完全取代水利机械,成为工业生产的最主要动力。② 到19世纪40年代,整个欧洲和美国都普遍使用了蒸汽机。正是在蒸汽机的带动下,纺织机、鼓风机、抽水机、磨粉机等机器出现,造成了纺织、印染、冶金、采矿的迅猛发展,使人类大规模开发、利用、改造自然成为可能,创造了人们以前难以想象的技术奇迹,极大地促进了生产力的发展。"资产阶级在它的不到一百年的阶级统治中所创造的生产力,比过去一切世代创造的全部生产力还要多,还要大。自然力的征服,化学在工业和农业中的应用,轮船的行驶,铁路的通行,电报的使用,整个整个大陆的开垦,河川的通航,仿佛用法术从地下呼唤出来的大量人口——过去哪一个世纪料想到在社会劳动里蕴藏有这样的生产力呢?"③蒸汽机在带来技术进步的同时,也使"无穷的烟云飞翔在这些城市的上空"④,造成了严重的大气、水资源等自然环境的污染,导致人类生存环境的恶化。与此同时,资本主义社会矛盾不断激化。资本主义社会初期,人类面临的矛盾是生产和生活资料的需求与社会生产力水平低下导致的供给不足之间的矛盾。生产,生产,还是生产,

---

① [美]乔尔·科维尔:《马克思与生态学》[J].武烜、刘东锋、刘仁胜译:《马克思主义与现实》2011年第5期,第199-203页。
② 刘成、刘金源、吴庆宏:《英国:从称霸世界到回到欧洲》[M].西安:三秦出版社2005年版,第125页。
③ 《马克思恩格斯文集(第二卷)》,北京:人民出版社2009年版,第36页。
④ [法]保尔·芒图:《十八世纪产业革命》[M].杨人等译,北京:商务印书馆1997年版,第270页。

只有生产才能带来源源不断的财富。资本疯狂追求利润,资本家不断扩大再生产,根本无暇顾及工业生产对自然环境造成的"伤害"。随着科学技术在自然科学领域获得重大发现,人类不再是匍匐在自然面前的奴仆,探索自然的能力大大加强了。这一时期,人类对于自然的认识能力、探索能力和驾驭能力不断增强,人类和自然的关系从无能为力的被动相处,逐步转变为强势索取的对立关系。人类不断征服自然,改造自然,以自我为中心,却忽视了自然对人类的报复和惩罚。"我们不要过分陶醉于我们人类对自然界的胜利。对于每一次这样的胜利,自然界都对我进行报复。"①工业革命促进了大机器生产,提高了生产力发展水平和社会化程度,生产力的变革最终导致生产关系中资本家和工人阶级的对立,资本主义社会中生产资料私人占有和社会化大生产之间的矛盾无法逾越,经济危机爆发,最终导致了资产阶级和工人阶级的阶级对立。这也是马克思主义产生的社会历史条件。

(一)马克思主义生态思想的主要内容

在马克思主义经典著作中虽然没有对于生态环境问题的专门论述,但这并不等于马克思主义中没有生态环境思想,相反,在马克思主义唯物辩证观中蕴含着丰富而深刻的生态思想火花。对于马克思的生态思想,目前学术界达成的共识是:马克思虽然没有使用过"生态学"这个概念,生态问题不是马克思关注的重要论域,但他对资本主义环境问题的关注却贯穿于一生的思想活动中。马克思思考人与自然的关系问题开始于学生时代,而人与自然的关系恰恰是生态学的基本问题。在《博士论文》中,马克思首次提出了人与自然关系的辩证法。如果说学生时代的马克思对于人与自然关系的思考还比较零散的话,那么在《1844年经济学哲学手稿》中,已可清晰地看到生态学思想的初步建构。此外,在《德意志意识形态》《关于费尔巴哈的提纲》《神圣家族》《哲学的贫困》《共产党宣言》《资本论》等著作中,马克思进一步丰富和发展了生态学思想。②

1.内在统一:人与自然的辩证关系

马克思生态思想的核心观点是人与自然关系的辩证统一。马克思把人与自然的关系作为探究人类社会及其历史发展的逻辑起点,认为人与自然

---

① 《马克思恩格斯文集(第九卷)》,北京:人民出版社2009年版,第559页。
② 杨卫军:《马克思主义生态思想研究述评》[J].《中共福建省委党校学报》2013年第1期,第4-9页。

的关系是历史的现实基础。马克思恩格斯在《德意志意识形态》中指出:"全部人类历史的第一个前提无疑是有生命的个人的存在。因此,第一个需要确认的事实就是这些个人的肉体组织以及由此产生的个人对其他自然的关系。"①

首先,人是自然界的一部分。马克思恩格斯认为,人具有自然属性,是自然界的一个组成部分,人类离不开自然界。马克思认为,人是自然界的产物,是自然界的组成部分,"人(和动物一样)靠无机界生活,而人和动物相比越有普遍性,人赖以生活的无机界的范围就越广阔"②。他在《1844年经济学哲学手稿》中指出:"所谓人的肉体生活和精神生活同自然界相联系,不外是说自然界同自身相联系,因为人是自然界的一部分。"③恩格斯也认同马克思的观点:"我们连同我们的肉、血和头脑都是属于自然界和存在于自然界之中的。"④同时,马克思恩格斯认为,自然界是人类的自然界,自然界也是人类的一部分。"被抽象地孤立地理解的、被固定为与人分离的自然界,对人说来也是无。"⑤马克思恩格斯辩证地阐明了人与自然界的联系,不同人类发生联系的自然界对于人类没有任何意义,人类永远不能割裂与自然界的联系,体现着人与自然的一致性。

其次,人是自然界发展到一定阶段的产物。在《1844年经济学哲学手稿》中,马克思指出:"历史本身是自然史的即自然界生成为人这一过程的一个现实部分。"⑥恩格斯将人视为自然界的一部分,认为人是在自然界中不断分化、逐步进化而来的。他在《自然辩证法》中从生物进化论的角度论证了人类是自然界发展到一定阶段的历史命题,"从最初的动物中,主要由于进一步的分化而发展出了动物的无数的纲、目、科、属、种,最后发展出神经系统获得最充分发展的那种形态,即脊椎动物的形态,而在这些脊椎动物中,最后又发展出这样一种脊椎动物,在它身上自然界获得了自我意识,这就是人"⑦。因此,恩格斯在《反杜林论》中指出:"而人本身是自然界的产

---

① 《马克思恩格斯文集(第一卷)》,北京:人民出版社2009年版,第519页。
② 《马克思恩格斯文集(第一卷)》,北京:人民出版社2009年版,第161页。
③ 《马克思恩格斯文集(第一卷)》,北京:人民出版社2009年版,第161页。
④ 《马克思恩格斯文集(第九卷)》,北京:人民出版社2009年版,第560页。
⑤ 《马克思恩格斯全集(第四十二卷)》,北京:人民出版社1979年版,第178页。
⑥ 《马克思恩格斯全集(第三卷)》,北京:人民出版社2002年版,第308页。
⑦ 《马克思恩格斯文集(第九卷)》,北京:人民出版社2009年版,第420页。

物,是在自己所处的环境中并且和这个环境一起发展起来的。"①

再次,自然界是人类赖以生存的物质条件,是人类精神资料的来源。马克思认为,"自然界,就它自身不是人的身体而言,是人的无机的身体。人靠自然界生活。这就是说,自然界是人为了不致死亡而必须与之处于持续不断的交互作用过程的、人的身体"②。自然界不仅给人类提供直接的生活资料,还给人类提供生活资料和劳动对象,"没有自然界,没有感性的外部世界,工人什么也不能创造。自然界是工人的劳动得以实现、工人的劳动在其中活动、工人的劳动从中生产出和借以生产出自己的产品的材料"③。自然界不仅仅给人类提供赖以生存的物质资料,同时也是人类精神生产的源泉。马克思恩格斯还分析了自然界对于人类的精神生活的重要性,"从理论领域来说,植物、动物、石头、空气、光等等,一方面作为自然科学的对象,一方面作为艺术的对象,都是人的意识的一部分,是人的精神的无机界,是人必须事先进行加工以便享用和消化的精神食粮;同样,从实践领域来说,这些东西也是人的生活和人的活动的一部分"④。

最后,人与自然是能动性和受动性的统一。能动性和受动性的统一是人与自然关系的二重性的体现。马克思指出:"人作为自然存在物,而且作为有生命的自然存在物,一方面具有自然力、生命力,是能动的自然存在物;这些力量作为天赋和才能、作为欲望存在于人身上;另一方面,人作为自然的、肉体的、感性的、对象性的存在物,同动植物一样,是受动的、受制约的和受限制的存在物。"⑤在这里,马克思将人与自然的能动性和受动性的辩证观关系表述得十分明确:第一,人是能动的自然存在物,人能够通过实践活动能动认识自然,能够通过实践活动能动地利用自然为自己的生存和发展服务;第二,人是受动的自然存在物,人的实践活动受到自然的制约和限制。

人与自然之间存在辩证统一的关系,不能将二者对立起来。随着人类对于自然界认识的加深,"人们就越是不仅再次地感觉到,而且也认识到自身和自然界的一体性,那种关于精神和物质、人类和自然、灵魂和肉体之间

---

① 《马克思恩格斯文集(第九卷)》,北京:人民出版社 2009 年版,第 38 页。
② 《马克思恩格斯文集(第一卷)》,北京:人民出版社 2009 年版,第 161 页。
③ 《马克思恩格斯文集(第一卷)》,北京:人民出版社 2009 年版,第 158 页。
④ 《马克思恩格斯文集(第一卷)》,北京:人民出版社 2009 年版,第 161 页。
⑤ 《马克思恩格斯文集(第一卷)》,北京:人民出版社 2009 年版,第 209 页。

的对立的荒谬的、反自然的观点,也就越不可能成立了……"①马克思坚决反对对自然采取敌对的态度,认为人类生产和生活的物质生产来源于自然,人类创造文明的精神生产亦来源于自然。因此,人类的实践活动一方面顺应自然,保护自然,改造自然,服从自然法则,按照自然规律从事实践活动;另一方面,自然同样对于人类有制约作用,这种制约是一种自然力,是人类不能逾越和忽视的。恩格斯同样明确指出:"我们每走一步都要记住:我们决不像征服者统治异族人那样支配自然界,决不像站在自然界之外的人似的去支配自然界——相反,我们连同我们的肉、血和头脑都是属于自然界和存在于自然界之中的;我们对自然界的整个支配作用,就在于我们比其他一切生物强,能够认识和正确运用自然规律。"②

2.生产实践:人与自然辩证统一的中介

马克思恩格斯在肯定了人与自然的辩证统一关系后,认为劳动(社会实践)是人与自然物质变换的中介。马克思指出:"劳动作为使用价值的创造者,作为有用劳动,是不以一切社会形式为转移的人类生存条件,是人和自然之间的物质变换即人类生活得以实现的永恒的自然必然性。"③

首先,实践是人与自然关系的中介。由于人的能动的实践活动,特别是生产劳动,人与自然的关系发生了根本性变化,已经从慑服于自然的"自在自为",发展为在人的实践基础上形成的对象性关系,并逐步演变成"人化自然"。具体来说,马克思认为人通过生产实践把自然界划分为"自在自然"和"人化自然","不仅五官感觉,而且连所谓精神感觉、实践感觉(意志、爱等等),一句话,人的感觉、感觉的人性,都是由于它的对象的存在,由于人化的自然界,才产生出来的"。④ 在这里,马克思认为,与"自在自然"相比,"人化自然"是随着社会实践的发展在天然自然的基础上产生和发展起来的,尽管天然自然先于人而存在,但人的实践活动又在一个新的基础上成为我们这个物质感性世界——人化自然的前提。⑤ 由此可见,马克思一方面承认自

---

① 《马克思恩格斯文集(第九卷)》,北京:人民出版社 2009 年版,第 560 页。
② 《马克思恩格斯文集(第九卷)》,北京:人民出版社 2009 年版,第 560 页。
③ 《马克思恩格斯文集(第五卷)》,北京:人民出版社 2009 年版,第 58 页。
④ 《马克思恩格斯文集(第一卷)》,北京:人民出版社 2009 年版,第 191 页。
⑤ 赵成:《马克思的生态思想及其对我国生态文明建设的启示》[J],《马克思主义与现实》2009 年第 2 期,第 188-190 页。

然界的优先地位及其发展,强调物质自然界运动发展的客观规律性,并没有用实践来否定自然界的优先地位;另一方面,马克思认为,人通过实践不断地实现人化的自然,能动地使自然为人的生存和发展服务,"整个所谓世界历史不外是人通过人的劳动而诞生的过程,是自然界对人来说的生成过程"①。由此,马克思摆脱了旧哲学对人与自然关系抽象的、空洞的、直观的理解,将人与自然的关系建立在社会实践的基础上,使人与自然的关系真正成为人及其社会发展的基础性关系,实现了自然、社会和人的真正统一。

其次,劳动是人与自然物质变换的中介。马克思认为,"劳动首先是人和自然之间的过程,是人以自身的活动来中介、调整和控制人和自然之间的物质变换的过程。人自身作为一种自然力与自然物质相对立。为了在对自身生活有用的形式上占有自然物质,人就使他身上的自然力——臂和腿、头和手运动起来"②。也就是说,劳动是人与自然物质变化的渠道和桥梁,劳动主宰了人与自然之间的物质变换活动。没有人的劳动,就无法实现与自然之间的物质变换。同时,人在劳动过程中改变和利用自然界,同时也发展了人自身,不断增强人的劳动能力。

马克思在《资本论》中分析劳动过程时指出,"劳动过程,就我们在上面把它描述为它的简单的、抽象的要素来说,是制造使用价值的有目的的活动,是为了人类的需要而对自然物的占有,是人和自然之间的物质变换的一般条件,是人类生活的永恒的自然条件"③。也就是说,正是劳动使人与自然物质发生变换,物质变换的过程就是劳动生产使用价值的过程。在劳动过程中,人按照自己的生产和生活目的作用于自然,使自然物质形式发生变化,满足人的需求,一旦人的生产和消费的行为超越自然的承担能力,必将打破人与自然物质变换的和谐关系。在这里,马克思对于物质劳动生产做出了生态化的解析,与现代生态学所揭示的生物与自然环境之间以物质交换、能量和信息变换为特征的生态规律相吻合,体现了马克思的人与自然有机统一的思想,深化了马克思人化自然观的思想。

3.改革社会制度:人与自然和谐的途径

历史唯物主义认为,人类社会生存和发展是以其生产力的发展作为根

---

① 《马克思恩格斯文集(第一卷)》,北京:人民出版社2009年版,第196页。
② 《马克思恩格斯全集(第四十四卷)》,北京:人民出版社2001年版,第207页。
③ 《马克思恩格斯文集(第五卷)》,北京:人民出版社2009年版,第215页。

本基础的,但同时也要受到社会经济形态,即一定生产方式所固有的基本生产关系的客观制约。马克思恩格斯在考察了资本主义生产方式,特别是资本主义经济制度时,一方面肯定了资本主义的历史成就:"资产阶级在它的不到一百年的阶级统治中所创造的生产力,比过去一切世代创造的全部生产力还要多,还要大。"① 另一方面,他们也揭示了资本主义制度所实行的残酷剥削、野蛮掠夺的反生态性质,批判了资本主义生产方式带来的人与自然的对立,人与人关系的异化,最终揭示了实现人与自然和谐的根本途径。

首先,对于资本主义的生态批判。马克思恩格斯从 19 世纪 40 年代起开始关注资本主义工业化导致的生态环境问题,并且毫不留情地对资本主义展开了生态批判,这些思想集中体现在《1844 年经济学哲学手稿》《政治经济学批判大纲》《自然辩证法》《反杜林论》《英国工人阶级状况》等著作中。工业化导致的生态环境问题和城市化造成的新陈代谢裂缝现象,是他们关注的焦点。

在资本主义国家里,资本家为了追逐高额利润,将工业生产的废水、废气和废渣不加任何处理就直接排放到自然环境中去,导致空气中弥漫着令人窒息的烟尘和臭气。② 据恩格斯的考察,在英国曼彻斯特周围的城市是一些纯粹的工业城市,到处弥漫着煤烟。资本家对于剩余价值的狂热追逐,加强了对自然的过度开发和利用,并由此造成了生态环境的急剧恶化。"西班牙的种植场主曾在古巴焚烧山坡上的森林,以为木灰作为肥料足够最能赢利的咖啡树利用一个世代之久,以至于后来热带的倾盆大雨竟冲毁毫无保护的沃土而只留下赤裸裸的岩石……"③ "不过所有已经或者正在经历这种过程的国家,或多或少都有这样的情况。地力耗损——如在美国;森林消失——如在英国和法国,目前在德国和美国也是如此;气候改变、江河干涸在俄国大概比其他任何地方都厉害。"④ 工业化迅猛发展直接破坏自然环境,自然环境的恶化影响着工人的生活环境和健康,并造成严重伤害,马克思恩格斯对此深感忧虑和同情。"这里的空气由于成打的工业烟囱冒着黑烟,本来就够污浊沉闷的了……在这种难以想象的肮脏恶臭的环境中,在这

---

① 《马克思恩格斯文集(第二卷)》,北京:人民出版社 2009 年版,第 36 页。
② 余维祥:《马克思主义生态思想探微》[J].《生态经济》2010 年第 9 期,第 185-187 页。
③ 《马克思恩格斯文集(第九卷)》,北京:人民出版社 2009 年版,第 562 页。
④ 《马克思恩格斯文集(第十卷)》,北京:人民出版社 2009 年版,第 627 页。

种似乎被故意毒化的空气中,在这种条件下生活的人们,的确不能不降到人类的最低阶段。"①"每一个大城市都有一个或几个挤满了工人阶级的贫民窟。……这里的街道通常是没有铺砌过的,肮脏的,坑坑洼洼的,到处是垃圾,没有排水沟,也没有污水沟,有的只是臭气熏天的死水洼。"②

资本主义对生态环境的破坏还表现为资本主义工业化带来的城市化趋势所造成的新陈代谢裂缝现象,不仅破坏了土地持久的肥力,而且加剧了城市环境的污染。马克思在《资本论》中写道:"资本主义生产使它汇集在各大中心的城市人口越来越占优势,这样一来,它一方面聚集着社会的历史动力,另一方面又破坏着人和土地之间的物质变换,也就是使人以衣食形式消费掉的土地的组成部分不能回归土地,从而破坏土地持久肥力的永恒的自然条件。这样,它同时就破坏城市工人的身体健康和农村工人的精神生活。"③这使得"这些条件在社会的以及由生活的自然规律所决定的物质变换的联系中造成一个无法弥补的裂缝,于是就造成了地力的浪费,并且这种浪费通过商业而远及国外(李比希)"。④ 城市人口聚集产生大量废弃物,并不断向自然界排放,加重了城市的污染,"在利用这种排泄物方面,资本主义经济浪费很大;例如,在伦敦,450万人的粪便,就没有什么好的处理方法,只好花很多钱用来污染泰晤士河"⑤。在农村,不间断的农业生产使土地的肥力以产品的形式被抽走,只有通过化学肥料来补充肥力,这也加重了农村生态环境的恶化。⑥

其次,资本主义造成了人与自然、人与人关系的异化。在资本主义社会中,每个资本家都追求利润的最大化,总是想"夺得整个地球作为它的市场",从而形成了"大量生产—大量消费—大量废弃"的生产方式和生活方式。马克思指出资本主义生产方式导致了劳动的异化。在《1844年经济学哲学手稿》中,马克思批判地吸收了黑格尔关于劳动是人的本质的思想,对资本主义社会劳动所发生的异化现象进行了系统分析。异化劳动表现为以

---

① 《马克思恩格斯全集(第二卷)》,北京:人民出版社1957年版,第342页。
② 《马克思恩格斯全集(第二卷)》,北京:人民出版社1957年版,第306页。
③ 《马克思恩格斯文集(第五卷)》,北京:人民出版社2009年版,第578页。
④ 《马克思恩格斯文集(第七卷)》,北京:人民出版社2009年版,第919页。
⑤ 《马克思恩格斯文集(第七卷)》,北京:人民出版社2009年版,第115页。
⑥ 余维祥:《马克思主义生态思想探微》[J].《生态经济》2010年第9期,第185-187页。

下几个方面。第一是劳动者同他的劳动产品的异化。"工人在他的产品中的外化,不仅意味着他的劳动成为对象,成为外部的存在,而且意味着他的劳动作为一种与他相异的东西不依赖于他而在他之外存在,并成为同他对立的独立力量;意味着他给予对象的生命是作为敌对的和相异的东西同他相对立。"①也就是说,工人生产的财富越多,他的产品的数量和力量就越大,他就越穷,越受他的产品所统治。第二是劳动本身的异化。马克思认为,劳动是人的本质的力量对象化的一种活动,在这种活动中,人的聪明才智和肉体力量都体现在劳动产品上;此外,通过这种活动人的智慧和体力都获得了发展,同时劳动者还在劳动实践中感到一种创造的幸福和愉悦。但是,在异化劳动中,资本"都使工人畸形发展,成为局部的人,把工人贬低为机器的附属品,使工人受劳动的折磨,从而使劳动失去内容,并且随着科学作为独立的力量被并入劳动过程而使劳动过程的智力与工人相异化"②。第三是劳动者同他的人的本质的异化。人"通过实践创造对象世界,改造无机界,人证明自己是有意识的类存在物,就是说是这样一种存在物,它把类看作自己的本质,或者说把自身看作类存在物"③。但在资本主义条件下由于劳动异化,人的自我活动、自由活动的类本质最终被贬低为维持肉体存在的手段。第四是人与人的异化。在异化劳动中,人类丧失了自己的目的,异化为自私的个人,"人同自己的劳动产品、自己的生命活动、自己的类本质相异化的直接结果就是人同人相异化"④。这就是说,产品、劳动及人的本性的异化,必然导致人与人的异化。⑤

资本主义生产方式不仅仅导致了劳动的异化,而且导致了人与自然的异化,主要表现在对自然的破坏。马克思指出:"资本主义农业的任何进步,都不仅是掠夺劳动者的技巧的进步,而且是掠夺土地的技巧的进步,在一定时期内提高土地肥力的任何进步,同时也是破坏土地肥力持久源泉的进步。"⑥正是资本主义生产方式打破了人与自然的和谐关系,破坏了人与自

---

① 《马克思恩格斯文集(第一卷)》,北京:人民出版社 2009 年版,第 157 页。
② 《马克思恩格斯文集(第五卷)》,北京:人民出版社 2009 年版,第 743 页。
③ 《马克思恩格斯文集(第一卷)》,北京:人民出版社 2009 年版,第 162 页。
④ 《马克思恩格斯文集(第一卷)》,北京:人民出版社 2009 年版,第 163 页。
⑤ 刘静:《马克思主义生态思想浅析》[J].《中共贵州省委党校学报》2010 年第 4 期,第 15-18 页。
⑥ 《马克思恩格斯文集(第五卷)》,北京:人民出版社 2009 年版,第 579 页。

然的"物质变化"的平衡,造成了人与自然、人与人之间的异化。

再次,揭示资本主义生态危机的根源。马克思恩格斯对资本主义的生态批判,其目的在于揭示资本主义生态危机的根源和实质。对于自然的毁灭而言,工业只具有工具意义,而并不是事实上的罪魁祸首。也就是说,资本主义社会的铁锤"砸碎"了自然,而挥起铁锤的正是资本主义制度。① 当马克思在《资本论》中提及资产阶级作为统治阶级时,生动地描述道:"积累啊,积累啊!这就是摩西和先知们!"这句话鲜明地指出了资本主义社会的主要动力及其追逐财富时的宗教热情。资本的统治具有明确的优先权:它自身的积累超越了所有的目标和价值,为了获取利润而不惜牺牲自然与人类。②

在马克思的早期著作《论犹太人问题》中,马克思写道:"在私有财产和金钱的统治下形成的自然观,是对自然界的真正的蔑视和实际的贬低……托马斯·闵采尔正是在这个意义上认为下述情况是不能容忍的:一切生灵,水里的鱼,天空的鸟,地上的植物,都成了财产;但是,生灵也应该获得自由。"③在这里,马克思已经敏锐地指出,私有制统治一切的资本主义制度才是真正与自然相对立的,是蔑视自然生灵的,揭示出资本主义制度及其生产方式才是人与自然相对立自然观的最深刻根源。

马克思在《资本论》中指出:"生产剩余价值或赚钱,是这个生产方式的绝对规律。"④正是由于生产剩余价值最大化的这个"绝对规律"的利益驱使,使得资本家根本无暇顾及生态环境问题。资本主义生产方式的贪婪趋利性,始终给人类带来种种生态环境灾难。马克思恩格斯在揭示资本主义剩余价值生产时,考察工人阶级的生产生活状况,虽然无意,但是符合逻辑地揭示了资本主义制度及其生产方式的反生态性质。恩格斯在《英国工人阶级状况》一书中,通过自己的亲身经历和对伦敦、都柏林、爱丁堡、伯明翰、格拉斯哥和曼彻斯特等工业城市以及西约克郡、南郎卡郡的其他工业区进

---

① [美]乔尔·科维尔著:《马克思与生态学》[J].武烜,刘东锋,刘仁胜译:《马克思主义与现实》2011年第5期,第199-203页。
② [美]乔尔·科维尔著:《马克思与生态学》[J].武烜,刘东锋,刘仁胜译:《马克思主义与现实》2011年第5期,第199-203页。
③ 《马克思恩格斯文集(第一卷)》,北京:人民出版社2009年版,第52页。
④ 《马克思恩格斯文集(第五卷)》,北京:人民出版社2009年版,第714页。

行的实地调查,以大量翔实和确切的事例描述出这些工业城市和工业区广大工人饱受贫穷、饥饿、过劳、拥挤、疾病和环境问题。马克思在《资本论》等著作中,也深刻地揭示了资产阶级力图从尽量降低成本、最大化地增加利润的动机出发,造成了种种生态问题、劳动条件问题,造成了对工人的健康和生命的损害。他在引述1848年10月31日一份工厂视察员的报告中说,在这些敦厚善良的父母们的子女做工的麻纺厂里,空气中充满着原料的尘埃和纤维碎屑,即使只在纺纱车间待上10分钟,也会感到非常难受,因为眼睛、耳朵、鼻孔、嘴巴里会立刻塞满亚麻的碎屑,根本无法躲避,这不能不使人感到极度的痛苦。"这种节约在资本手中却同时变成了对工人在劳动时的生活条件系统的掠夺,也就是对空间、空气、阳光以及对保护工人在生产过程中人身安全和健康的设备系统的掠夺。"①而资本主义生产方式对社会所造成的生态灾难,只不过是工厂生产条件"节约"的延伸,以及在这种生产过程中人为放任的一种消极结果。②

在马克思看来,资本主义生产方式中资本的"节约"是以牺牲工人的人身安全和健康为代价的。资本主义生产方式的一个基本特点是"为生产而生产,即不顾任何事先决定的和事先被决定的需要界限来发展人类劳动生产力"。③ 但是,"它的对立性质包含着生产的界限,而它总是力图越出这个界限。因而就发生危机、生产过剩等等"④。也就是说,资本主义生产方式在利益的驱动下决定了它的生产根本不会顾及自然承载能力和人类消费能力的有限性,由此而产生的生产过剩、经济危机是必然的结果。在这里,马克思揭示出该社会的一个难以克服的基本矛盾,就是资本增值和扩张的无限性,同自然资源和社会需求的有限性之间的矛盾,势必通过鼓动社会过火的、迅速更替的消费时尚,甚至通过周期性的经济危机,来使矛盾得到暂时的缓解。但是由此造成的过度的生产、生活消费对于自然资源,特别是对于不可再生资源的大量破坏和浪费,致使整个世界的可持续发展难以为继。⑤

---

① 《马克思恩格斯文集(第五卷)》,北京:人民出版社2009年版,第491页。
② 李崇富:《马克思主义生态观及其现实意义》[J],《湖南社会科学》2011年第1期,第15-21页。
③ 《马克思恩格斯文集(第八卷)》,北京:人民出版社2009年版,第387页。
④ 《马克思恩格斯文集(第八卷)》,北京:人民出版社2009年版,第519页。
⑤ 李崇富:《马克思主义生态观及其现实意义》[J],《湖南社会科学》2011年第1,第15-21页。

最后,制度变革是解决生态危机的途径。在马克思恩格斯看来,资本家对于剩余价值或者说利润的狂热追求是导致资本主义生态危机的直接原因。"每个人都知道暴风雨总有一天会到来,但是每个人都希望暴风雨在自己发了大财并把钱藏好以后,落到邻人的头上。我死后哪怕洪水滔天!这就是每个资本家和每个资本家国家的口号。"[①]既然是资本主义制度及其生产方式导致了生态危机,那么生态危机的制度根源,就是"……要消灭这种新的恶性循环,要消灭这个不断重新产生的现代工业的矛盾,又只有消灭现代工业的资本主义性质才有可能"[②]。

马克思恩格斯认为,生产方式和社会制度反映着人与人的社会关系,同时制约着人与自然的关系。要解决人与自然之间的异化,必须调整和改变人与人的社会关系,变革生产方式和社会制度。马克思认为,人与自然矛盾的真正解决,只有在共产主义社会才能实现。因为,"共产主义是对私有财产即人的自我异化的积极的扬弃,因而是通过人并且为了人而对人的本质的真正占有";"它是人向自身、也就是向社会的即合乎人性的人的复归,这种复归是完全的复归,是自觉实现并在以往发展的全部财富的范围内实现的复归。这种共产主义,作为完成了的自然主义,等于人道主义,而作为完成了的人道主义,等于自然主义,它是人和自然界之间、人和人之间的矛盾的真正解决"。[③]马克思在这里指出,人和自然、人和人之间矛盾的真正解决只能通过制度途径,这就是变革资本主义社会制度,实现共产主义。

马克思恩格斯为解决生态危机、实现人与自然和谐统一指明的出路就是,消灭资本主义制度,实现共产主义。因为,只有在共产主义社会,"社会化的人,联合起来的生产者,将合理地调节他们和自然之间的物质变换,把它置于他们的共同控制之下,而不让它作为一种盲目的力量来统治自己;靠消耗最小的力量,在最无愧于和最适合于他们的人类本性的条件下来进行这种物质变换"[④]。

(二)马克思主义生态思想的当代价值

科学的生态思想及马克思主义生态观,是当代世界的特别是我国建设

---

① 《马克思恩格斯文集(第五卷)》,北京:人民出版社 2009 年版,第 311 页。
② 《马克思恩格斯文集(第九卷)》,北京:人民出版社 2009 年版,第 313 页。
③ 《马克思恩格斯文集(第一卷)》,北京:人民出版社 2009 年版,第 185 页。
④ 《马克思恩格斯文集(第七卷)》,北京:人民出版社 2009 年版,第 928 页。

资源节约型、环境友好型社会最直接的理论基础,是贯彻和坚持中国共产党以人为本、全面协调可持续发展的科学发展观的重要理论支撑,也是"生态文明"建设的理论依据。

1.驳斥西方马克思主义研究者的攻击,客观认识马克思主义生态思想

马克思主义是否具有生态思想,是否具有生态文明的理论视域?许多西方学者认识并不一致。一些西方学者认为在马克思主义中包含着丰富深刻的生态理论和思想,从不同角度阐述马克思主义与生态学之间的联系。1998年出版的《马克思与自然》一书中,美国的博克特博士重点阐述了马克思的劳动价值论和共产主义思想中蕴含的生态学原则,揭示了马克思主义与社会生态学在本质内容上的一致性。美国的福斯特教授在2000年出版的《马克思的生态学》中,首次提出了"马克思的生态学"概念,在马克思与生态学之间建立了直接的联系。福斯特认为,马克思在分析自然与社会的代谢过程中已经提出了可持续发展这个生态学概念。[1]

同时,一些学者认为,马克思主义中没有生态学思想,存在着生态学的"理论空场"。生态学马克思主义的创始人本·阿格尔就反对"绿化"马克思主义。他对于马克思主义理论中是否存在生态学思想的问题持否定观点,认为马克思主义只有关于经济危机的理论,而没有关于资本主义的生态危机理论。詹姆斯·奥康纳认为,"直到今日,马克思主义和生态学,除了被看成两个相对的或相互排斥的概念之外,还很少被有机地联系起来","马克思主义并没有扎根于生态学,因为历史唯物主义的传统解释强调的是人类如何改变自然并贬低自然对人类的影响和自然经济的规律"。[2] 泰德·本顿认为,马克思仅把自然理解为劳动手段和劳动对象,过分强调劳动在改造自然中的作用,忽视了土地和自然的生态学意义,忽视了各种形式的经济生活对自然给定的先决条件的必要依赖,结果马克思同资产阶级学者一样陷入了人类中心主义。[3] 此外,还有朱安·马丁奈兹、阿里尔·吉恩、米歇尔·雷德克里福特等人也对马克思主义中是否包含着生态思想提出质疑。

---

[1] 刘仁胜:《马克思主义生态思想概述》[A].第五期中国现代化研究论坛论文集[C].2007年第8期,第72-79页。

[2] [美]詹姆斯·奥康纳:《自然的理由——生态学马克思主义研究》[M].唐正东、臧佩洪译,南京大学出版社2003年版,第7页。

[3] 徐艳:《生态学马克思主义研究》[M].社会科学文献出版社2007年版,第140页。

事实上,马克思主义包含着丰富而深刻的生态学思想和理论。虽然,马克思、恩格斯没有使用过"生态学"这个概念,生态问题不是马克思关注的重要领域,但二人却属于最先对资本主义社会生态环境问题进行关注和批判的那一批人。鉴于前述,马克思从人与自然的辩证统一的世界观、劳动是人与自然辩证统一的中介的价值论和共产主义是实现人与自然统一的途径的社会制度这三种维度探讨了马克思主义生态思想和理论的主要内容,因此,我们全面考察马克思主义的生态思想,在理论上有力驳斥西方学者攻击马克思生态思想的谬论,有助于澄清是非曲直,正本清源,全面客观认识马克思主义的生态思想。

2.提供了指导我国处理好经济发展和资源环境关系的理论基础

改革开放后,依靠高投入、高消耗的资源战略,我国经济建设获得快速发展。与此同时,一方面我国生态环境压力越来越大,另一方面世界上发达国家普遍关注生态环境问题并不断深化"绿色运动",我国开始逐步形成可持续发展的生态观,尊重自然规律,实现经济和社会的可持续发展。

1996年,在全国人大批准的《国民经济和社会发展"九五"计划和二〇一〇年远景目标纲要》中,明确作出了我国今后在经济和社会发展中实施可持续发展战略的重大决策。2002年,党的十六大报告中指出,全面建设小康社会的四个目标之一是"可持续发展能力不断增强,生态环境得到改善,资源利用效率显著提高,促进人与自然的和谐,推动整个社会走上生产发展、生活富裕、生态良好的文明发展道路"[①]。在实施可持续发展战略的过程中,我国的生态环境建设取得了巨大的成就。但是,经济社会迅速发展和生态环境之间的矛盾仍然很突出。这时,我国已经意识到,对于自然不能只讲索取,不讲投入,要在发展经济的同时,注重人与自然的和谐发展,树立尊重自然、顺应自然、保护自然的生态文明观。2003年,胡锦涛在十六届三中全会上指出,要按照"五个统筹"的要求,完善社会主义市场经济体制,其中就包含"统筹人与自然和谐发展"。2005年,我国把"人与自然和谐相处"作为和谐社会的基本特征。2007年,党的十七大明确提出"建设生态文明",并将其作为实现全面建设小康社会的五大目标之一,将"人与自然和

---

① 江泽民:《全面建设小康社会,开创中国特色社会主义事业新局面》,《江泽民文选》第3卷[M].北京:人民出版社2006年版,第544页。

谐""建设资源节约型、环境友好型社会"写入新修改的党章中。2012年十八大报告提出,将"生态文明"纳入中国特色社会主义"五位一体"总布局,是我国生态观的战略性转变,标志我国生态观历史进程发展的全新阶段。我国提出的"生态文明",实际是要实现人类与生态环境的共同发展、协调发展,要求科学认识和正确运用自然规律,学会按照自然规律办事,科学地利用自然为人们的生活和社会发展服务,坚决禁止各种掠夺自然、破坏自然的做法。优化资源利用、提高资源产出率、降低环境污染,加快清洁生产,发展循环经济,建设节约型社会,促进经济发展与人口、资源、环境相协调。

我国对于经济发展和自然环境关系的认识历程,其本质上就是正确认识和掌握马克思主义生态思想的过程,是对马克思主义生态思想认识不断深化的过程,是马克思主义生态思想灵活运用的过程,是马克思主义生态思想中国化的过程。

3.超越西方生态文明话语权,维护我国经济发展的正当权利

当今世界仍是以西方发达资本主义国家为主导的世界,他们制定政治、经济、外交、生态规则,牢固掌控国际话语权。西方发达资本主义国家利用几百年的沉淀才取得今日生态成就,在国际社会上要求发展中国家承担与发达资本主义国家相同的国际责任,这是强权政治在生态领域中的体现,显失公平,影响了发展中国家工业化道路的进程。

2009年,丹麦哥本哈根召开的世界环境大会的焦点问题就是"责任共担",发达资本主义国家要求像中国、印度这样的发展中国家减少温室气体排放,承担和发达国家相同的国际责任。时任总理温家宝在题为"凝聚共识,加强合作,推进应对气候变化历史进程"的发言中,针锋相对地提出了"共同但有区别的责任"原则。近代工业革命爆发200年来,发达国家排放的二氧化碳占全球排放总量的80%。发达国家的居民如今已经过上富裕生活,但仍维持着远高于发展中国家的人均排放,且大多属于消费型排放;相比之下,发展中国家的排放主要是生存排放和国际转移排放。应对气候变化必须在可持续发展的框架下统筹安排,决不能以延续发展中国家的贫穷和落后为代价。发达国家无视发展中国家的历史责任,无视人均排放和各国的发展水平,要求近几十年才开始工业化、还有大量人口处于绝对贫困状态的发展中国家承担超出其应尽义务和能力范围的减排目标,是毫无道理的。实际上,正是资本主义在全球范围的扩张才导致了生态危机。一方

面,我国要大力推进生态文明建设,另一方面,我们在国际社会上还要据理力争,努力传递中国声音,维护国家发展权利。

二、中国传统文化中生态思想的现代阐释

日益恶化的生态危机使人类生存环境问题变得越来越严峻,人类不得不冷静反思主客二分思维模式下的人与自然关系,力求从理论和实践角度寻求解决问题的方法。除了中国学者,很多外国学者也将视角聚焦于中国传统文化中蕴含的丰富生态思想,从中挖掘对于解决当今生态问题的有益养分。中国传统文化是儒家学说为主体、道家和佛家文化为补充的多元文化综合体,虽然儒、道、佛三家从不同角度阐释了各自主张的生态思想,但其主要追求依然是人与自然的和谐相处,"天人合一"是中国传统文化的核心价值理念,构成了中国传统文化精髓生态思想。

(一)儒家的生态思想

1."天人合一"的整体观

在农业文明基础上形成的"天人合一"思想既是中国传统文化的核心精神,也是农业文明下生态观的核心思想。国学大师钱穆说:"中国文化中,'天人合一'观,虽是我早年已屡次讲到,惟到最近始澈悟此一观念实是整个中国传统文化思想之归宿处。"他认为:"所以中国古人,认为一切人文演进都顺从天道来。违背了天命,即无人文可言。'天命''人生'和合为一,这一观念,中国古人早有认识。我以为'天人合一'观,是中国古代文化最古老最有贡献的一种主张。"①

"天人合一"的思想最早是由庄子阐述,后被汉代思想家、阴阳家董仲舒发展为天人合一的哲学思想体系。《庄子·达生》曰:"天地者,万物之父母也。"人也是万物之一。《中庸》里说,"万物并育而不相害,道并行而不相悖",讲的也是万物和谐并生的包容状态。西汉思想家董仲舒提出"天人之际,合而为一"②,并在此基础上提出"天人感应"理论。宋代张载明确提出了"天人合一"的概念:"儒者则因明致诚,因诚致明,故天人合一。"③北宋理

---

① 钱穆:《中国文化对人类未来可有的贡献》[J].《中国文化》1991年第1期,第93-96页。
② 苏舆:《春秋繁露义证》[M].北京:中华书局1992年版,第288页。
③ 张载:《张载集·正蒙·乾称》[M].北京:中华书局1978年版,第65页。

学家程颢提出了"仁者,以天地万物为一体"的生态道德观。① 明代王阳明也提出:"大人之能以天地万物为一体也,非意之也,其心之仁本若是,其与天地而万物一也。"②

儒家对于"天人合一"的阐释,是基于人道与天道相互贯通的思想,认为人类在社会活动中的普遍原则与自然法则应该是一致的,伦理道德规范不仅可以调节人类社会领域的行为活动,同样能够适用于自然界。"天地人,万物之本也。天生之,地养之,人成之。天生之以孝悌,地养之以衣食,人成之以礼乐,三者相为手足,合以成体,不可一无也。"③人类作为天地人整体之一,应妥善解决人类发展和自然资源之间的矛盾,善待自然万物,自觉维护自然物种的多样性,是天地人三者在相互作用中形成循环发展的和谐整体。"唯天下至诚,为能尽其性;能尽其性,则能尽人之性;能尽人之性,则能尽物之性;能尽物之性,则可以赞天地之化育;可以赞天地之化育,则可以与天地参矣。"④儒家生态思想从天人一体的整体观出发,深刻地揭示了自然规律与人类社会规律的和谐统一性,自然规律与人类社会规律相辅相成,自然生态道德与人类社会道德协调一致。

2."仁民爱物"的价值观

儒家思想体系的核心是"仁"。什么是儒家的"仁"? 朱熹解释:"说仁,便有慈爱底意思。"⑤清代戴震说:"仁者生生之德也……生生之心,是乃仁之为德也。"⑥儒家认为,仁者爱也,这种仁爱的"生生之心"的终极体现就是使所有仁爱之人和物都能够充分展现其应有的生命本性及历程。

从儒家"天人合一"的整体观出发,儒家仁爱对象包含着天地人万物,儒家思想核心使命就是:天地人万物一体之人。因此,程颢说"仁者以天地万物为一体,莫非己也"⑦。促进和维护天地人万物都能各得其所、各尽其能是儒家仁者不可推卸的责任。王阳明也说:"仁者以天地万物为一体,使有一物失所,便是吾仁有未尽处。"儒家把这些视为完善自己人格、成就自己人

---

① 程颢、程颐:《河南程氏遗书·第二上》[M].北京:中华书局1981年版,第15页。
② 王守仁:《王阳明全集》[M].上海:上海古籍出版社2011年版,第1066页。
③ 董仲舒:《春秋繁露·立元神》[M].[清]凌曙注.北京:中华书局1975年版,第209页。
④ 杨天宇:《礼记译注》(下册)[M].上海:上海古籍出版社2004年版,第705页。
⑤ [宋]黎靖德:《朱子语类》[M].北京:中华书局1986年版,第105页。
⑥ 戴震:《孟子字义疏证》[M].何文光整理.北京:中华书局1962年版,第48页。
⑦ 黄宗羲:《宋元学案》第1卷,中华书局1986年版,第522页。

性的内在要求。由此,儒家得出"仁民爱物""厚德载物""民胞物与"等观念,将儒家仁义道德与万物生态紧密结合起来,将维护生命万物的自然发展作为最基本的道德责任和义务。

儒家在"仁"的问题上,认为"爱人"与"爱物"是相依相存的,一荣俱荣,一损俱损,尊重自然就是尊重自己,爱惜万物就是就是爱惜自己的生命。虽然,古代先哲大多从伦理道德层面上,阐述贤君仁者与天地万物为一体的抽象思辨,但是天人和谐发展的整体宇宙观处处透露出先人对自然万物的生态道德责任感。

3."圣王之制"的法制观

中国古人很早就意识到,自然资源是有限的,如果过度攫取或利用不当,会妨害自然资源再生,最终导致资源的枯竭。因此他们采取了相应的措施。

首先,砍伐、渔猎需要遵循"时禁"。古人对砍伐林木的时间有严格的规定,反对乱砍滥伐。《管子·八观》说:"山林虽广,草木虽美,禁发必有时。"《大戴礼记·曾子大孝》中说:"草木以时伐焉。"禁止砍伐林木的时间是春季发芽和夏季生长之时,"草木荣华滋硕之时,则斧斤不入山林,不夭其生,不绝其长也"①。《礼记·月令》中也记载,孟春之月"禁止伐木",仲春之月"毋焚山林",孟夏之月"毋伐大树",季夏之月"毋有砍伐"。古人对捕鱼的时节也有一定限制,《逸周书·文传》中说:"川泽非时不入网罟,以成鱼鳖之长。"《管子·禁藏》中记载:"当春三月……毋杀畜生,毋拊卵,毋伐木,毋夭英,毋拊竿。"古人对自然资源的砍伐和渔猎严格遵守"时禁",其目的就是"污池渊沼川泽,谨其时禁,故鱼鳖优多,而百姓有余用也;斩伐养长不失其时,故山林不童,而百姓有余材也。"②

其次,限制砍伐、渔猎的对象和方法。《逸周书·文传》中记载:"无杀夭胎,无伐不成材。"古人在鱼类和其他水生动物孕育时期禁止捕猎:"鼋鼍鱼鳖鳅鳣孕别之时,罔罟毒药不入泽,不夭其生,不绝其长也。"③古人还禁止捕捉小鱼,《国语》中记载"鱼禁鲲鲕";禁止使用小渔网,"数罟不入洿池,鱼

---

① 北京大学《荀子》注释组:《荀子新注》[M].北京:中华书局1979年版,第128页。
② 北京大学《荀子》注释组:《荀子新注》[M].北京:中华书局1979年版,第128页。
③ 北京大学《荀子》注释组:《荀子新注》[M].北京:中华书局1979年版,第128页。

鳖不可胜食也"①。古人在狩猎时,亦反对斩尽杀绝。《礼记·王制》中记载:"天子不合围,诸侯不掩群","昆虫未蛰,不以火田,不麛,不卵,不杀胎,不殀夭,不覆巢"。秦朝《田律》也规定,春天二月,不准到山林中砍伐木材,不准堵塞水道。不到夏季不准烧草作为肥料,不准采取刚发芽的植物,或捉取幼兽、鸟卵和幼鸟,不准毒杀鱼鳖,不准设置捕捉鸟兽的陷阱和网罟,到七月禁令解除。只有因死亡而需伐木材制造棺椁的,不受季节限制。为了保证自然万物生长繁育,古代国家制定了各种政策,即"圣王之制",以维持生态平衡,保障自然生态的可持续发展。

(二)先秦道家的生态思想

先秦时期以老庄为代表的道家关注自然,在其思想中包含了丰富的关于"天""人"之间关系的重要生态思想,蕴含着人与自然和谐发展的意蕴。

1."道法自然""天人合一"的自然观

"道法自然",是先秦道家和秦汉以来道家继承者共同尊崇的核心理念和最高法则,是道家思想体系的核心观点。老子云:"有物混成,先天地生。寂兮寥兮,独立而不改,周行而不殆,可以为天地母。吾不知其名,字之曰道,强为之名曰大。大曰逝,逝曰远,远曰反。故道大,天大,地大,人亦大。域中有四大,而人居其一焉。人法地,地法天,天法道,道法自然。"②"道法自然",阐述了老子对于"道"的认识:首先,"道"产生于天地万物产生之前,"道"并没有具体形态,而是混混沌沌、无边无际、无形无音、浑然一体。其次,"道"是宇宙万物乃至天地来源的根本,遵循着自己的法则而永远不会改变,循环往复地运动而永不停歇,可以作为宇宙万物乃至天地的根本。再次,"道"无比强大,甚至不能准确描述,只能命名为"道",它不停运动、变化,无处不在、无远不至,能够到达极远处后又返回事物的根本。因此,"道"很大,无穷无尽,遵循于"道"的天、地、人都很大。宇宙有四"大",人也是其中之一。最后,"道"是规律,人必须遵循的规律,地服从于天,天以道作为根本,而"道"就是自然而然,就是自然本来的样子。

"道法自然"蕴含的自然观有以下三点。第一,"道"为"万物"产生之源,但它不以万物之主自居,"万物恃之以生而不辞,功成而不有。衣养万物而

---

① 《孟子精华》[M].上海:中华书局1925年版,第5-6页。
② 陈鼓应:《老子注译及评介》[M].北京:中华书局1984年版,第163页。

不为主,可名于小;万物归焉而不为主,可名为大。以其终不自为大,故能成其大"①。第二,"道"遵从万物自然属性,不"主宰""控制"和"干预"万物,它具有"生而不有,为而不恃,长而不宰"②和"善贷且成"③的至上德行。第三,人、"道"和天地一样,也要遵守自然规律,天人关系达到最高的境界。"无为"就是人按照天地万物自然本性所采取的行为方式,"无为"不是说"道"没有任何作为,而是不控制、不干预,让万物遵从其自然的本性。庄子说:"夫明白于天地之为德者,此之谓大本大宗,与天和者也;所以均调天下,与人和者也。与人和者,谓之人乐;与天和者,谓之天乐。"④明白天地以无为为本的规律,这就叫作把握了根本和宗原,而成为跟自然谐和的人;用此来均平万物、顺应民情,便是跟众人谐和的人。跟人谐和的,称作人乐;跟自然谐和的,就称作天乐。这种"和",就是"天人合一"。因此,我们说,"道法自然"的核心是遵从宇宙万物规律的一种自然观,它将人视为宇宙万物的一部分,共同构成了当下的客观存在。如果人的行为主宰、控制、改变了自然界万物的存在方式,万物本性会遭到破坏,所以,人要"无为",不能违背万物自然本性,以达到"天人合一"的最高境界。

2."物我为一""万物平等"的价值观

道家认为,"道"是创生万物的根源,先于天地而存在,是天地万物的内在动力和运行法则。既然万物存在和发展的本源都是同一的"道",那么万物从本源上就是平等的,"故道大,天大,地大,人亦大"。庄子在《齐物论》中指出"天地与我并生,而万物与我为一",《庄子·马蹄》中"万物群生,连属其乡""同与禽兽居,族与万物并"的思想也都直接反映出人与自然万物平等的观念。道家思想站在"道"的基础上强调人与万物的同一性、平等性。⑤

道家提出了"物无贵贱、万物平等"的生态伦理自然价值观,"以道观之,物无贵贱"⑥。这种价值观认为,宇宙中的任何生物都具有自己独立的、不可替代的内在价值,它们都在按照道的运行法则去实现它。从万物自身所

---

① 陈鼓应:《老子注译及评介》[M].北京:中华书局1984年版,第200页。
② 陈鼓应:《老子注译及评介》[M].北京:中华书局1984年版,第261页。
③ 陈鼓应:《老子注译及评介》[M].北京:中华书局1984年版,第227页。
④ 《庄子·天道》。
⑤ 夏劲、项继光:《儒道生态思想的当代价值》[J].《长沙理工大学学报》(社会科学版)2013年第1期,第20-25页。
⑥ 《庄子·秋水》。

依据的价值本源的绝对意义上看,任何事物的价值都是平等的,而没有大小贵贱之分别。从万物之间各自的性质、形态、功能的有无相对意义上看,其差别也是相对的,这些差异不能说明事物的贵贱,也不能成为否定一物独特价值的理由。所以,从生态系统整体论上来说,人与天地万物是平等的,人对天地万物也应当一视同仁。①

3."知止知足""少私寡欲"的消费观

道家之所以主张用自然无为的态度来对待自然,其中一个重要的原因就是自然万物本身有一个客观承受极限和人类利用自然适度的问题,这也就是道家所提出的另一个重要生态思想——"知止知足",要合理开发自然资源,节制人类的欲望,使人的欲望和自然承受力之间保持合理的张力。老子说:"知足不辱,知止不殆,可以长久。"主要是说,人要懂得人情事物自身固有的限度,限制或禁止自己的行为,知道适可而止,不要恣意妄为。在道家看来,自然万物都遵循自身运行的法则,总体上保持平衡状态,人类对于自然的态度也要适度,不能超过自然和万物自身的限度,懂得适可而止,否则,就会陷入危险,正如老子所说:"咎莫大于欲得,祸莫大于不知足"②。因此,在自然面前,人们不仅要"知止",正确认识和把握万物的限度;还要"知足",克制人类自身欲望,满足于朴素简单的生活消费需求。

道家倡导"见素抱朴""少私寡欲"的消费观,"其民愚而朴,少私而寡欲"③。认为人的物质享受应该顺应正常的自然生理需求,"鹪鹩巢林,不过一枝;偃鼠饮河,不过满腹"④。只要能够满足基本生存需要,过多的消费就是一种奢侈。老子反对过分追求物质享受,"五色令人目盲;五音令人耳聋;五味令人口爽;驰骋畋猎,令人心发狂;难得之货,令人行妨"⑤。庄子号召人们摒弃声色享乐,禁得住物质诱惑。落实到具体行为实践上,老子提出:"我有三宝,持而保之。一曰慈,二曰俭,三曰不敢为天下先。"⑥"知止知足""少私寡欲"是要求人类根据自然界的承受能力进行适度开发和利用,顺应

---

① 李广义、吕锡琛:《道家生态伦理思想及其普世伦理意蕴》[J].《湖南科技大学学报》2009年第1期,第102-105页。
② 陈鼓应:《老子注译及评介》[M].北京:中华书局1984年版,第245页。
③ 《庄子·山木》。
④ 《庄子·逍遥游》。
⑤ 陈鼓应:《老子注译及评介》[M].北京:中华书局1984年版,第118页。
⑥ 陈鼓应:《老子注译及评介》[M].北京:中华书局1984年版,第310页。

自然规律,反对涸泽而渔、杀鸡取卵的掠夺性行为和恣意妄为的奢侈浪费行为。

(三)佛教的生态思想

佛教起源于古代天竺(今印度),西汉时期传入中国,融合吸收了中国传统文化中儒家等思想,形成了源远流长、博大精深的中国佛教文化。佛教的思想家们提出了一系列人与自然平等、和谐相处的朴素自然观。

1."万物一体"的整体观

佛教生态自然观的基础是"缘起论",指世间万物的一切现象都是多种因素作用的结果,事物之间相互依存、相互制约,它们都是世界万物的有机组成部分并不断地推动世界向前发展。自然和人类都是自然界的组成部分,自然界所有现象都是在多种条件下共同作用的结果,联系是事物之间的基本关系。因此人和自然的关系也是如此,是相互依存、紧密联系的,即所谓"依正不二"。

在处理人与自然的关系上,佛家主张"万物一体"的整体观。佛教认为,天地万物都是源于一体的,万物之间是一种相互依存、相互联系的关系,天地万物共同构成了一个统一的宇宙,"天地同根,万物一体,法界通融"。自然万物作为统一整体,相辅相成,密不可分,一切生命都是自然界的有机体,离开自然,生命就不能存在,这就构成了佛家"自然万物"的生态整体观。

2.众生平等的价值观

佛教赋予世间一切生命平等的价值地位,认为人类、动物、植物都是同样宝贵的,体现了佛教尊重生命的思想。佛家是从佛的内在性承认众生平等,认为众生皆有佛性,不仅肯定有情的众生(即"有情众生",包括任何动物在内的有生命体)有佛性,还认为无情的草木(即"无情众生",包括山川大地等无生命体)也有佛性。佛家由此指出,善有善报、恶有恶报。在佛家看来,事物的本原是"佛性",事物的佛性是不变的,所有生命都有潜在的佛性,都有可能达到"佛"这一生命的最高境界。即使是"无情众生",也是"无情有性"的,也就是说,山川大地等无生命体也是具有佛性的。佛家肯定自然界万物都具有"佛性",实质上就是众生平等价值观的体现。

3.慈悲为怀的实践观

佛教从非人类中心和万物平等的立场出发,主张善待万物。慈悲为怀是佛教生态实践观最为集中的体现,在内容上表现为禁止杀生、普度众生、心灵清净。在佛法上,"与乐"叫作慈,"拔苦"叫作悲。佛教要求人们要对所有生命大慈大悲,大慈与一切众生乐,大悲拔一切众生苦。佛家倡导的"慈悲"心怀以及"诸恶莫做,众善奉行",就是要求人们要尊重生命,关爱生命,以平等心态对待众生。[①] 慈悲体现在对世间其他生物的关怀之情,践行佛教倡导的"上报三重恩,下济四途苦"准则,感恩与怜悯世上一切生物,将自己置于世间万物的各组成部分,以它们的角度感受痛苦与快乐。这样每个人也能真正地善待一切生物、关爱自然。具体来说,第一,禁止杀生。在佛教中,"诸恶当中,杀罪最重;诸功德中,不杀第一"。因此,不杀生也是虔诚佛教信徒清规戒律中的基本准则之一,意味着对于生命万物的保护。第二,以素食和放生为标志的普度众生。素食是以植物为主要食物来源,也是佛教强制行为规范之一。素食禁止佛教徒为满足自身口腹之欲而猎杀和食用动物,在一定程度上可以避免很多动物物种的灭绝。放生就是将捕获的动物放归自然,也是积极的保护动物行为。第三,自我心灵的净化是佛教修心的要求。佛教要求摆脱世俗的诱惑,要六根清净,修身修心,提高个人修养,限制自身的过度欲望,达到"菩提本无树,明镜亦非台。本来无一物,何处惹尘埃"的境界。佛教对于人心灵境界的修行是从更高的精神层面摆脱物质上诱惑,一定程度上能够达到对自然和万物生灵的保护的效果。

(四)中国传统文化中生态思想的启示

中国传统文化中的儒家、道家和佛教中蕴含的生态思想是我国古代先人智慧的结晶,由于历史条件的局限,它们更多的是强调在农耕文明时代人类应如何顺应自然、保护自然,实现人与自然的和谐共生,虽然它是古人对自然经济下传统的、局部的、表层生态环境问题的思考和提炼,但我们依然可以从中汲取养分,为我们解决当今面临的日益严峻的生态环境问题提供可资借鉴的历史经验。

1.重新认识和挖掘中国传统文化中蕴含的丰富而深刻的生态智慧

根植于农业文明的中国传统文化中虽然没有专门的生态学,但是其"道法自然""天人合一"的哲学理念深入人心,处处弥漫着浓郁的生态文化气息,充满哲学智慧,在政治伦理、道德法制等领域蕴含着丰富的生态思想资

---

① 刘春元、王鹏:《佛家生态伦理思想对生态文明建设的启示》[J].《商业经济》2010 年第 14 期,第 8-9 页。

源,这种独特的宇宙观、价值观与思维方式,彰显古人秉承自然万物一体的整体认识论、天地万物和谐之美、中庸之度的不懈追求。中国传统文化中,人和自然万物地位平等,相生相长,和谐共处,天人合一。这种和谐,并非单向度,它包含着天定胜人和人定胜天两个方面,远超西方人与自然对立的主客二元论的局限,正如马克思所说,"社会是人同自然界完成的统一,是自然界的真正复活,是人的现实了的自然主义和自然界的实现了的人道主义"①。

2.追溯中国传统文化生态思想根基,建设社会主义生态文明

以儒释佛为代表的中国传统文化中的生态思想是农业文明条件下形成的人与自然和谐相处的理论,与近代工业文明以来人与自然主客二分对立的思想形成鲜明对比,推动了我们对伴随着现代文明和发展中出现的负面影响、生态失衡以及唯科学论等问题的反思,为重塑人与自然和谐的生态文明秩序提供了可资借鉴的思想样本。中国传统文化生态思想的现代价值就在于,它为我国生态文明建设提供了精神养分,它的生态哲学观、伦理价值观和制度领域的规范,为寻求解决生态环境问题提供了历史经验和理论参考。

面对日益严峻的生态环境问题,2007 年,党的十七大明确提出把"建设生态文明"作为全面建设小康社会的五大目标之一,并首次将人与自然和谐,建设资源节约型、环境友好型社会写入党章。2012 年,党的十八大把"生态文明建设"提升到国家发展战略高度,将其纳入中国特色社会主义事业"五位一体"总布局。面对资源约束趋紧、环境污染严重、生态退化的严峻形势,必须树立尊重自然、顺应自然、保护自然的生态文明理念,把生态文明建设放在突出地位,使其融入经济建设、政治建设、文化建设、社会建设各个方面和全过程。坚持节约资源和保护环境的基本国策,坚持节约优先、保护优先、自然恢复为主的方针,着力推进绿色发展、循环发展、低碳发展,形成节约资源和保护环境的空间格局、产业结构、生产方式、生活方式,从源头上扭转生态环境恶化趋势,为人民创造良好的生产和生活环境,为全球生态安全做出贡献。

---

① 马克思:《1844 年经济学哲学手稿》,人民出版社 1985 年版,第 79 页。

3.搭建了中西方学者生态文化相通互融的桥梁

中国传统文化中蕴含的丰富而深刻的生态智慧及其价值日益普遍地被予以重新认识和挖掘,甚至可以说,在西方学者中引起更大共鸣。西方生态批评学者崇尚中国文化中的道家思想,在他们眼中,《道德经》是来自东方的绿色圣经,他们认为《道德经》所蕴含的生态智慧与构成西方生态批评思想基础的生态整体主义哲学,尤其是深层生态学有不少契合之处。西方学者罗尔斯顿认为,为了建立一门新的环境伦理学,应该向东方求助。在西方生态学者视野中,中国传统生态观与资源和生态学的新观点相契合,人与自然的生物学和道德鸿沟不存在,人的主体和自然万物的客体水乳交融,和谐共生,这种灵活、有机和人性的对待自然的方式使人与自然、宇宙万物之间能够自然流转。① 这就为东西方学者以生态文化思想为中心进行的跨文明相互了解、相互汲取、相互融合建立了对话的平台。

中国传统文化中固有的生态智慧使西方现代生态伦理学找到了新的视角和新的思想资源,有利于超越中西文化隔阂进行平等对话,增进了解,相互学习,互融进步。这种对话,实际上是中西方异质文化的激荡,是传统与现代的继承与发展,是全球化进程对不同文明的包容和融合,是人类文明创新的漫长历程。在这一过程中,中国应抓住机会,让世界了解中国、认识中国,在生态环境这一全球化领域中展开合作,争取话语权,向全世界发出中国声音。

三、西方生态现代化理论与生态社会主义思潮及其评价

(一)生态现代化理论的主要观点及其评价

20世纪80年代后,面临日益严峻的生态环境危机,生态现代化的概念逐渐成为发达国家政策制定领域中的重要话语,其原因在于这一理论用人类智慧去协调经济发展和生态进步,实现了绿色主义、市场经济和政府治理之间的价值平衡,由此获得了不同社会力量的一致认可。

生态现代化理论的提出是人类对生存环境危机的反思。20世纪80年代以来,随着经济的发展,具有全球性影响的环境问题日益突出。世界上不仅发生了区域性的环境污染和大规模的生态破坏,而且出现了温室效应、臭

---

① 胡志红:《生态批评与〈道德经〉生态思想研究》[J],《西南民族大学学报》(人文社科版)2009年第9期,第176-180页。

氧层被破坏、全球气候变化、酸雨、物种灭绝、土地沙漠化、森林锐减、越境污染、海洋污染、野生物种减少、热带雨林减少、土壤侵蚀等大范围和全球性环境危机，严重威胁着全人类的生存和发展。据美国科学杂志上发表的资料（Lubchenco,1998),50％的陆地面积已经被人类改变,60％的海洋渔业资源过度开发或耗尽,50％的可利用地表淡水已经被人类利用;工业革命以来大气中二氧化碳浓度提了30％。①

生态现代化理论的提出是环境保护运动发展的要求。从1962年蕾切尔·卡逊《寂静的春天》开始,对经济增长和工业化后果的悲观解读构成了直到20世纪70年代末的环境主义支持者和批判者的主题。② 人类对传统工业化所造成的生态崩溃趋势开始进行反思,环境污染被广泛认为是一种严重的人类文明危机,资本主义生产方式和消费方式以及与之相适应的社会组织方式是导致这一危机的根源,人类必须进行深刻的变革以扭转人类走向灭亡的趋势。绿色主义运动对于"人类中心主义"的否定与资本主义追求利润持续增长的期望形成尖锐对立,一方面人类认识到生态问题关乎人类发展的长远利益,另一方面经济危机和失业的现实,使绿色主义运动难以取得预期效果。因此,绿色主义者不得不寻求一条调解经济发展和环境保护之间平衡的新道路,生态现代化应运而生。

生态现代化理论的提出是社会政府环境治理的出路。在"绿色人士"的压力下,西方发达国家将环境问题纳入关注领域,虽然起到了一定的作用,但总体上并不成功,环境问题上"政府失灵"凸显。政府受到了来自两方面问题的困扰:一是采取环境治理中的"应付治疗"性质的"管末控制"模式,也就是在环境治理中,采取"头痛医头,脚痛医脚"的办法,不能形成环境污染治理的根本性解决机制;二是政府在环境治理中采取了"堵"的方式,进行限制性治理,带来了以持续通货膨胀和大规模失业浪潮为特征的经济衰退的可能性和危险性,造成了企业和政府之间的对抗,政府面临经济持续增长、企业发展、工人就业等多方面问题。生态现代化为政府提供了调和生态环境保护和企业发展的新型出路。③

生态现代化理论的提出是世界现代化转型的必然。当今世界正从经典

---

① 转引何传启:《生态现代化——中国绿色发展之路(摘要)》,《林业经济》2007年第8期,第16-19页。

② 郇庆治:《生态现代化理论与绿色变革》[J].《马克思主义与现实》2006年第2期,第90-98页。

③ 蒋俊明:《西方生态现代化理论述评》[J].《生产力研究》2008年第22期,第163-165页。

现代化向生态现代化转变。二者的不同之处在于：在人类与自然的关系上，前者征服自然和改变自然，后者与自然和谐相处；前者使用传统的技术，不考虑资源环境，后者采用新型的绿色技术；工业现代化道路上，前者走传统工业化道路，造成资源枯竭与环境破坏，后者走社会与环境协调之路；城市化建设上，前者在城市化进程中造成环境和生态退化，后者可以实现经济与生态双赢。①

1.生态现代化理论的主要观点

"生态现代化"这一概念的内涵解析详见第一章。生态现代化理论研究领域中代表性学者有马丁·耶内克（也译马丁·简尼克）、约瑟夫·胡伯和其他"柏林学派"环境政策研究者们。此外，对生态现代化理论做出重要贡献的还有阿尔伯特·威尔、阿瑟·摩尔、马腾·哈杰和迈克尔·S.安德森等人。

生态现代化理论的发展可以分成三个阶段。第一个阶段（20世纪80年代）强调的是依靠科学技术创新，使工业国家环境问题得以解决，但是这种论断遭到新马克思主义和反生产力主义学者的抨击，他们认为解决环境危机的途径就是停止工业化。第二个阶段（20世纪80年代末至90年代中期）主要着眼于生态转型过程中国家和市场所扮演的角色、制度、文化以及人类机构在环境诱发型社会变迁中的作用。生态现代化理论开始与结构化理论、风险社会理论、自反性现代化理论联系起来。这个阶段的批评主要来自后现代主义、生态中心主义和新马克思主义等流派。第三个阶段（20世纪90年代中期至今）的生态现代化理论得到了极大发展，开始在各个领域中被应用，如全球化、环境改革、环境信息管理、可持续消费等方面，并开始走出欧洲，被应用于解释亚洲、非洲等非欧洲国家的上述问题。②

生态现代化理论没有一个系统性理论表述，不同学者从不同侧面、运用不同方式来表述自己的观点，但是其核心之点是，环境保护不应被视为经济活动的一种负担，而应视为未来可持续增长的前提。以下是生态现代化几种代表性观点。

---

① 转引何传启：《生态现代化——中国绿色发展之路（摘要）》，《林业经济》2007年第8期，第16-19页。

② 金书秦，Arthur P.J.Mol，Bettina Bluemling：《生态现代化理论：回顾和展望》[J].《理论学刊》2011年第7期。也有学者把生态现代化理论的发展阶段分为产生期、完善期、应用期三个阶段，详见陈瑜：《生态现代化理论研究述评》，《吉首大学学报》（社会科学版）2009年第6期，第91-95页。

(1)预防性策略论

德国学者马丁·耶内克是最早提出生态现代化的学者,他将环境政策分为补救性和预防性两个类型,认为生态现代化是环境问题的解决措施从补救性策略向预防性策略转化的过程。两种补救性策略包括:①对环境破坏性产品和生产过程造成的环境损失给予修复或补偿,如对所造成的损失给予财政赔偿;②通过对环境破坏性产品与生产过程采取清洁过滤措施来消除污染,如在燃煤发电站内应用流体除硫设备以防止酸雨生成。两种预防性策略包括:①生态现代化通过技术创新使生产过程与产品更加适应环境的良性发展,如提高燃烧效率;②通过社会结构性变革或经济结构生态化促使引发环境问题的生产过程被新的生产和消费形式所替代,如改革组织结构形式以使其更加适于拓宽能源利用范围、发展新的公共交通策略以替代私人交通形式。

从耶内克的论述中我们可以看到,生态现代化的实现在很大程度上依赖于科学技术的改革过程,而并非要改变根本的社会制度,主张通过社会结构性变革促使新的、更加有益于环境的生产和消费形式替代原有形式,这样可以避免激烈的社会冲突。

(2)社会变革和生态转型论

荷兰学者阿瑟·摩尔认为,生态现代化首先是一个处理现代技术制度、市场经济体制和政府干预机制之间关系的概念。摩尔试图从环境改革与工业转型两个不同的角度塑造生态现代化的理论模型和实践模型。他认为,生态现代化作为一种社会变革理论具备如下四个特点。第一,在生态现代化理论中,科学技术是实现生态改革的关键因素,而不是造成生态危机与社会混乱的罪魁祸首。摩尔认为,生态现代化实现的前提是"科学技术发展的轨道要改变方向"。实现生态现代化,就是要开发更加先进的环境技术,替代20世纪70年代实行的简单的"管末治理"技术。第二,生态现代化理论强调经济与市场动力在生态改革中日益增长的重要性,并且重视创新者、企业家和其他经济代理人在生态重建过程中所发挥的社会载体作用。摩尔认为,环境改善和经济增长可以同步进行。摩尔还明确指出,现代经济制度和机制在越来越大的程度上能够按照生态理性准则进行改革,政府规定的环境保护行动与资本积累这两个要素之间并非存在着根本性冲突;相反,通过生态化达到外在环境影响的内在成本化是生态现代化实现的经济机制之一。第三,转变政府在环境政策决策中的作用,强调市场的作用。摩尔指出,在生态现代化的实现过程中,政府在环境政策决策方面所发挥的作用要发生变化。环境政策决策的性质需要从"治疗性"和"反应性"向"预防性"和"超前性"转变,从"封闭性"向"广泛参与性"、从"中心化"向"多极化"趋势发展,并且环境政策制定要从依靠国家计划经济向依据实际社会背景进行筹划的方向转化。另外,环境重建的某些任务、责任的规定者和动机的产生来源也从政府转向市场,私有经营者也开始参与环境改革。这样,生态现代化就可以使中央政府制定环境政策的任务降到最低限度,改变政府与社会及经济间的相互关系,防止政府成为环境极权主义的化身。第四,生态现代化理论中政府与市场的重新定向改变了公众社会运动在生态转型过程中的地位及其所发挥的作用。摩尔认识到,随着环境问题在政府、市场和科学技术发展中的系统化,环境运动的角色慢慢从社会发展之外的批评者转向社会内部,并逐渐涉及生态转型的独立参与者。环境运动中所产生的替代和创新思想通过在消费者群体中的广泛传播,起到了将公众支持或反对意见组织起来的作用,日益成为对现代社会进行生态重建的社会支持力量。这一点正是生态现代化所极力推崇的模式特征之一,也是西方发达国家现行的弱化生态现代化或技术组合主义生态现代化所缺乏的要素。此外,他还从工业社会转型的角度,对生态现代化的实践模式进行了剖析,向人们展示了一个西方发达国家生态现代化的现实实践模型。这个模型主要以20世纪80年代西方发达国家的化学工业为例,对生态现代化所倡导的社会生态重建过程进行了描述。

(3)综合性新政策论

荷兰学者马腾·哈杰将环境退化看成一个社会结构性问题,认为生态现代化是为环境的良性发展而对资本主义政治经济结构予以调整的过程。哈杰把生态现代化分为"技术-组合主义"和"反省式"两种模式。"技术-组合主义"模式主要包括:生态现代化要求将整合主义纳入政策制定策略中,转变"管末控制"为预防策略;生态科学在环境政策制定方面扮演愈来愈重要的角色;生态现代化中,蕴含着"防止污染有回报"的商业利润;自然资源是公共资源,要使商家排污的"外部成本"内在化;涉嫌污染的企业要承担举证责任;在不改变资本主义社会制度的前提下,寻求消弭政府与环境运动之间存在的激烈敌对性冲突,避免发生社会冲突。哈杰还设计了"反省式"生态现代化的理想模式。他指出,反省式生态现代化是一种社会选择的民主进程,它集中于对社会秩序的讨论,主张积极吸纳公众参与社会决策讨论,并把这一形式制度化。前者"技术-组合主义"模式是进行纯粹的技术创新和环境管理革新,而后者是从社会结构的民主进程上进行革新,是一种社会结构调整的进步。

(4)弱化与强化论

英国学者克里斯托弗认为,生态现代化的含义有多种解释,其中一种是狭义的、技术统治主义的理解方式。在这种理解方式中,生态现代化要求采用清洁生产技术和预防性环保措施,而且,可以通过采取行之有效的环境措施,帮助工业部门运用先进的技术提高效率和获取利润。与此同时,也可以促进国际管理体制的理性化,逐渐增加投资规划的稳定性,并且为国际市场渗透或控制提供便利条件。克里斯托弗将这种技术统治主义生态现代化定义为弱化的生态现代化,并且详细论述了弱化生态现代化的几个特点。第一,弱化生态现代化强调用技术手段解决环境问题。第二,采用技术统治-组合主义政策制定模式,即由科学界、经济界与政界精英相互合作,参与政策制定并垄断决策权。第三,弱化生态现代化只限于对发达国家的分析,发达国家可以通过实现生态现代化增强其经济优势,而贫穷国家仍处于艰难的经济和环境条件下,致使贫富差距越来越大。第四,弱化生态现代化试图为发达国家的政治经济发展模式套上单一封闭的框架。克里斯托弗指出,把生态现代化作为单纯技术概念的技术统治-组合主义或弱化生态现代化的观点是不足取的,因为它丝毫未考虑到人类与生态系统间的相互作用。随后,克里斯托弗又描述了环境意识形态正在发生的转型,也可以说是生态现代化从弱化走向强化的趋势。他归纳出强化生态现代化的如下几个特征:第一,社会机构组成与经济体制在广阔范围内变动,这有益于社会各界对生态的关注并迅速做出反应;第二,采取开放、民主的政策决策模式,可以增加公民参与环境政策制定的机会,也能够增进各界参与者在环境方面进行真正意义上的较高水平的交流;第三,强化生态现代化,对环境与发展问题给予全球性关注;第四,对政治-经济-生态发展界定出一个更加广泛而不固定的概念。强化生态现代化并不限定唯一的理论框架,而是为自己提供多种可能的取向。可以看出,强化生态现代化超越了资本主义社会,将环境关注扩展至全球范围,这是克氏的一个突出贡献。克氏所谓的强化生态现代化与哈杰的"反省式"生态现代化都强调公众参与的重要性。在这里,克里斯托弗所划分的弱化和强化生态现代化实际上可以分别同哈杰所定义的技术-组合主义和反省式生态现代化相对应。可以说,克里斯托弗恰好对哈杰的工作做了必要而有意义的补充,他的论述使哈杰所定义的技术-组合主义生态现代化和"反省式"生态现代化的含义更加明晰。

以上是西方学术界对于生态现代化思想的几种代表性观点。这些观点之间有的彼此交叉,有的相互补充,总体而言,基本上反映了当代西方生态现代化思想的基本内涵。

3.生态现代化理论的价值及其局限性

生态现代化理论从发轫到现在,不过30多年的历史,这一理论在其发展过程中,一直处于开放状态,各方观点相互交融、补充,呈现多元化特点,方兴未艾。第一,生态现代化理论转变了传统的经济增长和环境保护的对立场,认为二者并不矛盾,环境改善和经济增长可以同步。生态现代化理论不但否定唯经济增长论和单一增长论,同时也反对放弃追求经济增长和反技术论等激进主张,是经济增长和环境保护的双赢模式。第二,生态现代化理论是社会各个领域在保护环境框架下的良性整合。生态现代化摒弃了传统现代化观念中片面追求工业化、城市化等不合理内容,明确了它是超越工业化、走向全面合理化的社会发展过程。生态现代化思想主张对人类的现代化进程进行监控,在吸取其在经济、政治、社会组织、人类观念、生活、社会交往方面合理因素的同时,把生态现代化概念融入其中,从而达到社会各个领域的良性整合。① 第三,生态现代化理论调和了政府、市场和公众在环境运动中的冲突。生态现代化理论强调经济与市场动力在生态改革中日益增长的重要性,转变政府在环境决策中的角色,在环境问题上强调广泛的公众参与,这也是这一理论能够被政府和民众广泛接受和迅速传播的重要因素之一。第四,生态现代化理论强调科学技术是实现生态改革的关键因素。只有将环境的外部成本内在化,才能敦促企业采取先进环境技术,变"管末治理"为预防环境风险治理。

生态现代化理论是在反省工业现代化基础上,涉及经济、政治、社会、科学技术等诸多方面的生态重构理论,对于我国建设社会主义生态文明具有借鉴意义。不可否认,生态现代化理论是一个正在发展的、还不十分成熟的理论,也存在一些局限性:首先,生态现代化理论是主要以欧洲经验为基础的现代化新模式,具有区域局限性,能否在国际上推广需要时间来检验;其次,生态现代化是发达资本主义国家应对环境危机选择的发展模式,对于发展中国家却实行"生态殖民主义",缺乏全球公正性;最后,生态现代化实践还处于不断发展过程中,作为实践升华的理论,还缺乏一致的理论定义和系统规范性。

---

① 黄英娜、叶平:《20世纪末西方生态现代化思想述评》[J].《国外社会科学》2001年第4期,第2-9页。

(二)生态社会主义思潮主要观点及其评价

生态社会主义发轫于德国,是20世纪六七十年代在西方发达资本主义国家兴起的社会主义流派,是西方生态运动和生态组织中的一种左翼激进思潮和派别。它既是当代西方发达国家垄断资本主义经济矛盾关系发展的产物,又是对当代资本主义生产方式、对生态殖民主义进行批判的必然结果。[①]

当代西方发达国家经济矛盾关系是生态社会主义产生的经济背景。资本主义发展初期,由于生产规模和生产技术水平的限制,人与自然环境的矛盾还不明显。第二次世界大战后,资本主义国家进入第二个"黄金时代",资产阶级无限追求扩大生产与自然资源有限的矛盾日益突出,决定了这种矛盾最终在导致经济危机、政治危机的同时,产生严重生态危机。进入20世纪70年代后,全球性生态危机加剧,人类生存环境面临严峻挑战。生态危机是资本主义生产方式发展到现阶段的必然产物。西方发达国家在保护本国生态环境的同时,一方面推行生态殖民主义,剥削和掠夺不发达国家的自然资源;另一方面,将污染工业、有毒废料等向第三世界国家倾倒,破坏他国生态环境;此外,还利用先进技术和国际贸易的绝对优势,出口高附加值产品,低价购买第三世界国家有限的自然资源。

对现实社会主义的反思和社会群众运动的发展是生态社会主义产生的政治背景。20世纪50年代以后,西方资本主义经济进入高速发展阶段,随之各种矛盾激化,"新左派运动"在英、美、法、德、意等西方发达资本主义国家爆发,60年代末运动达到高潮。进入70年代后,西方资本主义国家由于石油危机、经济危机的冲击,陷入长期长"滞涨"阶段,造成了政治、经济、社会、文化危机,"新社会运动"应运而生。它是"新左派运动"斗争的继续,是其衰落后另一种形式的复兴。生态社会主义正是在"新社会运动"的大背景下孕育的,是西方发达国家群众运动发展的产物,是在绿色运动和绿色组织的小环境中诞生的。[②] 20世纪80年代末90年代初,东欧剧变、苏联解体,一批社会主义国家演变为资本主义国家,使一部分人对社会主义产生怀疑甚至希望破灭。此时,资产阶级宣称社会主义失败,"历史的终结"论喧嚣一

---

① 宋晓芹:《论西方生态社会主义的时代贡献与理论缺陷》[J].《江苏教育学院学报》(社会科学版)2005年第4期,第60-62页。
② 熊家学:《论生态社会主义产生的社会背景》[J].《湖南师范大学社会科学学报》1994年第3期,第34-38页。

时。另外一部分左翼理论家却没有放弃社会主义信仰,他们认为,东欧剧变并非宣告社会主义的死亡,而是"苏联模式"这种特殊形态社会主义的结束。他们批判资本主义,反思社会主义,展开了对社会主义的大讨论。在这场大讨论中,生态社会主义因其对人类面临的日益恶化的生态环境的关注、对社会主义的独到见解而备受人们的重视。①

生态意识的形成和西方价值观的崩溃是生态社会主义产生的文化背景。第二次世界大战后,生态环境问题越来越突出,随着科学理论的日益广泛传播,人们意识到,环境问题不仅仅是哪个国家、哪个地区的问题,而是全球问题,人们逐渐萌生"生态意识",明白必须保护自然环境,维护生态平衡,否则人类自身生存将受到严重威胁。这种"生态意识"催生了绿色运动和绿色组织。生态学、系统论为绿色运动和绿色组织提供了理论武器,绿色运动和绿色组织是生态学、系统论的实践基础,二者的结合推动了生态社会主义的产生和传播。

资产阶级传统价值观的崩溃是生态社会主义产生的更深层次的文化根源。1962年,蕾切尔·卡逊撰写的《寂静的春天》在美国出版,指出人类一面在创造高度文明,另一面又在毁灭自己的文明,环境问题如不解决,人类将生活在"幸福的坟墓"中。1972年,罗马俱乐部提交《增长的极限》的报告,警醒人类广泛注意经济增长和科技进步的社会后果,注意当代人类面临的迫切的生态问题。这些对于生态问题的深深忧虑,引发广泛的社会关注和反响,逐步改变着资产阶级传统的价值观。人们由对物质欲望的追求转向精神充实;由对物质的享乐转向亲近自然;由对竞争、效率、追求财富的追求转向合作、宽容和自我实现。生态社会主义的产生正是西方发达国家文化背景发生重要转变的产物,是西方资本主义价值观发生重要变化的反映。

1. 生态社会主义的主要观点

生态社会主义是 20 世纪 70 年代产生于德国、80 年代末 90 年代初日趋成熟的一种社会主义思潮和派别,是西方马克思主义的一个流派。广义的生态社会主义是一种与生态自治主义相对应的生态政治理论流派与运动②,指的是主要来源于马克思恩格斯思想的当代马克思主义者、社会主义理论家与活动分子依据生态环境问题政治意义日渐突出的事实逐渐形成

---

① 韩海涛:《当代西方生态社会主义思潮评析》[J],《石油大学学报》(社会科学版)2003 年第 6 期,第 33-36 页。

② 郇庆治:《绿色乌托邦:生态自治主义述评》[J],《政治学研究》1997 年第 4 期,第 80-88 页。

的、在社会主义视角下对生态环境问题的政治理论分析与实践应对。① 狭义的生态社会主义是指对现代生态环境难题的社会主义政治理论分析和一种未来绿色社会主义制度设计及其实现。它的核心性问题是论证现代生态环境问题的资本主义制度根源和未来社会主义社会与生态可持续性原则的内在相融性。②

生态社会主义的发展大致经历了三个阶段。

第一个阶段是20世纪六七十年代,是生态社会主义崛起阶段,主要代表人物是前东德共产党人鲁道夫·巴罗和前波兰共产党意识形态负责人亚当·沙夫。由于生态环境成为西方发达国家公众关注的热点,人们不断走上街头抗议、示威、游行,要求政府采取措施治理环境污染,绿色公民组织和绿色政党纷纷成立。德国绿党的创立和发展,对全世界产生了极大影响。

第二个阶段是20世纪80年代,是生态社会主义的兴旺发展阶段,主要代表人物是加拿大学者威廉·莱易斯、本·阿格尔和法国左翼学者安德烈·高兹。随着人们对于生态问题认识的加深,生态运动出现了多元化趋势,成为集环境保护、和平运动、妇女运动等为一体的全球性群众性政治运动,各国政府迫于压力直接干预环境管理,制定污染排放指标,绿党的队伍进一步壮大。

第三个阶段是20世纪90年代,生态社会主义理论形成了体系,代表人物是乔治·拉比尔、瑞尼尔·格伦德曼、大卫·佩珀等。这一时期,生态运动出现新的变化,从公众关注生态环境问题转为公众参与政府共同关心"可持续发展"问题,生态运动参与范围更加广泛,特别是公共决策和政治过程的"绿化",使生态运动真正成为不折不扣的绿色政治运动,"地球村"的意识深入人心。③

有学者提出"生态学、社会责任、基层民主、非暴力"贯穿于生态社会主义体系之中,是生态社会主义的脊梁和灵魂,生态社会主义就是以此为骨架建立起来的。④ 其基本主张包括以下几方面。

---

① 郇庆治:《生态社会主义述评》[J].《马克思主义研究》2000年第4期,第74-81页。
② 郇庆治:《西方生态社会主义研究述评》[J].《马克思主义与现实》2005年第4期,第89-96页。
③ 韩海涛:《当代西方生态社会主义思潮评析》[J].《石油大学学报》(社会科学版)2003年第6期,第33-36页。
④ 熊家学、刘光明:《生态社会主义的基本主张与发展态势》[J].《当代世界社会主义问题》1994年第2期,第41-46页。

经济方面

生态社会主义主张用"生态经济"模式取代现行"资本主义经济"模式，必须把资源的消耗限制在既可以维持生态平衡，又能有效利用的限度之内的稳态经济；

主张废除财产（主要是生产资料）私有制和国家所有制的公有制，建立"共同财产所有制"；

主张分配公平，缩小贫富差距；

20世纪七八十年代，信奉舒马赫主义，建立各种小型工商企业，实行工人自治，开发那些不污染环境又不会造成大规模失业的技术，如风能、太阳能和水力资源，而在90年代，生态社会主义者大多放弃舒马赫主义，主张经济的适度增长，社会主义经济的增长必须是理性的、与生态环境的要求相容的。

政治方面

生态社会主义主张按照文化传统、民族习惯、社会风俗、语言文字和生物标准划分的"生物区"组织取代民主国家，实行区域自治；

主张意识形态的多元化；

强调非暴力斗争，把甘地和马丁·路德·金视为非暴力斗争榜样；

外交上，反对核军备竞赛，提倡人类和平，销毁核武器，反对战争。强调平等对待第三世界国家自主发展民族工业，帮助他们走自我发展道路；

废除家长制，尊重妇女权利，男女平等；

实行基层民主，让公民直接参与决策和公共事务管理，主张各种代表、领导机构等应由基层单位直接选举产生；

主张把权力放在基层，坚持每一个人的自决权和自由发展。

文化方面

生态社会主义主张世界各族人民的文化共同繁荣，反对西方文化独尊；

反对发展商品化的"文化工业"，主张文化深入基层，促进地方文化事业的发展；

提倡"绿色"工作道德，使劳动从目前条件下解放出来，使劳动成为生活的快乐，成为人类生存不可缺少的条件；

教育方面，反对学校过分集中化和正规化，主张建立小国寡民的学校，采取学校、家庭和学生综合开发智力；

宣传方面，反对新闻垄断，反对广告宣传，主张国家出资办电视广播。

2.生态社会主义的价值和局限性

生态社会主义将生态学结合马克思主义基本理论来诠释生态危机，在批判资本主义的基础上，试图为人类走出困境寻找到一条既能消除生态危机，又能实现社会主义的新道路。生态社会主义理论对当今世界各国的政治、经济、社会以及人们的生活方式和价值观念都产生了重大影响，为社会主义运动注入新鲜活力。第一，生态社会主义旗帜鲜明地将造成生态危机的根源直接归因于资本主义制度。"只要资本主义存在，就不可能解决生态危机和保证人类生存。"①生态社会主义者透过生态环境问题，认识到生态危机的本质是资本主义追求利润最大化的内在逻辑，是制度性结果，直接抓住问题的关键，并把解决生态危机问题和资本主义斗争结合起来。第二，生态社会主义提出生态危机是资本主义异化消费的产物。在资本主义制度下，消费本身完全脱离了人的合理需要，而成为一种漫无节制的物欲发泄和对人们在异化劳动中受到的肉体与精神创伤的补偿，消费已经完全成为满足资本家获得利润的手段。正如生态社会主义理论家本·阿格尔指出的："异化消费是指人们为了补偿自己那种单调乏味的、非创造性的且常常是报酬不足的劳动而致力于获得商品的一种现象。……它使需求适应某种商标名称的产品，而不是适应'纯'产品本身。"②针对于此，本·阿格尔提出"期望破灭的辩证法"，迫使人们以新的价值观重新思考人自身与自然的关系，从异化消费的噩梦中觉醒。③第三，生态社会主义将全球性的生态危机视为资本主义殖民扩张的产物。资本主义生产方式的全球扩张导致了对自然资源的全球性掠夺，引发了全球性资源危机和环境危机，加剧了全球性资源短缺、生态失衡和环境污染。同时为了转嫁生态危机，西方发达资本主义国家将高能耗、高污染企业转移到发展中国家，甚至把发展中国家当作倾倒各种废物的垃圾场。西方发达资本主义国家利用自己的技术、经济和产业结构优势，迫使发展中国家的产业结构主要限于第一产业和第二产业，同时，这两个产业部门的低技术水平以及与之相适应的粗放生产方式导致了对资源的过度开发

---

① [德]萨拉·萨卡、布鲁诺·科恩：《生态社会主义还是野蛮堕落？——一种对资本主义的新批判》[J]．陈慧、林震译，《马克思主义与现实》2011年第3期，第145-153期。

② [加拿大]本·阿格尔：《西方马克思主义概论》[M]．北京：中国人民大学出版社1991年版，第494页。

③ 王平：资本主义批判：《生态社会主义的新视野》[J]．《上海交通大学学报》(哲学社会科学版)2007年第5期，第61-66页。

和对能源的巨大浪费。[①] 第四,生态社会主义针对资本主义出现的新变化,提出了许多值得探讨的理论和实践问题。譬如:生态社会主义认为,资本主义不仅发展了对人和自然的统治,而且把科学技术变成统治工具,变成新的破坏因素。这些问题都是对当代资本主义新变化做出的概括,其中不乏有价值的思想,对我们开阔视野,更加全面认识资本主义,坚持发展马克思主义,特别是建设社会主义和谐社会和生态文明具有借鉴意义。

与此同时,作为一种理论体系,其产生时间尚短,还不成熟和完善,存在理论缺陷。第一,生态社会主义把生态问题看得高于一切,单纯从人和自然之间不可分离的关系来揭露资本主义的弊端,或用"生态危机"来取代"经济危机",这就不自觉地用人与自然之间的矛盾取代了资本主义社会的基本矛盾,导致否认生产资料的资本家私人占有同社会化大生产之间的矛盾,否认资产阶级和无产阶级之间的矛盾,进而取消社会革命。第二,生态社会主义主张舒马赫主义,希望回到小国寡民的经济形态,彻底否认跨国公司的作用,企图用手工劳动取代现代化大生产,这不能不说是历史的倒退。此外,生态社会主义从主张稳态经济,到经济的适度增长,完全从西方资本主义国家利益出发,这一想法一方面不现实,另一方面,对于渴望经济发展的发展中国家是不公平的。第三,生态社会主义主张实行基层直接民主,实行分散化和基层自治,片面强调民主和分散化,最终只能陷入无政府主义的泥潭。第四,生态社会主义虽然批判资本主义,但是对于社会主义却没有科学认识,只是站在抽象人道主义立场上,反对暴力,反对阶级斗争,在资本主义宪法允许范围进行合法斗争,最终只能陷入改良主义。

生态社会主义作为一种激进的思想和理论还是不成熟的,带有浓重的主观空想主义色彩,在理论上存在一定片面性,其理论基础、理想目标、策略主张和发展道路与科学社会主义存在本质区别。我们应掌握其思想实质和基本主张,进行全面客观分析,在建设中国特色社会主义生态文明过程中,取其精华,去其糟粕。

---

① 王平:《资本主义批判:生态社会主义的新视野》[J].《上海交通大学学报》(哲学社会科学版)2007年第5期,第61-66页。

第三章　中国特色生态现代化的理论发展与实践探索

中华人民共和国成立后,开启了主动探索现代化的进程。在这一进程中,中国共产党人既坚持马克思主义又不断发展马克思主义,既以马克思主义为指导又立足中国现代化建设的实际,并积极吸收中国传统文化以及西方生态现代化中的有益成果,在现代化实践中不断丰富着中国特色生态现代化理论,并指导着中国特色生态现代化的实践。

一、中国特色生态现代化的初步探索(1949—1978年)

16世纪以来,工业化的生产方式将人类带入现代化进程之中。马克思科学预见到,在人类历史舞台上,这种新的生产方式是一种"以铁的必然性发生作用并且正在实现的趋势","工业较发达的国家向工业较不发达的国家所显示的,只是后者未来的景象"。① 人类社会必然走向现代化,中国也必然走向现代化。1949年中华人民共和国成立,不仅标志着新民主主义革命的胜利,也标志着中国被动接受现代化的结束和主动探索现代化的开始。以毛泽东为核心的第一代领导集体,在社会主义现代化实践中,积极迎接现代化的挑战,提出要认识自然、向自然开战的发展理念,并在资源节约、环境保护、生态预防等方面进行了初步探索。这些初步探索为后来的中国特色生态现代化道路奠定了坚实的基础。

(一)认识自然、向自然开战

早在革命时期,毛泽东就在《实践论》中分析了人与自然的关系。他指出,马克思主义者认为人类的生产活动是最基本的实践活动,是决定其他一

---

① 《马克思恩格斯全集》(第23卷)[M].北京:人民出版社1972年版,第8页。

切活动的东西。人主要在生产活动的实践中逐渐了解自然的现象、自然的性质、自然的规律性、人和自然的关系。①中华人民共和国成立后,最大的生产实践就是社会主义现代化建设。为调动一切积极因素进行社会主义现代化建设,毛泽东提出要"团结全国各族人民进行一场新的战争——向自然界开战"②。向自然界开战,就是为了克服一切困难,顺利地从新民主主义社会过渡到社会主义社会,不断发展社会主义经济和社会主义文化,以巩固社会主义制度,建设社会主义国家。因为"所谓困难,无非是社会的敌人和自然界给予我们的……自然界这个敌人也是有办法制服它的"③。在"向自然开战"的实践中,毛泽东总结道:"自然界、人类社会,一样有发生和灭亡的过程。"④这个过程,就是自然规律。尊重自然规律就会得到自然的赋予和馈赠,反之,则会走弯路。

自然科学是研究自然界发展规律性的科学,是向自然界"开战"的必要武器。早在中华人民共和国成立前,毛泽东就支持自然科学界的工作者联合起来,成立自然科学研究会。在毛泽东的关怀及各界人士的资助下,1940年2月5日,陕甘宁边区自然科学研究会在延安成立,毛泽东在成立大会上指出:"人们为着要在自然界里得到自由,就要用自然科学来了解自然,克服自然和改造自然,从自然里得到自由。"⑤1949年,中国科学院的成立,标志着中国科学工作新的历史阶段的开始。我国逐步建立了由中央各部门、高等院校和地方组成的科学研究体系。1956年,在毛泽东"全面规划,加强领导"思想的指导下,在周恩来的亲自主持下,以中国科学院各学部为基础,经过全国几百位科学专家的共同努力,我国第一个科学技术发展远景规划,即《1956年—1967年科学技术发展远景规划纲要》(修正草案)成功颁布。随后,国家又制定实施了"十年规划",即《1963年至1972年科学技术发展规划》。两个科学技术发展规划的实施,使我国科学技术有了较全面的发展,为我国科学技术现代化奠定了基础。1949年以前,我国科学技术人员不超过五万人,其中专门从事科学研究工作的不到五百人,专门的科学研究机构只有三十多个,科学研究工作主要是结合中国自然条件和资源特点的分类研究;工业生产技术十分陈旧;农业生产一直停留于几千年以来的传统落后

---

① 《毛泽东选集》(第一卷)[M].北京:人民出版社1991年版,第282-283页。
② 《毛泽东文集》(第7卷)[M].北京:人民出版社1999年版,第216页。
③ 《毛泽东文集》(第6卷)[M].北京:人民出版社1999年版,第393页。
④ 《毛泽东文集》(第8卷)[M].北京:人民出版社1999年版,第365页。
⑤ 《毛泽东文集》(第2卷)[M].北京:人民出版社1993年版,第269页。

方式;现代科学技术几乎是空白。至 1989 年,我国已培养出一支九百六十万人的科技队伍,其中有高级职称的约七十万人,已建立起学科门类比较齐全的科学技术体系,独立科研机构发展到五千二百多个,企业和高等院校所属科研机构五千多个。①

为了更好地掌握自然规律,毛泽东还倡导向他国学习先进经验。1959年 6 月 11 日,毛泽东同秘鲁议员团谈话时指出:"在与自然界作斗争方面,我们的第一个先生是苏联,我们首先要学习苏联,但是美国也是我们的先生。美国炼的钢含硫量是百分之零点零四,我们只有个别地方炼的钢含硫量达到百分之零点零三七,大部分地方炼的钢质量不好。这是新问题,不能调皮,要老老实实学习。如果粗心大意、调皮、充好汉,一定会跌跤子的。革命事业是不容易的,是科学,经济建设也是科学。"②19 世纪下叶,转炉、平炉、电炉等大量炼钢方法先后成功,钢铁工业在西方得到迅速发展。我国积极向其他国家学习,1954 年开始开展小型氧气顶吹转炉炼钢的试验研究工作,1962 年将首钢试验厂空气侧吹转炉改建成 3 吨氧气顶吹转炉,开始了工业性试验,为我国日后氧气顶吹转炉炼钢技术的发展提供了宝贵经验。积极学习他国,是我国生态现代化建设的宝贵经验。

向自然开战,要认识到自然的反作用。1958 年 11 月 23 日,在武昌会议上,毛泽东讲话指出:"人去压迫自然界,拿生产工具作用于生产对象,自然界这个对象要作抵抗,反作用一下,这是一条科学。人在地上走路,地就有个反抗,如果没有抵抗,就不能走路。草地不大抵抗,就不好走路;拌泥田不抵抗,陷进去就拔不出来,这种田要掺沙土。自然界有抵抗力,这是一条科学。你不承认,它就要把你整死。"③1959 年 6 月 10 日,毛泽东在同秘鲁议员团谈话时进一步指出:"如果对自然界没有认识,或者认识不清楚,就会碰钉子,自然界就会处罚我们,会抵抗。比如水坝,如修得不好,质量不好,就会被水冲垮,将房屋、土地都淹没,这不是处罚吗?"④因此,"只要我们更多地懂得马克思列宁主义,更多地懂得自然科学,一句话,更多地懂得客观世界的规律,少犯主观主义错误,我们的革命工作和建设工作,是一定能够

---

① 江泽民:《推动科技进步是全党全民的历史性任务》[J].《中华人民共和国国务院公报》1989 年第 26 期,第 931-937 页。
② 《毛泽东文集》(第 8 卷)[M].北京:人民出版社 1999 年版,第 72 页。
③ 《毛泽东文集》(第 7 卷)[M].北京:人民出版社 1999 年版,第 448 页。
④ 《毛泽东文集》(第 8 卷)[M].北京:人民出版社 1999 年版,第 72 页。

达到目的的"①。同时,"人的正确思想,只能从社会实践中来,只能从社会的生产斗争、阶级斗争和科学实验这三项实践中来……一般地说来,成功了的就是正确的,失败了的就是错误的,特别是人类对自然界的斗争是如此"②。

(二)节约资源

第一代领导集体深刻认识到资源对于现代化的重要性。早在《中国革命和中国共产党》中,毛泽东就认识到:我们中国是世界上最大国家之一,它的领土和整个欧洲的面积差不多相等。在这个广大的领土之上,有广大的肥田沃地,给我们以衣食之源;有纵横全国的大小山脉,给我们生长了广大的森林,贮藏了丰富的矿产;有很多的江河湖泽,给我们以舟楫和灌溉之利;有很长的海岸线,给我们以交通海外各民族的方便。③ 在1956年《论十大关系》中,毛泽东明确指出:"天上的空气,地上的森林,地下的宝藏,都是建设社会主义所需要的重要因素。而一切物质因素只有通过人的因素,才能加以开发利用。"④因此,必须在认识自然规律的基础上,通过人的因素,合理开发和利用资源。

现代化建设要节约资源。中国现代化建设的任务艰巨,各种条件包括自然资源条件不容乐观,社会主义现代化建设中面临着"我们要进行大规模的建设"与"我国还是一个很穷的国家"的矛盾。在1956年《论十大关系》中,毛泽东谈到了节约问题,他指出:"我们要进行大规模的建设,但是我国还是一个很穷的国家,这是一个矛盾。全面地持久地厉行节约,就是解决这个矛盾的一个方法。"⑤可见,毛泽东认为我国是一个穷国,要使我国富强起来,必须坚持节约资源、反对浪费。首先,节约意味着要全面厉行节约,"勤俭经营应当是全国一切农业生产合作社的方针,不,应当是一切经济事业的方针。勤俭办工厂,勤俭办商店,勤俭办一切国营事业和合作事业,勤俭办一切其他事业,什么事情都应当执行勤俭的原则。这就是节约的原则,节约是社会主义经济的基本原则之一"⑥。其次,节约还意味着要持久节约。困难时期需要厉行节约,困难时期过去了,仍然需要厉行节约。正如毛泽东在

---

① 《毛泽东文集》(第6卷)[M].北京:人民出版社1999年版,第393页。
② 《毛泽东文集》(第8卷)[M].北京:人民出版社1999年版,第320-321页。
③ 《毛泽东选集》(第二卷)[M].北京:人民出版社1991年版,第621页。
④ 《毛泽东文集》(第7卷)[M].北京:人民出版社1999年版,第34页。
⑤ 《毛泽东文集》(第7卷)[M].北京:人民出版社1999年版,第239页。
⑥ 《毛泽东文集》(第6卷)[M].北京:人民出版社1999年版,第447页。

《读苏联〈政治经济学教科书〉的谈话》中所言:"这里把厉行节约,积累大量的物力和财力,当成只是在极为困难的情况下要做的事情,这是不对的。难道困难少了,就不需要厉行节约了吗?"①在毛泽东看来,中国很穷的时候要提倡节约,即使中国富起来,也需要秉承勤俭的原则、厉行节约之风。

节约资源要坚持增产节约。面对当时严峻的财政经济形势,亦是针对生产管理中的浪费现象,毛泽东等领导人指出要厉行增产节约。1950年底,在全国开展抗美援朝爱国运动时期,农村开展了爱国丰产运动,国营企业则开展了增产节约运动。1951年10月23日,毛泽东在中国人民政治协商会议第一届全国委员会第三次会议上发表《三大运动的伟大胜利》的讲话,肯定了工农爱国增产运动的重要作用。1951年12月1日,中共中央发布了《关于实行精兵简政、增产节约、反对贪污、反对浪费和反对官僚主义的决定》,号召全国开展爱国增产节约运动。1956年4月,毛泽东在《论十大关系》的报告中指出:"生产费管理费都要力求节约。"同年11月,他在中共八届二中全会小组长会议上的发言中强调:"在企业、事业和行政开支方面,必须反对铺张浪费,提倡艰苦朴素作风,厉行节约。在生产和基本建设方面,必须节约原材料,适当降低成本和造价,厉行节约。"在此次会议上,毛泽东还强调:"要在全党和全国人民中发动一个增产节约运动。增产必须在原料有保证和社会需要的条件下进行,同时必须保证质量和减少工伤事故。节约是有希望的,必须在不降低质量和减少工伤事故的条件下讲求节约。"②根据毛泽东的这一思想,1957年2月15日,中共中央发出《关于一九五七年开展增产节约运动的指示》。广泛地开展增产节约运动,对于克服各种浪费现象、扭转困难的经济形势起到了重大作用。

节约资源要坚持生活节约。在生活消费方面,毛泽东倡导节约,他本人亦称得上是节约的典范。毛泽东生活非常俭朴,他的遗物中有很多破旧衣物,包括打有73个补丁的睡衣、连鞋匠都不愿补的拖鞋、打有50多个补丁的毛巾被等。③尽管毛泽东的简朴与当时的客观条件有关,但其身为党和国家领导人,这种艰苦节约的精神实在是难能可贵,堪称全党和全社会的典范。即便是日子好过一些,毛泽东仍然提倡要富日子当穷日子过。"包括农

---

① 《毛泽东文集》(第8卷)[M].北京:人民出版社1999年版,第128页。
② 《毛泽东文集》(第7卷)[M].北京:人民出版社1999年版,第160页。
③ 《关于毛泽东简朴生活情况的通信——刘斌珍同志给海外读者的一封复信》[J].《瞭望新闻周刊》1997年第42期。

村、城市,要留有余地,富日子当穷日子过,增产节约。湖北是穷日子当富日子过了,农民批评有些干部,一不会生产,二不会过日子。应当把富日子当穷日子过。有些地方生产不见得比别处多多少,但只要安排得好,日子好过。今年不管增产多少,估计增产一点,还是按去年四千八百亿斤或者再少一些的标准安排日子。口号是:富日子当穷日子过。"①另外,为了节约土地资源和树木,毛泽东还提出火葬思想,因为"土葬占用耕地,浪费木材",而火葬则"不占用耕地,不需要棺木,可以节省装殓和埋葬的费用,也无碍于对死者的纪念"。② 1956年4月27日,在中央工作会议上,毛泽东、朱德、刘少奇、周恩来、邓小平等151位党和国家高级干部在一份《倡议实行火葬》的倡议书上亲笔签上了自己的名字,倡导身后实行火葬。这次签名活动,拉开了中国殡葬改革的序幕,对缓解我国土地资源不足的压力、保护生态环境产生了深远的影响。③

　　节约资源要坚持发展可再生资源和新能源。毛泽东提倡发展畜牧业来发展可再生资源,他曾经建议"共产党的省委(市委、自治区党委)、地委、县委、公社党委,以及管理区、生产队、生产小队的党组织,将养猪业,养牛养羊养驴养骡养马养鸡养鸭养鹅养兔等项事业,认真地考虑、研究、计划和采取具体措施"④。因为养殖的各种牲畜所产生的有机肥料要比无机化肥优胜十倍,"一头猪就是一个小型有机化肥工厂"⑤。他曾多次指出这样既解决了肥料来源,而且发展畜牧业,利用牲畜的肉、鬃、皮、骨、内脏(可以作为制药原料)等来解决人民群众的食肉和生活用品问题,强化了人的体格,并拉动了经济的增长。他提出"牲口是动力"⑥的口号,要求"全面规划保护和繁殖牛、马、骡、驴、猪、羊、鸡、鸭,特别要保护幼畜"⑦。另外,在我国一些资源短缺的地区,毛泽东还亲自带领人民群众对小水电、小型风力机、太阳灶等进行了开发和利用。毛泽东特别注重对沼气的利用,他指出"沼气又能点

---

　　① 《毛泽东文集》(第8卷)[M].北京:人民出版社1999年版,第81页。
　　② 中央文献研究室:《建国以来毛泽东文稿》(第六册)[M].北京:中央文献出版社1992年版,第110页。
　　③ 记者潘跃:《纪念毛泽东等老一辈无产阶级革命家签名倡导火葬五十周年座谈会在京举行》[N].人民日报2006年4月28日第006版。
　　④ 《毛泽东文集》(第8卷)[M].北京:人民出版社1999年版,第100页。
　　⑤ 《毛泽东文集》(第8卷)[M].北京:人民出版社1999年版,第101页。
　　⑥ 《毛泽东文集》(第8卷)[M].北京:人民出版社1999年版,第84页。
　　⑦ 《毛泽东文集》(第6卷)[M].北京:人民出版社1999年版,第509页。

灯,又能做饭,又能作肥料,要大力发展"①。对于废弃物品,毛泽东也强调充分开发利用,他生动地比喻道:"这和打麻将一样,上家的废物,是下家的原料。"②可见,毛泽东在社会主义现代化建设的探索阶段,对于发展新资源和可再生资源非常重视并且付诸了大量实践。在百废待兴、资源短缺的情况下,这种探索和实践不但节约了大量不可再生资源,还减轻了对资源需求量的压力,积极保护了环境,对我国的经济增长也起到了相当大的促进作用。

(三)保护环境

1949年后,中国进行环境保护的动因主要是环境污染成为社会公害。1958年之前,由于我国工业化进程缓慢,所以环境污染问题不是很突出。"大跃进"之后,为了快速赶超先进工业国,我国加快工业化进程,环境污染问题日益突出。20世纪70年代初期,大连湾出现了严重的黑潮事件,北京官厅水库也由于污染导致淡水鱼大量死亡。这些事件促使党和国家领导人重视环境保护,周恩来更是身体力行,进行了很多实践③。1970年8月7日,周恩来接见全国轻工业抓革命、促生产座谈会代表,要求工厂对工业废液要进行回收和综合利用,因为废气能玷污呼吸,废液能把鱼害死。周恩来强调无论是大工业还是小工业,都要注意废液处置,不要使废液污染水源,而要变有害为有利。同时,不仅是废液问题,废水、废气、废渣都会对环境产生重要危害。因此,要除掉三害,必须搞综合利用、变废为宝。他指出,综合利用就是变害为利,没有不可利用的东西,社会主义就是要讲综合利用,废物利用。周恩来还认为环境公害是全球性问题,不仅资本主义国家有,社会主义国家也会有。这就需要立足国内实际情况,发动群众有效解决问题,又需要放眼国际,不断学习他国经验。1970年12月6日,日本社会党前委员长浅沼稻次郎夫人浅沼享子来华,得知一位随行日本记者长期关注环境问题,周恩来特意安排座谈会,请其介绍日本的水俣病、骨痛病等公害,并咨询与日本公害密切相关的问题。这不仅表明了中国领导人进行生态环境保护的决心,也打开了进行生态环境保护的国际之窗。

1972年,我国决定成立由30人组成的代表团参加在瑞典首都斯德哥

---

① 全国农村沼气工程建设规划(2006—2010),2007年4月18日 http://www.moa.gov.cn/zwllm/tzgg/tz/200704/t20070418_805366.htm。

② 赵树迪:《毛泽东生态文明思想的当代启示》[J].《湖南科技大学学报》(社会科学版)2010年第3期,第10-16页。

③ 刘东:《周恩来关于环境保护的论述与实践》[J].《北京党史研究》1996年第3期,第28-30页。

尔摩召开的联合国第一次人类环境会议。周恩来特别指示:"要通过这次会议了解世界环境状况和各国环境问题对经济、社会发展的重大影响状况和各国环境问题对经济、社会发展的重大影响,并以此作为镜子,认识中国的环境问题。"①1973年,国务院召开第一次全国环境保护会议,揭开了中国环境保护事业的序幕。会议通过了我国第一个环境保护文件《关于保护和改善环境的若干规定》,确定了"全面规划、合理布局、综合利用、化害为利、依靠群众、大家动手、保护环境、造福人民"的"32字方针",这是我国第一个关于环境保护的战略方针。1974年,国务院正式成立了环境保护领导小组,该小组曾先后于1974年、1975年、1976年分别下发了《环境保护规划要点》《关于环境保护的10年规划意见》《关于编制环境保护长远规划的通知》,成为新中国进行环境保护工作的指导性文件。

(四)生态防御

我国早期生态现代化的探索并未止步于节约资源、保护环境方面,还在生态防御方面做了大量工作。所谓生态防御,主要是对各种自然灾害的积极应对。刚刚成立的中国,由于多年战争的重创和各方面条件的欠缺,水灾、旱灾、瘟疫等自然灾害流行,给人民的生产和生活带来诸多不利影响。为有效抵御自然生态破坏,以毛泽东为核心的领导集体对于各种自然灾害进行了积极的生态防御,这不仅是"向自然开战"的重要举措,也为社会主义生态现代化理论和实践写上了浓墨重彩的一笔。

针对农业生产中存在的水灾、旱灾等顽疾,毛泽东认为兴修水利是"保证农业增产的大事"②,他亲笔题词"一定要把淮河修好",发出"要把黄河的事情办好"的倡议,还号召各县各区各乡和各个合作社兴修小型水利设施,制定规划,尽量保证遇旱有水、遇涝排水。经过几年的实践,毛泽东总结道:"一九五九年以前,我们的农业生产,主要靠兴修水利。一九五九年我国七个省遇到很大的旱灾,如果没有过去几年的水利建设,要不减产而能增产,是不能设想的。"③兴修水利被实践证明是正确的,因为"从长远来看,粮食可以增加得更多更快,农业生产可以稳定增产。那么,每个单位产品的价值也就更便宜,人民对粮食的需要也就更能够得到满足"④。在此思想指导

---

① 刘东:《周恩来关于环境保护的论述与实践》[J].《北京党史研究》1996年第3期,第28-30页。
② 《毛泽东文集》(第6卷)[M].北京:人民出版社1999年版,第451页。
③ 《毛泽东文集》(第8卷)[M].北京:人民出版社1999年版,第127页。
④ 《毛泽东文集》(第8卷)[M].北京:人民出版社1999年版,第127页。

下,中国治水成绩斐然。1949年之前,我国只有大中型水库23座,而1949年至1976年,全国建成大、中、小型水库85000多座,建成万亩(1亩≈667平方米)以上的灌区5000多处,灌溉面积8亿亩,全国的治水取得了决定性的胜利,几千年靠天吃饭以及洪水泛滥或大面积干旱的局面基本结束。[1]

针对严重的水土流失现象,我国特别重视植树造林和林业建设。1958年,中共中央、国务院发布了《关于在全国大规模植树造林的指示》,开启了1949年以来独具特色的植树造林运动。1961年,我国发布《关于确定林权、保护山林和发展林业的若干政策规定》。1963年,我国颁布《森林保护条例》。尽管这些规定和条例内容不是很完善,但也是一种积极的尝试。在党中央第一代领导集体的努力下,我国绿化面积持续增加,绿化率明显上升,极大地扭转了由盲目生产带来的生态恶化格局。

构筑生态防御体系要充分发挥主观能动性,坚持事在人为。"事在人为"就是发挥主观能动性,对自然进行改造。毛泽东指出:"自然条件相同,经济条件相同,一个地方'人为'了,结果就好;一个地方'人不为',结果就不好。"[2]他还举例道:"北京昌平县过去常闹水旱灾害,修了十三陵水库,情况改善了,还不是'事在人为'吗?河南省计划在一九五九、一九六〇年以后再用几年,治理黄河,完成几个大型水利工程的建设,也都是'事在人为'。实际上,精耕细作,机械化,集约化,都是'事在人为'。"[3]不仅在构筑生态防御体系时要坚持事在人为,在面对现代化过程中出现的种种问题和困难时,都要积极面对、乐观解决,因为"停止的论点,悲观的论点,无所作为和骄傲自满的论点,都是错误的。其所以是错误,因为这些论点,不符合大约一百万年以来人类社会发展的历史事实,也不符合迄今为止我们所知道的自然界(例如天体史,地球史,生物史,其他各种自然科学史所反映的自然界)的历史事实"[4]。

这一时期,以毛泽东为核心的领导集体对中国特色生态现代化进行了初步探索,取得了系列成绩。但是,由于现代化经验不足以及其他各种原因,现代化进程仍然对生态环境造成了一定的破坏。在农业发展方面,为满

---

[1] 黄宏:《毛泽东与新中国的水利建设》[J].《毛泽东邓小平理论研究》2013年第11期,第34-38页。
[2] 《毛泽东文集》(第8卷)[M].北京:人民出版社1999年版,第127页。
[3] 《毛泽东文集》(第8卷)[M].北京:人民出版社1999年版,第128页。
[4] 《毛泽东文集》(第8卷)[M].北京:人民出版社1999年版,第325页。

足人民的粮食需求和国家工业化需求,毛泽东提出"以粮为纲、全面发展"①的方针。这一方针的出台是现代化建设的需要,并在一定程度上促进了我国农业生产的恢复。但是,随着"文化大革命"的发生,林彪、"四人帮"等大肆宣扬"以粮为纲"而抛弃了"全面发展",提出了"向山地要粮""向草地要粮""向湖滩要粮"等口号,大肆进行毁林开荒、毁草种粮、围湖造田等行动,极大地破坏了我国的生态环境。在工业发展方面,随着工业化程度的提高,工业废水排放量不断增加,各种工业废水未经处理直接渗入含水层,导致水资源严重污染。对地下水的过量开采,导致地下水位年年下降,水源出现枯竭。② 生态环境破坏,成为中国现代化过程中不可忽视的问题。

二、中国特色生态现代化的深入探索(1978—2002 年)

1978 年 12 月 18 日,中国共产党十一届三中全会在北京召开。以这次会议为转折点,党和国家将工作重心开始转移到经济建设上来。邓小平及江泽民等党和国家领导人坚持"以经济建设为中心实现可持续发展"的现代化发展理念,在资源利用、环境保护、生态防御等方面都进行了深入探索,并且在中国特色生态现代化建设的制度保障方面做出重要贡献。

(一)以经济建设为中心实现可持续发展

马克思特别强调自然界对于人的重要意义,他指出:"自然界是人为了不致死亡而必须与之不断交往的、人的身体。"因此,"社会化的人,联合起来的生产者,将合理地调节他们和自然之间的物质变换"③,实现人与自然的和谐发展。毛泽东认为人对自然的了解、人和自然的关系"离开生产活动是不能得到的"④,并指出这是被"实践所证实的"真理。以马克思主义和毛泽东思想为指导,邓小平和江泽民等领导人坚定不移地带领中国走现代化道路,提出必须以经济建设为中心实现"可持续发展",成为这一时期生态现代化深入探索的总体指导思想。

现代化要以经济建设为中心,在经济发展中保护环境。马克思主义认为经济发展是社会发展的物质基础,没有经济的发展,就会导致贫穷和"极

---

① 薄一波:《若干重大决策与事件的回顾》[M].北京:人民出版社 1993 年版,第 698-699 页。
② 杨本津:《关于地下水源污染与保护问题》[J].《环境保护》1973 年第 2 期,第 18-20 页。
③ 《马克思恩格斯全集》(第 25 卷)[M].北京:人民出版社 1974 年版,第 926 页。
④ 《毛泽东选集》(第一卷)[M].北京:人民出版社 1991 年版,第 282-283 页。

端贫困的普遍化"①。但是,经济发展不能以破坏环境作为代价,因为自然界是人生存和发展的基础,是"人的身体"。邓小平坚持唯物主义立场和观点,认为不能因为环境破坏就停止发展经济的脚步。因为如果不发展经济,"就有丧失物质基础的危险"②。但是,在经济发展的过程中,必须注意环境保护。因此,1990年12月24日,在同几位中央负责同志进行谈话时,邓小平立足于中国国情和现代化发展的实际,指出:"核电站我们还是要发展,油气田开发、铁路公路建设、自然环境保护等,都很重要。"③江泽民同样认为要在发展经济中保护环境,并于1996年7月16日,在第四次全国环境保护会议上讲话指出:"如果在发展中不注意环境保护,等到生态环境破坏了以后再来治理和恢复,那就要付出更沉重的代价,甚至造成不可弥补的损失。"④基于这样的认识,江泽民进一步指出,要从我国的实际出发,做好以下几个工作:"一是坚持节水、节地、节能、节材、节粮以及节约其他各种资源,农业要高产、优质、高效、低耗,工业要讲质量、讲低耗、讲效益,第三产业与一、二产业要协调发展;二是继续控制人口增长,全面提高人口素质;三是消费结构要合理,消费方式要有利于环境与资源保护,决不能搞脱离生产发展水平、浪费资源的高消费;四是加强环境保护的宣传教育,增强干部和群众自觉保护生态环境的意识;五是坚决遏制和扭转一些地方资源受到破坏和生态环境恶化的趋势。"⑤以经济建设为中心,就要将发展始终作为第一要义,作为党执政兴国的第一要务。因为只有经济发展,才能提高人民的物质生活水平,增强国家综合实力。但是,经济发展不是单纯追求经济增长的数量和规模,而是注重经济增长的质量,提高经济增长的效益,在经济发展中保护生态环境。

现代化建设要坚持可持续发展。20世纪80年代中后期,"可持续发展"成为环境治理的主导理念。1987年,世界环境与发展委员会在日本东京召开第八次世界环境与发展委员会,在会议报告《我们共同的未来》中,布伦特兰夫人正式向全球提出了"可持续发展"的概念,并将可持续发展定义为"既满足当代人的需求,又不对后代人满足其自身需求的能力构成危害的发展"。1989年,第15届联合国环境署理事会通过了《关于可持续发展的

---

① 《马克思恩格斯选集》(第1卷)[M].北京:人民出版社1995年版,第86页。
② 《邓小平文选》(第二卷)[M].北京:人民出版社1994年版,第250页。
③ 《邓小平文选》(第三卷)[M].北京:人民出版社1993年版,第363页。
④ 《江泽民文选》(第一卷)[M].北京:人民出版社2006年版,第532页。
⑤ 《江泽民文选》(第一卷)[M].北京:人民出版社2006年版,第532-533页。

声明》。1992年,联合国环境与发展大会在巴西里约热内卢召开,会议提出并通过了全球的可持续发展战略《21世纪议程》,凝聚了当时国际上对可持续发展理论的认识和深化,并确定可持续发展理念可以在全球推广。我国也从实际出发,与时俱进地制定了可持续发展战略:1992年,我国在巴西里约会议上签署了《环境发展宣言》;1994年,我国制定了《中国21世纪议程》行动纲领;1995年,党的十四届五中全会把实施可持续发展作为现代化进程中一项重大决策;1996年,可持续发展战略被列为国家发展的基本战略,并于2001年建党80周年纪念大会上予以全面阐述。坚持实施可持续发展战略,为我国开创生产发展、生活富裕、生态良好的现代化发展道路奠定了基础。

坚持可持续发展要正确处理经济发展同人口、资源、环境的关系。在现代化过程中,中国逐渐面临严峻的环境和资源瓶颈。改革开放之初,邓小平就已经敏锐地指出,中国要实现四个现代化,必须注意两个重要特点:"一个是底子薄。……第二条是人口多,耕地少。……我们地大物博,这是我们的优越条件。但有很多资源还没有勘探清楚,没有开采和使用,所以还不是现实的生产资料。土地面积广大,但是耕地很少。耕地少,人口多特别是农民多,这种情况不是很容易改变的。这就成为中国现代化建设必须考虑的特点。"[①]就人口而言,人多是中国现代化发展的红利,但另一方面,解决人口大国的衣食住行、医疗、教育、就业,实现共同富裕和共同发展,都需要极多的资源,也会对环境承载力造成重大影响。对资源尤其是耕地资源而言,中国的人均资源少,每年除了建设占用耕地外,还因自然灾害损毁、工业"三废"污染等原因锐减。因此,人口多、人均资源少、环境污染严重成为在现代化过程中必须考虑的问题,我们的发展,也必须是"速度与效益相统一的发展,必须是与人口、资源、环境相协调的可持续发展"[②]。基于此,1982年,计划生育被定为国家的基本国策;1983年,国务院召开第二次全国环境保护会议,将环境保护确立为基本国策。1996年3月10日,江泽民在中央计划生育工作座谈会上发表讲话指出:"要从可持续发展的战略高度认识人口问题的重要性。中国是一个有十几亿人口的大国,这是我们考虑社会经济发展问题的一个基本出发点。"[③]2002年,中国共产党第十六次全国代表大会

---

① 《邓小平文选》(第二卷)[M].北京:人民出版社1994年版,第163-164页。
② 《江泽民文选》(第二卷)[M].北京:人民出版社2006年版,第253页。
③ 《江泽民文选》(第一卷)[M].北京:人民出版社2006年版,第518页。

召开,江泽民重申"必须把可持续发展放在十分突出的地位,坚持计划生育、保护环境和保护资源的基本国策",使我国的"可持续发展能力不断增强,生态环境得到改善,资源利用效率显著提高,促进人与自然的和谐,推动整个社会走上生产发展、生活富裕、生态良好的文明发展道路"①。

(二)更合理地利用丰富资源

毛泽东等第一代领导集体认识到,自然界给我们提供了丰富的资源,奠定了实现现代化的物质基础;破坏生态环境,就等于毁掉了现代化发展的根基。邓小平等领导人继承了这一思想,提出在现代化过程中要合理利用资源。

更合理地利用资源,就要不断提高产品质量。早在1960年6月4日,在中央政治局扩大会议上,毛泽东曾指出:"要把品种、质量放在第一位,数量放在第二位。"②邓小平则从节约利用资源的角度,深入阐发了提高产品质量的必要性和举措。1975年8月18日,邓小平在国务院讨论国家计委起草的《关于加快工业发展的若干问题》时指出:"质量第一是个重大政策。这也包括品种、规格在内。提高产品质量是最大的节约。"③产品质量关乎合理利用资源、关乎环境保护。因此,江泽民也提出:"质量第一,是我国在经济建设方面的一个长期战略方针。"④1996年,国务院印发《质量振兴纲要(1996—2010)》,提出要经过5至15年的努力,从根本上提高我国主要产业的整体素质和企业的质量管理水平,使我国的产品质量、工程质量和服务质量跃上一个新台阶。为此,我国实施了名牌发展战略,鼓励企业生产优质产品、创立名牌产品;不断建立和完善产品标识制度,推行产品安全标志、生产许可证标志、警示标志、特性标志、认证标志、防伪标志和保险标志等;加快有关质量管理的法制建设,强化执法监督力度,对各种产品进行依法监督管理。另外,还充分发挥新闻媒介、行业组织、群众团体的舆论宣传和监督作用,开展"质量月""质量万里行"等活动。1984年12月26日,中国消费者协会成立,并于1987年加入国际消费者协会。自1991年3月15日起,中央电视台每年3月15日都会以现场直播形式推出"3·15"国际消费者权益

---

① 《江泽民文选》(第三卷)[M].北京:人民出版社2006年版,第544页。
② 《党和国家领导人质量论述摘编》:2014年9月15日 http://www.cqn.com.cn/news/zgzlb/diyi/951323.html。
③ 《邓小平文选》(第二卷)[M].北京:人民出版社1994年版,第30页。
④ 《党和国家领导人质量论述摘编》:2014年9月15日 http://www.cqn.com.cn/news/zgzlb/diyi/951323.html。

日"消费者之友"专题晚会,从消费的层面切实推动了产品质量的提高。

合理利用资源发展经济,需要发扬艰苦奋斗精神、坚决杜绝奢侈浪费。改革开放后,邓小平多次强调,"中国搞四个现代化,要老老实实地艰苦创业""要有一股艰苦奋斗的创业精神"①。经过多年的艰苦创业,我国沿海经济迅猛发展、内陆经济紧追其后,城市工业大幅增产、乡镇企业遍地开花。但是,随着国家现代化的发展,浪费严重、贪污腐败等新老问题交织出现,1989年邓小平重申:"艰苦奋斗是我们的传统,艰苦朴素的教育今后要抓紧,一直要抓六十至七十年。我们的国家越发展,越要抓艰苦创业。提倡艰苦创业精神,也有助于克服腐败现象。"②1997年1月29日,江泽民在中央纪委第八次全会上讲话也指出:"奢侈浪费既是消极颓废的表现,也是腐败问题得以产生和蔓延的温床。"③为了抓好艰苦朴素教育,中国共产党党内出台了各种规章制度:1979年11月起施行《中共中央、国务院关于高级干部生活待遇的若干规定》,1997年2月起施行《中国共产党纪律处分条例(试行)》,1997年10月起施行《关于对违反〈关于党政机关厉行节约制止奢侈浪费行为的若干规定〉行为的党纪处理办法》,以此约束党员干部奢侈浪费行为、抵制腐败问题。在全社会,则大兴艰苦朴素教育之风,进行高尚的社会主义思想道德教育和中华民族的优良传统教育,以艰苦奋斗、勤俭朴素为荣,以铺张浪费、奢侈挥霍为耻。

(三)多方面保护生态环境

这一时期,环境保护突破了上一时期立足污染治理的视阈,正确认识了环境保护和经济发展的关系,认为保护环境就是保护生产力,并提出要依靠科学、国际合作进行环境保护。同时,深刻认识到植树造林、兴修水利以及自然保护区建设的重要作用,从各个方面对生态环境保护进行了深入的探索和实践。

保护环境就是保护生产力。马克思指出:"自然条件都可以归结为人本身的自然(如人种等)和人周围的自然。"④即直接生产者必须满足两个条件:第一,要有足够的劳动力;第二,生产者从事劳动的自然条件,首先是他所耕种的土地的自然条件,必须有足够的肥力。⑤ 自然条件的优劣与经济

---

① 《邓小平文选》(第二卷)[M].北京:人民出版社1994年版,第257页。
② 《邓小平文选》(第三卷)[M].北京:人民出版社1993年版,第306页。
③ 《江泽民文选》(第一卷)[M].北京:人民出版社2006年版,第617页。
④ 《马克思恩格斯全集》(第23卷)[M].北京:人民出版社1972年版,第560页。
⑤ 《马克思恩格斯全集》(第25卷)[M].北京:人民出版社1974年版,第892页。

发展密切相关。良好的自然条件不仅利于劳动力的发展,还为经济发展提供所需的各种资源。以经济建设为中心实现可持续发展,要以良好的生态作为前提条件。其一,对于劳动力而言,生态环境状况,直接影响着人的生存方式和身心健康,影响着劳动力的素质和水平。其二,对于劳动工具而言,生态环境状况是衡量劳动工具是否先进的标准之一,只有利于保护生态环境的劳动工具才是先进的。其三,对于劳动对象而言,只有"有足够的肥力",即合适的承载力,才能提供劳动者所需的各种资源。在改革开放之初,邓小平就提出要保护风景区,使风景区"四季常绿,还有经济效益"。① 1996年7月15日至17日,第四次全国环境保护会议在北京召开,面对我国城市环境污染仍在加剧并向农村地区蔓延、生态破坏的范围不断扩大严峻的形势,江泽民指出:"必须认识到,保护环境的实质就是保护生产力,这方面的工作要继续加强。"②这一理论认知,为我国从多方面着手进行生态环境保护的实践奠定了理论基础。

依靠科学保护生态环境。从环境治理角度而言,生态现代化就是一种以技术为基础的系统性的环境政策。③ 对于技术而言,科学地认识自然的规律和本质更为基础和重要。没有科学,就没有技术,也就没有对技术的科学运用。因此,保护生态环境关键要靠科学。1983年1月12日,邓小平同国家计委、国家经委和农业部门负责同志谈话时指出:"要大力加强农业科学研究和人才培养。提高农作物单产、发展多种经营、改善耕作栽培方法、解决农村能源、保护生态环境等等,都要靠科学。"④科学和技术是辩证统一的整体,科学的目的在于认识自然,技术则是在科学的指导下改造自然,二者辩证统一于人与自然的互动之中。保护生态环境要靠科学,也就意味着要靠科技。基于此,邓小平进一步指出:"我们要实现现代化,关键是科学技术要能上去。"⑤他还提出了"科学技术是第一生产力"⑥的科学论断,大力激励科学技术发展。仅1989年,环境保护科研项目有6项获国家级科技进步

---

① 田家乐:《永远的怀念——记邓小平峨眉山之行》[J].《党的文献》1999年第1期,90-92页。
② 《江泽民文选》(第一卷)[M].北京:人民出版社2006年版,第534页。
③ 马丁·耶内克,克劳斯·雅各布:《全球视野下的环境管治:生态与政治现代化的新方法》[M].李慧明,李昕蕾译,济南:山东大学出版社2012年版,第9-10页。
④ 国家环境保护总局中共中央文献研究室:《新时期环境保护重要文献选编》[M].中央文献出版社、中国环境科学出版社2001年版,第3页。
⑤ 《邓小平文选》(第二卷)[M].北京:人民出版社1994年版,第40页。
⑥ 《邓小平文选》(第三卷)[M].北京:人民出版社1993年版,第274页。

奖,有 30 项获部级科技进步奖;环境保护产品有 2 项获国家银质奖,5 项获部级优质产品奖。同年,国务院环境保护委员会第一次表彰了在工业污染防治中做出显著成绩的 100 家环境保护先进企业和 225 名先进工作者。[①] 1995 年,江泽民在全国科学技术大会上讲话指出,要全面落实邓小平"科学技术是第一生产力"的思想,实施科教兴国战略。他指出加速科技进步,需要注意科技与经济的结合、近期目标与长远目标的结合、自主研究开发与引进国外先进技术的结合、市场机制与宏观管理的结合、自然科学与社会科学的结合,培养和造就大批德才兼备的科技人才。为了奖励在科学技术进步活动中做出突出贡献的公民、组织,调动科学技术工作者的积极性和创造性,国务院特别设立国家科学技术奖,包括国家最高科学技术奖、国家自然科学奖、国家技术发明奖、国家科学技术进步奖、中华人民共和国国际科学技术合作奖。在国家的政策激励和扶持下,科学技术在环境保护、污染治理、生态预防等方面发挥了重大作用。

依靠国际合作保护生态环境。邓小平认为现代化建设"必须从中国的实际出发。无论是革命还是建设,都要注意学习和借鉴外国经验"[②]。因此,"要利用外国智力,请一些外国人来参加我们的重点建设以及各方面的建设"[③]。可见,在环境保护方面,也要重视国际合作。1989 年,我国加入了《保护臭氧层维也纳公约》,签署了《控制危险废物转移巴塞尔公约》,参加了关于保护臭氧层、防止气候变暖、防止危险废物越境转移等方面的国际会议,并开展了双边和多边国际合作。1990 年,我国签订了《中蒙关于保护自然环境的合作协定》等双边合作协议。1992 年,我国签署了《气候变化框架公约》和《生物多样性公约》,同年,中国环境与发展国际合作委员会成立并开始工作,并与美国、芬兰、日本、德国、英国、加拿大和朝鲜等国开展技术交流,举办研讨会,签订了合作协议。1994 年,我国与加拿大签署了《中加环境保护合作谅解备忘录》,与印度签订了《中华人民共和国政府和印度共和国政府环境合作协定》,与韩国签订了《中华人民共和国政府和大韩民国政府环境合作协定》,与联合国环境署签署了《能源规划中统筹考虑环境因素合作备忘录》。世界银行 DA 信贷"中国环境技术援助项目"5000 万美元,

---

① 《1989 年中国环境状况公报》:2002 年 11 月 15 日 http://jcs.mep.gov.cn/hjzl/zkgb/1996/200211/t20021115_83139.htm。
② 《邓小平文选》(第三卷)[M].北京:人民出版社 1993 年版,第 2 页。
③ 《邓小平文选》(第三卷)[M].北京:人民出版社 1993 年版,第 32 页。

第三章　中国特色生态现代化的理论发展与实践探索　　93

年内已批准生效并实施。1994年,我国还签署了《联合国防治荒漠化公约》,同日本、俄罗斯、德国签订了环境保护合作协定,并同蒙古和俄罗斯签订了共同自然保护区的协定。同年11月15日,江泽民在印度尼西亚茂物举行的亚太经合组织第二次领导人非正式会议上的讲话中讲到,环境保护超越了国界的限制,是人类共同面对的全球性问题,都需要开展合作,需要有共同遵守的规范。① 加强环境保护的国际合作,需要发达国家主动承担责任和义务,对环境保护做出更大贡献,因为"生态环境恶化、贫困失业、人口膨胀、疾病流行等现象,都是事关人类生存和发展的全球性问题,发达国家对其在工业化、现代化过程中造成的生态环境恶化是欠了债的"②。加强环境保护的国际合作,更需要发展中国家之间的合作。这不仅因为发展中国家面临本国严峻的经济形势,还因为发展中国家在不同程度上已经成为发达国家环境污染的转移地。1995年,我国先后同乌克兰、芬兰、挪威、澳大利亚和奥地利分别签署了《环境合作协定》。1996年,我国与丹麦签订了《中华人民共和国国家环境保护局与丹麦王国环境与能源部环境合作协定》、与塔吉克斯坦签订了《中华人民共和国政府和塔吉克斯坦共和国政府环境保护合作协定》、与俄罗斯签订了《中华人民共和国政府和俄罗斯联邦政府关于兴凯湖自然保护区协定》、与巴基斯坦签订了《中华人民共和国国家环境保护局与巴基斯坦伊斯兰共和国国家环境保护委员会环境保护合作协定》、与波兰签订了《中华人民共和国国家环境保护局与波兰环境保护、自然资源与森林部环境保护合作协定》、与伊朗签订了《中华人民共和国林业部和伊朗伊斯兰共和国建设部关于林业、荒漠化防治和流域整治合作备忘录》。截至2001年,中国已同美国、日本、加拿大等28个国家和地区签订了35个双边环境合作文件和14个双边核安全合作文件,积极开展了环境保护领域的双边经济技术合作和引资,与APEC、ASEM、EU、OECD、世界银行、亚洲开发银行等开展了区域环境合作。③

植树造林保护生态环境。在现代化的过程中,植被对生态环境保护的重要作用愈发凸显。早在1950年5月16日,邓小平在西南区新闻工作会议上的报告中指出:"当前,农民的生产积极性有了提高。但是开荒不要鼓

---

① 《江泽民文选》(第一卷)[M].北京:人民出版社2006年版,第415页。
② 《江泽民文选》(第一卷)[M].北京:人民出版社2006年版,第480页。
③ 《2001年中国环境状况公报》,2002年11月25日 http://jcs.mep.gov.cn/hjzl/zkgb/2001/200211/t20021125_83812.htm。

励,开荒要砍树,现在四川最大的问题是树林少。"①对于黄土高原的水土流失问题,邓小平提出:"我们计划在那个地方先种草种树,把黄土高原变成草原和牧区,人们就会富裕起来,生态环境也会发生很好的变化。"②在邓小平提议下,1979年,第五届全国人大常委会第六次会议决定每年3月12日为我国的植树节。1982年11月,邓小平为全军植树造林总结经验表彰先进大会题词:植树造林,绿化祖国,造福后代。这一题词深刻昭示着"植树要坚持二十年,坚持一百年,坚持一千年,要一代一代永远干下去"。③ 1989年,全国有3亿人参加义务植树,植树达17亿株;全国造林总面积502万公顷;全国918个平原县中,已有近三分之一的县达到了林业部颁布的平原绿化标准。进入21世纪,我国人工林面积已经居世界之首。这是当代人为后代人留下的宝贵财富,为中国实现可持续发展的生态现代化奠定了坚实基础。

兴修水利保护生态环境。中华人民共和国成立初期,为了抵御水灾、发展农业,党和国家领导人提出"要把黄河的事情办好""一定要根治海河""一定要把淮河修好"等水域治理思想。江泽民等领导人坚持"农业是基础,水利是命脉",非常重视水利工程建设。1998年9月28日,在全国抗洪抢险总结表彰大会上,江泽民指出,水灾的主要是气候异常等天灾造成的,但是"我们也要充分正视生态破坏严重、江湖淤积、水利设施薄弱等存在的问题,认真总结经验教训,切实加以改进,使我们的防范抵御能力得到新的提高,以利更有效地减轻自然灾害的危害"。④ 面对洪水灾害,党和国家领导人客观认识到水患治理非朝夕之功,需要长期的过程。1996年8月6日,在中央财经领导小组会议上,江泽民指出:"多年来江河治理欠账太多,水利设施脆弱,抗灾能力严重不足。每年汛期发生水灾,都给人民生命财产造成很大危害,损失巨大。"⑤水利建设不仅是预防和解决洪涝灾害、保护生态环境的重要手段,而且,"历来是治国安邦的大事"⑥。为此,江泽民指出:"加强水利建设,要坚持全面规划、统筹兼顾、标本兼治、综合治理的原则,实行兴利

---

① 《邓小平文选》(第一卷)[M].北京:人民出版社1994年版,第148页。
② 《邓小平思想年谱(1975—1997)》[M].北京:中共中央文献研究室1998年版,第239-240页。
③ 国家环境保护总局中共中央文献研究室:《新时期环境保护重要文献选编》[M].北京:中央文献出版社、中国环境科学出版社2001年版,第39页。
④ 《江泽民文选》(第二卷)[M].北京:人民出版社2006年版,第234页。
⑤ 《江泽民文选》(第一卷)[M].北京:人民出版社2006年版,第544页。
⑥ 《江泽民文选》(第三卷)[M].北京:人民出版社2006年版,第467页。

除害结合,开源节流并重,防洪抗旱并举。"①正是由于深化了对水利建设的认识,我国改革开放后水利工程建设又上了一个新台阶,三峡工程等相继上马,为防洪防旱、发电供水、水土保持、保护生态环境、维系生态平衡等做出了重大贡献。

建设自然保护区保护生态环境。自然保护区是"对有代表性的自然生态系统、珍稀濒危野生动植物物种的天然集中分布区、有特殊意义的自然遗迹等保护对象所在的陆地、陆地水体或者海域,依法划出一定面积予以特殊保护和管理的区域。"②自然保护区建设是生态防御和保护的重要举措。1956 年,全国人民代表大会通过建立了第一个自然保护区——鼎湖山自然保护区。到 1965 年,我国有自然保护区 19 个,占国土面积的 0.07%。1978 年,我国自然保护区增至 34 个,占国土面积的 0.13%。截至 2000 年底,全国自然保护区总数已达 1227 个,约占陆地国土面积的 9.85%。③ 2000 年,国务院颁布了《全国生态环境保护纲要》,首次明确提出了维护国家生态环境安全的目标,并对解决重点地区的生态问题确定了更加严格的监控、防范措施;加强了重要生态功能区、重点资源开发区和生态良好区的生态环境保护。④ 2001 年,我国启动了具有典型性、代表性的自然生态系统和珍稀濒危野生动植物的天然分布区、生态脆弱地区和湿地等范围内的有关建设工程。截至 2001 年底,我国自然保护区达 1551 个,总面积为 12989 万公顷,占全国国土面积的 12.9%。其中国家级自然保护区总数 171 个,面积为 5903 万公顷。另有风景名胜区 690 个,森林公园 1078 个,地质公园 44 个。⑤ 2002 年,在中央人口资源环境工作座谈会上,江泽民指出,要"加强自然保护区的建设和管理"⑥。此次会议上,江泽民还特意强调了湿地的调蓄洪水、调节气候、净化水体、保护生物多样性等多种生态功能。他指出:"由于围湖造田、围海造地、滩涂开垦,我国天然湿地日益减少。随着工业的发展,大量污

---

① 《江泽民文选》(第二卷)[M].北京:人民出版社 2006 年版,第 234 页。
② 《中华人民共和国自然保护区条例》[J].《中华人民共和国国务院公报》1994 年第 24 期。
③ 《2000 年中国环境状况公报》,2002 年 11 月 25 日 http://jcs.mep.gov.cn/hjzl/zkgb/2000/200211/t20021125_83824.htm。
④ 《2000 年中国环境状况公报》,2002 年 11 月 25 日 http://jcs.mep.gov.cn/hjzl/zkgb/2000/200211/t20021125_83824.htm。
⑤ 《2001 年中国环境状况公报》,2002 年 11 月 25 日 http://jcs.mep.gov.cn/hjzl/zkgb/2001/200211/t20021125_83809.htm。
⑥ 《江泽民文选》(第三卷)[M].北京:人民出版社 2006 年版,第 466 页。

水涌入湿地,造成大批植被和水生生物死亡。加强湿地保护刻不容缓。"①截至2002年底,我国已有31类天然湿地和9类人工湿地。主要类型有沼泽湿地、湖泊湿地、河流湿地、河口湿地、海岸滩涂、浅海水域、水库、池塘、稻田等天然湿地和人工湿地。湿地植被约有101科,湿地生物种类约有8200种。全国湿地面积约6594万公顷(不包括江河、池塘),占世界湿地的10%,居亚洲第一位,世界第四位。其中天然湿地约为2594万公顷,包括沼泽约1197万公顷,天然湖泊约910万公顷,潮间带滩涂约217万公顷,浅海水域270万公顷;人工湿地约4000万公顷,包括水库面积约200万公顷,稻田约3800万公顷。我国政府已确定的11种国家一级重点保护、22种国家二级重点保护水禽以及典型湿地生态系统得到了较好的保护。②

(四)加强环境保护的制度建设

与改革开放之前相比,从制度角度探讨生态环境保护,是此时期的一大特点。1980年8月18日,在中共中央政治局召开的扩大会议上,邓小平指出:"没有民主就没有社会主义,就没有社会主义的现代化。"③适应现代化发展的新需要,要"从制度上保证党和国家政治生活的民主化、经济管理的民主化、整个社会生活的民主化,促进现代化建设事业的顺利发展"④。

制定相关法律。生态环境保护应该在法律的框架内进行,以保证生态环境保护的实践"不因领导人的改变而改变,不因领导人的看法和注意力的改变而改变"⑤。1979年12月13日,邓小平在中共中央工作会议闭幕会上讲话,提到为了保障人民民主,必须加强法制。"应该集中力量制定刑法、民法、诉讼法和其他各种必要的法律,例如工厂法、人民公社法、森林法、草原法、环境保护法、劳动法、外国人投资法等等……"⑥江泽民也指出:"人口、资源、环境几方面工作要切实纳入法治的轨道。这是依法治国的重要方面。"⑦1984年5月11日,第六届全国人民代表大会常务委员会第五次会议通过了《中华人民共和国水污染防治法》,1984年9月20日,第六届全国人

---

① 《江泽民文选》(第三卷)[M].北京:人民出版社2006年版,第466页。
② 《2002年中国环境状况公报》:2002年11月25日,http://jcs.mep.gov.cn/hjzl/zkgb/2002/200306/t20030605_85382.htm.
③ 《邓小平文选》(第二卷)[M].北京:人民出版社1994年版,第168页。
④ 《邓小平文选》(第二卷)[M].人民出版社1994年版,第336页。
⑤ 《邓小平文选》(第二卷)[M].北京:人民出版社1994年版,第146页。
⑥ 《邓小平文选》(第二卷)[M].北京:人民出版社1994年版,第146页。
⑦ 《江泽民文选》(第三卷)[M].北京:人民出版社2006年版,第468页。

民代表大会常务委员会第七次会议通过了《中华人民共和国森林法》；1985年6月18日，第六届全国人民代表大会常务委员会第十一次会议通过了《中华人民共和国草原法》；1986年3月19日，第六届全国人民代表大会常务委员会第十五次会议通过了《中华人民共和国矿产资源法》，1986年6月25日，第六届全国人民代表大会常务委员会第十六次会议通过了《中华人民共和国土地管理法》，1987年9月5日，第六届全国人民代表大会常务委员会第二十二次会议通过了《中华人民共和国大气污染防治法》，1989年12月26日，第七届全国人民代表大会常务委员会第十一次会议通过了《中华人民共和国环境保护法》。与环境保护相关法律的初步建立，为生态环境保护有法可依奠定了坚实的基础。有法可依是第一步，最重要的是如何坚持有法必依、执法必严、违法必究。对此，江泽民指出："各级领导干部要带头学法、知法、懂法，努力做遵守法律规范的模范，同时要支持和督促有关部门严格执法，决不能知法犯法，干扰甚至阻挠有关部门依法行政。有关职能部门要秉公执法，决不允许徇私枉法。要加强人口、资源、环境方面的法制宣传教育，普及有关法律知识，使企事业单位和广大群众自觉守法。"①只有全社会方方面面都严格依法办事，才能做好人口、资源和环境保护工作。

建立和健全必要的规章制度。规章制度包括行政法规、行政规章、地方性法规、自治条例和单行条例、各机关团体和企事业单位的具体制度和规则等。进行生态环境保护，必须在坚持宪法和法律的基础上，建立必要的规章制度。1975年5月29日，邓小平在钢铁工业座谈会上讲话，强调："一定要建立和健全必要的规章制度。"②在邓小平这一思想的推动指导下，国务院率先制定了生态环境保护的诸多行政法规：1982年颁布了《征收排污费暂行办法》，1983年颁布了《国务院关于结合技术改造防止工业污染的几项规定》，1984年颁布了《国务院关于加强乡镇、街道企业环境管理的规定》，1986年颁布了《中华人民共和国民用核设施安全监督管理条例》和《工业产品质量责任条例》，1988年颁布了《污染源治理专项基金有偿使用暂行办法》，等等。在各种行政法规的指导下，各部委、各地方、各团体和企事业单位也制定了相应的规章制度。至1989年，我国已经形成了建设项目中的防治污染设施必须与主体工程同时设计、同时施工、同时投产使用的"三同时"制度，以及环境影响评价制度、排污收费制度、环境保护目标责任制度、城市

---

① 《江泽民文选》（第三卷）[M].北京：人民出版社2006年版，第468页。
② 《邓小平文选》（第二卷）[M].北京：人民出版社1994年版，第11页。

环境综合整治定量考核、排污申报登记和排污许可证制度、污染集中控制和限期治理等"八项制度",提高了环境管理水平。①

实行群众监督制度。生态现代化必须走群众路线,一切为了群众,一切依靠群众。1978年12月13日,在中共中央工作会议闭幕会上,邓小平深刻指出:"要有群众监督制度,让群众和党员监督干部,特别是领导干部。"面对严峻的生态环境问题,江泽民指出我国的环保事业有赖于全党全社会的关心和支持,"要充分发挥环保宣传和社会舆论监督的作用"。从1996年以来,我国逐步建立和完善了公众参与环境保护机制。随着环保工作和环境宣传教育的广泛开展,公众的环境意识有了较大幅度提高,1996年关于环保方面的建议为68件,1998年为104件,2001年为177件;人民群众反映环境问题的意见越来越多,仅2000年环保系统就接受来信来访59万件,反映出全国人民要求保护环境的呼声和愿望越来越强烈,环境问题已经成了人民群众最关心的社会问题之一。② 另外,群众性非政府组织日益增多,自然之友、地球村、绿家园以及各种环保团体积极参与环保活动;公众参与机制不断健全,群众投诉举报制度、信访制度、听证制度、环境影响评价公众参与制度、新闻舆论监督制度、公民监督参与制度等不断建立并完善起来。总之,改革开放以来,环保发展的群众基础越来越坚实,社会力量日趋强大,环保机制逐步从政府依赖型向政府主导、市场推进、公众参与的方向发展。③

这一时期,中国坚持以经济建设为中心实现可持续发展,在生态现代化的理论和实践两个方面取得了重要进展。可以说,中国特色生态现代化与改革开放密切相关。没有改革开放,就没有经济的飞速发展;没有经济的飞速发展,也就没有环境保护的基础和动力。但我们也看到,我国的生态环境问题依然严峻、中国生态现代化进程举步维艰。进入21世纪,我国七大江河水系均受到不同程度的污染,滇池、太湖和巢湖等湖泊富营养化问题日渐突出,土壤污染、空气污染有加剧之势,各种重要资源面临枯竭。从20世纪80年代末到90年代末,全国水土流失总面积由367万平方千米减少到356

---

① 《1989年中国环境状况公报》,2002年11月15日 http://jcs.mep.gov.cn/hjzl/zkgb/1996/200211/t20021115_83139.htm。

② 陈廷榈:《水涨才能船高》,2002年10月9日 http://www.zhb.gov.cn/hjyw/200210/t20021009_80596.htm。

③ 陈廷榈:《水涨才能船高》,2002年10月9日 http://www.zhb.gov.cn/hjyw/200210/t20021009_80596.htm。

万平方千米,10 年间仅减少了 11 万平方千米。① 全国 90% 的可利用天然草原有不同程度的退化,并且每年还以 200 万公顷的速度增长。② 各种气候灾害、地质灾害、地震灾害、海洋灾害、环境污染与破坏事故频仍,人民生命财产安全受到严重威胁。环境污染和破坏事故年有发生,仅 2001 年,全国共发生 1842 次损失 1000 元以上的环境污染与破坏事故,其中水污染与破坏事故 1096 起,废气污染与破坏事故 576 起;死亡 2 人,伤 185 人;农作物受害面积 2.2 万公顷,污染鱼塘 7338 公顷;直接经济损失 12272.4 万元。③ 一系列严重的生态环境问题是中国在现代化过程中必须正确面对、积极应对的挑战。无论是在理论还是实践方面,中国特色生态现代化都需要深入分析和探索。

三、中国特色生态现代化的创新探索(2002 年至今)

2002 年 11 月 8 日,中国共产党第十六次全国代表大会在北京召开。大会提出要加快推进社会主义现代化,为开创中国特色社会主义事业新局面而奋斗。以中国共产党十六大召开为契机,中国特色生态现代化建设进入创新探索时期。这一时期,胡锦涛、习近平等领导人将"人与自然"的关系、"经济发展与环境保护"的关系统筹起来,将资源节约、环境保护、生态防御等各个方面统筹起来,以科学发展观统领中国生态现代化建设,大力推进生态文明建设,并积极建立健全生态文明制度体系。

(一)坚持科学发展观

科学发展观,就是坚持以人为本,全面、协调、可持续的发展观。科学发展观是对可持续发展的继承和发展,站在人与自然协调发展的高度,将经济发展同环境保护协同起来,从全面、协调和可持续三个层面架构了科学发展相辅相成的整体框架。2002 年,中国发生了严重的"非典"疫情,凸显了中国在现代化过程中出现的人与自然关系失衡、经济发展和环境保护不协调、经济发展和社会发展不协调等问题。种种问题敦促中国共产党人立足我国

---

① 《2001 年中国环境状况公报》,2002 年 11 月 25 日 http://jcs.mep.gov.cn/hjzl/zkgb/2001/200211/t20021125_83808.htm。

② 《2001 年中国环境状况公报》,2002 年 11 月 25 日 http://jcs.mep.gov.cn/hjzl/zkgb/2001/200211/t20021125_83809.htm。

③ 《2001 年中国环境状况公报》,2002 年 11 月 25 日 http://jcs.mep.gov.cn/hjzl/zkgb/2001/200211/t20021125_83812.htm。

现代化建设的实际,深入思考中国的发展问题。2003年,胡锦涛在广东考察工作指出,要坚持全面的发展观,努力促进社会主义物质文明、政治文明和精神文明协调发展。同年7月,在全国防治"非典"工作会议上,胡锦涛强调,要更好地坚持协调发展、全面发展、可持续发展的发展观。2003年8月28日至9月1日,胡锦涛在江西考察工作时,明确使用了"科学发展观"概念。2003年10月,中国共产党十六届三中全会指出:要坚持以人为本,树立全面、协调、可持续的发展观,促进经济社会和人的全面发展。在中共十七大上,科学发展观被写入党章;2012年11月14日,中共十八大通过《中国共产党章程(修正案)》,把科学发展观同马克思列宁主义、毛泽东思想、邓小平理论、"三个代表"重要思想一同确立为党的行动指南。科学发展观是十六大以来指导中国社会主义现代化建设的重要指导思想,是新时期中国特色生态现代化理论和实践创新探索的指导理论。

人与自然和谐是科学发展观的理论前提,表明了中国特色生态现代化的发展理念。只有在现代化建设中树立人与自然和谐相处的理念,才能把握人与自然关系的平衡,促成人与自然的和谐发展和人与人之间的和谐发展。人与自然和谐发展,不是消极回归自然,也不是盲目征服自然,而是要充分发挥人的主观能动性,在遵从客观规律的基础上,积极地与自然实现和谐。正如胡锦涛在十八大上指出的:"面对资源约束趋紧、环境污染严重、生态系统退化的严峻形势,必须树立尊重自然、顺应自然、保护自然的生态文明理念,把生态文明建设放在突出地位,融入经济建设、政治建设、文化建设、社会建设各方面和全过程,努力建设美丽中国,实现中华民族永续发展。"①

以人为本是科学发展观的核心,体现了中国特色生态现代化的目的最终是为了人。这是由人对自然的主体地位决定的。正如毛泽东所言,自然界有抵抗力,也就是对人有反作用。因此,为了人自身的利益,人必须遵循规律与自然和谐相处。胡锦涛坚持和发展了毛泽东思想,进一步指出:"坚持以人为本,就是要以实现人的全面发展为目标,从人民群众的根本利益出发谋发展、促发展,不断满足人民群众日益增长的物质文化需要,切实保障

---

① 胡锦涛:《坚定不移沿着中国特色社会主义道路前进为全面建成小康社会而奋斗——在中国共产党第十八次全国代表大会上的报告》[N].人民日报2012年11月18日第001版。

人民群众的经济、政治和文化权益,让发展的成果惠及全体人民。"①以科学发展观为指导进行现代化建设,则自然界可以为人的生存和发展提供丰富的资源、提供精神美感。反之,如果肆意破坏自然,则不仅物质发展受阻,人的精神发展更会受到伤害。因此,真正坚持"以人为本",才能正确处理人与自然的关系,实现中国特色生态现代化。

"全面协调可持续"是科学发展观的基本要求,也表明中国特色生态现代化必须坚持全面发展、协调发展和可持续发展。胡锦涛指出:"只有使国家在经济发展、政治理念以及社会构建等诸方面全盘着手,系统铺开,各机构相互配合、共同努力,才能体现出生态环境建设的全局力量和整体效应。"②全面协调可持续,蕴含了"统筹兼顾"的发展方法,正如胡锦涛指出的:"必须切实提高经济增长的质量和效益,努力实现速度和结构、质量、效益相统一,经济发展和人口、资源、环境相协调,不断保护和增强发展的可持续性。"③

(二)建设生态文明

党的十六大之前,毛泽东、邓小平、江泽民等党和国家领导人以马克思主义为指导,立足中国现代化实际,在资源节约、环境保护、生态防御、制度保障等方面都进行了相应的理论和实践探索。十六大后,党和国家领导人提出要大力推进生态文明建设。十七大提出:"要建设生态文明,基本形成节约能源资源和保护生态环境的产业结构、增长方式、消费模式。循环经济形成较大规模,可再生能源比重显著上升。主要污染物排放得到有效控制,生态环境质量明显改善。生态文明观念在全社会牢固树立。"④生态文明建设的提出是对以往环境保护工作和生态现代化建设经验的总结和概括,又是对新时期生态现代化建设的创新发展。首先,生态文明建设涵盖了节约资源、保护环境、生态防御等内容。建设生态文明,实质上就是要建设以资源环境承载力为基础、以自然规律为准则、以可持续发展为目标的资源节约

---

① 中共中央文献研究室编:《十六大以来重要文献选编》(上)[M].北京:中央文献出版社2005年版,第850页。
② 胡锦涛:《高举中国特色社会主义伟大旗帜为夺取全面建设小康社会新胜利而奋斗——在中国共产党第十七次全国代表大会上的报告》。
③ 胡锦涛:《高举中国特色社会主义伟大旗帜为夺取全面建设小康社会新胜利而奋斗——在中国共产党第十七次全国代表大会上的报告》。
④ 胡锦涛:《高举中国特色社会主义伟大旗帜为夺取全面建设小康社会新胜利而奋斗——在中国共产党第十七次全国代表大会上的报告》。

型、环境友好型社会。① 生态文明建设正是"面对资源约束趋紧、环境污染严重、生态系统退化的严峻形势"②而提出来的。其次,生态文明建设涵盖了社会主义现代化要实现综合平衡的思想。党的十八大指出:"必须更加自觉地把全面协调可持续作为深入贯彻落实科学发展观的基本要求,全面落实经济建设、政治建设、文化建设、社会建设、生态文明建设五位一体总体布局,促进现代化建设各方面相协调,促进生产关系与生产力、上层建筑与经济基础相协调,不断开拓生产发展、生活富裕、生态良好的文明发展道路。"③大力推进生态文明建设,也就是大力推进中国特色生态现代化。

优化国土空间开发格局。在现代化建设过程中,我国出现了经济布局与人口分布不平衡、经济布局与资源环境不平衡现象。因此,在科学发展观指导下,进一步实施地区协调发展总体战略、优化国土空间结构,提升生态系统整体功能成为推动经济社会全面协调可持续发展的重要任务。2002年,在党的十六大上,江泽民提出要"实施海洋开发,搞好国土资源综合整治"④。2007年10月,在党的十七大上,胡锦涛指出,为促进国民经济又好又快发展,要"推动区域协调发展,优化国土开发格局"⑤。优化国土空间开发格局,对于我国区域经济协调发展具有重大意义。立足缩小区域发展差距,胡锦涛在十七大报告中指出必须注重实现基本公共服务均等化、要继续实施区域协调发展总体战略、加强国土规划,形成主体功能区、形成若干带动力强、联系紧密的经济圈和经济带、帮助资源枯竭地区实现经济转型、以增强综合承载能力为重点,以特大城市为依托,形成辐射作用大的城市群,培育新的经济增长极等重大举措。⑥ 其中,推进主体功能区建设是重中之重。2006年3月14日,第十届全国人民代表大会第四次会议批准了《中华

---

① 胡锦涛:《高举中国特色社会主义伟大旗帜为夺取全面建设小康社会新胜利而奋斗——在中国共产党第十七次全国代表大会上的报告》。

② 胡锦涛:《坚定不移沿着中国特色社会主义道路前进为全面建成小康社会而奋斗——在中国共产党第十八次全国代表大会上的报告》[N].人民日报2012年11月18日第001版。

③ 胡锦涛:《坚定不移沿着中国特色社会主义道路前进为全面建成小康社会而奋斗——在中国共产党第十八次全国代表大会上的报告》。

④ 江泽民:《全面建设小康社会,开创中国特色社会主义事业新局面(一)——在中国共产党第十六次全国代表大会上的报告》[N].人民日报2002年11月18日第A02版。

⑤ 胡锦涛:《高举中国特色社会主义伟大旗帜为夺取全面建设小康社会新胜利而奋斗——在中国共产党第十七次全国代表大会上的报告》。

⑥ 胡锦涛:《高举中国特色社会主义伟大旗帜为夺取全面建设小康社会新胜利而奋斗——在中国共产党第十七次全国代表大会上的报告》。

人民共和国国民经济和社会发展第十一个五年规划纲要》,其中第二十章即"推进形成主体功能区"①。2011年3月14日,第十一届全国人民代表大会第四次会议批准了《中华人民共和国国民经济和社会发展第十二个五年规划纲要》,此纲要特设专篇(第五篇)"优化格局促进区域协调发展和城镇化健康发展",主要规划有:"实施区域发展总体战略和主体功能区战略,构筑区域经济优势互补、主体功能定位清晰、国土空间高效利用、人与自然和谐相处的区域发展格局,逐步实现不同区域基本公共服务均等化。坚持走中国特色城镇化道路,科学制定城镇化发展规划,促进城镇化健康发展。"② 2011年6月8日,我国首个全国性国土空间开发规划《全国主体功能区规划》正式发布,按开发方式将国土空间划分为优化开发区域、重点开发区域、限制开发区域和禁止开发区域。2012年,在党的十八大上,胡锦涛站在生态文明建设的高度,指出"国土是生态文明建设的空间载体",因此,"要按照人口资源环境相均衡、经济社会生态效益相统一的原则","加快实施主体功能区战略,推动各地区严格按照主体功能定位发展,构建科学合理的城市化格局、农业发展格局、生态安全格局"。③ 另外,胡锦涛还特别强调要"提高海洋资源开发能力,发展海洋经济,保护海洋生态环境,坚决维护国家海洋权益,建设海洋强国"④,这在中国生态现代化建设的进程中具有非常重要意义。

全面促进资源节约。新阶段,资源节源要立足全社会,在经济和社会发展的各个方面节约资源并保护环境。因此,我国"十一五"规划第六篇"建设资源节约型、环境友好型社会"从发展循环经济、保护修复自然生态、加大环境保护力度、强化资源管理、合理利用海洋和气候资源几个方面提出规划举措。⑤ "十二五"规划进一步提出要绿色发展,建设"资源节约型、环境友好型社会",特别强调了要积极应对全球气候变化,提出控制温室气体排放等

---

① 《中华人民共和国国民经济和社会发展第十一个五年规划纲要——2006年3月14日第十届全国人民代表大会第四次会议批准》[N].人民日报2006年3月17日第001版。

② 《中华人民共和国国民经济和社会发展第十二个五年规划纲要——2011年3月14日第十一届全国人民代表大会第四次会议批准》[N].人民日报2011年3月17日第001版。

③ 胡锦涛:《坚定不移沿着中国特色社会主义道路前进为全面建成小康社会而奋斗——在中国共产党第十八次全国代表大会上的报告》。

④ 胡锦涛:《坚定不移沿着中国特色社会主义道路前进为全面建成小康社会而奋斗——在中国共产党第十八次全国代表大会上的报告》。

⑤ 《中华人民共和国国民经济和社会发展第十一个五年规划纲要——2006年3月14日第十届全国人民代表大会第四次会议批准》。

目标。另外,还提出加强资源节约和管理、大力发展循环经济、加大环境保护力度、促进生态保护和修复、加强水利和防灾减灾体系建设等任务。① 在党的十八大上,胡锦涛进一步总结提出:"节约资源是保护生态环境的根本之策。"因此,"要推动资源利用方式根本转变、加强全过程节约管理、要控制能源消费总量,发展循环经济"②。2013 年 5 月 24 日,中共中央政治局就大力推进生态文明建设进行第六次集体学习。习近平总书记再次强调:"节约资源是保护生态环境的根本之策。要大力节约集约利用资源,推动资源利用方式根本转变,加强全过程节约管理,大幅降低能源、水、土地消耗强度,大力发展循环经济,促进生产、流通、消费过程的减量化、再利用、资源化。"③在节约资源理念的指导下,我国大力发展低碳经济、循环经济,深入开展节能减排工作。"十一五"期间,全国单位 GDP 能耗下降 19.1%,二氧化硫排放量减少 14.29%,化学需氧量排放量减少 12.45%,通过节能提高能效少消耗能源 6.3 亿吨标准煤,减少二氧化碳排放 14.6 亿吨。④"十二五"规划规定单位 GDP 能源消耗降低 16%,化学需氧量排放量减少 8%,二氧化硫排放量减少 8%,氨氮排放量减少 10%,氮氧化物排放量减少 10%,且都被列入约束性指标。⑤ 2005 年,国务院印发《关于加快发展循环经济的若干意见》,提出了发展循环经济的主要目标、重点工作和重点环节。据统计和研究测算,"十一五"期间,我国主要资源综合产出率累计提高了约 8%:能源产出率提高了 23.6%;水资源产出率提高了 34.52%,工业水资源产出率提高了 57.98%。2010 年,我国工业固体废物综合利用量为 15.2 亿吨,其中煤矸石、粉煤灰、钢铁渣、尾矿、工业副产石膏的综合利用量分别达到 4 亿吨、3 亿吨、1.8 亿吨、1.7 亿吨和 0.5 亿吨。工业固废综合利用率从 2005 年的 55.8%上升到 69%,提高 13.2 个百分点,实现了工业固废由"以储为主"向"以用为主"的转变,工业固废排放量逐年下降。大力发展循环经济和低

---

① 《中华人民共和国国民经济和社会发展第十二个五年规划纲要——2011 年 3 月 14 日第十一届全国人民代表大会第四次会议批准》。

② 胡锦涛:《坚定不移沿着中国特色社会主义道路前进为全面建成小康社会而奋斗——在中国共产党第十八次全国代表大会上的报告》。

③ 《中共中央政治局就推进生态文明建设进行集体学习》,2013 年 5 月 24 日 http://www.gov.cn/ldhd/2013-05/24/content_2410799.htm

④ "十一五"期间中国单位 GDP 能耗下降 19.1%,2011 年 3 月 10 日 http://www.chinanews.com/ny/2011/03-10/2896109.shtml

⑤ 《中华人民共和国国民经济和社会发展第十二个五年规划纲要——2011 年 3 月 14 日第十一届全国人民代表大会第四次会议批准》。

碳经济,为我国建设资源节约型、环境友好型社会做出了重要贡献。

加大自然生态系统和环境保护力度。胡锦涛继承和发展了江泽民"保护环境就是保护生产力"的思想,在2004年中央人口资源环境工作座谈会上指出:"要牢固树立人与自然相和谐的观念。自然界是包括人类在内的一切生物的摇篮,是人类赖以生存和发展的基本条件。保护自然就是保护人类,建设自然就是造福人类。"① 在党的十八大上,胡锦涛指出:"良好生态环境是人和社会持续发展的根本基础。"② 习近平也指出:"要正确处理好经济发展同生态环境保护的关系,牢固树立保护生态环境就是保护生产力、改善生态环境就是发展生产力的理念,更加自觉地推动绿色发展、循环发展、低碳发展,决不以牺牲环境为代价去换取一时的经济增长。"③ 为进行生态文明建设,我国在实践中不断"做好生态功能区划和生态保护规划,加大重要生态功能保护区、自然保护区建设力度,提高保护质量"④。在生态功能保护区建设方面,2007年,国家环境保护总局正式发布了《国家重点生态功能保护区规划纲要》,这是我国生态功能区保护的首部规范性文件,提出要合理布局国家重点生态功能保护区,建设一批水源涵养、水土保持、防风固沙、洪水调蓄、生物多样性维护的生态功能保护区,形成较为完善的生态功能保护区建设体系,建立较完备的生态功能保护区相关政策、法规、标准和技术规范体系,遏制我国重点生态功能区的生态恶化趋势。⑤ 2008年7月,环境保护部和中国科学院联合发布了《全国生态功能区划》(环境保护部2008年第35号公告),划出了216个生态功能区,确定了50个对保障国家生态安全具有重要意义的区域,分析了各类生态功能区的生态问题、生态保护、限制措施。2008年9月,环境保护部印发了《全国生态脆弱区保护规划纲要》,明确了生态脆弱区的概念、基本特征,划分出8大生态脆弱区,明确了

---

① 胡锦涛:《在中央人口资源环境工作座谈会上的讲话》[N].人民日报 2004 年 04 月 05 日 002 版。
② 胡锦涛:《坚定不移沿着中国特色社会主义道路前进为全面建成小康社会而奋斗——在中国共产党第十八次全国代表大会上的报告》。
③ 《中共中央政治局就推进生态文明建设进行集体学习》,2013 年 5 月 4 日 http://www.gov.cn/ldhd/2013-05/24/content_2410799.htm
④ 胡锦涛:《在中央人口资源环境工作座谈会上的讲话》[N].人民日报 2004 年 04 月 05 日 002 版。
⑤ 《2007 年环境保护状况质量公报》,2008 年 11 月 17 日 http://jcs.mep.gov.cn/hjzl/zkgb/2007zkgb/200811/t20081117_131282.htm。

下一步生态脆弱区的重点建设任务和优先领域。① 自2009年起,环境保护部、财政部启动了国家重点生态功能区县域生态环境质量考核工作。2013年度,对国家重点生态功能区492个县域进行考核评估,生态环境"良好"的有221个,占44.9%,"一般"的有192个,占39.0%,"脆弱"的县域有79个,占16.1%。其中,涉及生态环境质量变化情况的466个县域中,生态环境质量"变好"的有26个,占5.6%;"基本稳定"的有424个,占91.0%;"变差"的有16个,占3.4%。26个"变好"县域中,"一般变好"的有3个,"轻微变好"的有23个。16个"变差"县域均为"轻微变差"。② 在自然保护区建设方面,截至2013年底,全国共建立各种类型、不同级别的自然保护区2697个,总面积约14631万公顷。其中陆域面积14175万公顷,占全国陆地面积的14.77%。国家级自然保护区407个,面积约9404万公顷。③ 此外,重大生态修复工程,荒漠化、石漠化、水土流失综合治理,生物多样性保护,水利建设,防灾减灾体系建设,各种污染防治等不断推进,并取得积极成效。

(三)建立生态文明制度体系

在现代化过程中,人与自然关系失衡背后,是人与人之间对于资源的争夺以及对生态保护和发展的忽视。因此,为保证生态权利和义务的平衡,需要建立一系列保护生态环境的制度,去约束人的行为,促使人的行为向利于人与自然和谐的方向发展。改革开放后,邓小平等领导人非常重视用制度保障现代化的顺利进行。在新的历史时期,党的十八大再次强调:"保护生态环境必须依靠制度。"④与上一时期相比,这一时期在不断健全与环境保护相关的法律法规、依靠人民监督等基础上,提出要"加快建立生态文明制度"⑤,这既是把生态文明理念和精髓纳入发展制度体系的必然要求,也是

---

① 《2008年环境保护状况质量公报》,2009年6月9日 http://jcs.mep.gov.cn/hjzl/zkgb/2008zkgb/200906/t20090609_152549.htm。

② 《2013年环境保护状况质量公报》,2014年6月6日,http://jcs.mep.gov.cn/hjzl/zkgb/2013zkgb/201406/t20140606_276556.htm。

③ 《2013年环境保护状况质量公报》,2014年6月6日,http://jcs.mep.gov.cn/hjzl/zkgb/2013zkgb/201406/t20140606_276556.htm。

④ 胡锦涛:《坚定不移沿着中国特色社会主义道路前进为全面建成小康社会而奋斗——在中国共产党第十八次全国代表大会上的报告》。

⑤ 胡锦涛:《坚定不移沿着中国特色社会主义道路前进为全面建成小康社会而奋斗——在中国共产党第十八次全国代表大会上的报告》。

坚定贯彻科学发展观的体现。①

国土空间开发保护制度。在国土开发实践中,中华人民共和国成立初期采取的是经济协作区的划分,省之上设立华北、东北、西北、华东、中南、西南六大协作区;改革开放后,"七五"计划(1986—1990)把全国划分为东部、中部、西部三大经济带;"九五"计划(1996—2000)按照区域经济协调发展的思路划分了七大经济区。② 新时期,我国"十一五"规划(2006—2010)根据资源环境承载能力、现有开发强度和发展潜力,统筹未来人口分布、经济布局、国土利用和城镇化格局,将国土空间划分为优化开发、重点开发、限制开发和禁止开发四类主体功能区,实施推进西部大开发、振兴东北地区等老工业基地、促进中部地区崛起、鼓励东部地区率先发展的区域发展总体战略。③ 另外,在国土开发的实践中,必须解决国土资源的优化配置问题,因此,国土规划非常重要。2001年8月,国土资源部决定在深圳市和天津市开展国土规划试点工作;2003年6月,决定在辽宁、新疆开展国土规划试点;2004年9月,广东省也被纳入国土规划试点。④ 2005年,国土资源部组织编制了《国土资源"十一五"规划纲要》。同时,推进了全国土地利用总体规划纲要修编前期工作,全面部署省级土地利用总体规划修编前期工作,全国国土规划前期研究不断深入。⑤ 2010年,经国务院同意,由国土资源部和国家发改委牵头,财政部、环保部、住建部等28家部门、单位参加的《全国国土规划纲要(2011—2030)》文本框架编制工作正式启动。"规划"具有"反规划"特色,即不根据战略目标进行分解,而是根据未来能使用的资源进行编制,依据能使用的资源和优化使用的原则,对未来生产力目标进行测定。⑥ 2013年,《全国国土规划纲要(2011—2030)》编制工作历时三年多终于完

---

① 张春华:《中国生态文明制度建设的路径分析——基于马克思主义生态思想的制度维度》[J].《当代世界与社会主义》2013年第2期,第28-31页。

② 朱四海:《国土开发的历史脉络与国土规划的基本逻辑》[J].《发展研究》2010年第9期,第38-42页。

③ 《中华人民共和国国民经济和社会发展第十一个五年规划纲要——2006年3月14日第十届全国人民代表大会第四次会议批准》[N].人民日报2006年3月17日第001版。

④ 李响:《"反规划"如何优化国土空间开发格局——聚焦首部〈全国国土规划纲要〉》[J].《国土资源导刊》2012年第12期,第35-38页。

⑤ 《2005年中国环境状况公报》,2006年7月27日 http://jcs.mep.gov.cn/hjzl/zkgb/05hjgb/200607/t20060727_91434.htm。

⑥ 李响:《"反规划"如何优化国土空间开发格局——聚焦首部〈全国国土规划纲要〉》[J].《国土资源导刊》2012年第12期,第35-38页。

成,对国土空间开发利用、生态环境保护、国土综合整治和支撑保障体系建设,做出统筹安排和总体部署。

耕地保护制度。现代化进程中,对于耕地的占用、污染等现象突出。尽管20世纪90年代我国也实施了一些保护耕地的举措,但从制度方面保护耕地则真正始于21世纪。2002年底,中国完成了《全国土地开发整理规划(2001—2010)》。2003年,耕地占补平衡制度逐步完善,24个省(自治区、直辖市)建立不同形式的省级耕地占补平衡目标责任制;26个省(自治区、直辖市)实行补充耕地与土地开发整理项目挂钩制度;27个省(自治区、直辖市)建立耕地储备库;21个省(自治区、直辖市)建立耕地占补平衡统计台账;基本农田实行"五不准"、非农建设用地实行"六不报批",并采取严厉措施治理整顿土地市场秩序。[①] 2012年,我国出台了《关于提升耕地保护水平全面加强耕地质量建设与管理的通知》和《土地复垦条例实施办法》,进一步加强了耕地质量建设和生态管护。2012年3月,国务院批准《全国土地整治规划(2011—2015)》,提出在"十二五"期间,再建成26.7万平方千米旱涝保收的高标准基本农田。[②]

土壤污染防治制度。新时期,土壤污染防治日渐得到重视。根据国务院的部署,自2006年起,环境保护部会同国土资源部开展了全国土壤现状调查及污染防治专项工作,全国土壤污染状况调查全面启动。[③] 2008年1月8日,原国家环境保护总局在北京召开第一次全国土壤污染防治工作会议,要求搞好全国土壤状况调查,强化农用土壤环境监管和综合防治,加强城市建设用地和遗弃污染场地环境监管,拓宽土壤污染防治资金投入渠道,增强土壤污染防治科技支撑能力,建立健全土壤环境保护法律法规和标准体系,加强土壤环境监管体系和能力建设,加大宣传教育力度。2008年6月6日,环境保护部印发了《关于加强土壤污染防治工作的意见》,明确了土壤污染防治的指导思想、基本原则和主要目标。[④] 2010年,组织开展了土壤

---

① 《2003年中国环境状况公报》,2004年6月23日 http://jcs.mep.gov.cn/hjzl/zkgb/2003/200406/t20040623_90822.htm。
② 《2012年中国环境状况公报》,2013年6月6日 http://jcs.mep.gov.cn/hjzl/zkgb/2012zkgb/201306/t20130606_253395.htm。
③ 《2006年中国环境状况公报》,2007年6月19日 http://jcs.mep.gov.cn/hjzl/zkgb/06hjzkgb/200706/t20070619_105431.htm。
④ 《2008年中国环境状况公报》,2009年6月9日 http://jcs.mep.gov.cn/hjzl/zkgb/2008zkgb/200906/t20090609_152547.htm。

污染防治立法调研,起草了《土壤污染防治法》文本草案及法律条款编制说明;提出了中国土壤环境保护标准体系框架建议,形成了《土壤环境质量标准》修订草案。① 2011年,按照国务院统一部署,依据《关于印发"十二五"期间报国务院审批的专项规划整体预案的通知》有关要求,环境保护部会同国家发展和改革委员会、国土资源部、农业部共同组织编制《全国土壤环境保护规划(2011—2015)》,明确"十二五"时期土壤环境保护总体思路、重点任务、重点工程和保障措施,优先保护耕地和集中式饮用水水源地土壤环境,强化土壤污染物来源控制,严格污染土壤环境风险管控,开展土壤污染治理与修复,夯实土壤环境监管基础。②

水资源管理制度。面对各种原因导致的水资源紧缺、水质下降现象,2009年初,回良玉在全国水利工作会议上强调要从中国的基本水情出发,实行最严格的水资源管理制度。水利部会同国家发展和改革委员会、财政部、环境保护部、国务院法制办等10个部委制定了《关于实施最严格水资源管理制度的意见》,上报国务院。③ 2011年,中共中央、国务院发布《关于加快水利改革发展的决定》,把严格水资源管理作为加快转变经济发展方式的战略举措,要求确立水资源开发利用控制、用水效率控制、水功能区限制纳污控制"三条红线",建立用水总量控制、用水效率控制、水功能区限制纳污、水资源管理责任与考核制度四项制度。④ 2012年1月12日,国务院发布了《关于实行最严格水资源管理制度的意见》,从国家层面对实行最严格水资源管理制度进行了全面部署和具体安排。为落实《国务院关于实行最严格水资源管理制度的意见》(国发〔2012〕3号),推动最严格水资源管理制度考核工作,依据《国务院办公厅关于实行最严格水资源管理制度考核办法》(国办发〔2013〕2号)要求,2014年,水利部、发展改革委、工业和信息化部、财政部、国土资源部、环境保护部、住房城乡建设部、农业部、审计署和统计局等十部门联合印发了《实行最严格水资源管理制度考核工作实施方案》(水资

---

① 《2010年中国环境状况公报》,2011年6月3日 http://jcs.mep.gov.cn/hjzl/zkgb/2010zkgb/201106/t20110602_211566.htm。
② 《2011年中国环境状况公报》,2012年6月6日 http://jcs.mep.gov.cn/hjzl/zkgb/2011zkgb/201206/t20120606_231057.htm。
③ 《2009年中国环境状况公报》,2010年6月3日 http://jcs.mep.gov.cn/hjzl/zkgb/2009hjzkgb/201006/t20100603_190435.htm。
④ 《2011年中国环境状况公报》,2012年6月6日 http://jcs.mep.gov.cn/hjzl/zkgb/2011zkgb/201206/t20120606_231057.htm。

源〔2014〕61号,以下简称《实施方案》),对考核组织、程序、内容、评分和结果使用做出明确规定,这标志着最严格水资源管理制度考核工作全面启动。①

水污染防治制度。水是生命之源,必须从源头上防治水污染。从2005年开始,国土资源部启动了全国地下水污染调查评价工作,调查了解中国地下水污染状况,综合评价地下水污染程度及变化趋势,进行全国地下水污染防治与保护区划,建立地下水水质与污染预警系统,为地下水污染防治和地下水资源保护提供科学依据。② 2006年,继续开展全国地下水资源及其环境问题调查评价,同年6月,国家环保总局、国土资源部联合印发《关于开展全国地下水污染防治规划编制工作的通知》,共同开展全国地下水污染防治规划编制工作。③ 2011年,环境保护部会同国家发展和改革委员会、财政部、国土资源部、住房和城乡建设部、水利部等部门历时八年共同编制完成《全国地下水污染防治规划(2011—2020)》(以下简称《地下水规划》),国务院于2011年10月10日正式批复。《地下水规划》首次对全国地下水污染防治工作做出全面部署,是今后一段时间内地下水污染防治的重要依据。④

生态补偿制度。2007年,我国印发《关于开展生态补偿试点工作的指导意见》,在自然保护区、重要生态功能区、矿产资源开发、流域水环境保护等四大重点领域建立健全生态补偿机制。⑤ 2008年,中央财政设立国家重点生态功能区转移支付资金。2011年,环境保护部协调财政部继续加大对国家重点生态功能区转移支付力度,开展了海南中部山区国家重点生态功能区和陕西秦岭国家重点生态功能区评估与监管试点工作,加大对中央财政生态补偿转移支付资金使用效果的评估、监管与宣传力度,开展88个县域生态功能考核试点,努力落实和强化受补偿地区政府的生态保护责任,大

---

① 《水利部等十部门联合印发〈实行最严格水资源管理制度考核工作实施方案〉我国全面启动最严格水资源管理考核问责》[J].《中国水利》2014年第04期,第6页。
② 《2009年中国环境状况公报》,2010年6月3日 http://jcs.mep.gov.cn/hjzl/zkgb/2009hjzkgb/201006/t20100603_190435.htm。
③ 《2006年中国环境状况公报》,2007年6月19日 http://jcs.mep.gov.cn/hjzl/zkgb/06hjzkgb/200706/t20070619_105431.htm。
④ 《2011年中国环境状况公报》,2012年6月6日 http://jcs.mep.gov.cn/hjzl/zkgb/2011zkgb/201206/t20120606_231057.htm。
⑤ 《2007年中国环境状况公报》,2008年11月17日 http://jcs.mep.gov.cn/hjzl/zkgb/2007zkgb/200811/t20081117_131282.htm。

力加强水源涵养、水土保持、防风固沙和生物多样性保护四大生态功能。① 同年,财政部印发了《国家重点生态功能区转移支付办法》,在中央财政均衡性转移支付项下设立国家重点生态功能区转移支付,提高对重点生态功能区所在地政府基本公共服务的保障能力。② 2012年,国家重点生态功能区生态补偿机制初步建立,国家重点生态功能区转移支付资金的转移支付范围包括466个县(市、区),转移支付资金达到371亿元。③ 到2013年,国家重点生态功能区转移支付资金达423亿元,范围扩大到492个县。④

生态文明共识。作为一种非正式制度,生态文明共识将潜移默化地影响各类主体的行为。因此,不断创新方法和渠道、使全社会形成生态文明共识成为新时期的重要任务。2009年,环境保护部会同中宣部、教育部联合下发《关于做好新形势下环境宣传教育工作的意见》,明确提出要加紧构建政府主导、各方配合、运转顺畅、充满活力、富有成效的环境宣教工作大格局,并对新形势下环保宣教工作的目标、任务及保障措施等做了全面部署,统一了上下的思想认识,明确了工作方向。这一年,《环境信息公开办法(试行)》发布,有力地加大了环境宣传力度,保障了公众环境知情权、参与权和监督权。同年,我国还组织了首个全国防灾减灾日地震应急演练和防震减灾科普宣传活动。⑤ 2010年,环保部开始组织编制《全国环境宣传教育行动纲要(2011—2015)》,与中国行政协会组成联合课题组开展了《绿色新政和生态文明》研究,形成了《实施中国特色的绿色新政推动科学发展和生态文明建设》的研究报告,制定并出台了《关于培育引导环保社会组织有序发展的指导意见》。⑥ 2011年4月,环保部、中宣部、中央文明办、教育部、共青团中央、全国妇联六部委联合发布了《全国环境宣传教育行动纲要(2011—

---

① 《2011年中国环境状况公报》,2012年6月6日 http://jcs.mep.gov.cn/hjzl/zkgb/2011zkgb/201206/t20120606_231057.htm。

② 《2011年中国环境状况公报》,2012年6月6日 http://jcs.mep.gov.cn/hjzl/zkgb/2011zkgb/201206/t20120606_231057.htm。

③ 《2012年中国环境状况公报》,2013年6月6日 http://jcs.mep.gov.cn/hjzl/zkgb/2012zkgb/201306/t20130606_253395.htm。

④ 《2013年中国环境状况公报》,2014年6月5日 http://jcs.mep.gov.cn/hjzl/zkgb/2013zkgb/201406/t20140605_276480.htm。

⑤ 《2009年中国环境状况公报》,2010年6月3日 http://jcs.mep.gov.cn/hjzl/zkgb/2009hjzkgb/201006/t20100603_190435.htm。

⑥ 《2010年中国环境状况公报》,2011年6月3日 http://jcs.mep.gov.cn/hjzl/zkgb/2010zkgb/201106/t20110602_211566.htm。

2015)》(以下简称《纲要》),《纲要》从创新宣传方式,开展丰富多彩的全民环境宣传活动、加强舆论引导,扩大环境新闻传播影响力、开展全民环境教育行动、引导规范环境保护公众参与、发展环境文化产业,打造环境文化精品、建设环境宣传教育系列工程几方面提出"十二五"期间的环境宣传教育的行动任务。另外,纲要还提出要推进依法开展环境宣传教育、建立有利于环境宣传教育工作的体制机制、建立规范的全民环境意识评估体系、建立环境宣传教育工作绩效评估体系等保障措施。[1]《纲要》的出台,是对以往环境教育宣传的经验总结,也是对新时期培育生态文明共识的创新设计。

建立生态文明制度体系要全方位推进。加强生态文明制度建设,是十六大以来党和国家领导人对中国特色生态现代化建设创新探索的重要组成部分。除了上述制度之外,我国当前还致力于建立体现生态文明要求的目标体系、考核办法、奖惩机制,建立反映市场供求和资源稀缺程度、体现生态价值和代际补偿的资源有偿使用制度,积极开展节能量、碳排放权、排污权、水权交易试点,健全生态环境保护责任追究制度和环境损害赔偿制度,等等。[2] 在新的历史时期,必须加快建立生态文明制度,"推动形成人与自然和谐发展现代化建设新格局"[3],推动形成中国特色生态现代化建设的新格局。

这一时期,以科学发展观为指导,大力推进生态文明建设,中国特色生态现代化取得了一系列重大的成果。但我们必须看到,推进生态现代化建设还存在着诸多现实困难,与世界第二大经济体形成鲜明对照的是中国生态环境状况在世界的落后位置[4];必须看到,推进生态现代化建设是一个浩大的系统工程,不仅涉及生产方式和生活方式的巨大变革,还涉及政治、经济、文化、社会等各领域的变化。中国特色生态现代化道路是生产发展、生活富裕、生态良好的现代化发展道路,是把生态文明建设放在突出地位,融

---

[1] 《全国环境宣传教育行动纲要(2011—2015 年)》[J].《环境教育》2011 年第 6 期,第 20-23 期。

[2] 胡锦涛:《坚定不移沿着中国特色社会主义道路前进为全面建成小康社会而奋斗——在中国共产党第十八次全国代表大会上的报告》。

[3] 《中共中央关于全面深化改革若干重大问题的决定》[N].人民日报 2013 年 11 月 16 日第 001 版。

[4] 田春艳、赵美玲:《生态文明视阈下中国经济发展新模式探析》[J].《中共天津市委党校学报》2014 年第 3 期,第 107-112 页。

入经济建设、政治建设、文化建设、社会建设的各方面和全过程的现代化发展道路。在中华民族伟大复兴梦的历史长河里,在中华儿女强国富民梦的现实画卷中,在全世界和谐共赢梦的未来光影下,中国特色生态现代化长路漫漫,仍需与时俱进、上下求索。

第四章　中国特色生态现代化的战略选择

从现代化进程来看,由工业文明向生态文明的转向是当今世界不可逆转的潮流。同样,在中国的现代化发展过程中,将生态文明引入经济建设、政治建设、文化建设和社会建设之中,实现中国特色社会主义现代化建设的生态转型,进而实现中国特色生态现代化成为历史必然。那么,在实现中国特色生态现代化的历史进程中,中国特色生态现代化这一战略选择面临着怎样的现实困境,在"五位一体"总布局视域下的生态文明建设应如何将生态"融入"其他四大建设之中?此外,在实现五位一体的社会主义建设总布局中,推进国家治理体系和治理能力现代化必然成为中国特色生态现代化战略选择的实施保障。

一、中国特色生态现代化面临的困境

改革开放以来,中国取得了举世瞩目的成就,但与高速发展的经济建设相随而来的是日益凸显的生态危机,总体而言,当前中国生态现代化建设所面临困境可以从观念、生存、发展几个层面来进行分析。其中生态文明观念的缺失是造成生态现代化发展的关键性因素,其理论起源于西方的二元对立逻辑,其现实表现则是对生态问题的高认同、低认知、践行度不够。现实的生存困境则必然引起人们对生存方式和生活方式的现实思考:现代化水平的提高与生态破坏的并存,现代化水平的提高与人的生态需要缺乏并存,现代化将何去何从?从调整方式来看,发展方式的调整已经成为制约生态现代化发展的瓶颈,如何处理好经济建设、政治建设、文化建设、社会建设与生态建设之间的关系,实现全面、协调、可持续的科学发展至关重要。

(一)生态文明观念缺失的危机

1.生态文明观念缺失的理论逻辑

从根本上来说,生态文明观念的缺失来源于"二元"对立逻辑理论的盛行。"二元"对立逻辑始于笛卡儿主客二分的提出,自此人类在对待自然的观念上就将自然界有意识地确立为人类的对立面,人与自然的关系也从远古时代原初的和谐关系发展成为对立的不和谐关系,逐步形成现代人在生态文明观念上的缺失,成为生态现代化发展过程中的内在困境之一。

首先,物质与精神的二元对立凸显了机械自然观的局限性。从理论层面来看,近代机械自然观来源于哥白尼革命和牛顿力学的繁荣,在将古代的"万物有灵论"思想彻底抛弃之后,确定了近代以来占主流的机械自然观整体基调;从实践层面上来看,近代机械自然观则来源于生产实践和生产力发展水平所奠定的认识论和方法论的基础,用机械论的思想去理解大自然的运行成为当时主导的思维模式。工场手工业的发展和机械的广泛应用促进了机械技术的进一步发展,人们在看到机械的强大力量的同时,其自然观念随之改变,将现实的一切改观都归结为服从机械的因果律和严格的机械决定论。启蒙运动以来,笛卡儿主客二分思想颠覆了旧式思维模式,为人类认识世界提供了新的思维范式。笛卡儿认为世界存在物质与心灵两种实体,这两种实体相互独立,分别具有广延与思维两种不同属性,但广延的东西不会思维且不能自我运动,其运动是服从物理规律的机械运动。与外在物质世界不同,人同时具有物质与精神两种实体,换言之,人既有广延又能思维,因此人是冲破"万物有灵论"之后,世界上最有灵性的、最伟大的存在。这样,基于这种二元论的区分,二元论视角基础上用主客关系看待心物关系,笛卡儿就为人支配外在物质世界提供了理论依据,而后从英国的经验论到德国的唯理论再到康德"人为自然立法",主体意识进一步发展。控制自然的理念逐步形成,以人的目的和利益为价值尺度的后果是人开始肆无忌惮地将自然界作为对象去剥夺、征服和破坏,这也是现代性诟病的认识论根源所在。

其次,主体与客体的二元对立促成了人类中心主义的形成。西方中世纪对宗教神学的臣服,压抑了人类主体性的存在,随着文艺复兴和启蒙运动的展开,主体性时代被开创。主体与客体的二元对立使人类意识到:人是世界上唯一具有理性和主观能动性的存在,因此,人的主体性地位不可动摇,人类的目的性和创造性是主体存在的价值,而自然界作为客体性的存在,其价值是以满足主体性需要为前提的。诚然,主客二分思想作为人类思维发展的重要进步是必要的,为人类解放提供了强有力的武器,但是,主客二分也为控制自然的观念提供了理论前提,其将主体与客体二者进行截然对立并发展到极端,这对自然界的发展和人类自身的解放都是有害的,也必然地走向了人类中心主义。人类中心主义发展到极致,直接抛弃了自然的先在性和人类对自然的依赖性,片面地看到人相对于自然的主体性存在,认为人的需要和利益是最高的、唯一有价值的,人类将自身从自然界中划分出来,以"道德顾客"的身份自居,并认为道德作为人的道德只能辐射到人类自身,而对非人类实体的关怀仅限于那些对人类有价值的实体。因此,人类在征服自然的过程中,为大自然的每个角落都打上"文明"的烙印,自然充当了被控制的对象,人类获得对自然界力量的完全控制,在充分占有自然资源以满足人类的需要基础上而实现他自身的命运。

最后,应然与实然的二元对立推动着人与自然关系的发展历程。应然与实然的区分(也可以叫作价值与事实的区分)可以追溯到亚里士多德将学科区分为逻辑学、物理学和伦理学的时代,近现代工业革命的发展将二者截然对立,其中蕴含了价值的主体性需要、客体性属性及价值客体对价值主体的满足。换言之,客体价值的存在是以主体的需要为前提的,如果客体不能为主体所用,客体价值就无从谈及。这种价值关系推及人与自然关系上,就形成了人是价值主体和绝对的目的中心,自然界的价值只是相对于人的需要而言的工具价值的认识。这就自然地鼓励人们为了满足自己的需要而向作为客体的、机械的自然不断开战,促成了人与自然关系的历史转折。实际上,人和自然关系的发展历程迄今为止共经历了三个阶段。远古时代的第一阶段,人成为自然的一部分并臣服于自然,形成敬畏自然的原初文化形态。第二个阶段是随着科学技术的发展,人类改造自然的能力逐步增强,人类逐步摸索如何摆脱自然对人类的控制并进而能够控制自然,这样技术自信加上笛卡儿主客二分的理论依据,就促使人类从第一阶段的敬畏自然走向自然的祛魅时代,将自然看作人们征服和改造的对象,形成了崇尚人与自然对立的科技文化。实然的生态危机使人类认识到自身发展的局限性,从而客观地促进了人与自然关系发展第三阶段的到来:人与自然的和谐。在这一阶段,基于大自然的先在性和人类对自然的依赖性的重新体认,人与自然之间的关系是人类通过认识进而改造世界而不是控制世界,因此,必须改变人类控制自然的理念,将人与自然看成整体,达到促进这对关系和谐的应然状态,从而破解实然的生态危机与应然的生态和谐之间的矛盾。

2.生态文明观念缺失的现实表现

生态文明观念的缺失在现实中凸显为种种现象,环境保护部宣传教育司在所公布的2013年全国生态文明意识调查项目《全国生态文明意识调查研究报告》中指出,公众对生态文明建设认同度、知晓度、践行度分别为74.8%、48.2%和60.1%,[①]因此呈现出对生态文明的"高认同、低认知、践行度不够"等特点;此外,被调查者普遍对当前生态环境状况表示高度担忧,最关注的问题有雾霾、饮用水安全、重金属污染等。

首先,从对生态文明概念、生态环境问题、生态文明建设战略等基本内容的认同和知晓程度来看,公众存在认同度高但知晓度低的悖论。对于党的十八大报告中提出的建设"美丽中国"战略,99.5%的受访者选择了高度关注并积极参与生态文明建设,78.0%的受访者认为建设"美丽中国"是每个人的事,93.0%的受访者了解生态文明,其余的受访者表示会加强对相关知识的关注和学习。但是由于家庭环境教育的意识落后,学校课程安排中所渗透环境教育的也不多,社会上所组织的涉及生态环保主题活动也不多,因此人们接受生态知识的途径有局限,大部分人生态环保知识缺乏,对环境污染的危害性和严重性缺乏足够的认识,更多的是关注一些与自己切身利益相关的环境问题。例如受访者对雾霾、生物多样性、环境保护法等的了解率均在80%以上,其中对雾霾的了解率达到99.8%,但对PM2.5定义、世界环境日、环境问题举报电话等的准确率都在50%以下,其中能确切说出PM2.5定义的受访者只有15.9%。由此可见,公众对生态问题的认识还处于浅层意识,更多的是基于人们对生命健康的珍惜,进而发展到对环境质量的要求。例如对优先解决大气污染、水污染、噪声污染、工业和生活垃圾、食品安全等日常生活会遇到的环境问题的关注,对生活质量元素如食用绿色无污染食品的关注,对出行安全如汽车尾气排放、汽车限行等问题的关注,但对于一些离人们日常生活较远的深层生态环境问题,诸如荒漠化、海洋污染、植被破坏、野生动植物锐减等等,就没有引发人们深刻的忧患意识。

其次,从公众对节约资源、理性消费、举报环境违法行为等生态活动的参与来看,公众存在对生态活动参与度不高、践行度不够的问题。其一,公民对主动参加环境保护行为采取消极的态度,参与程度很低。这是我国公民生态文明意识呈现的又一问题,认知水平高,不一定意味着行为水平高,

---

[①] 环保部:《全国生态文明意识调查研究报告》[R/OL]. http://www.chinaenvironment.com/view/ViewNews.aspx? k=20140326141123781.

两者不是绝对的正相关。调查中发现高学历人群知晓度高、践行度相对较低,知行存在反差。这表明高学历群体自身的反差,既呼吁文明和改善环境,但是在行动上表现出一定程度的冷漠,非常鄙视他人漠视环境、污染环境的行为,理念与行动严重脱轨,存在"别在我家门口"现象。其二,公民普遍存在"怨多行少"的现象,调查中仅有35.33%的公民认为自己没做过对生态环境不利的事情,而对于"限塑令"的调查,公民对国家的政策表示支持和理解,但72.67%的公民认为效果不明显,12.43%的公民认为没有效果。当被问到"看到有个人或者单位在做损害环境行为的时候,你怎么做",超过半数的认为不会去过问,认为管也没有用,那是环保部门的责任,小半部分的人表示会去劝阻,剩下极少数的人表示会去报告环保部门或者地方政府和新闻媒介。① 其三,从受访者所采取的生态行为来看,大多出于自身健康和节省生活开支的考虑,保护生态环境成为附带结果,其方式以"律己"为主。不乱扔垃圾是最常见的生态环境友好行为;排在第二、三、四位的分别为随手关灯和水龙头、按需点餐、自带环保袋购物;接下来是选择绿色出行方式、夏季空调开到26度以上。受访者表现出较好的"律己"行为,能很好地规范自身行为;但有23.0%的受访者从不向身边人宣传环保、50.3%对身边的污染环境行为置之不理,表现出薄弱的"律他"意识。

最后,从公众对生态文明建设主体的认识来看,普遍具有较强的"政府依赖"特征,认为生态问题的主体是政府和企业。就环境问题的归因来看,公众认为环境问题产生的"主要原因是企业、公众、政府对环境问题重视不足等主观方面,环保执法、违法者处罚、环保宣教、环保法规、民间环保组织等规范性方面不足被认为是次要原因,而经济发展速度、人口增长速度、消费增长速度等客观方面则为再次要原因"②。调查中70%以上的受访者认为政府和环保部门对"美丽中国"建设负主要责任,排在第二位的企业占15.1%,个人占12.7%排在第三位。就环境问题责任主体判定来看,公民认为"地方政府、企业、中央政府、大众个人、新闻媒体、民间环保组织依次负有重要责任"③。长久以来"潮涌式"的教育模式一度成为我国环境教育的主

---

① 中国环境意识项目主办、中国社科院社会学研究所承办:《2007年全国公众环境意识调查报告》,2008年4月3日。
② 中国环境意识项目主办、中国社科院社会学研究所承办:《2007年全国公众环境意识调查报告》,2008年4月3日。
③ 中国环境意识项目主办、中国社科院社会学研究所承办:《2007年全国公众环境意识调查报告》。

流模式,从长远发展来看,因为没有从根本上转变价值理念和意识,单靠政府强制实施执行只能治标不能治本。在探讨保护和治理环境的责任时,虽然公众也承认企业和个人是造成环境污染的责任者,但是大部分仍普遍认为应当由政府为环境问题"买单",而个人对环境保护的关注更多带有功利性质,这折射出公民对政府的高度依赖性,同时也反映出公众对于自身在环境问题中的作用定位不明确。

(二)过度的生存方式造成现代化的发展悖论

1.现代化水平提高与生态破坏加剧的悖论

粗放型的生产方式造成了对生态环境的巨大破坏。在传统发展模式中,对经济发展速度的最大化追求,严重破坏了生态环境,限制了经济发展质量的提高。我国是后发现代化国家,经济实力薄弱,但与之相对应的是劳动力、土地、资源等生产要素价格低廉,因此,很长一段时间,我们的生产方式是依据成本优势,采取传统粗放的方式来发展经济。传统的发展方式强调"以 GDP 为中心",甚至在有些地方将 GDP 作为衡量经济社会发展的唯一标准,以高投入、高储蓄来实现经济的高速发展,忽视了资源与环境的成本,也忽视了发展的全面性。发展应当是全面的发展,是内在地包涵经济发展、政治发展、社会发展和文化发展的全面发展,是将生态建设融入其他四大建设中的全面发展。因此,仅仅以 GDP 为衡量发展的唯一指标,以牺牲生态环境为经济发展的代价,是无法包容和取代发展的全面性的。这种急功近利的生存方式所造成的直接后果是,当前我国环境污染严重,以细颗粒物(PM2.5)为特征的区域性复合型大气污染日益突出。2013 年以来,我国中东部地区出现的长时间、大范围、重污染雾霾天气,影响了近 6 亿人口,水环境质量也不容乐观……因此,党的十八届三中全会通过的《决定》指出,要加快生态文明制度建设,用制度保护生态环境。其中,关于划定生态保护红线的部署和要求是生态文明建设的重大制度创新,而"生态保护红线"是继"18 亿亩耕地红线"后,另一条被提到国家层面的"生命线"。

"过度消费"的消费理念使生态环境遭受到前所未有的劫难。随着生产力的发展和人们生活水平的提高,中国在很短的时间内,在经济高速发展的前提下引发了消费革命。经济上实现了从农业经济到工业经济的跨越,消费水平上实现了从消费品不足的票证时期到物资比较丰富的消费时代的转变,人们的生活方式正在被不断的物化,畸形的消费理念随之滋生,形成了不健康、不文明、不节约的消费模式。在这种消费模式下,正常的生理需求变成了消费的盲目攀比,人被异化为一种消费的动物。人们工作的目的就是享受那些所谓的消费欢愉,成功与失败的评价标准被认定为消费的多与少,消费的比别人多,就比别人成功,反之就是一个失败者。在这种最大化消费理念的驱动下,为了获得更多的社会财富,传统的小作坊生产被现代技术和现代市场经济制度下的社会化大生产所取代,这种批量生产的方式在大大提高生产效率的同时,用丰富的产品满足了农业文明时存在的物质生活匮乏问题,满足了人们日益增长的物质需求。事实上,"物质主义—消费主义—享乐主义"的非理性消费对于资源、环境的破坏是巨大的,人类的生态足迹远远地超过生态的承载能力,最终必然危及人类自身的生存和发展。托夫勒在《未来的冲击》一书中,描绘了一个"物,用完就扔的社会",在这个社会中,只有当代没有后代,只有短暂没有永恒,人们在只关心当下和自身的同时,忽视了对自然和对后代应当承担的责任和义务。其实,人类是应当对自然、对后代承担相应的责任和义务的,因为人是社会的人,而在社会理论中正义的原则是首要的原则,人之为人的正义,不仅仅用于规范人与人之间的伦理道德问题,也应当同样适用于规范人与自然关系所影响到的人与人之间的伦理道德问题,即人同样要遵循环境正义原则。当代人以道德顾客的身份自居,在疯狂向自然界索取的时候,使人与自然的关系陷入僵局,每个人由于个人能力、所占有资源等诸多条件的不同,在对自然的开发过程中处于不平等的地位。不仅如此,后代人和当代人拥有同等的享有自然资源的能力,但当代人的疯狂掠夺逐渐剥夺了后代人对自然界的拥有权,这些都在一定程度上影响了环境正义。因此构建起良好的环境伦理的道德规范体系,是当代处理人与自然关系的题中应有之义。

从这个角度来看,"世界观察研究所"所呼吁的"什么是好生活"的思考不无裨益。在他们看来,"好的生活"不是建立在对自然界疯狂掠夺所获得财富的满足上,而应当是为了人类最终的福祉,这个福祉应当是可持续性的,是在满足人们基本生活需求之后的"自由、健康、安全,以及令人满意的社会角色"。《从摇篮到摇篮》的作者威廉·麦克多诺和迈克尔·布朗格特认为应当用"从摇篮到摇篮"的二次工业革命概念取代"从摇篮到坟墓"的生产方式,也是有一定道理的。他们要求用模拟自然界生物链的治本方式,重新设计工业流程,使所有东西在一个封闭的系统中循环,从而打破从生产到使用再到丢弃的原始阶段,在当今严峻的生态危机面前,对于改变人们的消费理念和生活方式有一定的现实启示。

2.现代化水平提高与生态需要满足欠缺并存

随着现代化水平的提高,科学技术的工具理性逻辑造成人性的简单化、模式化。工具理性(Instrumental Reason)是法兰克福学派批判理论中的一个重要概念,直接来源于马克斯·韦伯(Max Weber)所提出的"合理性"(rationality)概念。韦伯在《新教伦理与资本主义精神》中指出,随着资本主义的发展,宗教的动力开始丧失,物质和金钱成了人们追求的直接目的,于是工具理性获得了充足的发展走向了极端化,手段成了目的,成了套在人们身上的铁的牢笼。① 德国学者雅斯贝斯曾对现代人的精神状态进行过深刻的描述,他认为,现时代的人们"对事物和人的爱减弱了,丧失了,无暇也无兴趣去整个儿地思考生活……这里发生了一个悖论:人的生活已变得依赖于这架机器了,但这架机器却同时既因其完善也因其瘫痪而可能毁灭人类"②。这里的机器指的是科技,由于人们只片面看到了科技的工具理性,对科技有了过多的依赖性和依附性,人们缺乏创造性地成为科技这架机器的组成部分。毋庸置疑,科技已经成为当代社会生存环境中一种无所不在的因素,但同时科学技术也是一把"双刃剑"。凭借迅速发展的科学技术,人掌握了控制自然的能力,由自然界的组成部分变成了地球的主宰,但因此引起了人与自然的尖锐冲突,出现了环境污染、资源短缺、人口爆炸、粮食危机等一系列全球性问题,在人类急功近利运用科技来改造人类生活的过程中,机器正在替代人类的生产劳动进而改变着人类的劳动方式,个体的人成为"单向度的人",成为社会实现某种目的的工具甚至演变为机器的奴隶。这些全球性问题是决定人类命运、未来的因素,它们将摧毁人类生存的自然家园,把人类从地球上赶出去。而人类的未来将取决于人对自然界、地球的态度和行为,取决于人自身或者"人的革命"。前罗马俱乐部主席奥雷利奥·佩西认为:"如果我们不首先清楚地了解得到拯救的唯一通路是通过我称之为用新的人道主义来指导的人的革命,并达到较高的人类素质的发展才能实现,那么,摆脱人类困境就是一句空话。"③人的素质的提高,必然地涉及通过建立人与自然之间的和谐关系达到人的全面发展,而人的全面发展必然地包涵生态需要的满足。

所谓生态需要可以划分广义的生态需要和狭义的生态需要,前者是指社会经济系统对自然生态系统的生存环境资源的需求,后者是指人自身生

---

① 吴小爽:《试论新公共管理的工具理性》[J].《辽宁广播电视大学学报》2010年第2期,第107-108页。
② 卡尔·雅斯贝斯:《时代的精神状态》[M].上海:上海译文出版社1997年版,第43-53页。
③ 奥雷利奥·佩西:《人的素质》[M].沈阳:辽宁大学出版社1988年版,第165页。

活和生产消耗环境质量,即人自身的生态需要。①刘思华认为:"生态需求是现代人类的最基本的需求,它是随着现代生产力一起发展起来的。""现代人自身消耗环境质量的生态需求比他们的经济活动消耗环境质量的生态需求更加重要。"②因此,从这个意义上讲,"社会主义生产的直接目的和动机是人的本身,即满足人民物质的、精神的、环境的全面需要,使他们全面发展"③。从以上人全面发展的三要素来看,生态需要是人的最本质属性,是人的自然属性的根本体现;而物质需要和精神需要则体现了人的社会属性。人是三种本性的统一,因此,要使人的本性得到完全的实现,就必须使三种需要同时得到满足并且维持相对平衡,任何失衡都会扭曲人的本命而使人得不到真正的幸福。④柳杨青认为生态贫困是我国的基本特征,主要表现在:水土流失严重,土地荒漠化加速;酸雨危害严重;水资源短缺和污染严重;森林生态功能严重衰退;草地资源退化;海洋生态问题严重;空气、土壤污染严重等,而生态需要满足的改善与恶化并存则是我国当前的一个突出矛盾。⑤中华民族的发展首先是个人的发展,而"人的本质不是单个人所固有的抽象物,在其现实性上,它是一切社会关系的总和"⑥。所以,人的本质就决定了人的自由而全面的发展是一个综合的概念,包括经济发展、政治发展、文化发展、社会发展等,因此,就相应地需要满足人的经济需要、政治需要、文化需要、社会需要等,其中生态需要是一个基础性的渗透性需要。工业革命以来,科学技术的发展促进了生产力的开发,在解决了人类所面临的生存问题的同时,却带来了严峻的发展问题即生态危机,相比较前者,后者更甚。生态危机说到底是人的问题,只有处理好人与自然的关系,才能实现人的生态需要,生态需要是人的全面发展的必然组成部分,而只有促进个人的全面自由发展,才能够实现中华民族的永续发展。

(三)传统发展方式调整存在的现实阻碍

毋庸置疑,改革开放 30 多年以来,我们的经济发展取得了举世瞩目的成就,《北京共识》中"中国模式"的提出足以展示中国的发展在世界上所引起的关注和认可。但我们应当以动态的发展的眼光审视我们的发展方式,

---

① 详见《刘思华文集》[M].南宁:广西人民出版社 2000 年版,第 80 页、第 82 页。
② 详见《刘思华文集》[M].南宁:广西人民出版社 2000 年版,第 80 页、第 82 页。
③ 《刘思华文集》[M].武汉:湖北人民出版社 2003 年版,第 261 页。
④ 柳杨青:《生态需要的经济学研究》[M].北京:中国财政经济出版社 2004 年版,第 2 页。
⑤ 柳杨青:《生态需要的经济学研究》[M].北京:中国财政经济出版社 2004 年版,第 138-145 页。
⑥ 马克思恩格斯选集第 1 卷[M].北京:人民出版社 1995 年版,第 56 页。

在科学发展观指导下的新型发展方式是一种正在生成、不断探索中的发展方式，也是一种尚未成熟、很不完善的发展方式，还存在很多深层次的矛盾并面临巨大的挑战。从国际角度看，我们有发达工业国家生态现代化转型所带来的国际竞争压力，这是我国生态文明建设的重要背景和前提。从国内角度来看，我们担负着生态文明建设和现代化建设的双重任务，虽然在经济增长过程中不断强化环境保护，追求经济增长与环境保护相协调，体现出其生态现代化取向，但技术条件不足、经济发展不充分和不均衡、以制造业为支柱产业、带有鲜明的政府主导色彩，又使得中国生态现代化具有自身特点及风险。所以我们在肯定生态治理和环境保护成就的同时，也必须正视生态环境存在的问题和环境保护存在的隐患，发展方式的调整成为制约我国经济社会持续快速发展的最大瓶颈。

但与西方发达国家所要建设的生态现代化不同，我们的现代化不是对已有的现代化成果进行生态化的改造，而是在生态化的进程中实现发达国家已经实现的现代化，因此我们的生态现代化进程和现代化进程并存，面临着比西方发达国家更为艰巨的发展方式调整问题：如何处理好经济持续增长对资源的需求与资源承载能力之间的矛盾，如何调节扩大内需促进发展与建设节约型社会的消费理念之间的矛盾等都成为制约发展方式调整的症结。一方面，从我国的国情来看，资源的有限性决定了我们必须在推动经济持续发展的同时要节约资源，"节约资源是保护生态环境的根本之策"[1]，另一方面，要促进"经济持续健康发展"[2]，在促进经济发展过程中，"要牢牢把握扩大内需这一战略基点，加快建立扩大消费需求长效机制"[3]。目前中国实现经济高速增长的方式仍以传统的粗放式为主，高投资、高消耗、高浪费仍是经济建设中存在的普遍问题，区域和城乡之间发展不平衡、进出口贸易不平衡和出口方式粗放等诸多问题没有从根本上得以解决，经济的持续发展需要以大量的资源消耗为前提，在经济发展过程中也会存在大量的资源浪费，由经济增长带来的资源的无限需求与资源承载能力的有限性构成了不可调和的矛盾。

---

[1] 胡锦涛：《坚定不移沿着中国特色社会主义道路前进 为全面建成小康社会而奋斗——在中国共产党第十八次全国代表大会上的报告》[M].北京：人民出版社 2012 年版。

[2] 胡锦涛：《坚定不移沿着中国特色社会主义道路前进 为全面建成小康社会而奋斗——在中国共产党第十八次全国代表大会上的报告》[M].北京：人民出版社 2012 年版。

[3] 胡锦涛：《坚定不移沿着中国特色社会主义道路前进 为全面建成小康社会而奋斗——在中国共产党第十八次全国代表大会上的报告》[M].北京：人民出版社 2012 年版。

发展方式调整任重道远。首先,从发展目标上看,中国传统发展模式建立在"唯物质主义"基础之上,把经济增长与社会发展、人的发展等同,甚至把经济增长或经济发展作为发展的唯一目标,主要表现是这种以物为本的发展模式在一定程度上促进了经济和社会财富的增加,在很大程度上解决了当时面临的物质产品匮乏、人民生活贫困等问题,但随着我国的飞速发展,传统发展模式的某些缺陷越来越明显,社会分配不公、社会发展失调以及生态环境恶化等问题使我们在解决了经济学意义上的生存问题之后面临着更为严峻的发展问题。其次,从发展内容上看,中国传统发展模式在很大程度上是一种片面的发展,"唯物质主义"推崇"GDP崇拜""为生产而生产",这就把发展视为一种单纯的经济现象,把现代化过程理解为物质财富增长的一维过程,进而将人均国民生产总值的增长数量作为衡量一国发展水平高低的唯一标准。这种单一、片面的发展带来了严峻的社会问题,使作为社会主体的人在追求物质利益的过程中受到压抑,人的劳动成为生存的必需甚至在很大程度上被工具化,对人的劳动能力的最大化开发利用成了人的工作的主题、中心和目的。最后,从发展秩序来看,长期以来,尽管我国不断加强宏观调控和统筹兼顾,但在某种程度上依然是一种自发发展,虽然这种发展在经济文化严重落后条件下针对现实中迫切需要解决的问题有其合理性并且很有效,但却是建立在漠视甚至破坏社会和谐、社会生态环境基础上的,严重影响了人、自然、社会之间的动态平衡。因此,发展方式的调整势在必行。要从发展目标上实现从物本到人本的回归;从发展内容实现从片面发展到全面发展;从发展秩序实现从自发发展到自觉发展。这对于弥补传统发展模式的弊端具有很强的针对性,对于如何处理环境保护和经济发展的关系,如何处理工业化进程和生态文明建设的关系,如何处理当代利益和后代利益之间的公平问题,如何处理区域利益和生态环境问题的全球性之间的关系等,有很强的现实意义。

二、中国特色生态现代化的逻辑架构

党的十八大报告中明确指出,要"把生态文明建设放在突出地位,融入经济建设、政治建设、文化建设、社会建设各方面和全过程,努力建设美丽中国,实现中华民族永续发展"①。所谓生态融入,就是以生态文明建设为基础,将生态文明的理念、制度、技术等渗透到其他四大建设之中,赋予四大建设以生态尺度和生态监督机制,在实现四大建设的生态转型过程中,建设天蓝、地绿、山青、水净的美丽中国。在中国特色社会主义总体布局中,经济建设、政治建设、文化建设、社会建设和生态文明建设这五大建设构成了一个有机联系的整体,在这个整体当中,经济建设是基础,政治建设是保证,文化建设是先导,社会建设是归宿,生态文明建设是前提。只有把生态文明建设和与经济建设、政治建设、文化建设、社会建设相融合相协调,赋予经济建设、政治建设、文化建设、社会建设以生态尺度,即把生态文明建设的理念、原则、目标等深刻融入和全面贯穿到我国经济、政治、文化、社会建设的各方面和全过程,才能保证中国特色社会主义事业的全面、协调和可持续性发展。

(一)实现经济建设的生态转型

将生态建设融入经济建设之中,处理好经济建设和生态建设的关系,实现经济建设的生态转型。所谓经济建设的生态转型,是指将生态文明建设融入经济建设之中,把经济社会的发展建立在生态环境的可承受水平之上,建立经济、社会和自然环境之间的良性循环系统,并在此系统之上实现经济社会和生态环境的双向可持续发展。李桂花、高大勇认为,把生态文明建设融入经济建设有两重内涵:一是融入"经济建设各方面",即从空间维度(共时性或横向)建设经济层面的生态文明,可以从经济发展理念、经济发展目标、经济发展方式、经济发展道路四个方面来理解;二是融入"经济建设全过程",即从时间维度(历时性或纵向)建设经济层面不同阶段或环节的生态文明,如社会生产过程中的生产、交换、分配和消费四个环节。②

党的十八大报告明确指出:"以经济建设为中心是兴国之要,发展仍是解决我国所有问题的关键。以科学发展为主题,以加快转变经济发展方式为主线,是关系我国发展全局的战略抉择。"③从经济建设与生态建设的内在联系来看,一方面,经济建设可以为生态建设提供物质保障,促进其可持

---

① 胡锦涛:《坚定不移沿着中国特色社会主义道路前进 为全面建成小康社会而奋斗——在中国共产党第十八次全国代表大会上的报告》[M].北京:人民出版社2012年版。
② 李桂花,高大勇:《把生态文明建设融入经济建设之双重内涵》[J].《求实》2014年第4期,第50-52页。
③ 胡锦涛:《坚定不移沿着中国特色社会主义道路前进 为全面建成小康社会而奋斗——在中国共产党第十八次全国代表大会上的报告》[M].北京:人民出版社2012年版。

续发展,并进一步为生态建设引领方向。生态修复、生态保护需要大量的经济投入,生态知识的增进、推广和用于生态建设的资金、人才、技术的大量投入也需要充分的经济保障;另一方面,从生态建设对经济建设的作用来看,生态建设可成为经济建设新的增长点,从而推动循环经济和创意经济的发展。

正确认识和处理环境与经济的关系,必须澄清一些模糊甚至错误的认识。[①] 一是将经济发展与环境保护关系视为对立,认为实现经济发展必然要以牺牲自然资源和环境保护为代价。二是将经济发展与环境保护视为时间上的先后关系,即"先污染后治理""先发展后环保",认为在当前生产力水平较低的社会阶段中,其主要精力应当放在经济发展上,其次关注的才是环境保护。三是将经济发展与环境保护视为程度上的轻重关系。这三种观点虽然各具差异,但它们内含一种共同的思维模式,就是将经济发展和环境保护割裂开来,静态、机械、孤立地看待问题和分析问题。"五位一体"总体布局说明,经济发展与环境保护之间并不是对立、先后和主次的关系,只要我们科学、辩证地把握好、处理好经济发展与环境保护两者的关系,统筹兼顾、整体把握,就可以实现两者之间的良性互动、持续共生、协调融合,从而实现在发展中保护和在保护中发展。

要处理好生态文明建设与经济建设的关系,其实质就是要处理好环境保护和经济发展之间的关系。发展是第一要务,环境是重要支撑。环境是发展经济的自然物质基础,为经济发展提供活动空间和大量的资源,经济发展对环境的变化起主导作用。环境问题究其本质,是经济结构、生产方式、消费模式和发展道路问题。离开经济发展谈环境保护必然是"缘木求鱼",离开环境保护谈经济发展势必是"竭泽而渔"。只有正确认识和处理环境与经济的关系,科学把握两者之间的"度",遵循环境与经济发展规律,做到环境保护与经济发展相协调相融合,生态文明建设才能真正落到实处。我国正处于并将长期处于社会主义初级阶段,发展不足和保护不够的问题同时存在。当前,我国面临的生态环境形势十分严峻,资源相对不足、环境容量有限,已经成为新的基本国情,成为发展的短板。因此,必须大力推进环境保护的历史性转变,实现环境与经济的协调发展。党的十八大创造性地提出了生态文明建设的实施路径:源头控制、综合治理和预防为主。在现阶段

---

① 环境保护组宣传教育司、中国行政管理学会联合课题组:《从"五位一体"的高度把握生态建设与经济发展的关系》[J].《环境保护》2013年第9期,第13-17页。

大力推进生态文明建设,把生态文明建设融入经济建设当中,实现经济与生态的"双赢"。一方面能够倒逼经济转型,引导转变经济发展方式,促进经济可持续发展。另一方面,在生态文明建设进程中,把握生态建设布局,做大生态产业,着力推进绿色发展、循环发展、低碳发展,形成节约资源和保护环境的空间格局、产业结构、生产方式和生活方式,这本身可以创造大量新的需求,促进技术进步,催生新的产业,为经济发展增添新的动力。此外,还要加强机制体制建设,为经济发展提供良好的生态建设软环境。

(二)实现政治建设的生态转型

将生态建设融入政治建设之中,处理好政治建设和生态建设的关系,实现政治建设的生态转型。所谓政治建设的生态转型,是指将生态文明建设融入政治建设之中,根据可持续发展战略的要求,变革政治价值观、政治思维和政治活动,反思现有政治体系的欠缺并进行调整,努力实现人与自然相互关系在社会意义上的最优化发展。其实质是把生态环境问题提到政治问题的高度,进而使政治与生态环境的发展一体化,把政治与生态有机辩证地统一起来,推动着生态政治理念范式的全新构建。"建设社会主义的政治文明,内在地包含着保护生态、实现人与自然和谐相处的制度安排和政策法规。"[1]因此,政治建设的生态转型体现了生态文明建设和政治建设之间彼此密不可分的耦合关系,是对传统政治观的变革和超越。

生态文明建设与政治建设的关系,在动态演进中呈现为双向互动、彼此建构和再生产的关系,在实践中表征为政治建设生态化和生态文明政治化的双向发展形态。生态文明建设为政治建设提供价值运行目标和可持续性发展的动力支持,政治建设又为生态文明建设提供法律、政策、制度、机制等强力保障和环境氛围,二者在开放性和包容性中呈现出和谐统一的规律。将生态文明与政治建设进行有机契合,其在本质意义上推动着生态政治理念范式的全新构建,这对政治关系、政治体系、政治结构、政府职能以及社会政治稳定、政治发展等带来深远的影响。当然,生态文明的建设和绿色文明的弘扬又有赖于政治系统建设的督促和保障。当前看来,以生态政治安全建设来强化和推动生态文明建设,既需要执政党和政府做好表率和带头示范,还亟须完善生态政治安全体制和制度机制的建设。只有不断强化制度创新和完善制度供给,灵活运用与生态环境监管和治理相关的价格制度、产权制度、调控制度、税务制度、绩效制度、评估制度以及相匹配的政策工具

---

[1] 俞可平:《科学发展观与生态文明》[J].《马克思主义与现实》2005年第4期,第4-5页。

等,才能推进生态文明建设的信息透明化、治理法治化、决策科学化和民主化以及生态经济社会发展可持续化。

当前,因雾霾、有毒有害气体、水污染、沙尘暴等引发的生态环境问题,已不再是单纯意义上的自然界问题、物理问题抑或技术问题,而是逐步成为涉及人类生存发展和安全的重大政治问题。因此,将生态观纳入政治建设体系中进行全新考量,诠释出的是对生态政治安全观的强烈价值追求。这种生态政治安全观既是对传统安全观的变革和超越,也是一种新型政治观和人权观的展现和形构。某种意义上,生态政治安全观的全新价值诉求,折射出生态文明建设和政治建设之间彼此密不可分的耦合关系,这种耦合关系在深层次上又推动着执政党生态执政观、生态服务型政府、生态型公民社会教育以及生态型制度体系的生成。作为执政党,将生态政治安全统摄到执政理念中,其彰显的是中国共产党立党为公、执政为民、以民为本的生态价值情怀,这有益于夯实执政基础,建构政党与民众间的和谐信任关系,确保社会秩序持续稳定。环境执政能力是执政党应对、处理环境问题的能力的总称,它涉及经济、政治、社会、外交等方面;从其总体结构上看包含环境科学决策能力、环境行政执行能力、环境常规管理能力、环境突发应急能力、环境技术支持能力等五大要素。[①] 其中占据统率地位的是环境科学决策能力,党的十六届四中全会指出,要改革和完善决策机制,推进决策的科学化和民主化。当前我国经济和社会发展正处于黄金机遇期与矛盾凸显期并存的重要战略时期,加上环境问题所特有的长期性、复杂性,环境保护工作机遇与风险并存,这就决定了环境科学决策能力建设的重要性。环境行政执行能力是环境科学决策能力实现的重要保障,主要是体现在对国家环境保护法律、法规和标准的执行方面。环境常规管理能力和环境突发应急能力只要是党和国家对经济和社会发展中与环境保护有关的常规工作及突发性环境污染事件所采取的相应的环境协调能力。而以上这几种能力的实现离不开环境技术支持能力的支撑。作为政府,将生态政治安全观融入各层级政府的公共管理中,能有效推动生态型政府的建设,形成科学的生态政绩观,节约型、友好型和均衡型的绿色经济社会发展模式,从而有效规制和杜绝因环境问题引发的群体性事件和社会矛盾冲突,确保基层社会的稳定与和谐。作为广大群众,将生态政治安全观纳入思想政治教育过程中,能积极培育和壮大生态公民社会,唤起广大群众的生态环保意识和生态伦理公共

---

① 杨展里:《试论中国环境执政能力建设》[J].《环境科学研究》2006 第 19 期(增刊),第 40-43 页。

精神,培树文明健康的生活方式和消费方式。

将生态文明融入政治建设是中国特色社会主义事业发展的必然要求。曲翠洁等认为就其实践层面而言,可在政治建设的基础、制度与价值三个层次分别设计具体融入机制,即基础融入——重构政治建设生态环境,制度融入——实现政治制度体系建设和制度执行的生态化,价值融入——实现政治建设价值理念的生态化。① 在基础融入中,要促进经济环境的生态化,因为经济建设为政治建设提供物质基础;要促进社会环境的生态化,因为社会环境是政治环境的重要保障;还要促进文化环境的生态化,因为生态文化的培植可以为政治建设生态化的实现营造良好的文化氛围。在制度融入中,既要注重培养从中央到地方层面的制度体系的生态化,处理好中央与地方两个层面之间的关系,促进中央制度体系与地方制度体系的和谐统一,又要注重生态文明制度的建立健全,实现生态保护的制度化和可操作化,加快建立资源有偿使用、生态补偿制度以及生态评估和监控三项基本制度。从价值融入来看,既要加强执政党执政理念的生态化,又要实现行政机关工作人员工作理念的生态化。

(三)实现文化建设的生态转型

将生态建设融入文化建设之中,处理好文化建设和生态建设的关系,实现文化建设的生态转型。所谓文化建设的生态转型,是指将生态文明建设融入文化建设之中,将人与人、人与社会之间的文化理念延伸到大自然,以达到人与自然、人与人、人与社会的文化和谐,塑造生态文化。生态文化的概念最早由罗马俱乐部创始人佩切伊提出:"生态文化是人类通过技术圈的入侵、榨取生物圈的结果,破坏了自己明天的生活基础,人类自救的唯一选择就是要进行符合时代要求的那种文化革命,形成一种新的形式的文化。"②生态文化的诞生是时代变迁的要求,也是人类在终于认识到自身真实处境之后做出的英明决断,预示着一种现代性文明的升起,彰显了文化的现代性内涵。生态建设对文化建设的融入,预示着将生态学的优势融入文化的形式之中,体现人类思维方式的变革,要求人类必须建立符合时代发展要求、符合人类整体利益与长远利益、体现人与自然和谐共处、不断谋求人类新发展新理念的时代精神,并逐步建立起符合文明要求的思维模式、价值

---

① 曲翠洁,张英魁:《生态文明融入政治建设的机制研究——在十八届三中全会语境中》[J].《宁夏党校学报》2014年第2期,第21-25页。

② 佩切伊:《21世纪的全球性课题和人类的选择》[J].《世界动态学》1984年第1期,第99-107页。

体系和人类生活方式等。

　　生态文明建设与文化建设,既相互独立,又相互影响、相互融合和相互促进。从逻辑维度看,生态文明建设是文化建设的重要组成部分,文化建设必然涉及生态文明建设的核心——人与自然关系;而文化建设又可以为生态文明建设提供理论支撑和核心价值体系的价值理念。从历史维度看,生态文明建设与文化建设都需要处理与解决代内和代际的人与自然、人与人、人与社会的复杂关系,二者也就拥有了共时性的共同建设对象。在中国特色社会主义现代化建设中,相比较经济建设而言,文化建设和生态文明建设一直处于相对弱势地位,对文化建设和生态文明建设关系的探讨、研究、重视都不够充分,因此,要注重在文化建设中培育和提高人们的生态道德素质,用文化建设来促进生态文明建设,努力在全社会形成注重人与自然和谐相处的良好氛围。正确认识和处理引导人们将生态文明建设和文化建设的关系,必须将生态文明建设观念融入文化建设的各方面和全过程。第一,要树立生态文化的价值取向,从而增强中国特色社会主义文化的整体实力和竞争力。生态文化是人类为改变由于旧文化弊端所造成的生态危机而创造出的新的文化形态,其中最根本的是树立生态文化的核心价值理念,培养人们的基本生态文化素质,使生态文明成为全体社会成员的价值追求。第二,要培养人与自然和谐相处的价值理念,这是中国特色社会主义文化建设的重要内容。要将生态价值观纳入社会主义核心价值体系,除了要继承中华民族传统文化中的生态观念,还要培育中国特色社会主义生态文明理念,使文化建设呈现出在"绿色"自然生态之美基础上的人文和谐之美。第三,要加强科学的生态机制建设,这是中国特色社会主义文化建设的重要保障。要运用前瞻性的生态政策和生态补偿机制对生态文化氛围进行保障,还要把生态教育作为全民教育、全程教育和终生教育,创造个人、群体和整个社会环境行为的新模式,从而建立一个与大自然和谐共处的中国特色社会主义文化。

　　将生态建设融入文化建设之中,实现人与自然关系在新形势下的历史变迁,必须要完成生态文化的当代建构。朱凤琴认为,其一要建设尊重自然的文化,构建新型生态伦理关系。自然价值是否存在一直是人类中心主义和非人类中心主义争论的理论前提,但自然界基于人类的先在性和人类作为自然界组成部分的客观性却是不争的事实,因此无论从哪个角度来看,一直以来人类以地球上唯一的"道德顾客"自居的身份还是有失偏颇,人类和人类所需都来源于自然,因此人类应当对自然承担应尽的责任和义务,这既是对自然界负责,更是对人类自身和子孙后代负责。人类应当尊重客观规律,一切活动以"人与自然关系的和谐"为其行动准绳,维护自然生态系统的平衡。其二,要建设绿色发展的文化,实现文化建设的生态化。① "由于生态问题对不同文化、不同宗教、不同意识形态下的人们具有一种普遍价值,因而使得这个主题可以成为各种异质文化自由平等对话的最佳途径。"② 在社会主义道德建设中要对公众进行生态道德教育,引导公众与时俱进地更新生态观念,形成科学的、文明的生态认知,培育人与自然和谐相处的社会主义先进生态文化。绿色经济是人们将生态文化的理念融入经济活动中,使生态环境持续改善、经济持续发展和人们生活质量持续提高,只有这样的经济模式才是真正的绿色发展,只有绿色发展才是可持续发展。其三,要提倡绿色消费,建立低熵文化。美国学者杰里米·里夫金认为,当能量从一种状态转化成另一种状态时,人类"会得到一种惩罚",这个惩罚就是我们损失了能在将来用来作某种功的一定能量,即所谓的熵,熵是不能再被转化做功的能量的总和的测量单位。在人与自然的关系中,时间或熵的过程是无法逆转的,那是自然界的必然法则,然而人们可以运用自由意志来决定熵的过程的发展速度,人类可以通过对自身生活与行为方式的选择决定世界上有效能量的耗散速度。因此,人类必须有意识地尊重自然,人类的生存以及所有其他形式的生命的生存,都取决于他们与自然、与生态系统的和平共处。此外,人类还要从自身可持续发展的高度,不再拘泥于对物质财富的过度追求,自觉树立人与自然界相互协调的新的消费观念,追求既符合物质生产水平又符合生态发展水平的适度消费和既能满足人的生存发展需求又不对生态环境造成危害的绿色消费。

(四)实现社会建设的生态转型

将生态建设融入社会建设之中,处理好社会建设和生态建设的关系,实现社会建设的生态转型。所谓社会建设的生态转型,是指将生态文明建设的价值理念和制度规范融入社会建设的协调运转之中,积极回应社会建设所遭遇的现实困境,为社会建设提供全新的发展范式,从而建构出人与自然、社会的和谐共生关系,推动社会建设的可持续性发展。传统的社会建设中一度忽视自然环境的生态承受力,没能从长远的整体利益出发考量其可

---

① 朱凤琴:《人与自然关系视野中的生态文化构建》[J],《理论视野》2014年第1期,第76-78页。
② 陈孝兵:《生态文明:科学发展的时代强音——解读党的十八大报告的理论自觉》[J],《当代经济研究》2013年第2期,第4-10,93页。

持续性,因此为避免转型期因生态环境问题可能引发的社会矛盾和社会冲突,必须实现社会建设的生态转型,从经济、法律、道德等不同层面维护各利益阶层的生态利益和生态诉求,从而实现生态文明建设和社会建设的良性互动,构建社会主义和谐社会。

将社会发展、社会建设与生态观相结合,确立社会建设中人与自然和谐相处的生态指向,形成生态化的社会生活理念和因子,将有益于实现生态文明建设和社会建设的良性互动,为广大人民群众的幸福指数提升提供根本的自然物质条件保障。社会建设的有序化协调运转离不开生态文明建设的价值支撑和生态制度供给,生态文明在其本质意义上揭示出社会建设运行规律与生态环境之间的价值契合和内在关联。生态文明建设积极回应社会建设遭遇的现实困境和问题,其最终落脚点在于建构出人与自然的和谐共生关系,从而推动社会建设的可持续性发展。生态文明建设的价值理念和制度规范,能深刻改变人与自然相处的存在方式,并为社会建设的大发展提供全新的发展路径和范式。从本质意义上看,生态文明驱动下的生态社会建设,其根本要义在于保障和改善民生,确保社会公平正义。这就要求我们在进行生态社会建设的过程中,积极回应社会不同群体利益诉求,整合协调不同利益阶层之间的关系,确保在经济、法律、道德等不同层面,维护和实现各利益阶层的生态福祉和利益诉求,从而以整体、高效、快捷的方式解决生态环境问题,避免转型期因生态环境问题引发的社会矛盾和社会冲突。

从和谐社会建设的生态理论依据来看,"自然世界在人类社会之中,人类社会在自然世界之中。当人类社会与自然世界在本质上融合成为一个不可分割的整体后,关爱社会亦是关爱自然,关爱自然亦是关爱社会,保护自然环境就成为生态社会不得不承担的道义"[①]。刘军认为,和谐社会建设应注重人、自然、社会三位一体建设,因为和谐社会具有有机论、构成论和整体论所描述的理论内涵和特质,因此和谐社会建设的理论依据应当从有机论、构成论和整体论几个层面进行分析[②]。所谓有机论,是指人、自然、社会是一个有机整体,人类作为自然界的组成部分,从自然界索取物质、能量等必需之物,同时自然与人休戚与共,人对自然的干预力必须在自然的承受和恢复范围之内,这样使人与自然的关系处于平衡点上,从而达到人与自然和

---

① 曹孟勤:《试论解决生态危机的根本出路》[J].《南京师大学报》(社会科学版)2007年第4期,第13-18页。

② 刘军:《论和谐社会建设的生态理论依据》[J].《党政干部论坛》2013年第6期,第16-18页。

谐,更好地实现地球人的生存和永续发展。所谓构成论,是指人、自然、社会存在着构成关系,共同组成和谐社会建设的三个构成因素,各自与相互之间均存在着构成性。从空间维度来看,自然和社会应向人类提供发展均等的机会、分配均等的权利等,从而趋向人的全面发展。因此,在人与自然的关系中,人类不是自然世界的中心,个人向自然、向社会、向他人贪婪索取是与和谐社会建设背道而驰的,在人与社会的关系中,同一时代的人享有环境公平,人类对自然资源开采和耗用的同时,必须考虑到同一时代人的生存需要。从时间维度看,社会不仅对现代人负责,而且对未来人也要负责,当代人在注重当代发展的同时,也要为代际发展留下发展空间。所谓整体论,基于人是"人的本质和自然界本质的统一"[①],所以人、自然、社会三大领域是一个完整的整体,不能只强调人的主观能动性,将人单独出来对自然和社会进行审视,人在自然之中的完整性,要求人与自然相互依存、共进发展。从和谐社会的内涵来看,人与自然和谐相处是题中应有之义。

从现代生态社会的构建来看,由于生态社会建设涉及责任、权力、利益的"再分配"问题,要想把生态文明建设的核心要义和价值精神落实到社会建设的全过程,就需要积极促进生态共享、提升生态文明建设水平。从领导层面来看,要积极完善和健全党委领导、政府负责、社会协同、公众参与的生态治理和社会治理的新格局,强化整体领导和沟通协调,加强顶层设计的能力,不断提升决策水平和执行效率。从观念层面来看,要塑造全体社会成员的生态价值观念。基于人与自然的生成论的统一、人与自然的价值的统一和人与自然的合目的性,一方面要大力发展教育培训产业,积极培育社会公民的生态意识和环保理念,另一方面要不断提升社区生态化建设水平,将生态文明建设的全新理念和思路注入社区建设和管理的过程之中,将生态建设和社区建设有机结合起来。从制度层面来看,要通过转变评价机制,进行积极的经济引导,并辅以配套的政策及法律法规。通过完善信息公开制度、环境立法听证制度、环境公益诉讼制度等,提高公众在生态社会建设的参与度,充分保障人民群众的生态权益,从而调动和激发人民群众参与生态社会建设的积极性。从技术层面上,要通过发展生态科技,创新社会管理手段和方式,完善生态管理技术,积极动员和挖掘社会有关力量,提高生态社会化管理水平。

---

① 《列宁全集》第五十五卷[M].北京:人民出版社1990年版,第54页。

三、推进国家生态治理体系和治理能力现代化

党的十八届三中全会把"完善和发展中国特色社会主义制度,推进国家治理体系和治理能力现代化"作为全面深化改革的总目标。那么,国家治理体系现代化和国家治理能力现代化与生态现代化之间存在什么样的内在逻辑关系,如何在推进国家治理体系和治理能力现代化的前提下推进生态现代化进程?

(一)生态现代化与国家治理体系和治理能力现代化的辩证关系

生态现代化是中国特色社会主义现代化的应有之义,也必然成为国家治理体系和治理能力现代化的重要组成部分,生态现代化的实现程度有赖于国家治理体系和治理能力现代化的实现程度,而生态现代化的推进也同时有利于国家治理体系的完善和治理能力水平的提高。

1.生态现代化与国家治理体系现代化的辩证关系

国家治理体系指在中国共产党的领导下,"管理国家的制度体系,包括经济、政治、文化、社会、生态文明和党的建设等各领域体制机制、法律法规安排,也就是一整套紧密相连、相互协调的国家制度"[①]。郑言、李猛认为,与针对特定问题的西方式治理不同,中国共产党以更为广阔的视野开创性地对中国的国家治理体系做出了新的规定。首先,从时间维度来看,国家治理不是被动应付新兴公共事务的"救火队员",而是"体系化"的社会公共事务管理和政治建设[②]。国家治理体系是系统性、整体性、协同性的创新治理模式,包括从基层的社区到中层的社会组织到高层的国家顶层设计,都需要运用制度化和程序化方式进行管理,将立法、行政、执法、监督等全部政治过程到放置在坚持我国基本政治制度的前提下,从时间上进行预设,而不仅仅是面对突发性或新兴事务的应急处理。其次,从空间维度看,不同领域、不同过程的国家治理是相互配合、相互补充、相互促进的系统,而不是各自孤立。不同于统治,治理具有的最大优势就是其灵活性、包容性及参与性,但其优势的弊端是容易造成各个领域的碎片化、孤立化和不可持续性,中国共

[①] 习近平:《切实把思想统一到党的十八届三中全会精神上来》[J].《求是》2014 年第 1 期,第 3-6 页。

[②] 郑言,李猛:《推进国家治理体系与国家治理能力现代化》[J].《吉林大学社会科学学报》2014 年第 2 期,第 5-12、171 页。

产党通过构建上下互动、多层协调、全面推进的方式,为国家治理顺利进行创造制度空间,从而建立一种长期、持续、平等、开放、包容的国家治理机制。最后,从国家治理的辐射范围来看,应当发生在广义的国家领域,而不是仅仅局限于公民社会领域。"当代治理主义观念则体现了'反政府'的价值,它们认为,市场组织存在着失败,但政府组织同样存在着失败,而且'政府失败'带来的危害比'市场失败'的问题可能更大。"①因此,不同于西方治理理论通过对市场和社会作用的强化,来限制政府与国家的权力,我国明确将治理发挥作用的主体界定为国家,在国家治理体系的空间领域中,既包括外部国家间问题的解决,也包括内部国家、社会、市场关系的处理。可以通过充分利用国家的现有资源,创造性吸收引入市场与社会的新机制与新手段,赋予国家治理活动的灵活性、适应性和可持续性。

　　生态现代化是国家治理体系现代化的重要组成部分。党的十八大报告首次把生态文明纳入"五位一体"的社会主义建设总布局中,并明确指出:"把生态文明建设放在突出地位,融入经济建设、政治建设、文化建设、社会建设各方面和全过程,努力建设美丽中国,实现中华民族永续发展。"②中国特色现代化发展模式必然是建立在生态文明建设基础之上的经济建设、政治建设、文化建设和社会建设的系统工程,生态文明建设在"五位一体"的总布局中具有基础性、战略性地位,这是我们党站在新的历史高度对生态文明建设所做的新判断、新思考、新要求,标志着我们党执政理念的重大发展。中国特色社会主义现代化之路是一条在科学发展观指引之下的新型现代化道路,是一个综合的系统工程,内在地包括了新型经济现代化道路、新型政治现代化道路、新型文化现代化道路、新型生态现代化道路和新型的人的现代化道路。科学发展观形成于生态问题,必然深刻体现在解决生态问题的现代化建设之中,中国的现代化发展是"绿色"的发展,是全面、协调和可持续的发展,生态文明深刻体现在科学发展观的内涵之中,也深刻体现了科学发展观的内涵,与科学社会主义具有内在的一致性,是中国特色社会主义的题中应有之义。而国家治理体系则是指在中国共产党的领导下,"管理国家的制度体系,包括经济、政治、文化、社会、生态文明和党的建设等各领域体

---

　　① 孙柏瑛:《当代政府治理变革中的制度设计与选择》[J].《中国行政管理》2002年第2期,第19-22页。

　　② 胡锦涛:《坚定不移沿着中国特色社会主义道路前进 为全面建成小康社会而奋斗——在中国共产党第十八次全国代表大会上的报告》[M].北京:人民出版社2012年版。

制机制、法律法规安排,也就是一整套紧密相连、相互协调的国家制度"。①因此,生态建设成为国家治理体系的必然组成部分,并在其中承担着重要的角色,生态现代化进程也必然成为国家治理体系现代化的组成部分,并在其中居于基础性的地位。

国家治理体系现代化为生态现代化提供制度保障和法律支撑,必然促进生态现代化进程。生态现代化进程何以可能?培养主体生态责任价值观,以实现主体生态责任的范式转变,这是从内在柔性的伦理道德机制对生态现代化进程进行调控,除此之外生态文明制度化的实现是关键。但生态文明的制度化何以可能?这是用制度保护生态环境要解决的核心问题,需要国家治理体系现代化为生态现代化提供制度保障和法律支撑。当前,从生态文明制度建设的现状来看,我们已经出台了不少生态环境保护方面的制度措施,但仍然存在生态文明制度建设观念滞后、制度体系不系统、不完整、不配套和政策措施不协调等问题。因此要通过健全生态建设的法律法规,建立和完善生态环境监控体系和社会保障机制,从而增强服务机制的服务意识,强化生态系统的服务功能,实现生态现代化的顺利进行。从建立健全生态文明制度的内容机制来看,针对我国当前生态文明建设所面临的突出问题,党的十八届三中全会按照"源头严防、过程严管、后果严惩"的思路,采取问题倒逼改革的方法,对生态文明制度建设做出了全面部署。从加强生态文明制度的实施机制来看,一方面,要通过构建科学系统的生态文明评价指标体系,来提升生态文明制度安排的决策水平。另一方面,要加强监管力度,通过多种方式如激励机制、监督机制等促进生态文明建设的制度创新。

2.生态现代化与治理能力现代化的辩证关系

国家治理能力现代化则是指在中国共产党的领导下,不断适应社会主义现代化建设的需要,综合"运用国家制度管理社会各方面事务的能力,包括改革发展稳定、内政外交国防、治党治国治军等各个方面"②,把各方面制度优势转化为管理国家的能力和水平。张健认为,在"中国共产党的领导"这一根本性设置之下,治理能力包括三层能力叠式结构,其中"治国"是第一

---

① 习近平:《切实把思想统一到党的十八届三中全会精神上来》[J].《求是》2014年第1期,第3-6页。

② 习近平:《切实把思想统一到党的十八届三中全会精神上来》[J].《求是》2014年第1期,第3-6页。

层结构(治党·治国·治军)的核心;"内政"是第二层结构(内政·外交·国防)的核心;"改革"是第三层结构(改革·发展·稳定)的核心①。实际上,国家治理能力是在国家治理的制度性框架问题之下,对国家治理体系功能的系统性发挥。从内容来看,国家治理能力现代化显示了中国特色国家治理能力的立体化特征,不仅包括对政治、军事、文化、经济、社会等国家所有领域的治理能力,而且包括社会资源协调与分配、公共政策的制定和实施、社会认同的维系、国家安全的维护以及国际关系的维持等所有治理过程的能力,是对包含整个国家以及公民利益密切相关的所有公共事务和公共事务治理过程。此外,国家治理能力还包括社会整体教育水平、政治社会化程度、公民参与意识和能力、社会认同和凝聚力水平等一系列"软"能力,从实践来看,恰恰是国家治理的"软"能力成为发展中国家治理成败的关键。②

治理能力现代化是实现生态现代化的前提。20 世纪以来,传统现代化模式加速推进下的经济社会发展所呈现出的生态环境问题日益凸显,作为发展中国家的中国在实现快速工业化、现代化的过程中,严峻的生态环境问题成为制约现代化发展的瓶颈。能否有效遏制环境恶化趋势,构建出现代化与生态环境友好、协调、和谐、包容共生的全新发展模式,成为中国在现代化过程中所要解决的重大理论和现实课题。但生态现代化的实现首先是生态问题的解决,生态问题的解决必然需要生态治理,因此生态治理能力的高低直接制约生态现代化的实现程度。党的十八届三中全会对生态文明制度建设进行了全面部署,对生态治理能力提出了更高要求,从而有效地推进了生态现代化的发展进程。首先,从源头保护上,要建立生态价值评估制度,以承认自然价值为前提,以处理好人与自然关系为基础,对现有的生态环境进行生态价值评估,建立最严格的生态红线管理办法。其次,从过程管理上,建立有效的生态保护机制,要建立生态足迹制度,即通过对人与自然关系的回顾,直视人类对自然环境的破坏,使人类进一步明确人在处理人与自然关系中应承担的道德责任,从而为使自然界能够持续为人类及其他生物提供资源和发展空间。最后,从评价体系上,通过制定严格的生态破坏责任追究制度,把生态建设与生态修复同时纳入各级政府目标考核,对已造成生

---

① 张健:《中国国家治理体系和治理能力现代化:历史逻辑和实践框架》[J].《长沙理工大学学报》(社会科学版) 2014 年第 3 期,第 33-39 期。

② Grindle M S. Good enough governance: Poverty reduction and reform in develping countries. Governance,2004,17(4):525—548.

态损害的企业和个人依法追究责任,给予一定的经济制裁,严重的还要追究其法律责任。此外,要奖惩并存,通过建立配套的生态补偿基金制度,鼓励生态主体在发展过程中对生态环境的保护行为,对其给予一定的生态补偿。

生态现代化是治理能力现代化的必然结果。国家治理能力是指"运用国家制度管理社会各方面事务的能力,包括改革发展稳定、内政外交国防、治党治国治军等各个方面"①,生态现代化是中国特色社会主义现代化建设的必然结果,基于生态文明建设在五位一体总布局中的基础性和渗透性作用,治理能力中必然将生态现代化的要求和规范渗透其中。一方面,要构建生态文明评价指标体系,要严格控制能源、矿产资源和水资源的消耗总量,倒逼产业效率提升和产业升级,将生态文明评价和各地政府的绩效评价紧密结合,设立领导干部生态环境指标考核制度,引入生态环境考核制度,推动各地的生态文明制度建设。另一方面,要加强监管力度,通过多种方式如激励机制、监督机制等促进生态文明建设的制度创新。要从我国国情出发,建立一套系统完整的生态文明的法律制度综合体系,促进生态文明建设法制化、制度化;探索中国特色的生态文明建设考核机制和跟踪评价办法;建立生态文明建设考核制度和问责制度,严格监督考核,完善生态文明建设机制,要充分发挥人大、政协、媒体、公众的监督作用,引入互联网、物联网和云技术等先进技术,搭建生态文明建设信息管理平台,方便公众依法监督政府和企业的环境行为,努力实现生态文明建设全过程的公开性、透明性和可监督性。

(二)在国家治理体系和治理能力现代化视域下推进生态治理现代化

1.生态治理现代化的内涵

生态治理既指生态学意义上的对资源与环境的修复和污染整治,又是生态文明建设过程中各生态治理参与主体的思维理念、行为模式、制度安排和方式手段等的总和。理念是行为的先导,对人类的生态行为具有至关重要的作用。大数据时代的生态治理现代化可以从以下几个方面进行理解。其一,生态治理理念应当具有前瞻性。理论先行,只有前瞻性的生态治理理念才能使生态治理具有超前性和可预见性,从而防患于未然,使经济、社会、文化的发展和生态建设协同并行。其二,生态治理理念应当具有渗透性。既然生态建设是其他四大建设的基础,生态理念就应当

---

① 习近平:《切实把思想统一到党的十八届三中全会精神上来》[J].《求是》2014年第1期,第3-6页。

融入其他四大建设的各个领域、各个层面,从而指引经济社会发展。理念的渗透性和根植性并存,生态治理理念要真正转化为生态治理能力,必须使生态治理理念为生态治理主体所接受。生态治理理念的根植性既体现在必须反映具体地域的文化特性,使治理理念具有亲和性、容易被接受,又要立足地域实际,充分利用当地生态资源,使之转化为生态资本,走经济与生态协调发展之路。其三,生态治理理念要具有包容性。理念的包容性体现在要能够反映最广大人民群众生态需要的利益诉求,从而能够充分调动社会各群体的积极性和参与热情,用包容性的决策、规章制度和实施程序,给予公民充分的生态话语权,从而能够协调社会不同利益群体的需求。其四,要实现生态治理体系现代化。生态治理体系既包括法律法规等制度体系的健全完善,又包括运作体系的配套运行,还包括保障体系作用的充分发挥。生态治理的顺利进行,必须要完善合理的法律法规作为制度依托,从而使生态治理制度化、常规化、法制化,避免出现人治的短期利益化和破坏合理化,从而使生态治理走上制度轨道,使生态保护实现可持续性。生态治理的法制化道路还需要有配套的生态监管机制和生态保障机制,生态监管机制能够使人为因素降到最低,从而在资源有效利用和保护、环境污染防治和生态保护方面发挥重要作用,促进生态治理运行机制的协调有序发展;生态保障机制则为生态治理提供有效的社会支持、社会服务和社会扶持,使生态治理真正落到实处。其五,要实现生态治理能力现代化。作为后发现代化国家,我国在生态治理方面机遇与挑战并存。机遇是发达国家的先进治理经验可以拿来为我所用,挑战则是一方面已有的生态破坏所需要的生态修复费用巨大,另一方面是现有的科技和经济发展水平使未来的生态之路困难重重。因此,基于发展中国家的发展现状,生态治理能力现代化应当是以最小的治理成本达到最大的治理效果,以简约化的治理手段达到科学的治理水平,同时在达到治理效益市场化的同时促进治理理念的科学化。

2.大力推进国家生态治理现代化

推进国家治理体系与国家治理能力现代化是一项极为复杂的系统工程,在国家治理体系和治理能力现代化视域下推进生态现代化进程,需要将生态现代化理念融入国家治理体系的全过程,实现政府执政理念的生态转型,并进一步推进从"政府主体"到"政府主导"的范式转变。

(1) 加强党的领导,实现政府执政理念的生态转型

"政党是治理国家不可缺少的工具"①,中国共产党作为中国特色社会主义建设事业的领导力量,是推动国家治理体系和治理能力现代化的核心力量,党的十八大报告明确指出"要更加注重改进党的领导方式和执政方式,保证党领导人民有效治理国家"②,要处理好党的领导、人民当家作主与依法治国之间的关系,通过理顺各种权力关系,不断鼓励和引导多元主体参与治理机制创新,实现国家治理方式制度化和法制化,其关键是实现政府执政理念的生态转型。

在我国经济快速发展的过程中,一个现象是不容忽视的,那就是一定意义上我国经济的迅猛发展是以巨大的环境破坏和资源透支为其代价的,这和传统发展模式"GDP 至上"的评价标准和政府单纯追求 GDP 的旧发展模式直接相关,传统的 GDP 核算方式是以经济总量的增加为尺度,往往忽视生态环境和资源消耗的因素。随着科学发展观逐步深入人心,"绿色 GDP"的发展理念和构建"两型社会"的要求,使实现政府执政理念的生态转型,加重生态保护和治理在政府绩效管理中的权重,运用政府生态治理绩效管理的方法来考核与评价政府绩效成为新背景的重要课题。实现政府执政理念的生态转型其核心是实现人与自然的和谐发展,明确政府执政的生态价值取向和环境保护效应,在执政过程中通过定性分析与定量分析相结合的方式,处理好经济发展、自然保护、资源利用和公众需求之间的关系,使人与自然关系的和谐理念深入人心。

政府执政理念的生态转型,体现在要健全绿色考核机制,突出政府生态责任指向。政府绩效管理的科学化、民主化和法制化是当代政府绩效管理研究的重要课题,对政府进行生态治理绩效管理,是指在对政府绩效进行管理、测量和评定的过程中,将生态环境指标纳入生态治理体系之中,同时以法律规定的形式确定其权威性地位,保障其制度化、规范化、连续性和稳定性。要建立绿色政府绩效考核体系,用绿色 GDP 核算体系取代原来的 GDP 核算体系,这就避免了传统的绩效评估体系片面夸大经济效益,忽视环境资源成本的缺陷,将环境、社会现象等因素也纳入到了政府官员绩效指标体系中,从而使国民经济的发展和生态现代化的进程有机统一。首先,从

---

① 罗杰·希尔斯曼.曹大鹏译:《美国是如何治理的》[M].北京:商务印书馆 1986 年版,第 327 页。
② 胡锦涛:《坚定不移沿着中国特色社会主义道路前进 为全面建成小康社会而奋斗——在中国共产党第十八次全国代表大会上的报告》[M].北京:人民出版社 2012 年版。

政府生态治理来看,实施绿色GDP可以促使各级政府制定出更为合理的、符合可持续发展要求的经济发展战略,改变长期以来所形成的以忽视、破坏生态环境为代价的单纯的、片面的经济增长方式。其次,从政府对企业的监督来看,政府以立法的形式对企业的经营方式、经营理念、经营后果进行监督,禁止企业以牺牲生态环境为代价的短期追求经济利益行为,承担起其应有的生态责任与社会责任,从而使生态治理能够具有稳定性和长期性。最后,从政府对个人的宣传来看,政府通过对生态治理投资比重和效果、居民环保知识宣传和普及、居民对周边环境满意度等方面的要素,进一步了解群众对生态环境的要求,从而有效加强改进自身的生态治理水平和监管力度。

(2)注重生态治理的法制化、制度化,明确各治理主体的生态责任

在生态现代化进程中,要培育生态环境的多元治理主体,通过明确各治理主体的生态责任,使之积极参与到生态治理中,从而能够突破传统环境保护以政府为主导的局限性,构建政府、企业、公众共同参与的治理体系网络,发挥政府在治理中的主导作用,调动企业在生态治理中的积极作用,发挥公众在治理中的参与监督作用,进一步促进国家治理体系和治理能力的现代化。

要培养主体生态责任价值观。当今生态问题的一个重要根源就是主体责任的缺失,从政府层面上来看,要实现执政理念的生态转型,关键在于实现政府决策中的生态自觉,即要树立绿色GDP意识,确立以生态准则为核心的经济发展战略,建立健全生态问责制。要树立生态经济理念,引领生态经济;创新绿色科技,推动生态经济;引入市场机制,激活生态经济。从企业层面来讲,乔治·恩德勒提出企业社会责任包含三个方面:经济责任、政治和文化责任以及环境责任。其中环境责任主要是指"致力于可持续发展——消耗较少的自然资源,让环境承受较少的废弃物"。[1] 任运河则进一步将企业生态责任概括为三方面:企业对自然的生态责任、对市场的生态责任、对公众的生态责任。[2] 因此,要加强企业以企业生态伦理为核心的企业生态文化建设,树立全新的绿色经营理念、盈利理念和企业运营模式,使保护环境、维护生态平衡的理念贯穿于企业的管理理念、制度建设、技创新中,从而实现企业市场行为的生态本质。从公民个人角度来看,生态公民的培

---

[1] 乔治·恩德勒:《面向行动的经济伦理学》[M].上海:上海社会科学院出版社2002年版,第26-27页。

[2] 任运河:《论企业的生态责任》[J].《山东经济》2004年第3期,第29-32页。

养成为必然。所谓生态公民,是指具有环境人权意识、具有良好素质和责任意识、具有生态意识的公民。而当前我国面对世界性生态危机时,公民生态意识的缺乏客观地促成了急功近利的生产方式和铺张浪费的生活方式。因此,要通过宣传教育,提高公民的生态素质,培养公民主体意识的生态养成,还要促使公民在追求生活舒适的同时,树立绿色消费理念,注重环保、节约资源,实现可持续消费。

要实现主体生态责任的范式转变。第一,从政府层面来看,要改变传统的政府主体角色和主体行政方式,积极完善和健全党委领导、政府负责、社会协同、公众参与的生态治理和社会治理的新格局,强化整体领导和沟通协调,不断提升决策水平和执行效率,实现从"政府主体"到"政府主导"的范式转变;从政策导向上,培育完善的政策引导体系;从发展方式层面上,构建科学发展观指导下的新型发展模式。第二,从公众层面上,要改变传统的公民他律和自律角色,调动和激发人民群众参与生态社会建设的积极性,提高公众在生态社会建设中的参与度,实现从"公民自律"到"公民自觉"的范式转变;从观念层面上,培养全民生态意识的养成;从生活方式上,倡导低碳消费行为与理念的社会建构;从社会参与上,培植全民参与的社会体系。第三,从企业市场层面来看,要改变传统的被动接受局面,创新企业管理手段和方式,完善管理技术,积极动员和挖掘企业自身资源和潜在优势,采取积极主动的迎战策略,实现从"被动接受"到"主动参与"的范式转变;从国际合作上,将美丽中国建设融入世界生态现代化进程;从国内建设上,挖掘自身生态资源建造山清水秀的人居环境。[①]

(3)发挥党和政府的生态引导功能,实现政府功能的范式转变

从政策导向上,发挥党和政府的生态引导功能,培育完善的政策引导体系。改革开放以来,我国经济发展迅速,人民的物质生活得以极大地提高和改善。但与此同时,资源的过度消费、环境污染等问题日益凸显,成为制约我国经济发展的瓶颈,出现了不可持续性。构建经济、社会和生态环境三者之间的和谐,必须充分发挥政府的生态引导功能,实施可持续发展战略的发展模式,促进地区产业结构调整与升级。

政府功能要实现从"政府主体"到"政府主导"的范式转变,首先体现在生态治理制度的理性化和生态治理方式的民主化与法治化。治理制度的理

---

① 柳兰芳:《美丽中国建设的生态路径选择》[J].《中共福建省委党校学报》2014年第6期,第64-68页。

性化意味着国家具有了"计算"能力,把"成本-收益"作为行为的首要原则,国家解决社会问题的能力日益提高,以法理型权威为基础的国家政治生活日益制度化与程序化。① 因此,政府要放权给企业和市场,但政府的放权并不意味着政府的无所作为,而是要实现自身角色从"主体"到"主导"的转变,而这一角色转变过程中政府必须运用理性的法律来对治理主体进行监督。实际上,生态文明的制度化、法制化既有利于在国家治理体系下生态现代化的顺利开展,也有助于保障企业、公民的合法权益,通过法治限制专断权力的不确定性,将确定性、可监督性、可预测性等引入社会生活,让每一个公民成为拥有自主和尊严,能够为自己行为负责的个人,有利于人与自然、社会关系的和谐,促进社会的正常运转。此外,民主是现代国家实现有效治理的基本前提,治理方式的民主化是国家治理体系现代化的必由之路,民主和法制并存的治理方式也就成为国家治理体系现代化的题中应有之义。

政府功能实现从"政府主体"到"政府主导"的范式转变,还体现在治理手段的文明化与治理技术的现代化。治理手段的"文明化"集中体现为国家行为的"非暴力化",即国家在处理解决社会经济等问题上越来越多地依靠法律、行政以及市场等规范化、制度化的"非暴力"机制,更多地运用教育说服、经济处罚等方式达到社会矫正的目的,从而使国家治理的制度化与程序化程度不断提高。此外,当前我国建设现代化治理体系的一个重要挑战就是管理技术水平的滞后。信息技术的飞速发展是现代社会的标志性事件,为国家治理的基础性制度建设提供了非常好的技术条件。反之国家治理体系和治理能力的现代化是一个庞大的复杂系统工程,需要现代管理知识和技术作为依托。在现代治理体系中,各种现代信息技术迅速而普遍地运用于国家治理中,国家对人口、自然资源、地理环境等基本信息的掌握以及对交通、市场、货币体系等国家基础设施的健全与完善,强化了国家对个体和社会的直接监管能力。正是借助各种新治理技术的运用,现代国家不断提升其治理能力、拓展其治理空间,彰显了现代国家通过制度化的途径渗透和整合社会,对底层社会和人类日常生活产生全面、深刻而直接的影响,从而有效控制与治理社会事务和人类行为的强大能力。

---

① 唐皇凤:《理性化与民主化——西欧现代制度文明成长的内在机理分析》[J].《武汉大学学报》(哲学社会科学版)2007年第4期,第572-577页。

第五章　中国特色生态经济建设

党的十八大以来,以习近平同志为核心的党中央,对中国特色社会主义事业"五位一体"的总体布局做了统筹安排,提出了实现国家治理体系和治理能力现代化,建设法治国家的目标,提出了"创新、协调、绿色、开放、共享"的发展理念。无疑,这为进一步推进中国特色生态经济建设提供了新的理论指南。中国特色生态经济建设是中国特色社会主义现代化建设的物质基础和保障,伴随着马克思主义的中国化,中国特色生态经济建设也在理论上、实践上不断实现新的发展,为实现两个一百年奋斗目标奠定了扎实基础。

一、生态经济的基本理论

生态经济理论源于人类自身发展的需要,特别是20世纪以来伴随着世界经济的飞速发展而带来的环境恶化,给人类的生存和发展提出了新的挑战,也激起了人们对人类经济、社会发展出路的新思考。借鉴国外生态经济理论,国内关于生态经济的研究也越来越受到重视,并在实践中得到不断发展。

(一)生态经济学的产生和发展

1.世界生态经济学的产生和发展

20世纪以来,随着科技的进步和经济发展水平的提高,全球人口数量急剧增长、自然资源被大量开发、自然环境被不断改变,整个地球的负荷在不断加重。从20世纪30年代到20世纪中叶,工业化国家相继出现的"八大公害事件"①,让世人开始认识到工业革命推动经济发展的同时也给人类带来巨大的灾难。到20世纪60年代,发达国家不断恶化的环境污染问题,开始激起世界范围内对传统经济增长方式的质疑与批判。进入70年代以后,人口的急剧增长、资源需求的增加和过度开采,导致能源危机、资源破坏和生态环境退化,制约了经济的发展,并开始出现了人类与自然、生态与经济的不协调现象,全球性的生态问题日益突出,突出表现在诸如植被退化、水土流失、生物多样性减少、温室气体增加、地下水位下降、全球气温升高、自然灾害增多、土地荒漠化以及人口增长过快等方面。

正是在这种背景下,生态经济学应运而生。生态经济学作为一门独立的学科,是20世纪60年代后期正式创建的。美国生物学家蕾切尔·卡逊在1962年发表的《寂静的春天》一书中,首次真正结合经济社会问题开展生态学研究。她在《寂静的春天》一书中揭示了污染对环境的巨大破坏,随即引起了社会对环境问题的极度重视,有力推动了环境保护运动的发展。几年后,美国经济学家肯尼斯·鲍尔丁在《一门科学——生态经济学》一书中正式提出"生态经济学"的概念。经济学家布丹发表文章《飞船的地球》,后来又和赫尔曼·戴利共同合作出版了《稳态经济学》,均提出增长有极限的观点。生态学家霍林则提出了生态系统稳定和复归的理论。霍华德·汤姆·奥德姆将其发展的能值理论应用于整个自然、社会、经济系统的研究,对生态经济学的诞生产生了重要的影响。

事实上,经过多年以来对世界末日、增长极限、人口爆炸,以及养护自然和自然资源等的认识和争议,到1972年联合国在斯德哥尔摩召开人类环境会议时,人们的环境意识普遍有了重大的变化:坚持正确认识和处理环境与发展之间关系的观点和主张成了斯德哥尔摩会议的主题,并由此创造了一个新名词——"生态发展"。所谓生态发展,是指环境上健全的发展,或者说于环境无害的发展,也就是符合生态规律的发展。这一概念,无论对发达国家,还是对发展中国家的人民,都产生了极大的吸引力,激发人们努力探求通过妥善管理人类环境以达到今世和后代人民幸福的途径。自1972年根据联合国大会决议成立了联合国环境规划理事会及其常设机构联合国环境规划署以来,环境与发展的关系、生态发展的概念,成了每年一度的环境理

---

① 八大公害事件:是指在世界范围内,由于环境污染而造成的八次较大的轰动世界的公害事件,分别是比利时马斯河谷烟雾事件、美国多诺拉镇烟雾事件、伦敦烟雾事件、美国洛杉矶光化学烟雾事件、日本水俣病事件、日本富士山骨痛病事件、日本四日市气喘病事件、日本米糠油事件。

事会讨论的优先主题和环境署工作的中心路线。同时,在这期间,环境方面的考虑逐渐成了许多国家和国际组织发展活动方案的重要组成部分,而且开始把环境科学同经济科学结合起来,并逐步制订和实施环境影响评价方案,使用环境质量指标等相关内容。

20 世纪 70 年代以来,越来越多的人认识到发展是一个多方面的概念,它所涉及的不仅是国家行动的社会经济方面,还有人口、自然资源的使用以及环境的管理。因此,环境署和其他国际组织不断做出努力,来具体说明人口、资源、环境和发展这四者之间的相互关系,以期了解实现环境可持续发展,即生态发展所需要的条件。在环境意识的演化过程中,人们逐渐认识到环境系统的复杂性,认识到有必要在环境保护费用及其所产生的利益之间取得平衡,并且应该重新确定衡量"发展"的不仅包括产品数量,而且也应该包括其质量,还应该包括环境素质的综合指标。因而,近几十年内,首先在发达国家产生了一个新兴的学科——环境经济学。环境经济学是从经济学的角度来研究环境问题的科学,它运用环境影响评价、投入-产出模型等方法,对环境保护措施的成本和效益进行研究,并以其明确的论点和科学的数据以说服领导决策者、经济计划制定者和企业管理者来重视环境保护工作,以便把它摆上议程、纳入计划并付诸实施。应该说,环境经济学的理论、方法和研究成果,对促进各国的环境保护工作起了很大的作用。许多国家因此对环境保护措施投入了大量的资金,如日本仅 1974 年就对钢铁、石油、化工、火电和造纸五大工业的污染控制措施投资 3 亿美元,美国 1975 年的污染控制投资是 56 亿美元。总体来看,发达国家用于污染控制的费用约占国民生产总值的 0.75%—2%。而其结果是带来了更大的社会利益,包括健全的环境,以及由于发展新兴的污染控制设备工业而提供了许多就业机会。①

随着人口增长的压力越来越大,资源耗费日益加剧,生态破坏愈益严重,环境经济学研究不断深入。人们进一步明确认识到,要实现生态发展,环境经济学不仅要研究工业和城市的污染及其治理的经济问题,要研究资源合理开发利用的经济问题,而且应该研究各项生产事业的生态影响的经济问题,于是,就从环境经济学中孕育出了三个分支学科,即污染经济学、资源经济学和生态经济学。可以说,生态经济学是目前世界科学研究领域进行多学科、跨学科研究和综合性调查考察产生的结果,是经济、社会发展到一定阶段的必然产物,是当今世界已经进入有组织地解决综合性问题的时

---

① 李金昌:《生态经济学的产生和发展》[J].《环境保护》1983 年第 1 期,第 2-5 页。

代的标志。

生态经济学首先是经济学,其主体是经济学,却又不是一般的经济学,而是把生态内容和生态规律纳入其研究范围之中的经济学。也就是说,生态经济学是以生态规律为基础,以经济规律为主导,并把二者结合起来,指导进行经济建设及其效益评价的科学。因此,它既是环境经济学的一个分支,也是经济学的一个分支。从科学层次地位的作用分类,生态经济学可分为理论生态经济学和应用生态经济学。前者根据生态学原理和经济学理论,从生态规律和经济规律的相互作用来研究人类经济活动与自然生态的关系。后者则根据前者所阐述的生态经济理论,对生物能量的流量、经济的投入产出,进行成本—效益分析,运用系统科学、控制理论和信息理论,建立经济模型并选择最优化方案。显然,生态经济学具有综合性、战略性、实用性的特征,表现在它与国民经济的发展密切相关,既是发展经济、保护环境的理论基础,是制定国民经济方针政策的科学根据,也是编制工农业等发展规划的指导思想,更是解决已存在生态问题的有效方法。

20世纪80年代在斯德哥尔摩召开"生态学和经济学的整合"学术研讨会,48名生态学家和经济学家参加了会议,尽管会议上与会者观点差异非常明显,学术上亦缺少有效沟通,但毕竟生态学家和经济学家开始了整合的努力。国际生态经济学会建立之后,生态经济学进入了一个新的发展阶段,对环境问题关注的其他学科科学家也渐次加入,如社会学家、主流环境与资源经济学家等,他们的加入使得生态经济学研究的视角更加开阔。

在生态经济学理论发展的基础上,西方国家的生态经济建设也走在了前列,其中德国、瑞典的表现尤为突出。德国作为发达国家,经历了单纯发展工业使自然环境遭受严重破坏的阶段。提出了"变黑色工业为绿色工业"的目标,并采取了一系列措施,收到了显著的效果,自然环境得到了恢复。而瑞典位于北欧斯堪的纳维亚半岛东半部,总面积449964平方公里,人口900.9万,是欧洲最先倡导对生态环境进行保护的国家,首都斯德哥尔摩是世界上建立"生态公园"的第一座城市。发达国家在现代化发展历程中积累了丰富的生态经济建设经验与教训,通过梳理这些国家在其生态经济建设方面的做法,对推进我国生态经济建设可以提供一些有益的启示。

第一,高度重视加强保护自然生态系统,维护生态平衡的意识。如德国经济合作部部长曾提出,"保护自然环境是德国发展政策的重点"。为了保护自然环境和生态系统,德国专门颁布法令规定,凡是被破坏的土地必须还原再造,以恢复原来的自然景观,并且根据需要进行重新全面规划。德国人民多年来致力于争取关闭核电厂的运动,宁肯多花钱也要用环保电力,以保护环境。再如,开展全民节约资源和保护环境的宣传教育,是瑞典生态文明建设的重要经验之一。为促进全民环保法律意识,瑞典的生态教育首先从学校抓起,《义务教育学校大纲》中规定的16门课程中,有9门涉及对环境与可持续发展教育的要求。从1991年起,瑞典每年都要举办"世界水周"活动,旨在关注水资源、保护水环境、促进水投资。

第二,高度重视建立涵盖范围广、健全完善的法律体系。1972年德国通过了第一部环境保护法,其完备程度到目前为止在全世界仍名列前茅。其法律法规不仅完备具体,而且要求严格、执行有力,其中对生态的保护、废物的处理等都有非常严格的立法目标和标准。20世纪五六十年代的莱茵河水污染严重,鱼已濒临绝迹,而今河水已达到饮用标准,充分说明德国在环境保护方面的力度之强和成效之大。德国不仅有环保的基本法,而且有非常具体的单行环保法规,如《DDT法》《洗涤剂法》《飞机噪声法》等,形成了一整套健全的法律体系。法律规范深入到生产和生活的各个方面,先后颁布了《循环经济和废物清除法》《联邦侵扰防护法》《环境监测法》《环境信息法》等,使环境保护法律规范渗透的范围更广。

20世纪50年代前后,瑞典政府已有《水法》《狩猎法》等七部保护自然方面的法律,在此基础上,1970年以后,瑞典的环境立法又得到了进一步发展,相继颁布了《禁止海洋倾废法》《机动车尾气排放条例》《有害于健康和环境的产品法》及其条例等法律法规。1974年瑞典颁布的宪法规定:必须以法律的形式制定包括狩猎、捕鱼,或者保护自然和环境在内等事宜的规章制度。此外,从20世纪70年代起,瑞典政府就运用征收环境税费等经济手段推进环境可持续发展,运用税费征收、减免和财政补贴等办法促进整个国家的生态文明建设。

第三,高度重视并加大对生态科技的投入。目前全世界所开发的生态技术中,英美日等发达国家占了25%左右,而德国一国就占到18%,足可见其对生态技术的重视程度。环保工业在德国正日渐成为朝阳产业,已占其GNP的2%左右。德国人认为,应通过技术和立法促进环境质量的提高,而环境技术产业则应成为整个工业的一部分,由市场促进其发展。瑞典同样倡导通过制定优惠政策,鼓励各行业创新开展有利于保护自然资源的行动:对自愿开展荒溪治理和农田保护的,由政府和欧盟各出资50%予以支持;在农业生产方面,对开展生态粮食生产的,政府给予产量成本50%的补贴;在林业生产方面,对私有林业主进行荒地造林的,政府从专有资金中补助 50%。此外，在农林业生产中如果出现严重的病虫害，农户和业主可得到 100% 的补贴。

2.中国生态经济学的产生和发展

中国生态经济学的研究始于 20 世纪 80 年代。其起步虽然晚于世界发达国家，但从时代总体上看，各国生态经济学理论的提出和形成都是来源于同一世界的同一性质矛盾的实践。据此，我国生态经济学的提出和学科理论的形成明显与世界生态经济学理论的形成同步，也是客观必然的。①

我国生态经济学的核心内容是由我国著名经济学家许涤新提出并建立的。早在 1980 年，他在一次学术讨论会上，提出了研究生态经济问题的重要性。此后，他主持召开多次学术讨论会，以组织和推动一批著名的自然科学家和经济学家、一批理论工作者和实际工作者共同协作，来开展生态经济学的研究，为逐步建立生态经济学理论体系做好了充分准备。他在 1985 年出版了《生态经济学探索》一书，对这门学科的研究对象、性质、任务、基本原理和实际应用等许多重要问题都做了论述。此后，他主持编撰的具备较高学术水平的《生态经济学》于 1987 年出版。在他的倡导下，一些高等院校也开设了生态经济学的课程。他后又受国务院环境保护委员会的委托，担任《中国自然保护纲要》的主编，主持编写了中国保护自然资源和自然环境方面第一部系统的具有宏观指导作用的纲领性文件。

对我国生态经济学的产生和发展，学界有不同观点。有学者认为中国生态经济学的发展经历了两个阶段。1980 年至 1984 年为第一阶段，这一阶段的主题工作是学科的创立与基本理论的探索。其特点是：偏重于对我国生态平衡严重失调现象的定性描述与揭露；吸收和移植了国内外有关方面的已有理论；从不同角度初步探讨了生态经济学的研究对象与基本理论。1984 年以后，这一阶段的重点趋向于学科的理论体系与方法体系的研究，呈现出基本理论研究与应用理论研究密切结合的特点。② 亦有学者把中国生态经济的发展分为三个时期。第一阶段是 1980 年以前，是中国生态经济学研究的酝酿和准备时期。第二阶段是 1980 年至中国生态经济学会成立，是生态经济学研究的初创时期。特别是以 1982 年 11 月中国社科院等单位

---

① 王松霈：《生态经济学为可持续发展提供理论基础》[J]，《中国人口、资源与环境》2003 年第 2 期，第 11-16 页。
② 罗必良：《中国生态经济学：回顾反思与重构》[J]，《农村经济与社会》1993 年第 1 期，第 16-24 页。

共同发起的全国第一次生态经济讨论会在南昌市召开为标志,会上 70 多篇论文从不同角度对生态经济基础理论问题和实际应用问题进行了探讨。这次会议的召开标志着我国生态经济学科的研究进入了一个新的历史阶段。第三阶段是 1984 年中国生态经济学会成立至今,是中国生态经济学研究的飞跃发展时期。1984 年 2 月"全国生态经济科学讨论会暨中国生态经济学会成立大会"在北京召开。这次会议的召开有力地促进了中国生态经济研究工作的飞跃发展,全国生态经济学术团体纷纷成立,学术交流活动空前活跃。[①] 也有学者从研究内容进行了划分研究,认为中国的生态经济理论经历了以维护生态平衡为核心的研究、以生态经济协调发展为核心的研究和以生态环境与社会经济可持续发展为核心的研究三个阶段。[②]

当然,无论是两段说,还是三段说,应该说生态经济学的出现是生态时代的需要,其目的都是实现经济与生态的协调发展和社会经济可持续发展。生态经济学在我国作为一门新兴边缘学科也初步明确了自己的研究对象,开始建立了本身的学科理论体系并广泛用于指导国民经济发展实践,对我国经济改革和现代化建设起了很大的促进作用。

生态经济学的建立为我国经济的可持续发展提供了理论基础。过去由于没有经济与生态协调的思想做指导,严重破坏了自然界的生态平衡,使经济社会不能可持续发展,而我国建立生态经济学的目的则是指导我国经济发展实践。一方面,生态经济学的产生是新时期解决普遍存在的生态与经济矛盾的需要,而我国生态经济学的建立也反映了新的时代实现生态与经济协调发展和社会经济可持续发展的客观要求,也是社会生产力发展到一定水平的产物,是世界和我国生态与经济的矛盾日益尖锐化的反映。另一方面,我国的生态经济学是世界生态经济学的一个组成部分,正如有的学者指出的我国生态经济学的产生表现出与世界生态经济发展的三个同步:与世界近年来的环境与发展运动同步,与世界生态经济学理论的形成同步,与世界经济生态化趋势的出现同步。[③]

(二)中国生态经济学的基本理论

生态经济学作为一门新兴边缘经济学,在国外产生于 20 世纪 60 年代,

---

① 王松霈、徐志辉:《中国生态经济学研究的发展与展望》[J],《生态经济》1995 年第 6 期,第 19-23 页。
② 李周:《中国生态经济理论与实践的进展》[J],《江西社会科学》2008 年第 6 期,第 7-12 页。
③ 陈德昌:《生态经济学》[M],上海:上海科学技术文献出版社 2003 年版,第 4 页。

在我国则兴起于20世纪70年代末至80年代初。时至今日,中国生态经济学有了很大发展,许多经济学家和生态学家及时投入到这一崭新学科的研究和应用中,在推动建立全民生态经济意识和用生态经济理论指导我国现代化建设上发挥了积极作用,也取得了令人瞩目的重要成果,如《生态经济学》(许涤新主编)、《生态经济学概论》、《森林生态经济问题研究》、《农业生态经济学导论》、《生态经济理论与实践》、《生态经济学原理》、《理论生态经济学若干问题研究》、《生态经济理论与方法》、《农业生态经济学》、《中国乡镇生态经济学》、《城市生态经济学》等。基于上述分析,中国生态经济学的主要内容可概括为如下几个方面。

1.中国生态经济学理论的精华:生态经济协调发展理论

生态经济协调发展理论是中国生态经济学理论的精华,事实上这也是当代中国学者的集体创造。20世纪70年代末至80年代初,一些学科如生态学、经济学、环境学等,从各学科的角度,研究社会经济与自然生态的辩证关系,论证社会经济必须同生态环境协调发展。1980年8月,著名经济学家许涤新发起召开了首次生态经济座谈会,揭开了我国创建生态经济学的序幕。1982年11月,在南昌召开了全国第一次生态经济科学讨论会,这是跨学科联合探讨生态与经济协调发展的盛会。20世纪80年代中期,生态经济协调发展理论研究进入新阶段。1984年2月,在北京召开了"全国生态经济科学讨论会暨中国生态经济学会成立大会"。在这次会上,我国经济学家、生态学家、环境科学家、农学家、林学家等,论述了社会经济必须同生态环境相互协调,提出要以生态与经济协调发展为核心的新发展思想指导我国经济建设。这使我国学者研究生态经济理论和学术活动及发表的论著,都集中在生态经济协调发展这个问题上,并以此为贯穿生态经济理论的红线,创立了生态经济协调发展论新学说。

到了20世纪80年代后期至90年代初期,我国学者提出的生态与经济协调发展论,已成为当代中国生态经济理论的主流。这一理论的建立和发展,是我国生态经济学建设的一项重要成就,也是我国生态经济学甚至整个经济学理论发展上具有重要意义的大事。

三十多年来,中国生态经济学研究出版了一大批有价值的专著和论文,不仅正确地界定了它的研究对象、性质、范围和任务,而且完成了生态经济学发展的三大任务:一是探索了现代生态经济系统的基本矛盾及其发展趋势,从而揭示了社会经济与自然生态协调发展是现代经济社会发展的一条重要规律;二是阐明了生态经济学的基本范畴,从而指明了生态经济协调发展的实现形态,即生态经济系统、生态经济关系、生态经济结构、生态经济平衡、生态经济利益、生态经济效益、生态经济目标等;三是提出了生态经济学的基本体系,从而提供了生态经济协调发展战略的理论原则,即生态经济两重性理论、生态经济有机整体理论、生态经济生产力理论、生态经济全面需求理论、生态经济再生产理论、生态经济价值理论、生态经济循环理论等。在众多生态经济学理论中,以人的两重性为核心的生态经济的两重性理论,是生态经济理论大厦的基础。这些标志着我国生态经济学的基本理论范畴和学科体系已经建立起来。

2.中国生态经济学理论的发展:可持续发展理论

20世纪90年代中期以来,中国生态经济协调发展理论与实践向深度与广度扩展的最重要、最显著的特点就是向可持续发展领域渗透与融合,逐步形成了一种将引起现代经济社会巨大变革的可持续发展经济理论。传统发展观存在着根本的缺陷,即它完全忽视了现代经济社会的健康、稳定、持续发展的前提条件是要维持自然生态财富的非减性,完全否定了自然资源和自然环境的承载力即生态环境支撑能力的有限性,完全违背了经济不断增加和物质财富日益增加要以生态环境良性循环为基础这一铁的法则,因而造成了人、社会和自然界的畸形发展。传统发展观已完全不适应当代人口、经济、社会与资源、环境、生态之间的相互协调与可持续发展,与它相对立的可持续发展观便应运而生。由理论与发展专业委员会组织、王松霈主编的《走向21世纪的生态经济管理》和由生态经济教育专业委员会组织、刘思华主编的《可持续发展经济学》是其代表作。

在生态经济协调发展理论的基础上创立可持续发展理论,用以指导社会主义市场经济条件下生态经济协调发展与可持续发展,将是今后生态经济协调发展理论发展与应用的基本任务。

人们认识社会经济可持续发展规律,是研究生态经济规律和建立生态经济学理论体系的又一次深化,它进一步丰富和完善了中国生态经济学的理论体系,并为用生态经济学理论指导实践提供了更有力的基础。贯彻可持续发展战略,实现生态与经济的协调发展,是中国现代化发展的前途所在。我国走出一条社会主义市场经济条件下生态经济协调发展与可持续发展的道路,是中华民族在21世纪新创举,它必将为生态经济协调发展理论的日益完善提供实践基础。在生态经济协调发展理论的基础上创立可持续发展经济理论,并用以指导现代市场经济条件下生态经济协调发展与可持续发展,是今后生态经济协调发展理论发展与应用的基本任务。只有实现这种发展与应用的重大转变,生态经济协调发展理论才符合 21 世纪可持续发展的客观要求,才算找到它的真正归宿。①

也有学者提出中国生态经济的基本理论主要涉及这样几个方面。②

一是生态与经济双重存在的理论。近代的实践反复证明:经济系统的运行和生态系统的运行都是客观存在的。但后者却长期被从事经济工作和研究经济学的人们所忽视,因而在片面追求眼前和局部利益的同时,却破坏了生态环境,从而受到了大自然的严厉惩罚。生态与经济双重存在理论的建立,大大解放了人们的思想,广大群众生态经济意识增强,有利于推动把我国的经济建设放在经济与生态协调发展的稳固基础之上。

二是以经济为主导、以生态为基础的理论。经济系统和生态系统的运行虽然都是客观存在的,但它们在社会经济发展中的地位却不尽相同。人们必须发展经济来解决贫困、促进社会发展并提高生活质量,因此从其对发展社会经济的作用来看经济是第一位的,是主导。但人们发展经济的一切活动又必须在自然生态系统运行正常的基础上才能顺利进行,否则经济发展本身就要受到制约,甚至出现危机。以经济为主导、生态为基础的理论,使人们认识到保护生态平衡和自然资源就是保护社会经济发展的基础、是保护生产力。

三是积极生态平衡的理论。中国的生态经济学家认为,对人类社会经济的发展来说,自然生态平衡应该区分为积极的生态平衡与消极的生态平衡。生态平衡是动态存在的相对平衡,因此,在发展社会经济的过程中,自然生态平衡是可以被打破的,只要同时建立起来的这个新的生态平衡能够维持生态系统的正常运行又有利于社会经济的发展,则这个平衡就是积极的生态平衡,反之则是消极的生态平衡。积极生态平衡理论的建立,有利于人们在尊重生态平衡客观规律的基础上,充分发挥主观能动性,积极创造条件,建立各种对社会经济发展有利、有效的人工生态系统。

四是经济、社会、生态三个效益统一的理论。生态经济学来自生态学和经济学的有机结合,生态与经济双重存在,又必须协调发展的理论,推动了生态经济学中三个最基本理论范畴的形成:(1)生态经济系统即生态系统和经济系统的结合;(2)生态经济平衡是生态平衡和经济平衡的有机结合;(3)生态经济效益是生态效益和经济效益的结合。对社会经济发展来说,三者

---

① 李周:《生态经济的理论与实践》[J].《江西社会科学》2008 年第 6 期,第 7 页。
② 王松霈:《中国生态经济学研究的发展与展望》[J].《生态经济》1995 年第 6 期,第 19-23 页。

中系统是载体,平衡是动力,效益是目的。由于在现实生活中,经济与社会发展是紧密相依的,生态经济效益必须广延为经济效益、社会效益和生态效益。

五是生态补偿和生态评价理论。生态经济问题的解决,最好采用至少有一个人受益,而没有任何人受损的帕累托改进的方式。但在现实中,很多生态经济问题的解决无法采用帕累托改进的方式。对于这一类问题,需要采用卡尔多改进的方式,即在受益人给予受损人经济补偿后,实现至少有一个人受益,没有任何人受损的目标。生态补偿的理论依据是:生态效益的创造和维护需要投入一定数量的人力和资金,但生态效益在使用上具有非排他性,因而创造和维护生态效益的这部分投入难以通过市场机制获得回报。如果改善生态环境的需求可以免费得到满足,需求必然会无限大,如果改善生态环境的供给得不到任何补偿,供给就会极为有限,供求的均衡只能停留在极低的水平上。生态补偿是解决这一难题的有效途径。生态补偿研究的难点是补偿标准确定、补偿资金来源、被补偿者识别等。能值评价方法的主要做法是将不同类别、不可比较的物质转换成统一的能值进行加总和比较,以消除价值加总和分析中的主观性。生态足迹评价方法通过计算人对生态资源需求的变化,估计人口增长、经济社会发展对生态环境影响的变化。

(三)中国特色生态经济建设的重要意义

1.中国特色生态经济的内涵

生态经济和生态经济学是两个既有区别又有联系的概念,二者具有不同的研究对象,但又紧密联系。生态经济也就是我们习惯上所称的ECO,取自"经济的(economic)"和"生态的(ecological)"两个英文单词的词头,生态经济是指在生态系统承载能力范围内,运用生态经济学原理和系统工程方法改变生产和消费方式,挖掘一切可以利用的资源潜力,发展一些经济发达、生态高效的产业,建设体制合理、社会和谐的文化以及生态健康、景观适宜的环境。生态经济是实现经济腾飞与环境保护、物质文明与精神文明、自然生态与人类生态的高度统一和可持续发展的经济。而生态经济学则是一门研究和解决生态经济问题、探究生态经济系统运行规律的经济科学,旨在实现经济生态化、生态经济化和生态系统与经济系统之间的协调发展并使生态经济效益最大化。生态经济学主要是从经济学的角度来研究观察分析生态问题,是理论经济学的一个分支。生态经济学要解决来自自然资本的稀缺问题,在保持生态系统非退化的条件下提高社会福利和生活质量,即所谓从物质扩张下的经济增长走向物质稳定状态下的人类发展,从追求"更大的经济"到追求"更好的经济"。①

生态经济建设需要生态经济学的理论指导,才能更好更有效地推动生态经济问题的解决,同样生态经济学也需要以生态经济本体研究为主,才能有价值依托。需要注意的是两者虽然关注的焦点有所区别,但两者均关注到人、自然与环境的良性发展。

目前国内学界对中国特色生态经济的理解也莫衷一是。前环保部部长周生贤曾指出,统筹当前发展和长远发展的需要,既积极实现当前的目标,又为长远发展创造有利条件,是我国社会主义现代化建设必须正确处理的一个重大问题。生态文明、生态经济实质上就是要建设以资源环境承载力为基础、以自然规律为准则、以可持续发展为目标的资源节约型、环境友好型社会。实施生态文明建设的本质和主线是绿色发展。实施绿色变革,就是将中国经济发展是从要素驱动,转为创新驱动。也有学者从如何建设的角度提出中国的生态经济途径,认为"在全面建设小康社会阶段,我国生态文明建设主要围绕构建'两型'社会,需要从四个层面推进:一是加强生态环境建设,加大节能减排力度,着力缓解当前我国面临的各种生态环境问题;二是加快转变经济发展方式,着力改变不利于生态环境的生产生活方式;三是推进体制机制创新,建立资源节约、环境友好的制度体系;四是在全社会牢固树立生态文明观念,改变不利于人与自然和谐发展的价值取向",并认为这一战略部署构筑了"中国特色社会主义生态文明发展道路的核心骨架"。② 亦有学者指出:"'生态经济'就是在经济和环境协调发展的思想指导下,按照生态学原理、市场经济理论和系统工程方法,运用现代科学技术,形成生态上和经济上的良性循环,实现经济、社会、资源环境协调发展的现代经济体系。其本质就是把经济发展建立在生态可承受的基础上,在保证自然再生产的前提下扩大经济的再生产,形成产业结构优化、经济布局合理,资源更新和环境承载能力不断提高,经济实力不断增强,集约、高效、持续、健康的社会-经济-自然生态系统。与传统的农业经济、工业经济相比,生态经济具有绿色循环、高科技和可持续性的特征。"③ 也有学者认为:"生态经济的前沿理论应定位于对自然资源可持续地高效率利用上。更具体地

---

① 诸大建:《生态经济学:可持续发展的经济学和管理学》[J].《中国科学院院刊》2008年第6期,第520-530页。
② 邓玲:《努力探索中国特色生态文明发展道路》[N].《中国社会科学报》2012年3月21日。
③ 陈民:《生态经济在我国的发展及对策探讨》[J].《商业经济》2009年第7期,第5-6、15页。

说,就是将自然资源在生产加工以及流通和消费的各个领域均能实现高效率地清洁利用。"①

无论是中国特色生态经济,还是西方生态经济均有如下几个共同点。一是与可持续发展紧密结合起来,高度重视生态经济的建设地位和重要性,并把生态建设作为实现可持续发展的重要途径和载体。二是把生态经济建设与环境保护结合起来,并把生态经济建设作为环境保护的重要途径。三是认为生态经建设是对传统经济建设的超越,超越的不仅仅是经济,更多的是把生态经济作为政治、经济、文化、社会综合协调发展的重要举措之一。四是把生态经济建设与人未来的发展紧密相连。人是自然的人,人是社会的人,大力推动生态经济建设最终还是为了人的发展。

当然,中国特色生态经济又具有显著的中国烙印和特色。具体体现在以下几个方面。一是提出的时代背景不同。西方生态经济的提出是基于西方国家经济社会发展进入困境时被动提出的命题,西方国家在提出这一命题时,其发展水平普遍较高。而中国特色生态经济建设则是在我国经济发展进入新的转型阶段,人民生活水平比较低的背景下对实现人、自然和环境和谐发展的主动探索,更具有前瞻性和科学性。二是面临的任务压力不同。西方在提出生态经济建设时普遍经济发展水平较高,面临的发展压力不大。中国特色生态经济建设则面临着两个艰巨的任务:全面实现建成小康社会的任务和实现中华民族伟大复兴任务,既有通过发展实现现代化解决国内发展的重任,又有通过发展实现追赶世界发展的压力。三是中国特色生态经济具有人民利益的高度一致性,能够较好地实现社会利益和经济效益、眼前利益和长远利益、个人利益和集体利益的结合,更有利于推进中国特色生态建设的健康、科学发展。

中国特色生态经济建设既是世界经济发展的大势所趋,也是我们实现"两个一百年"目标的必然选择。正如党的十八大报告所指出的"建设生态文明,是关系人民福祉、关乎民族未来的长远大计。面对资源约束趋紧、环境污染严重、生态系统退化的严峻形势,必须树立尊重自然、顺应自然、保护自然的生态文明理念,把生态文明建设放在突出地位,融入经济建设、政治建设、文化建设、社会建设的各方面和全过程,努力建设美丽中国,实现中华民族永续发展"。要"坚持节约资源和保护环境的基本国策,坚持节约优先、

---

① 贾克平:《生态经济建设及其保护是中国实现可持续发展的一大命脉》[J].《学会月刊》2003年第9期,第44-45页。

保护优先、自然恢复为主的方针,着力推进绿色发展、循环发展、低碳发展,形成节约资源和保护环境的空间格局、产业结构、生产方式、生活方式,从源头上扭转生态环境恶化趋势,为人民创造良好生产生活环境,为全球生态安全做出贡献"。①

2.中国特色生态经济建设的价值与意义

推进生态经济建设是我们党坚持以人为本、执政为民,维护最广大人民群众根本利益特别是环境权益的集中体现,是中国特色社会主义的题中之义。就我国现实而言,推进生态经济建设迫在眉睫,是全面建设小康社会的需要,是实现"两个一百年"奋斗目标的需要。

首先,传统经济发展走入误区,中国特色生态经济成就新的发展。改革开放30多年来,我国经济发展走的是一条速度型、粗放型、外延型的道路,已经引发了一系列经济和社会问题。企业依靠高污染、高能耗生产方式获取高额利润,技术革新动力不足,从而进一步造成环境的破坏和资源的过度消耗。长期以来,我国经济增长呈现典型的"四高四低"特征,即"高投入、高消耗、高污染、高速度"与"低产出、低效率、低效益、低科技含量"。我国投资效率低下,据测算,我国GDP每增长1美元,大约需要5美元的投资,资金投入成本比日本和韩国经济起飞时期要高40%之多。我国的投资率已接近50%,有的省份甚至达到80%。这种靠投资支撑的增长已难以为继。②多年来形成的主要依靠增加物质投入的粗放型经济增长方式还在延续,在经济发展速度加快的条件下必然导致能源和土地、淡水、重要矿产品等资源的供求矛盾以及生态环境恶化等问题更为突出,此外,在工业化、信息化、城镇化、市场化、国际化进程加快的背景下,城乡和区域发展不平衡的矛盾也在发展。

以过度消耗资源环境为代价的粗放型增长方式使我国付出了高昂的经济和社会成本,我国经济增长面临"资源瓶颈"和"环境瓶颈",给国民经济的持续稳定增长带来了威胁。经济运行中一些长期积累的矛盾和问题还没有得到根本解决,而新的问题和矛盾层出不穷,导致人与自然、人与社会、经济与社会、区域与区域、城市与农村等方面的矛盾不断积累,这些矛盾如果得

---

① 胡锦涛:《坚定不移沿着中国特色社会主义道路前进 为全面建成小康社会而奋斗》,2012年11月8日,http://www.xinhuanet.com。

② 《中国GDP每增长1美元需投资5美元》,2014年01月6日,http://www.xinhuanet.com。

不到科学及时有效的解决,都会威胁到我国改革的健康发展。特别是随着人民群众对居住环境、生活需求如干净的水、新鲜的空气、洁净的食品、优美宜居的环境等方面要求越来越高,建设生态文明进而为人民群众创造良好的生产生活环境,不仅是改善民生的需要,而且拓展了我国现代化建设的领域和范围。

其次,经济全球化带来新的机遇。当前经济全球化发展导致一国经济的变化已经超越国界。经济全球化使世界商品、服务和金融市场一体化程度越来越高,各国经济发展也越来越依赖于世界经济。发展生态经济不仅是国内资源和经济的现实要求,同时也是全球化大背景下的时代趋势。应该说粮食、石油、钢铁、水资源和稀有金属等关键性资源的供给,过去是,现在是,将来也必然是民族冲突甚至战争的重要根源之一。进入21世纪,我国的矿产资源形势依然十分严峻。矿产资源相对不足和保证程度的不断下降,已经成为我国的基本国情。据统计,在我国已探明的45种重要矿产中,到2010年可以满足需求的只有21种,到2020年则仅剩6种。[1] 除煤之外,大多数关系国民经济命脉的大宗矿产,均不能保证国民经济可持续发展需要。因而,保证我国经济发展所需的战略物资与能源供应,已成为影响我国经济安全的关键因素。

最后,历史经验的有益借鉴。从东欧剧变到目前欧美国家普遍的经济危机都证明了一点:一个国家、一个社会要想长治久安,可持续发展是关键。当前世界上一个民族、一个国家能否在国际竞争中立于不败之地,在很大程度上取决于能否有效应对国际经济中的各种不确定因素,能否有效地控制生产要素的跨国流动,能否有效控制国际游资。譬如,近年来在国际贸易中经常发生的由绿色壁垒引起的贸易摩擦就是一个很好的例子,并且已经对我国的出口贸易产生严重的影响。而这些问题与困境都与经济发展有关,只有推动经济转型才能更好地解决这一问题,生态经济建设无疑是解决这一问题的重要途径。此外,生态经济的缺失不仅会直接危及国内企业的生存和发展,还会影响到我国在世界经济体系中的地位。

历史与现实都提醒我们,必须超越传统工业发展模式,发展生态经济,走既发展经济又保护环境、良性循环的可持续发展道路,这既是实现国内经济社会可持续发展的现实要求,也是我国融入国际市场,应对当代经济全球化战略和发展的现实需要。我们党清醒地把握这一发展新趋势,深刻反思

---

[1] 陆忠伟:《经济全球化与中国的经济安全》,2005年5月8日《全国政协21世纪论坛》。

传统工业文明发展模式的不足,认真总结落实科学发展、转变经济发展方式的实践经验,充分吸纳中华传统文化智慧,提出并大力推进生态文明建设。生态经济建设是实现经济腾飞与环境保护、物质文明与精神文明、自然生态与人类生态的高度统一和可持续发展的唯一途径,只有坚持走生产发展、生活富裕、生态良好的文明发展之路,尽快实现经济转型,才能实现经济发展和人口、资源、环境相协调。

二、中国特色生态经济建设的现状及存在问题

中国特色生态经济理论作为中国马克思主义生态经济思想,是中国共产党对我国生态经济关系的科学认识和系统解答,是当代中国马克思主义理论体系的有机组成部分。推进中国特色生态经济建设,是我们党坚持以人为本、执政为民,维护最广大人民群众根本利益特别是环境权益的集中体现,是中国特色社会主义建设的题中之义。

(一)中国特色生态经济建设现状

无论是发达国家还是发展中国家,对于生态经济的建设总体上来说尚处于研究、探索和实践的初步阶段,尚未形成大范围的普遍经济模式。目前,我国也开始进行这方面的探索与实践,如环境和经济政策体系逐步完善,初步建立起了适合社会主义市场经济体系的环境与资源保护的法律体系等,这些不同层次的实践活动都为生态经济的发展提供了丰富的实践经验。我们认为,根据其强调的侧重点、突破口和核心内容的差异,中国特色生态经济建设可以从多个角度进行划分,如可以分为产业生态经济、区域生态经济、循环经济、低碳经济、绿色经济以及节约型社会等内容。其内容虽然有交叉,观点主张甚至部分相似,但是它们在侧重点方面有着各自的特点,需要正确认识它们之间的关系,这对转变经济发展方式,推进中国特色生态经济建设至关重要。中国特色生态经济建设现状可以从以下层面分析。

1.从区域上来看,目前中国区域生态经济发展并不均衡

生态文明是一种人类迫切改变自身发展需求以期与自然和谐相处的一种文明理念,用以指导人类社会发展的各个方面,包括精神文明、政治文明、社会文明等。生态文明不仅关注人类本身,更体现出自然的主体性,不仅充分考虑到当前的发展,也为未来后代子孙的发展提供了永续动力。党的十八大提出:"要按照人口资源环境相均衡、经济社会生态效益相统一的原则,

控制开发强度,调整空间结构,促进生产空间集约高效、生活空间宜居适度、生态空间山清水秀,给自然留下更多修复空间,给农业留下更多良田,给子孙后代留下天蓝、地绿、水净的美好家园。加快实施主体功能区战略,推动各地区严格按照主体功能定位发展,构建科学合理的城市化格局、农业发展格局、生态安全格局。提高海洋资源开发能力,坚决维护国家海洋权益,建设海洋强国。"①

在生态文明理念的指导下推进生态省、生态市等区域生态经济建设,对于促进经济、社会、环境全面协调可持续发展具有重要的战略意义。目前已有海南、吉林、黑龙江、福建、浙江、江苏、山东、安徽、河北、广西、四川、辽宁、天津、山西14个省、直辖市开展了生态省建设,再如无锡、宜春、贵阳、杭州、佛山等1000多个市开展了生态市建设。截至2011年2月,全国287个地级以上的城市中,提出生态市作为建设目标有230多个,比重达到80%多。②

目前国内区域生态经济的发展也大致可以概括为以下特点:一是生态环境良好并不断趋向更高水平的平衡,环境污染基本消除,自然资源得到有效保护和合理利用;二是稳定可靠的生态安全保障体系基本形成;三是环境保护法律、法规、制度得到有效的贯彻执行;四是以循环经济为特色的社会经济加速发展;五是人与自然和谐共处,生态文化有长足发展;六是城市、乡村环境整洁优美,人民生活水平全面提高。

当然,国内区域生态经济建设还存在一些问题与不足:一是区域生态经济建设的践行上还停留在低层次阶段,尚未真正实现生态经济建设;二是区域生态经济建设中,存在重宣传、轻实践,重规划、轻落实的现象;三是区域生态建设实践中,生态理念、生活方式、发展方式的转变是一个长期的过程。

2.从产业上来看,产业生态经济发展还不协调

目前,我国正在经历着一场深刻的前所未有的工业革命。我国已成为全球最大的生产制造中心,对各种原材料有着巨大的需求,使世界初级产品市场出现了前所未有的繁荣景象。与此同时,我国经济发展也面临着前所未有的挑战。产业生态经济是生态经济建设永恒不变的主题。产业生态经

---

① 胡锦涛:《坚定不移沿着中国特色社会主义道路前进 为全面建成小康社会而奋斗》,2012年11月19日,http://www.xinhuanet.com。

② 李迅,刘琰:《机遇与挑战并存,希望与压力同在——中国生态城市发展现状、问题及对策》(上篇),《中国建设报》2011年5月30日。

济是指"遵循生态学规律,合理利用自然资源和环境容量,在物质不断循环利用的基础上发展经济,使人类的产业活动和谐地纳入自然生态系统的物质循环过程中,实现产业活动的生态化。其宗旨是人类在经济、文化和技术不断发展的前提下,有目的、合理地引导产业转型、激励新的产业革命和维持经济可持续发展"。[1] 从产业来看,生态经济建设呈现明显不协调的特点,主要表现如下。

一是重化工业的快速发展导致资源供给严重不足,对外依存度高,导致高投入、高消耗、低效率的经济增长方式难以为继。卡内基基金会中国能源气候项目主任涂建军曾指出,中国在2009年已经超过美国,成为世界第一大能源消费国,对于世界资源形成了高度的依赖。对比中美能源消费结构和世界平均水平,可以发现两者之间的结构总体还是比较接近的,但是,中国的能源消耗中煤炭占比高达70%,这个比例是非常高的。除了煤炭之外,中国其他所有能源品种消耗的比例都远低于世界平均水平。有鉴于此,解决中国的能源、环境问题不会有一劳永逸的灵丹妙药,决策者需要基于各种约束条件不断进行政策调整,以做出更加优化的取舍与平衡。[2] 种种迹象表明,要保持经济持续快速健康增长的发展势头,就必须转变目前的经济增长方式,改变资源消耗过快、资源利用率过低、资源再生使用率过低的粗放型经济。

二是生态环境严重透支,产业结构失衡。随着经济以每年8%、9%,甚至10%的速度发展,中国的生态环境正面临着迅速恶化的灾难:270万平方公里耕地被沙漠吞噬、70%以上水系被污染、400座城市缺水等等。[3] 大量数据显示,当前中国经济存在的最大问题不是电力、钢材供求紧张,以及投资增长过快等可能引起的传统性产业结构失衡和金融风险问题,而是经济高速增长过程中忽视生态保护所出现的生态环境危机。目前,中国发生的环境危机与世界其他地区的环境问题有着本质的区别,其他大多数地方只是退化程度大小而已,而在中国则是无可挽回的:中国北部几十条大大小小的河流已经干涸,中华文明的母亲河黄河,每年大多数时间河水也开始断流,华北许多城市地下裂开了巨大的地洞;沙漠覆盖了中国18%的土地面

---

[1] 孙智君,严清华:《基于产业生态经济思想的我国产业政策调整》[J].《经济管理》2006年第13期,第29-31页。
[2] 涂建军:《中国低碳经济》,2012年08月31日,http://carnegietsinghua.org。
[3] 《经济全球化与产业生态经济发展》,2009年02月25日,http://lw.china-b.com/jjlw/20090225/357058_1.html。

积,并以每年几十万平方公里的速度扩张;全国30%以上的地方遭受酸雨侵害。除非对目前的发展方式做出彻底改变,不然的话,大片区域的生态崩溃似乎是确定无疑的。有关专家断言:如果中国不迅速转变生产方式,人类历史上突发性环境危机对经济、社会体系的最大摧毁将出现在中国。

3.从内容上来看,生态经济内容不断丰富和发展

面对经济发展中如影随形的高消耗、高污染和资源环境约束问题,发展生态经济已成为世界性的潮流和趋势。从内容看,生态经济内容不断丰富和发展,主要表现在以下几个方面。

一是生态经济相关理论不断得到普及和发展。从循环经济、低碳经济到绿色经济,再到节约型社会的提出,生态经济内容不断得到丰富和发展。20世纪60年代美国经济学家K.波尔丁在《宇宙飞船经济学》中提出循环经济的理念,20世纪80年代拉德瑞尔女士等一批专家提出推广循环经济3R原则,再到新循环经济学5R理论,无不彰显人类为寻求可持续发展的途径而殚精竭虑的思索与探讨。"低碳经济"最早见诸政府文件是在2003年的英国能源白皮书《我们能源的未来:创建低碳经济》,是一种从生产、流通到消费和废物回收这一系列社会活动中实现低碳化发展的经济模式。"绿色经济"是由经济学家皮尔斯于1989年出版的《绿色经济蓝皮书》中首先提出来的。2008年10月和12月,联合国环境署发起了在全球开展"绿色经济"和"绿色新政"的倡议。1998年,刘思华教授在给湖北省21世纪经济发展战略讨论会提交的《发展绿色经济推进三重转变》论文中,提出了发展绿色经济的新的经济发展观,他指出:"人类正在进入生态时代,人类文明形式正在由工业文明向生态文明转变,这是人类发展绿色经济,建设生态文明的一个伟大实践。"①张春霖教授认为,"发展绿色经济是中国实现可持续发展战略的必经之路""也是企业生存与发展的现实选择""是中国首先提出的,是根据我国国情的现实选择"。②邹进泰、熊维明在《绿色经济》一书中则特别指出:"绿色经济发展是从单一的物质文明目标向物质文明、精神文明和生态文明多元目标的转变。发展绿色经济,尤其是要避免'石油工业''石油农业'所造成的高消耗、高消费、高生态影响的物质文明,而造就高效率、低消耗、高活力的生态文明。"③

---

① 刘思华:《刘思华文集》[M].武汉:湖北人民出版社2003年版,第403页。
② 张春霖:《绿色经济发展研究》[M].北京:中国林业出版社2002年版,第63-65页。
③ 邹进泰,熊维明等:《绿色经济》[M].太原:山西经济出版社2003年版,第12页。

节约型社会就是要尽可能节约资源和减少资源消耗,并获得最大的经济和社会收益的社会形态。当然要建成节约型社会,必须采取法律、行政、经济和科技等综合性措施,提高资源利用效率,减少环境污染。令人遗憾的是,目前我们在节约型社会的建设方面还不能令人满意,诸如政府职能错位、越位的现象比较普遍,"诸侯经济"现象比较严重,"投资饥渴"现象也在一定程度上较为普遍,还没有彻底改变主要依靠资金投入和大量自然资源支撑增长的发展模式。

二是实践上取得一定可喜成绩。1999年以来,国家环保总局[①]就在全国推进生态工业园、生态经济区建设,提高了环境质量,促进了经济可持续发展。2008年,全球性保护组织——世界自然基金(WWF)——在北京正式启动"中国低碳城市发展项目",上海市和河北保定市入选首批试点城市,并在建筑节能、可再生能源和节能产品制造与应用等领域,寻求低碳经济发展的解决方案,以总结可行模式向全国推广,促进区域性可持续发展,实现区域经济与环境"双赢"。2008年11月,上海科技委员会宣布:上海计划建立南汇区临港新城和崇明岛低碳实践区,同时将上海世博园作为低碳经济发展探索区。而河北省保定市也宣布要倾力打造内地首个低碳城市。

目前全国不同地区不同部门纷纷开始建设低碳示范区和低碳排放区,中东部经济发展水平较高的城市或地区,已将低碳经济和低碳社会作为发展方向,以期在新一轮的市场竞争中获得主动。例如,武汉正在建立低碳经济圈,福建"海西"开发区通过政策吸引研发高端制造业投资,改造或淘汰高能耗、高污染产业,成为发展低碳经济示范区。国家已在电力、交通、冶金、化工、石化等高能耗、高污染的行业率先试点,通过低碳技术引入和改造,使之成为探索低碳经济发展的重点领域。

在低碳经济发展过程中,我国初步建立了法制保障机制,形成了具有法律效应的低碳体制。我国《宪法》规定:"国家保护和改善生活环境和生态环境,防止污染和其他公害。"1997年《刑法》增加破坏环境和资源保护罪、环境监管渎职罪。2001年1月1日实施《清洁生产促进法》。2007年1月,跨部门的"能源法"起草成立,国家能源办、发改委、国务院法制办等15个部门为起草成员单位,能源法案征求意见稿对外公布,广泛征求意见,并根据各方意见进行修改。2009年1月1日,审查通过了《中华人民共和国促进循环经济法》,成为我国节能减排、发展低碳经济的一个基本的法制保障。此

---

① 2008年7月,国家环境保护总局升格为环境保护部。

后,对《环境保护法》《环境影响评估法》《大气污染防治法》《矿产资源法》《煤炭法》《电力法》等国家行政法规进行了修订,以强化清洁能源、低碳能源开发和利用的鼓励政策,这样初步形成了适应国情和低碳经济发展的政策法规体系,为我国低碳经济发展提供了基本的政策法律保障。

总之,中国特色生态经济建设的主体在于产业生态经济,也是中国特色生态经济建设的具体载体和实施重点,而区域生态经济建设就包括做好产业生态经济,包括开展循环经济、低碳经济、绿色经济,以及节约型社会的建设。循环经济、低碳经济、绿色经济、节约型社会建设都是中国特色生态经济建设的有效途径和办法。因此,产业生态经济、循环经济、低碳经济、绿色经济既是可持续发展的一个重要环节,也是建设节约型社会的重要内容,它们之间是相互渗透、相互作用的。

(二)中国生态经济建设存在的主要问题

生态经济建设已成为进一步推动我国经济社会可持续发展的基础和保障,这一点已成为当前的一种共识。当然我们还要看到,虽然很多地方开始积极推进生态经济建设,既有十年规划的总体设计,也有个别行业的宏观设计,还有生态省、市、县、镇、村的具体实践,但问题也很多,主要体现以下几个方面。

1.理论发展的滞后

国内学界对中国特色生态经济内涵有不同理解。关于生态经济的理论与实践的探讨在20世纪70年代就已经开始,相关的理论著作随着研究的深入也相继出现,如许涤新先生主编的《生态经济学》的出版,标志着生态经济学作为一门学科在中国得以发展。但理论的发展与实践需要还存在较大差距,尚不能满足指导实践的需要。理论指导的滞后,导致生态观念的滞后。尤其是我国现阶段以追求物质财富增长为核心的传统发展观不可能在短期内发生转变,部分地方政府对发展生态经济的重要性认识不足,没有真正树立正确的政绩观,重开发、轻节约,重经济增长、轻环境保护的现象仍然十分普遍,一些企业一味追求利润最大化,对环境关注度不高。

2.经济发展方式粗放单一,生态科技创新能力不强

改革开放以来,我国的经济建设取得了巨大成就,社会发展状况也有了很大改观,贫困人口大幅度减少,城乡居民生活水平得到有效改善,社会公平得到有效保障和充分体现。一方面,在过去的几十年间,一些企业或单位片面追求GDP数量的增长,只注重经济效益,极力推行掠夺性消耗自然资源的经济增长方式,导致经济社会发展出现了一系列问题。一些地方政府

盲目发展和追求短期绩效而决策失误,导致了生态恶化、环境污染的严重后果;一些地区重开发、轻保护,对自然资源粗放型开发利用超过了生态环境承载力;一些企业领导者环境法制观念淡薄,为获取高额利润偷排偷放,直接损害了人民群众的切身利益。无疑,这些都制约着经济发展方式和社会消费方式的转变,也制约着生态经济建设从理论形态向实践形态的转化。另一方面,我国生态经济建设还处于起步时期,企业对于生态技术开发的投入不够,加上人才有限、生产设备落后等因素,导致我国的生态科技还远远没有达到要求。而随着信息技术、生物技术、新能源技术成为第三次科技革命的核心,我国在引进技术过程中信息不对称,重技术引进、轻消化吸收,基础性的研究欠缺,缺少具有自主知识产权的技术与设备,这些都在很大程度上阻碍着生态经济的发展。技术的制约已经成为生态经济发展过程中不可忽视的问题。

目前,虽然我国在循环经济利用和资源节约方面取得了一些成绩,但从整体上看能够提供的成熟的生态技术还远远不能够满足实际需要,这主要是基础性研究欠缺、缺乏跨学科交叉学科的系统研究、基础数据积累不足、缺少具备自主知识产权的集成技术与设备等原因造成的。

3.生态经济法治化建设滞后

我国生态经济制度的不完善也是生态经济建设面临困境的重要原因,尽管国家出台了一系列生态保护方面的制度安排,很多城市在治理方面也投入了大量资金,但这种措施却无助于整体问题的解决。中国特色生态经济建设的政策体系和法律体系不尽完善,既包括各级政府对生态经济建设的政策调控力度不够,尚未全方位从产业、投资、价格、财税、金融政策等各方面扶持和鼓励有利于资源节约和环境保护的产业、技术、产品的快速发展;也缺乏科学的生态文明建设评价与考核制度,特别是缺乏符合科学发展观要求的经济社会发展综合评价体系和干部考核机制,助长了一些地区为追求 GDP 高增长而破坏环境的短期行为。

三、中国特色生态经济建设的路径选择

当代中国马克思主义生态经济思想是当代中国马克思主义的重要组成部分,是中国共产党对我国生态经济关系的科学认识和系统解答,是当代中国马克思主义理论体系的有机组成部分,是推进中国特色生态经济建设的理论指导。从战略高度推进中国特色生态经济建设,就是在中国特色生态

经济学的指导下,进一步确立中国特色生态经济建设的战略方针、战略举措、战略重点、战略依托和保障,从而实现从传统工业经济向生态经济的顺利转变。

世界新经济革命,无论是应对世界新经济发展的冲击,还是资源及环境的支持力对中国经济社会发展的最大冲击,都迫使中国必须把未完成的工业化进程导入生态经济与生态文明建设的轨道上来,实现从工业经济向生态经济的转型。"加快建立生态文明制度,健全国土空间开发、资源节约、生态环境保护的体制机制,推动形成人与自然和谐发展现代化建设新格局。"①

(一)转变经济发展理念和发展方式

党的十八大报告明确指出:"以经济建设为中心是兴国之要,发展仍是解决我国所有问题的关键。只有推动经济持续健康发展,才能筑牢国家繁荣富强、人民幸福安康、社会和谐稳定的物质基础。必须坚持发展是硬道理的战略思想,决不能有丝毫动摇。"②对此,实现发展理念的转变,加快转变经济发展方式,扎实推动中国特色生态经济建设是关系我国发展全局的战略抉择。

1.转变经济发展理念

发展理念之所以重要,就是因为有什么样的发展理念,就会有什么样的发展道路、发展模式和发展战略,就会对发展的实践产生根本性、全局性的重大影响。发展是当代世界的主题,也是当代中国的主题。从全人类的角度看,发展是世界范围内实现现代化的过程。当前,中国的发展机遇前所未有,面临的挑战前所未有,中国的发展成就前所未有,中国的发展难题同样也是前所未有,中国处在一个发展的重要机遇期,又处在一个发展的矛盾凸显期。中国特色生态经济建设是正在发展中的中国解决人口、资源、环境可持续发展的一个探索和实践。

推动中国特色生态经济建设就要坚决贯彻党的十八届五中全会提出的"创新、协调、绿色、开放、共享"的发展理念。注重科学发展,注重顶层设计和规划设计的科学性,注重具体实践的科学性,坚持统筹规划,既要注重满

---

① 胡锦涛:《坚定不移沿着中国特色社会主义道路前进 为全面建成小康社会而奋斗》,2012年11月8日,http://carnegietsinghua.org。

② 胡锦涛:《坚定不移沿着中国特色社会主义道路前进 为全面建成小康社会而奋斗》,2012年11月8日,http://carnegietsinghua.org。

足当代人的需要,又要充分关注后代人发展的需要。既要坚持以产业生态经济为主,又要积极推动区域生态经济建设实践,既要推广绿色经济、循环经济,又要立足于提高整个社会的生态意识,推进节约型社会的构建。历史一再证明,不惜以浪费资源、破坏环境为代价,追求单纯以经济增长为目标的所谓发展,不仅影响当代,而且祸及子孙。对此,就必须把创新摆在国家发展全局的核心位置,不断推进理论创新、制度创新、科技创新、文化创新等各方面创新,让创新贯穿党和国家的一切工作。就必须在发展中牢牢把握中国特色社会主义事业总体布局,正确处理发展中的重大关系;就必须坚持节约资源和保护环境的基本国策,坚持可持续发展,坚定走生产发展、生活富裕、生态良好的文明发展道路,加快建设资源节约型、环境友好型社会,形成人与自然和谐发展现代化建设新格局;就必须顺应我国经济深度融入世界经济的趋势,发展更高层次的开放型经济;就必须坚持发展为了人民、发展依靠人民、发展成果由人民共享,做出更有效的制度安排,使全体人民在共建共享发展中有更多获得感,朝着共同富裕方向稳步前进。

对此,我们必须深刻认清我国发展过程中出现的新的阶段性特征,科学分析我国全面参与经济全球化的新机遇、新挑战,深刻把握工业化、城镇化、市场化、国际化深入发展形势下我国各项事业发展面临的新课题、新矛盾,重点促进城乡区域协调发展,促进经济社会协调发展,促进新型工业化、信息化、城镇化、农业现代化同步发展。而中国特色生态经济建设正是基于经济增长与生态环境的协调性和可持续性,把经济规模控制在资源再生和环境可承受的界限之内,既考虑当代的可开发利用,又考虑后代的可持续利用,是在全面提高人的生活质量需要基础上,最终实现"两个百年"目标,实现我国经济可持续发展的必由之路。

2.转变经济发展方式

在推动中国特色生态经建设过程中,转变经济发展方式是关键。要适应国内外经济形势新变化,加快形成新的经济发展方式,把推动发展的立足点转到提高质量和效益上来,着力激发各类市场主体的发展新活力,着力增强创新驱动发展新动力,着力构建现代产业发展新体系,着力培育开放型经济发展新优势,不断增强长期发展后劲。

一是要明确转变发展方式的主攻方向。推进经济结构战略性调整是加快转变经济发展方式的主攻方向。以改善需求结构、优化产业结构、促进区域协调发展、推进城镇化为重点,着力解决制约经济持续健康发展的重大结构性问题。以扩大内需为战略基点,加快建立扩大消费需求长效机制,扩大国内市场规模。以发展实体经济为基础,实行更加有利于实体经济发展的政策措施,推动战略性新兴产业、先进制造业健康发展,加快传统产业转型升级,推动服务业特别是现代服务业发展壮大,支持小微企业特别是科技型小微企业发展。

二是要以构建生态型产业体系为重点,着力推进生产方式的转型。以资源合理开发和高效利用为目标,推动产业结构优化升级,形成以高效生态农业为基础、环境友好型工业为重点、现代服务业为支撑的现代产业体系,促进资源优势转化为竞争优势,实现产业经济高起点跨越发展。推动产业经济发展方式由资源依赖、投资拉动、规模扩张为特征的发展方式向科技依托、创新驱动、内涵增长为特征的发展方式的转变,切实提高经济发展质量和可持续发展后劲。

三是要继续实施区域发展总体战略,充分发挥各地区比较优势,加大对革命老区、民族地区、边疆地区、贫困地区扶持力度。加快改革户籍制度,有序推进农业转移人口市民化,努力实现城镇基本公共服务常住人口全覆盖。

一言以蔽之,在推动中国特色生态建设中坚持走中国特色新型工业化、信息化、城镇化、农业现代化道路,推动信息化和工业化深度融合、工业化和城镇化良性互动、城镇化和农业现代化相互协调,促进工业化、信息化、城镇化、农业现代化同步发展,最终实现经济发展方式的质的转变:由不可持续性向可持续性转变;由粗放型向集约型转变;由出口拉动向出口、消费、投资协调发展转变;由结构失衡型向结构均衡型转变;由高碳经济型向低碳经济型转变;由投资拉动型向技术进步型转变;由技术引进型向自主创新型转变;由第二产业带动向三大产业协调发展转变;由忽略环境型向环境友好型转变;由"少数人"先富型向"共同富裕"转变。

(二)促进生态化技术创新

1.科技是推动中国特色生态经济建设的根本动力

大力发展生态科技为生态经济建设提供技术支撑。马克思很早就指出:"劳动生产力是随着科学和技术的不断进步而不断发展的,那么旧的机器、工具、器械等等就会被效率更高的、从功效来说更便宜的机器、工具和器械等等所代替。"[①]实际上是提出了科学技术是生产力的思想。在现代科技革命,尤其是实现现代工业发展的情况下,邓小平则进一步发展了这一思

---

① 《马克思恩格斯文集》(第5卷)[M].北京:人民出版社2009年版,第698页。

想,提出了"科学技术是第一生产力"。① 江泽民指出:"走新型工业化道路,必须发挥科学技术作为第一生产力的重要作用,注重依靠科技进步和提高劳动者素质,改善经济增长质量和效益。"②

我们看到,自工业革命以来人类中心主义作为价值方向成为科技发展的动力和标准,科学技术成果应用的功利性远超其生态化。正因如此,在推动中国特色生态经济建设的过程中要尽快实现科学技术发展模式的转变,也就是要实现科学技术发展的生态化。一方面,要针对我国科技不发达的现状,大力发展现代科学技术;另一方面,围绕生态文明建设的人与自然协调发展的核心要求,抛弃人类中心主义的价值取向和技术成果应用的功利性,使现代科技更好地为我国生态经济建设服务。

对此,一方面,大胆鼓励支持科技创新与发展,国家要出台相应科技发展规划,把有利于推动生态经济建设的科技支持放在重要位置,在政策、经费等方面给予大力支持。另一方面,还要推动科技合作,推动产学研结合,实现成果转化的有效性。就是要注意把各方面科技力量组织起来、协同作战,对可持续发展技术进行联合攻关。可持续发展技术或称环境无害化技术的使用,有利于环境的新技术的推广,是成功拯救环境的关键。过去我们常说,要发展以市场推动的技术,以技术推动的经济,现在看来,这样的技术还要受到可持续发展的约束。

2.构建有利于生态科技创新的氛围与环境

创新是推动中国特色生态经济建设的不竭动力。江泽民曾经提出:"创新是一个民族进步的灵魂,是一个国家兴旺发达的不竭动力,也是一个政党永葆生机的源泉。"③这里既包含着理论创新、制度创新,也包含着科技创新的内容。

胡锦涛在中国科学院第十四次院士大会和中国工程院第九次院士大会上的讲话中指出:"要把提高自主创新能力摆在全部科技工作的首位,认真落实国家中长期科学和技术发展规划纲要,加快组织实施国家重大科技专项,加大对自主创新的投入,激发创新活力,增强创新动力。"④党的十八大报告更是明确指出了科技创新的重要性和地位,认为科技创新是"提高社会

---

① 《邓小平文选》(第3卷)[M].北京:人民出版社1993年版,第274页。
② 《江泽民文选》(第3卷)[M].北京:人民出版社2006年版,第545页。
③ 《江泽民文选》(第3卷)[M].北京:人民出版社2006年版,第537页。
④ 《十七大以来重要文献选编》(上)[M].中共中央文献出版社2009年版,第501页。

生产力和综合国力的战略支撑,必须摆在国家发展全局的核心位置。要坚持走中国特色自主创新道路,以全球视野谋划和推动创新,提高原始创新、集成创新和引进消化吸收再创新能力,更加注重协同创新。深化科技体制改革,加快建设国家创新体系,着力构建以企业为主体、市场为导向、产学研相结合的技术创新体系。完善知识创新体系,实施国家科技重大专项,实施知识产权战略,把全社会智慧和力量凝聚到创新发展上来"①。

围绕生态经济建设中人与自然协调发展的核心要求,要努力实现科技创新,充分发挥科技创新在推动中国特色生态经济建设中的驱动作用,使现代科技更好地为我国生态经济建设服务。发展中国特色生态经济,必须紧密依靠科技创新,才能突破能源资源对经济发展的瓶颈制约,改善生态环境,缓解经济社会发展与人口资源环境的矛盾。同样,科技创新也必须面向生态经济建设,提高绿色发展的创新能力,把发展能源、水资源和环境保护技术放在优先位置,才能最终解决制约经济社会发展的重大瓶颈问题。

为了更好发挥科技创新作用,发挥其在推进生态经济建设中的积极作用,要着重做好以下几点。一是要积极探索符合中国特色生态经济建设要求的发展模式和机制。二是要扎实推进重点领域的科学研究和技术攻关。尤其是要紧密围绕影响科学发展和损害群众健康的突出环境问题,着力抓好重点科研专项,突破一批关键技术,强化科研成果的集成和产出,全面提升科技支撑水平。在重点推进科技创新的基础上,还要从整体上全面增强我国科技创新支撑能力。三是要切实形成符合科研工作规律的协同创新机制,进一步完善多元化、多渠道的科技投入体系,强化培育和构建科技人才平台,加强技术创新平台建设,加快建立以国家、企业、学研相结合的技术创新体系,为中国特色生态经济建设提供技术支撑和保障。

(三)推进生态经济法治化建设

法治化建设是中国特色生态经济建设的保障,中共中央根据中国特色生态经济发展和建设的需要提出要"建立法律法规保障体系和科技支撑体系,使生态环境的保护和建设法制化"②的目标。

1. 生态经济法治化建设是保障

近年来,我国生态经济方面的法律制度不断健全。从1979年颁布实施

---

① 胡锦涛:《坚定不移沿着中国特色社会主义道路前进 为全面建成小康社会而奋斗》,2012年11月8日,http://carnegietsinghua.org。

② 《十五大以来重要文献选编》(上)[M].北京:人民出版社2000年版,第606页。

《中华人民共和国环境保护法(试行)》到现在,我国已制定并实施了一系列保护环境资源的方针、政策、法律和措施。例如,研究制定了实施环境保护和可持续发展的基本国策;明确了在消费税、增值税、所得税等多个税法中规定环境资源的税收政策;颁布了《环境保护法》《海洋保护法》等多部环境法律以及《森林法》《草原法》等与环境保护相关的资源法律。近年来,我国政府又相继制订了《中华人民共和国环境保护法》等一系列涉及环境方面的法律。但是,我国的法制体系建设仍然与生态经济建设的要求有一定的差距。

因此,应根据发展生态经济建设的要求,对一些不符合现实情况和实践需要的条文进行修改,逐步健全法律体系,包括根据经济社会的发展需求,进一步制定完善生态环境标准,修改不合理的污染物排放标准,制定有关生态功能的建设和管理的质量标准,强化责任落实,加大法律惩戒力度,切实保障中国特色生态经济的健康和谐可持续发展。建立"国土空间开发保护制度,完善最严格的耕地保护制度、水资源管理制度、环境保护制度。深化资源性产品价格和税费改革,建立反映市场供求和资源稀缺程度、体现生态价值和代际补偿的资源有偿使用制度和生态补偿制度"。提出要加强"环境监管,健全生态环境保护责任追究制度和环境损害赔偿制度。加强生态文明宣传教育,增强全民节约意识、环保意识、生态意识,形成合理消费的社会风尚,营造爱护生态环境的良好风气"。[①] 无疑,党的十八大从制度层面对如何保障生态经济建设提出了方向、目标和措施,这也是我们进一步推进并实现中国特色生态经济建设的制度保障。

2.完善生态发展机制是关键

围绕完善生态发展机制,进一步全面推进经济体制改革,是推进中国特色生态经济建设的关键。

目前,我国的经济体制中既存在政府对微观经济活动干预仍然过多的问题,也存在政府宏观调控的科学性、有效性、权威性需要提高的问题,深化经济体制改革要更加尊重市场规律,进一步发挥市场机制的基础性作用,同时要更好地发挥政府作用,进一步完善政府的宏观调控,把政府和市场的作用更好地结合起来。

一是加快行政管理体制创新,大力推进区域经济一体化。实行重要资

[①] 《中共中央关于全面深化改革若干重大问题的决定》[N].《人民日报》2013年11月16日01版。

源统一管理、重大设施统一规划、重大项目协调布局,实现由行政区经济向经济区经济的转变。按照政府投入为主、污染者付费、受益者补偿的原则,完善并落实生态补偿机制,制定实施环境资源区域补偿办法,加大对重点生态保护类型区的生态补偿转移支付力度。以资源承载能力、生态环境容量作为经济发展的重要依据,积极探索建立绿色国民经济核算体系,健全生态环境质量综合考评奖惩机制,建立科学发展的政绩综合考评体系。要把"资源消耗、环境损害、生态效益纳入经济社会发展评价体系,建立体现生态文明要求的目标体系、考核办法、奖惩机制"[①]。全面推行产业发展规划战略环境影响评价制度,研究并探索有利于经济发展与生态保护的耦合模式。

二是进一步完善监督机制,构建公众参与机制。建立健全政务信息公开制度与听证制度,注重政府、企业、公众加强沟通。动员全社会的力量共同参与,并融入社会组织和群众日常生活之中,充分调动起社会组织和广大群众的积极性、主动性、创造性,共同参与到中国特色生态经济建设中来。鼓励公众参与生态经济建设和环境保护,并采取奖惩制度,对生态经济或保护环境做出突出贡献的个人或团体给予适当奖励,对破坏生态的人进行必要的处罚,让更多的人都意识到发展生态经济的重要意义,并自觉参与到发展生态经济的过程当中。

三是以弘扬生态文化为重点,加快构建生态文明社会。目前我国已初步构建起生态文明意识教育体系,公民的环境意识正在逐步提高,但与世界发达国家相比,还存在一定的差距。对此就要进一步制定科学合理的生态文明意识教育评价体系,实现由"要我做"向"我要做"的转变,实现全社会发展观的真正转变。要充分利用各种媒体,开展多层次、全方位的保护生态环境和发展和谐自然观方面的宣传,让公众意识到保护环境的重要性与必要性,改变人们长期以来固有的生态观。生态经济建设反映在每一个公民的行为和行动中,每一个公民都应该按照生态经济的要求,积极践行绿色、低碳的消费模式和生活方式,积极参与到环境保护和生态文明建设中来。

一言以蔽之,改革开放30多年来,我国经济发生了突飞猛进的变化,经济实力有了显著增强,但是也应该清醒地认识到当前经济转型发展的实际

---

① 《中共中央关于全面深化改革若干重大问题的决定》[N].《人民日报》2013年11月16日01版.

困难,特别是要进一步推进中国特色生态经济建设的健康发展,可谓任重而道远。正如习近平总书记所指出:"只有实行最严格的制度、最严密的法治,才能为生态文明建设提供可靠保障""要加强生态文明宣传教育,增强全民节约意识、环保意识、生态意识,营造爱护生态环境的良好风气。"[1]发展中国特色生态经济的关键在于确立科学的发展理念,在于实现经济发展方式的转变,在于发展过程、发展机制和发展环境的优化,在于人的素质的不断提高和科技创新的高效转化,这是我国在推进生态经济发展过程中应着力抓好的关键环节。

---

[1] 习近平:《坚持节约资源和保护环境基本国策 努力走向社会主义生态文明新时代》,2013年5月25日,http://carnegietsinghua.org。

第六章　中国特色生态政治建设

随着全球环境问题的日益严峻化,生态危机引发的生态政治、绿色政治等议题日渐成为各国政治系统考量的重要现实命题。在新的历史时期,中国传统范式推动下的粗放型的经济增长模式和发展模式,正面临着"边污染边治理、治理与破坏同步、破坏大于治理"的现实困境。面对资源约束趋紧、环境污染严重、生态系统退化的严峻形势,党的十八大首次将生态文明建设放在突出位置,并从更高的战略层面,将其融入经济、政治、文化、社会建设各方面和全过程。基于生态政治驱动下的中国新发展模式建构,其内在发展逻辑要求中国特色生态政治建设需要重塑新的价值理念,并以加强生态政治建设和有效解决生态危机为契机,从生态法律法规、生态政策制度、生态政治意识、生态政治体制机制、公民政治参与、生态国际政治建设等方面系统推进,建构中国特色生态政治建设制度体系和新型政治形态。

一、中国发展模式的转型与生态政治建设的兴起

随着我国经济社会发展和国家发展战略的不断推进实施,环境问题、生态红线、发展底线等生态困局引发的一系列政治性问题,使得对传统中国发展模式的理性化反思成为一种必然,并基于建构推动中国特色的生态政治建设的兴起,以此缓解我国的生态环境和资源环境危机,推动中国走可持续发展道路。

(一)世界生态政治的兴起与发展

1.世界生态政治运动的蓬勃兴起

20世纪四五十年代,世界发达资本主义国家先后发生了著名的"八大公害事件"。全球系列环境污染与生态破坏问题使众多普通民众遭受疾病

痛苦与死亡威胁。1962年,美国海洋生物学家蕾切尔·卡逊出版了《寂静的春天》,第一次从生态学视角客观地指出化学农药对生态环境的污染和对人类健康的威胁,详细描述了化工工业对环境污染和生态破坏的恶果。

此书一经上市,犹如惊雷唤醒了人民大众,成千上万的市民为了讨回失去的美好生存环境与健康的生活,在街头游行示威进行抗议,直接把斗争的矛头指向危害环境的元凶资本家,以及对环境污染和生态破坏持放任态度的政府,强烈要求政府控制和治理环境污染,维护公众利益。[①]为此,20世纪60年代末,英美德法等资本主义发达国家相继爆发了以市民为主要力量的群众性街头抗议活动,并很快得到其他西方国家民众的积极支持和响应,正式揭开了世界生态政治运动兴起的序幕。

西方发达国家民众的街头绿色抗议运动,客观反映出社会民众对西方国家政府的不满与失望,生态危机问题已经日益影响到政府的执政合法性。生态政治问题开始进入西方国家政治视野,政府部门不得不重视生态环境问题,不断增加环境保护的公共开支,直接介入生态环境的管理服务之中,并将生态环境问题纳入国家政治结构里。美国先后于1969年与1970年成立了环境质量委员会和国家环保局,即专门进行环境保护的新型国家行政机构,其他西方国家也纷纷成立国家环境管理机构。

1972年,罗马俱乐部在其发表的《增长的极限》的研究报告中就曾指出,工业增长、人口增长和环境污染,终有一天会使资源环境消耗达到地球极限,这给高增长、高消费、高污染的西方发达国家敲醒警钟。同年,首届联合国"人类环境会议"在斯德哥尔摩举行,向全世界发出"只有一个地球"的紧急呼吁。西方发达国家开始将环境保护问题,逐步提升到国家发展战略的全新高度,政治家纷纷打着"环境牌"以赢取民心。

西方工业化国家先后制定系列环境保护立法,逐步构建环境保护立法和执法体系,并出现国家环境问题政治化的发展趋势,政治生态化或绿化运动进入全新阶段。随着全球温室效应不断凸显,引发的生态灾难加速了世界各国生态政治化的发展进程,非政府环保组织和国际环境公约缔结,环境保护制度化及其运行内在机制逐渐形成。美国等政府部门积极制定生态环保政策与法规,日渐将生态环境保护纳入国家发展实施规划,环境问题政治化逐渐成为政府政治决策与社会关注的焦点。

---

① 王建明:《当代西方生态政治运动的踪迹与走向》[J],《苏州科技学院学报》2003年第4期,第37-40页。

2."绿色运动"与"绿党政治"兴起发展

20世纪60年代末,在狂热共产主义、极端民主意识和性解放等自由理念下,欧洲逐渐形成绿色运动的政治队伍、体制内外抗争与改革运动,体现了保护环境、反对核武器和发展可持续能源等政治诉求。欧洲各国以市民为主的绿色运动,最早发生在斯堪的纳维亚的挪威、瑞典、芬兰和德国。20世纪70年代初,在发达资本主义国家兴起了所谓的"绿色运动",其实质是一场社会政治运动。它以市民为主要力量,主张保护生态环境,削减核军备、大规模裁军,维护世界普遍和平。①

鉴于西方社会面临的经济危机和失业率飙升等生存威胁,西方国家普遍存在生态环境恶化等传统政治派别无法解决的生态问题,民众开始运用宪法赋予自身的权利而主动争取权益。西方国家以市民为主体自发组织与发动"绿色运动",努力向政府部门施加公众压力以争取更好的生存环境。这就使得政治学家开始放弃脱离现实的意识形态,奠定了其探索解决危机的新型政治发展道路的民主基础,推动了世界"绿党政治"和生态政治的发展进程。

在世界绿色政治运动广泛开展的历史背景下,部分大学生、教师、经理、医生等市民群体,受到新"左"派和无政府主义思潮的深远影响,建立以环境保护与核裁军为诉求的"绿党"政治组织。随着世界生态政治运动的蓬勃兴起和深入发展,世界各国"绿党"开始登上政治历史舞台,并在国家政治生活中日益发挥其重要影响。

1972年,绿色运动在新西兰诞生了世界上第一个全国性的绿色政治组织,即绿党——"价值党"②。1973年,绿色运动在英国成立欧洲第一个绿色政治组织,即绿党——"人民党"。1980年,绿色运动在德国成立绿党,并成为当今世界最有影响力的生态政党。③ 随后西欧诸多国家纷纷成立绿色组织,出现了欧洲绿色运动与绿党政治兴起的高峰,致使绿色运动浪潮席卷全欧洲。直至20世纪八九十年代,绿色运动和绿党政治已经遍布西方发达资本主义国家,例如,美国拥有"绿色通信委员会""地球至上"等数千个绿色政治组织,而当时德国也拥有全国性影响的国家绿党组织。绿党试图通过扩

---

① 肖显静:《生态政治》[D].北京:中国人民大学科学技术哲学系,1999年博士学位论文。
② 吴枫,贾丽华:《生态政治的产生与发展》[J].《边疆经济与文化》2006年第9期,第88-89页。
③ 刘江翔:《论全球化背景下我国生态政治的发展》[J].《闽江学院学报》2010年第6期,第86-92页。

大政治参与,对政府的决策进行影响,把生态环境问题作为政治范畴纳入政治家的视野,绿色意识成了当代西方政治意识形态的新元素。①

3.世界生态政治的国际化发展

随着世界生态政治的国际化发展,生态环境问题逐渐成为国际政治的一部分,国际生态政治也出现全球绿化趋势。1972年,联合国环境与发展组织在斯德哥尔摩召开会议,通过了《联合国人类环境宣言》,认为当今人类社会存在两种不同性质的环境问题,即发达国家与发展中国家的环境问题,其问题性质、解决方式与途径不同。1987年,世界环境与发展委员会在日本东京召开会议,会议通过了《我们共同的未来》的报告,并提出了被广泛接受的可持续发展概念,制定了21世纪全球可持续发展的战略与对策。

1992年,联合国环境与发展组织在里约热内卢召开会议,并在更高层次上和更大范围内提出可持续发展是全球社会经济的发展战略。此次环境与发展大会还通过了《21世纪议程》,这是标志着生态政治进入全球化时代的广泛行动计划,涉及全球各国政府可持续发展的所有领域和行动蓝图。1997年,全球《气候框架公约》第三次缔约方大会在日本京都召开,会议通过了国际性公约《京都议定书》,并为各国制定二氧化碳排放量规定标准。20世纪90年代前后,世界生态政治运动的主体实现了由地方群众到政党的政治转变。

2005年2月16日,《京都议定书》正式生效,以国际法规形式限制温室气体排放。2009年12月,联合国在哥本哈根召开气候会议,发达国家与发展中国家就气候问题和节能减排问题进行磋商。2010年12月,联合国气候变化会议在墨西哥坎昆召开,发达国家与发展中国家就节能减排问题进行商讨。这一系列事件明确地表明生态环境问题正在向世界政治中心转移,国际政治所遵循的规则也将慢慢向生态化靠拢,国际关系将在生态政治的框架内进行新的调整。②

随着全球生态环境日益恶化,人类生存与发展危机也日益凸显。深入认识和了解生态政治的发展历程,便于我们正确认识和把握生态政治的科学内涵,通过分析传统政治与生态政治的区别特征,有利于我们认清生态政治的精神实质。随着绿党和绿党联盟进入各国政府议会,西方生态政治运

---

① 王建明:《当代西方生态政治运动的踪迹与走向》[J].《苏州科技学院学报》2003年第4期,第37-40页。

② 钟宁:中国政府生态政治建设研究[D].长春:东北师范大学2011年硕士论文,第2-4页。

动较强的政党性和组织性使其能够通过合法参与、指导政府环境决策,从而以"议会政治"占据环境议题的主导地位。世界各国政治遵循的规则与标准,也日益向生态化政治靠拢,为此,在世界生态政治的制度框架内,国际政治关系必须进行重新调整与重组。

(二)中国发展模式的演化与实践转型①

中国发展模式是一个渐进演化和不断调适的过程,更是不同时期多种因素促成的战略选择。从党的第一代中央领导集体对中国社会主要矛盾的深刻洞悉,提出集中力量发展社会生产力,实现国家工业化,不断满足人民群众日益增长的物质文化需要,到第二代中央领导集体提出"以经济建设为中心"、以改革开放为动力、坚持物质文明和精神文明两手抓的社会主义现代化发展模式的形成,再到第三代中央领导集体提出经济社会发展质量与效益并重,形成"经济建设、政治建设、文化建设"三位一体的发展格局,中国的发展模式与发展路径随着实践的推进而不断演化和渐进形塑,并日益注重经济社会发展的协调性、均衡性、可持续性和全面发展性。特别是党的十六大以来,以胡锦涛同志为总书记的党中央,在全面建设小康社会的进程中,创造性地提出科学发展观重大战略思想,将社会主义现代化建设"三位一体"总体布局拓展为包括社会建设的"四位一体"总布局,对新时期实现什么样的发展、怎样发展等重大战略问题作出全新的科学回答,标志着中国新发展模式的开启和党对社会主义现代化建设规律的理论升华。

新时期面对资源约束趋紧、环境污染严重、生态系统退化的严峻形势,党的十八大首次将生态文明建设放在突出位置,并将其提升到更高的战略层面,融入经济建设、政治建设、文化建设、社会建设的各方面和全过程,全面协调推进经济建设、政治建设、文化建设、社会建设、生态文明建设"五位一体"总体布局,促进现代化建设各方面相互协调,促进生产关系与生产力、上层建筑与经济基础相协调,为不断开拓生产发展、生活富裕、生态良好的现代化文明发展道路指明前进方向。显然,"五位一体"总布局为中国新发展模式提供了路径参照和战略遵循,催生着中国新发展模式不断趋于完善和调整,这也标志着中国的发展模式日益趋于理性化和科学化:既要关注发展的规模和速度,也要关注发展质量的提升;既要关注财富的创造和涌流,也要关注社会利益的分配和调整;既要关注经济实力的增长,也要关注经

---

① 赵美玲,倪明胜:《中国新发展模式的逻辑建构:一个分析框架》[J].《上海行政学院学报》2014年第6期,第17-26页。

济、政治、文化、社会、生态等各方面的均衡发展;既要关注开发和利用自然为人类造福,也要关注人与自然和谐发展;既要关注群众基本需求的满足,也要关注生活质量的提高和人的全面发展。① 在新的历史起点上,随着改革进入攻坚期和深水区,全面建成小康社会进入决定性阶段,党的十八届三中全会作出全面深化改革的重大战略决策,提出"六个紧紧围绕"②来完善和发展中国特色社会主义制度,推进国家治理体系和治理能力的现代化。党的十八届五中全会提出了"创新、协调、绿色、开放、共享"的五大发展理念,集中反映了我们党对经济社会发展规律认识的深化,极大丰富了马克思主义发展观,为我们党带领全国人民夺取全面建成小康社会决战阶段的伟大胜利,不断开拓发展新境界,提供了强大的思想武器。

很显然,从科学发展观战略思想的提出到"四位一体"总布局的生成,再到"五位一体"的顶层设计和全面深化改革的战略部署及"五大发展理念"的提出,中国新发展模式得以孕育、生长和日渐完善、成熟。中国发展模式的内涵和外延、结构与体系、功能与价值、理念与目标等也随之不断扩充和调整,中国发展模式在实践中不断调适和转换,并日益成为一个有机的战略整体,更加注重全面协调和整体有序推进。

1.中国发展模式转型的基本特征及实践要求

中国发展模式转型作为传统发展模式的超越与升华,是对中国传统发展模式之路径选择和制度框架的调整完善。因此,中国发展模式转型既具有传统发展模式的延续性特征,又具有"五位一体"复合开放型发展模式的崭新特征。具体言之,主要表现为以下几点。

(1)中国发展模式转型的复合性

中国发展模式转型的复合性,是基于政治、经济、文化、社会和生态"五位一体"的模式演进。中国发展模式的复合性转型,有利于克服传统发展模式的经济格局,全面协调和推进政治、经济、文化、社会和生态复合弹性的发展模式,促进政治、经济、文化、社会和生态形成有机统一体。中国发展模式转型的复合性,应当加强经济建设的中心地位,强化文化模式和社会模式的支撑作用,完善生态模式和政治模式的整体建构。中国发展模式复合转型的实践探索,亟须整体性和系统性的顶层设计,有序推进战略规划、整体布

---

① 中共中央宣传部:《科学发展观学习纲要》[M].北京:学习出版社 2013 年版,第 21-22 页。
② 《中共中央关于全面深化改革若干重大问题的决定》[M].北京:人民出版社 2013 年版,第 3-5 页。

局和协调发展。

(2)中国发展模式转型的层次性

中国发展模式转型,应当注重宏观战略规划和制度机制创新,有效衔接和实现两者的有机统一。其中,推进中国特色新型工业化、城镇化、信息化、农业现代化和绿色化等经济发展模式的战略选择,不断强化工业化与信息化的有机融合和新型城镇化与农业现代化的整体协调,积极在实践过程中深化我国经济体制改革和经济发展方式转型。通过加强国家宏观调控和制度创新,不断完善税收制度和金融体制改革,逐步建立健全城乡一体化发展机制。中国发展模式转型按照层次范围,注重和强化整体谋划和制度创新,逐步推进以点到面的层次性发展。

(3)中国发展模式转型的时序性

中国发展模式转型始终按照先易后难、由增量到存量的路径推进,以经济体制改革与发展为主、以政治和社会改革发展为辅,以加强和协调与经济发展模式的相互配合。尽管当前中国的政治发展模式与变革诸如体制改革、机构改革、党内民主、基层民主、社会民主等在不断调整和试行,但仍旧没有进入一个以选举民主为目标的主体性政治改革阶段。[①] 针对日益激化的社会矛盾和群体性事件,坚持经济发展模式方向和社会改革方向,注重城乡公共服务和社会保障体系建设。同时,加强环境治理和生态环境的可持续性发展,注重社会主义文化繁荣发展和模式创新。

(4)中国发展模式转型的调适性

根据国际、国内发展形势和社会矛盾形态样式,中国发展模式转型需要开放性的模型架构,适时做出科学有效的战略调整和统筹发展。中国发展模式转型亟须将改革发展最新理念、方法和思路,不断融入中国发展战略构想和实践探索之中。只有动态化的发展模式形态和弹性化的发展模式结构,才能够有效规避和积极应对政治、经济、社会和生态等各种风险。中国发展模式转型的实践探索和渐进调适,能够不断提高改革创新的发展战略和相关政策的适应性,有效整合各种资源和巩固经济社会发展基础,从而以科学有效的发展模式引领和推动中国的现代化建构。

(5)中国发展模式转型的整体性

中国发展模式转型并非单一要素的简单组合,主要包括政治、经济、文化、社会、生态和党建六个方面的综合性和整体性的发展框架和结构体系,

---

① 郑永年:《中国改革三步走》[M].北京:东方出版社 2012 年版,第 13 页。

各自发挥功能不同、彼此渗透契合、互动影响作用,形成一个有机要素体系和多层次系统结构。中国发展模式转型过程中的政治要素、经济要素、文化要素、社会要素、生态要素和党建要素,都不同程度地影响和制约中国发展模式的发展与进步。我们应当调整、优化和重塑中国发展模式的转变过程,协调好整体与局部、主体与客体、中心与边缘等多重关系,大力推动中国发展模式转型的整体性、协调性和系统性发展,不断推进中国发展模式转型相关要素的衔接配合、合力共生和转换升级。

2.中国发展模式转型的建构意义

目前,中国发展模式转型主要面临两种可能:一种是继续推进市场化和法治化的改革,政府逐渐淡出对微观经济活动的干预,并加强自己在提供公共物品方面的职能,使得在规则基础上运行的现代市场经济逐渐成长起来;另一种是政府对市场的控制和干预不断强化,国有经济的垄断力量不断增大,市场的自由活动范围受到蚕食和限制,初步建立的社会主义市场经济体制蜕变成为国家资本主义,乃至权贵资本主义。[①] 针对中国经济社会发展面临的不平衡、不协调和不可持续等深层问题,中国发展模式转型不得不面对贫富差距、官员腐败和群体性事件等诸多严峻现实,要提出全面深化改革的顶层设计和总体思路,以更大勇气和智慧推进市场化、法治化和民主化,积极寻找政治、经济、文化、社会、生态等重要领域的突破口,不断推动国家治理体系和治理能力现代化,对有效破解改革发展和转型矛盾难题等具有重要的现实意义。

(1)中国发展模式转型应当立足于中国现实国情,从中国改革开放的实际出发,注重中国整体、协调和科学发展,能够有效避免"中等收入陷阱"。中国发展模式转型应当注重"五位一体"全面的协调发展和整体推进,强调中国应由外源式发展转向内生性发展,由传统粗放型发展转向现代集约化发展,由出口导向型发展转向内外市场相结合,由能源环境消耗式发展转向资源环境友好式发展。中国发展模式转型应当注重由传统单一"人口红利"转向"制度改革红利"等全方位改革发展,强化驱动创新、科技创新和体制创新,突出资本积累和管理模式创新等发展优势。中国发展模式转型必须正确认识、处理和协调好政府与市场的关系以及市场在资源配置中的决定性作用,从而更好地发挥政府部门的管理作用和服务职能,有效避免"中等收入陷阱"。

---

① 成思危等:《改革是中国最大的红利》[M].北京:人民出版社2013年版,第43页。

(2)中国发展模式转型应当坚持科学发展观、以人为本和可持续发展,最大限度激发和凝聚中国改革发展的强大动力。中国发展模式转型是科学发展观视域下的发展模式建构,突出强调全面协调和可持续性发展的客观规律,实现人的价值与自然价值的并行平等和有效统一。遵循代内公平和代际公平的价值要求和发展目标,突出价值合理性和兼顾利益普遍性,实施可持续发展战略以实现人类利益最大化。事实上,中国发展模式转型非常强调以人为本,将人作为社会发展的动力、价值和目的,特别重视人民共享改革发展成果。中国发展模式转型通过加强医疗卫生等公共服务设施和社会保障体系建设,不断激发全社会各个阶层改革发展和创业建设热情,集中力量实现中华民族伟大复兴的中国梦。

(3)中国发展模式转型为发展中国家提供有别于西方国家的发展模式,并对世界其他国家发展提供重要参考、借鉴价值和有效作用。中国发展模式转型应当推进"社会主义市场经济、法治化和民主化",走"工业化、信息化、城镇化、农业现代化和绿色化"融合的发展道路。全面规划"五位一体"的科学布局成为发展中国家发展典范,有利于克服传统社会主义发展模式的种种弊端,激发社会发展活力和诠释社会主义价值导向与制度规范,创新了社会主义国家的现代化发展道路。中国发展模式转型的参考价值和借鉴意义,就在于为其他发展中国家立足本国的实际国情努力寻求自身发展提供制度创新、模式转换和发展路径。中国发展模式转型促进了世界各国关系的紧密发展,着眼于国内发展和关切外部世界的发展格局,主动承担发展中大国身份和国际责任,以中国发展模式来影响全球治理与变革。

(三)中国生态政治建设的紧迫性

伴随着人类社会经济的快速发展,全球环境污染、生态危机已成为世界各国共同面临的生态难题。为了研究和解决生态环境问题,世界各国政府都在着力进行必要的生态修补和环境保护工作,并逐渐将生态系统纳入政治系统的考虑范畴之内。从中华人民共和国成立到改革开放的今天,我国政府采取有效的市场经济发展政策和国家的压倒性支持与财政投入,使我国经济社会进入前所未有的高速发展时期。然而,我国高投入、低效率的粗放型的经济增长模式和发展模式,却面临着"边污染边治理、治理与破坏同步、破坏大于治理"的现实困境。

1.科学发展理念逐步确立和落实,环境保护实践功利化趋势明显

从世界范围内看,自20世纪50年代到70年代初期,亚非拉地区的众多发展中国家,普遍采纳以经济增长为核心的现代化发展战略,即"增长第

一战略"。然而,"增长第一战略"却将增长和发展完全等同起来,主张经济增长就等于发展,常常忽视人的文化教育和素质提高。这不仅诱发了贫富分化、吏治腐败等人与人之间关系无序的社会问题,也导致了人类对自然的无节制的掠夺行为,以及对大自然生命的漠视。为了片面追求发展中的经济目标、发展速度和一时繁荣,这种发展战略往往以高投入、高消耗为主要手段,以高消费、高享受为最终目标。这种偏执的发展观和发展战略往往忽视了对自然资源保护和环境污染防治,不能自觉调整人口发展与生态资源的合理比例,极易引发环境污染、资源匮乏和生态失衡等生态危机、经济社会问题,并将威胁我们子孙后代的生存与发展。

上述发展中国家那种偏执的发展战略和发展理念,集中体现在我国的GDP政治问题上。"所谓GDP政治,就是一个社会、国家和政府,在社会经济发展进程中,为了实现经济发展的战略目标,运用国家政权力量调动一切资源,一切以经济的GDP指标为中心的政治倾向、政治主张和政治关系。"[①]长久以来,我国中央政府对各级地方政府的政绩评估指标,往往是围绕GDP增速、投资规模和财政税收等侧重经济数量和增长速度的单一指标的考核体系,常常忽视生态环境问题的生态治理等指标,致使地方经济社会发展走向唯GDP政治的发展模式。在我国政府部门和政府官员的政绩理念中,以"经济建设为中心"的政治要求,却变成了以经济增长为第一指标和唯一指标。很多领导干部和政府官员的政绩考核过分注重GDP等经济增长指标,不断关注和强化经济建设工作,而缺乏对资源环境和生态环境保护的积极性和必要投入。

20世纪80年代中期,环境保护纳入我国的基本国策范畴之内。20世纪90年代,可持续发展战略被提升为国家战略。21世纪以来,党中央和国务院提出了科学发展观与和谐社会理念,并将可持续发展作为科学发展观的重要内容,将人与自然和谐相处作为和谐社会的重要方面。可见,环境保护等科学发展理念是逐步确立和贯彻落实的,并经历了从基本国策到科学发展观的升级。2012年,党的十八大报告则明确将生态文明建设列入中国特色社会主义伟大事业的五大部分之一,还将科学发展观作为党的指导思想写进党章。然而,任何偏废或背离科学发展观等有机整体的思想行为都将承受消极后果。例如,生态环境保护和预防应当同时进行,"反应式"和

---

① [美] 丹尼尔·A.科尔曼:《生态政治》[M].梅俊杰译,上海:上海世纪出版集团2005年版,第78页。

"预防式"同时展开的环保政策,才能遵循生态建设的客观规律,限制环境污染程度与范围以及自然资源的破坏效果等。

2.生态环保法律制度框架基本形成,但法律法规系统性有待完善

改革开放30多年来,我国先后制定和实施了《森林法》《环境保护法》《环境影响评价法》等资源保护、自然生态保护和环境污染防治等一系列法律法规、国务院行政法规和部门规章,缔结并参加的国际环境条约达几十项,先后批准发布了《中国21世纪议程》《跨世纪绿色工程规划》《全国生态环境建设规划》等一系列重大规划和政策措施。经过多年的努力,我国已经初步形成了以宪法为立法基础,以《环境保护法》为统领的生态法制框架。然而,生态文明建设具有很强的系统性,是一项影响全局的系统工程。在党的十八大报告中,要将生态文明建设融入政治、经济、文化、社会建设的总体战略部署之中,却仍需要系统性的建设规划、实施方案和法律法规得以贯彻落实。

然而,我国资源环境保护的法律法规原则性较强,缺乏解决现实问题的实效性和完善法律体系的系统性。就我国环境保护法律法规的系统性而言,《环境保护法》等基本法律同专项法律法规之间,环境保护的实体法与环保执法、监督的程序法之间,相互衔接和相互匹配缺乏系统性,难以发挥法律体系的整体性功能。环境保护与资源开发利用方面立法的滞后性,将难以适应生态环境治理的环境监督与执法的现实需要,势必影响环境保护法律执行的实际效果。我国现有较多法律法规和规章制度过于强调原则性,没有与此相适应的配套实施细则和操作规程,缺乏研究和解决环保现实问题的针对性和实效性。对于认定环境违法行为和实施的惩罚措施,缺乏相应的量化指标和评判标准,仅停留在观念层面缺乏可操作性。

此外,我国现有法律法规和规章制度关于环保部门的职权界定模糊、授权非常有限,极大限制了其对环境保护的"事前监督、事中监督和事后监督"。例如,环境保护部门只保留对违法排污企业进行关闭和停业整顿的建议权,而现行法律却将这一有力手段的决定权赋予了地方政府,极大弱化了环境保护部门的环保执法和监督效果。虽然有些地方政府以行政授权方式将此项权力下放给环保部门,但是环境保护部门要想真正行使这项权力仍需时日。当前,政府部门对违法排污企业的处罚力度太轻,其违法成本远远低于排污企业的经济收益,致使很多企业宁愿接受经济处罚也不去守法生产。我国环保监督举报奖励机制尚不完善,社会公众参与环保监督的积极性不高,各级环保执法监督部门沟通、协商机制有待加强。为了顺利开展生

态政治建设和社会主义现代化建设事业,我国必须建立符合基本国情的生态环境管理的法律体系,树立法律的权威性和保障法律实施的强制性,为我国生态政治建设提供必要的法律支持和保障。

3.我国环境保护与资源管理政策不断加强,但体制和机制运行不足

目前,我国生态环境和资源环境政策问题的症结,就在于我国环境保护和资源开发与利用的固有体制问题,资源环境开发与利用难以真正实现其经济社会和生态价值。就我国环保政策而言,全国各地环境保护和资源管理的政策与体制缺乏连续性和协调性,生态环境与资源管理政策体制机制运行不畅,尚未形成资源环境保护、开发与利用的长效机制。此外,我国生态环境与资源管理等权力,形成了自上而下的运行制约和监督体制。这种监督体制往往侧重对政府官员和普通民众贪污腐败等行为的经济监督,而缺乏对政府及其官员生态政治建设行为的有效监督。

从我国环境保护资源管理的横向体制来看,针对我国部门行业条块分割的资源环境管理体制,我国环境保护和资源管理始终面临着政出多门、权责不清,低水平、重复建设和浪费多,协调成本高而工作成效低的现实困境。在我国经济社会的实际生活中,有些地方政府身兼经济发展和资源管理的双重职能,又扮演着破坏环境和保护环境的双重角色。有些地方政府单纯追求GDP增长的经济指标,而常常忽视环境保护和资源管理任务,使得本地资源环境保护的执法难度极大。有些地方政府尚未明确环保部门与其他部门的管理界限,而有些地方政府对于环保工作的统一管理和监督管理,没有规定具体的管理内容和职责范围,仅有一些原则性的规定和要求。

从我国环境保护和资源管理的纵向体制来看,许多地方政府部门存在环境质量管理和环境监督职能与界限混淆等问题。按照我国宪法和环境保护法律法规的规定,在一定区域范围内的环境状况,由所辖地区的地方政府负责。然而,在环境保护的实际工作中,参与环境保护的环保部门往往是同级地方政府的职能部门,如何实现有效监督同级地方政府呢?从地方行政管理体制上来看,环保部门往往从属于同级地方政府,办公经费也来源于地方政府,为此,在环保部门不能履行职能和依法办事之时,就逐渐丧失其行使执法监督职能的独立地位。有些地方环境保护、执法和监督部门没有实权,环保执法和监督部门形同虚设,难以及时发现、制止和惩罚生态环境破坏行为。一旦出现环境问题,地方政府利用这种管理体制极易推卸责任,而地方环保部门则成了"替罪羊",造成地方环保部门两难的尴尬境地。

4.政府部门亟须转变政府职能,生态治理能力与生态责任意识较弱

(1)政府环保机构职能重叠而权责不明,缺乏生态政治建设环境政策体制

目前,我国政府机构依其职能制定和实施的政策措施,大多数都是为了促进经济增长和发展市场经济,也存在诸多破坏环境或具有潜在威胁性的政策。例如,我国的经济发展方式和产业结构政策,将直接影响自然资源配置和对生态环境的消耗程度。长期扶植重工业或能源产业给生态环境带来巨大消耗或破坏,这无疑将与我国现行的环境保护和生态治理政策相冲突。近年来,我国在环境保护和生态治理方面形成了比较全面的政策覆盖面,但存在相关体制机制尚不健全、政府职能重叠、权责不明、体制外监督缺失等诸多问题。

近年来,随着我国经济社会发展和国家发展战略的实施,环境问题作为社会公益问题,日益成为关乎国家经济可持续发展和人民健康生活的重大民生问题。这将直接影响我国普通民众的生存发展环境,严重制约着我国社会经济的发展与进步。目前,我国环境问题产生的根本原因在于重大决策常常未考虑到环境变化所造成的不可逆转性的影响。伴随我国政府体制、组织结构和政府职能的发展转变,政府生态管理系统从其他部门中"脱胎换骨",建立统一管理的新机构、职能和权力,但并未对原控管单位撤销权职,这就导致机构重叠、权责不明等现象频频出现。例如,生态环境部和国家林业局在管理范围上存在很多交叉重叠的部分,这就不可避免地产生了在权力上相互争夺、在责任上相互推诿的局面;生态环境部与水利部门同时具有环境监测、统计、管理等职能,这就导致了重复工作、重复劳动,不仅造成人财物的浪费,同时还可能出现数据资料测统不一致,造成政策制定与行动上的混乱。① 在日常工作中,环保部门往往需要工商、司法、监察及其他行政部门的协调配合,但在实际执法过程中,却难以得到其他部门的有利配合,严重影响执法行为的有效执行。

由于环境政策是治理环境污染、保护生态平衡和自然资源的重要手段和法律依据,政府部门制定环境政策时,必须遵循自然规律和生态系统的客观性、系统性和整体性,严格按照环保政策制定的程序和方法进行。然而,我国生态环保政策在制定过程中,常常忽略生态自然的整体性,制定很多

---

① 马中,吴健:《论环境保护管理体制的改革与创新》[J].《环境保护》2004年第3期,第13-15页。

"条块化"的生态治理政策,具有很大的单一性、局限性和片面性。政府环境政策的制定,常以治理为主而忽视事前预防,缺乏科学性、可持续性和长期性,难以贯彻落实环境政策和实现标本兼治目标。另外,在制定政策时缺乏征求企业与公民意见的法律程序,不注重信息、统计、数据等基础工作,缺乏科学的论证,因此导致制定的政策不够切合实际。①

(2)政府生态治理行动制约因素较多,环保部门缺乏独立性和权威性

政府开展和推进生态治理行动,需要政府政策上行下达,更需要各方面的协调与支持。政府生态治理行动往往受制于政府财政政策、生态治理技术、生态环境现状和生态治理手段、力度等多种因素,难以达到预期的、合理的生态治理效果。改革开放30多年来,虽然我国政治体制改革和政府机构改革仍在调整,但是我国各级政府机构繁多、公务人员过多、政府规模过大、财政吃紧等问题依旧存在。随着政府行政成本和公务消费急剧增长,有些官员利用公款消费、大吃大喝、挪用谋私利等现象屡见不鲜,有些政府部门花钱不问出处、公私不分,造成政府财政巨大浪费和政府形象受损,难以发挥政府财政的最大效能。

我国各级环境保护部门缺乏独立性和权威性,只有间接的强制执行权,难以有效抵制地方政府的保护主义。由于环境保护部门财政不独立,环境执法资金要靠地方财政提供,环境保护部门环保执法处处受制于地方政府。很多生产企业既是地方的纳税大户,也是地方重要的污染源,却处处受到地方政府的保护。此外,地方政府与上级环保部门没有直接隶属关系,有些环保案件很难在地方执行下去,致使地方环保部门的环保执法机制运行不畅。

(3)政府生态治理手段缺乏可操作性,难以发挥生态治理的最高效能

在环境监管、环境保护与生态治理过程中,政府部门应当综合运用科学合理的和可操作性的环境监管手段,以克服传统环境监管手段的种种弊端和局限性,充分发挥政府生态治理的最高效能与作用。然而,政府部门现有的生态治理手段,主要有行政手段、法律手段、经济手段、技术手段和教育手段等,但政府生态治理手段都不同程度地存在问题和局限性。

在经济手段方面,多数环保基金与投资渠道未能发挥有效的作用,缺乏完善的组织规范与实施细则,投资渠道的管理方式也有所缺失;政府征收环境税费资金分散,不能够有效投入到污染项目的治理中,同时,经济手段对

---

① 杨朝霞:《论我国环境行政管理体制的弊端与改革》[J].《昆明理工大学学报社科(法学)版》2007年第5期,第1-8页。

污染主体影响巨大,如补助金的长期实施不仅增加财政负担,同时还会导致污染企业的增加;生态环境补偿费征收工作也受到严重的地域限制,由于地方政府重经济轻环保,使得企业忽视环保投入,无形中增加了环境政策实施的难度。①

4.政府主导型的生态政治建设,突显社会主体参与机制不足

目前,我国环保部门行政能力和社会公众生态意识不断增强,但是我国环保行政体制运行不顺,社会参与主体普遍不足。党中央国务院积极组建了生态环境部,以加快环境保护基础设施和监管执法能力建设,不断完善人大立法监督、政府负责实施、环保部门统一监管、有关部门参与管理的环保行政体制。此外,我国公民生态意识明显增强,非政府组织和社会公众参与环境保护范围不断扩大,市场机制和国际合作参与环境保护的作用日益显现。

诚如科尔曼所指出:"权力的集中和民主的削弱正通过两种方式酝酿着环境危机。其一,无穷地追求权力会导致践踏人文需求和生态意识。一个人爬得越高,权力越大,他便越是远离对某一区域社会特点和生态状况的体验与理解。其二,集权往往使民众保护和复原其环境的仁义之举失去用武之地。"②对地方政府来说,"即使地方政府更能回应民主参与,可集权的歪曲效果反使国家政府看起来似乎比地方政府更能对环境问题做出反应。事实上,地方政府经常反对的不是环保项目本身,而是与之相随的经济费用"③。对于公民而言,"当手中无权时,杰斐逊想象中积极参与政府日常事务的公民便沦为被动的消费者,只能在用手中的美元购物时煞费苦心地抉择,权当一种表达意见的'选举'"④。这就告诉我们权力过于集中不仅影响环境决策,也会严重束缚地方政府的环保行动和社会公众的环保参与。

一般来说,政府部门作为我国生态政治建设的参与主体,严重缺乏社会公众的有效监督。很长一段时期内,"经济靠市场,环保靠政府"已成为全社会共识,政府主导型的生态政治建设,突显社会参与主体的单一性。加之,地方政府环保职能分散在相关独立部门,地方环境保护部门接受的双重领

---

① 钟宁,赵连章:《中国政府发展生态政治建设的困境》[J].《长春大学学报》2012年第7期,第864、867页。

② [美]丹尼尔·A.科尔曼:《生态政治》[M].梅俊杰译,上海:上海世纪出版集团2005年版,第62页。

③ ④[美]丹尼尔·A.科尔曼:《生态政治》[M].梅俊杰译,上海:上海世纪出版集团2005年版,第63页。

导等因素,致使地方政府部门权责不明、环保事项划分不清和难以实现统一管理。我们知道,由于我国人口众多、发展压力大等因素,致使我国生态资源人均占有量很少、环境问题等日益突出,公民环境参与渠道不畅和范围不广,甚至环境污染群体性事件频发。鉴于主客观因素的种种限制,国家投入环境保护的财力和专业队伍建设非常有限。假如没有非政府机构和社会公众的环保参与,那么,我国生态政治建设就犹如空中楼阁难以真正发展起来。

当前,我国社会公众对生态政治建设参与意识仍然比较淡漠,明显依赖政府而缺乏对自身作用的清楚认识,致使生态环境问题的社会参与机制不足,社会公众对政府环保事业知之甚少。近年来,社会公众参与环保问题投诉、上访比例严重不足,未能充分维护自身的知情权和履行自身的监督权。有些环境保护的社会组织,很少在环保实践中发挥其应有的作用。为了保证我国生态政治建设的发展进度和实际效果,切实保障全国各族人民群众的合法权益,亟须加强政府部门与社会公众的参与、交流与合作。

在全国各级环境保护机构中,很少有生态环境保护专家参与国家政务,成为主管环保事务的领导者、决策者和管理者。有些地方往往将环保专家咨询制度流于形式,政府部门对民间环保组织的支持和引导力度远远不够。在近年处理突发生态环境事件中,社会上有些非政府环保组织都曾发挥积极作用,但是由于有限的人财物和技术资源,相应权能难以得到有效保障或相关建议可能被忽视,甚至可能遭受某些既得利益集团的威胁,严重影响社会公众参与生态政治建设的积极性和主动性。由此建议相关政府部门转换执政观念,鼓励和支持社会公众积极参与环保才是生态政治建设的真正出路,政府部门有义务全方位保护公民权利并给予及时回应。

当前看来,在我国经济社会转型时期,中国特色的生态政治建设是缓解我国生态环境和资源环境危机的现实抉择,是中国走可持续发展道路的必然选择,是我国社会主义现代化建设的现实需要,是增强中国国际竞争力的时代要求。近年来,我国生态政治建设成效显著,各种生态环境问题得到有效缓解,各种环保组织和政府机构纷纷成立,"绿色GDP"理念、标准和实践不断深入,法律法规和政策措施不断完善,政府也广泛参与到全球性生态环境保护的沟通、协商与合作中。同时,我们也必须看到,我国生态政治建设所面临的科学发展理念不足、法律法规和政策措施系统性与可操作性不强、资源环境保护管理体制机制不畅、社会主体参与机制不足等现实问题,研究和解决这些问题有利于保障我国生态政治建设的顺利进行,有利于充分发挥生态政治解决生态环境问题的实际效能。

二、中国特色生态政治建设的内涵、理念与特征

作为研究和处理政治与环境二者之间关系的全新学科,生态政治的产生本身就涵盖有强化整体、协调和可持续发展的价值蕴含。中国特色生态政治的建设,关键在于借助政治、经济、文化、社会等综合手段和力量,研究和解决经济社会无序发展所导致的日益严峻的自然生态和社会环境问题,努力探索和研究自然生态系统与政治生态系统的相互关系及其发展规律。因此,中国特色生态政治建设的基本理念,应当符合中国特色生态政治建设的客观规律,其内在的价值蕴含应包括环境正义与平等共享、人与自然和谐相处、尊重生命与尊重自然等全新理念。

(一)中国特色生态政治建设的内涵

1.生态政治相关概念阐释

生态政治涉及生态环境问题的重要特点就是其公共性,而政治学最重要的核心功能就是调节社会公共利益。随着全球生态环境问题的日益恶化,全人类开始深化对生态环境问题的认识与研究,并在生态环境问题对各国政治诉求中,逐渐产生了与生态政治相关的系列概念,如环境政治、绿色政治、绿党政治、生态政治、政治生态等。关于生态政治定义本身就存在诸多争议,并且很多情况下生态政治相关概念极易交互混杂。为此,为了科学界定生态政治的概念与内涵,就必须首先弄清楚生态政治相关概念及其相互关系。

从学科门类特定的研究领域和角度来看,生态政治学、环境政治学与政治生态学,都主要以人与自然环境之间关系为研究对象。环境政治学研究的主要领域,就是处理人与自然的关系。日本学者丸山正次认为:环境政治应当以"环境、政治、社会和经济之间的相互依存性"为研究对象,正确分析人与自然关系以制定出处理两者关系的对策。[1] John Dryzek 和 David Schlosberg 则认为环境政治理论,就是关于人类如何组织、维持与其生存的自然环境的适当关系的理论。[2] 尼尔·卡特则在环境政治学教科书中,将

---

[1] [日]丸山正次:《环境政治理论的基本视角——对日本几种主要环境政治理论的分析与批判》[J].韩立新译,《文史哲》2005 年第 6 期,第 12-17 页。

[2] John Dryzek and David Schlosberg(eds.), Debating the Earth: The Environmental Politics Reader, Oxford: Oxford University Press, 2001, p.2.

环境政治的主要特征表述为:"(环境政治)的首要特征是它对人类社会与自然关系的特殊关注。"①

生态政治学的研究主要定位在人与自然之间的关系上。肖显静认为:"生态政治主要是研究和处理政治与环境之间的关系的科学。……它把自然生态系统和人类社会系统看作一个相互作用和影响的统一整体,将建立可持续的社会、自然、经济作为其思考的中心,根据可持续发展战略要求,变革政治价值观、政治思维和政治活动。"②赛明明、孙发峰则认为:生态政治的研究主题,就是环境保护、人与自然的关系。③张连国指出:生态政治的基本内容,就是"政治生态体系"观,即以人为主体的生命与其环境之间,以及人所组成"政治体系"与"社会内部环境"和"外部环境"之间的协调关系模式。④

政治生态学则明确,将人与自然的关系作为研究对象。《布莱克维尔政治学百科全书》将政治生态学界定为:"从广义上讲,该术语主要被用来描述环境对政治行为的影响,比如群体的组织生态学;从狭义上讲,该术语是指同政治地理学紧密相连的空间领土环境和政治行为的研究。"⑤实际上,环境对政治行为的影响,就是人与自然生态环境的一种关系。美国学者约翰·H.帕金斯认为:"政治生态学是将生态学和政治经济学的研究结合起来,其中心任务是以历史的眼光研究人类是怎样改造生态系统,并将生态系统内的生产同财富的生产与分配以及权力的行使结合起来的。"⑥

由于环境政治学、生态政治学与政治生态学,都是与政治学紧密相连的相同研究领域,学界常常将其看作同一概念而混用。例如,1992年版的《中国大百科全书》就曾指出:生态政治学是"运用生态学的观点研究社会政治现象的一种理论和方法。一般生态学以生物的生存条件以及生物与其生存

---

① Neil Carter, The Politics of the Environment Ideas, Activism, Policy, Cambridge: Cambridge U. P. 2001.

② 肖显静:《生态政治——面对环境问题的国家抉择》[M].太原:山西科学技术出版社2003年版,第17页。

③ 赛明明,孙发峰:《论当代中国生态政治建设》[J].《中州学刊》2006年第5期,第5-9页。

④ 张连国:《生态政治学研究述论》[J].《山东理工大学学报(社会科学版)》2006年第1期,第11-16页。

⑤ [英]戴维·米勒,韦农·波格丹诺:《布莱克维尔政治学百科全书》[M].北京:中国政法大学出版社2002年版。

⑥ [美]约翰·H.帕金斯:《地缘政治与绿色革命》[M].王兆飞等译,北京:华夏出版社2001年版,第1页。

环境之间的相互关系为研究对象,探求有机体与其环境之间相互作用的形式和规律。生态政治学借助于生态学的方法,从政治与其环境的相互关系中研究政治现象的产生与发展"①。即生态政治学就是用生态学的方法或观点,研究政治现象的理论学说。事实上,这就是将政治学生态化,尚未区别生态政治学与政治生态学两个概念。

此外,由于绿色政治是以当代绿色思潮的思想构架为起点,并且不只关注生态环境问题或社会与自然环境的联系,而是涵盖了所有规范性主题的范围。② 为此,绿色政治概念要比绿党政治宽泛得多,是包括绿党政治、环境政治、生态政治和政治生态等相关概念的综合表述概念。绿党政治则是随着西方绿党运动的兴起与发展,学界关于各国绿党的发展历史及其对当代政治影响,绿党所奉行和采取的政治纲领、方针政策和价值观念等方面的政治研究。虽然大部分专家学者将环境政治直接等同于生态政治,但是二者的思考范围和深入程度却有所不同。环境政治是与环境主义相联系的,环境主义一定是环境政治的,而生态政治则与生态主义相联系,生态主义也一定是生态政治的。环境政治与生态政治的区别就在于环境主义与生态主义的相互区别。

安德鲁·多布森在《绿色政治思想》中对环境主义与生态主义做了详细的区分:生态主义从根本上置疑当前的政治、经济和社会制度,环境主义则不然;生态主义期望一个不追求高增长、高科技、高消费,而是以包含着更多劳动、更少闲暇、更少物品和服务需要的"美好生活"为目标的后现代社会,环境主义则不然;生态主义将地球的有限性置于优先地位,追问在此框架内何种政治、经济和社会实践是可能的和可欲的,环境主义则不然;在人与非人类世界的关系上,生态主义关心的是人类活动必须限制在何种范围内才不至于干扰非人类世界,环境主义则关心人类的介入在什么程度上不会威胁到人类自己的利益。③ 因此,大卫·佩珀(David Pepper)将安德鲁·多布森的生态主义概括为"激进环境主义的政治哲学",而"环境主义"实际上指的是改良环境主义,即在既存政治的框架内分析生态环境问题,其社会解决

---

① 《中国大百科全书》,《政治学》[M].北京:中国大百科全书出版社1992年版,第327页。
② John Barry, Rethinking Green Politics: Nature, Virtue and Progress. London: SAGE Publications,1999. p. 5.
③ 安德鲁·多布森:《绿色政治思想》[M].济南:山东大学出版社2005年版,第44页。

方案并不触动传统的政治利益。①

美国学者丹尼尔·A.科尔曼在《生态政治:建设一个绿色社会》中对生态政治与政治生态做了认真区分:(1)生态政治思考、探索的问题是政治系统在处理人与自然的关系时应采取的政策、应开展的活动和应担负的职责,而政治生态思考、探索的问题是体制、机制、环境对政治系统的影响;(2)生态政治寻找的是全球化背景下、现代化进程中的政治系统对生态环境的保护,政治生态寻求的是对政治发展、社会变迁有利的人文和自然环境;(3)生态政治倡导的原则是无污染、少破坏、非暴力,政治生态倡导的原则则是民主、法治、公平、效率;(4)生态政治关注的是如何唤醒公众的生态保护意识、如何确定生态环境的保护机制,政治生态关注的是公众对体制、法律、政策的认同率和对政府的支持率,关注政府对公众的影响率、号召力,关注政治系统所置身于的周边和全球政治和安全环境;(5)生态政治将生态问题与政治问题结合起来研究,其落脚点是政治。政治生态将政治问题与生态问题结合起来研究,其落脚点是生态。②

总体来看,"将生态政治学等同于政治生态学……是目前国内学界在生态政治学认识上存在的最大误区"③。生态政治与政治生态是两个侧重点不同的交叉概念,政治生态化与生态政治化是生态政治学的两种理论趋势,科学区分生态政治与政治生态,便于我们研究和掌握生态政治学的各种理论趋向。从方法论的研究视角来看,生态政治思想是从政治角度看待生态问题。人赖以生存的生态环境的破坏和恶化,人们要解决生态问题,出现的生态危机必须引起政治界的关注,应该把生态危机上升到政治的高度,借助政治的力量来解决生态问题。而"政治生态思想是围绕政治问题来探讨,用生态思想的观点、理论、方法来思考和分析政治问题。"④生态政治思想与政治生态思想的区别就在于研究视角的不同,其本质上都是实现一种良性发展:生态环境与政治的融合式发展。

2.生态政治的内涵

改革开放以来,随着我国经济高速发展和生态环境问题的日益突出,我

---

① David Pepper, Modern Environmentalism: An Introduction, London & New York: Routledge, 1996, p.329.
② 吴海金,朱磊:《环境政治问题的深层思考—评丹尼尔·A.科尔曼的环境政治观》[J].《理论月刊》2006年第10期,第119-121页。
③ 茵国强:《马克思恩格斯生态政治思想初探》[J].《江海学刊》2005年第3期,第210-214页。
④ 薛海秋:政治生态视角下政府职能转变[D].东北师范大学2010年硕士论文。

国政府机构和学界开始关注到生态政治领域。中国特色生态政治首先是一种社会主义的生态政治,主要聚焦自然生态政治领域的生态政治,属于社会主义生态文明建设的重要范畴。然而,关于中国特色社会主义语境下的"生态政治"或"生态政治学"科学内涵及其学科定位问题,我国政府部门、学界和社会各界对此众说纷纭、莫衷一是,可谓仁者见仁,智者见智。通过查阅国内外大量文献资料,我们会发现生态政治与政治生态等相关概念,只是研究视角和研究方法不同,并没有原则上的实质性区别。生态政治化与政治生态化所追求的最终价值,就是为人类的全面自由发展提供可持续发展环境,即生态环境、政治环境、社会环境等。

概括来说,我国学者关于生态政治的内涵界定,大致可以归纳为以下三种不同观点。

第一种观点将生态政治(学)理解为政治生态(学)。我国学者刘京希早期曾将生态政治学理解为政治生态学。[1] 此外,1992年出版的《中国大百科全书·政治学》将"用生态学的方法或者观点研究政治现象的理论"[2]叫作生态政治学。这种将生态政治(学)理解为政治生态(学)观点的主要原因有两个。其一,与生态政治的学术语来源紧密相关。虽然"绿色革命"和生态政治运动最早产生于西方发达国家,但是西方政治生态学术语要比生态政治学产生的时间早些。其二,将"生态"理解为"社会-经济-自然"或者"人类-社会-自然"的生态系统,是指宇宙系统。为此,生态政治学与政治生态学术语中的"生态"内涵,分别是指上述两种不同意义使用。

第二种观点将生态政治(学)理解为自然生态哲学科学的知识综合。生态政治学明显体现多学科、多知识领域的交叉,将政治、哲学、社会、经济、生态、环境科学等领域知识有机综合,以生态政治学的名义发展,并在本学科领域内获得相应的发展变化。这种生态政治学观点产生的主要原因在于以下两点。其一,对政治或者政治学概念的认识与理解有关。事实上,生态政治学就是将以人类(社会)同自然关系为核心内容的所有哲学科学知识都当作一种政治学知识,而其体现出生态政治学的综合性和开放性特征否定了政治和政治学应有的特殊性。其二,当前西方学术界关于生态政治学概念理解及其学科定位依然比较模糊或者混乱,而不能作为中国特色生态政治

---

[1] 刘京希:《生态政治新论》[J].《政治学研究》1997年第4期,第76-79页。
[2] 张友渔:《中国大百科全书·政治学》[M].北京:中国大百科全书出版社1992年版,第327页。

概念界定的现实依据。生态政治学作为所谓的"新兴政治学",极大丰富了传统政治学科的研究内容和研究范围,不断深化了传统政治学科对于政治规律的认识和理解。

第三种观点则将生态政治(学)理解为自然生态政治(学)。这是一种聚焦自然生态政治领域的自然生态政治(学),也是一种以保护和治理自然生态环境为目标的新型政治,不同于以往经济、社会和文化等领域的政治。这种自然生态政治(学)观点产生的主要原因有两点。其一,为了研究和解决日益严峻的自然生态环境问题。[①] 其二,对于传统政治学中的政治或政治学概念的独特认可。政治就是与公共权力有关的社会活动或社会关系,是关于公共利益的重要决策和分配活动。政治学则主要是研究存在于政治领域中的政治现象和政治规律的一门学科。生态政治就是在保护和治理自然生态环境活动中,与公共权力相关的公共利益决策和分配活动。生态政治学则是指研究生态政治领域中政治现象和政治规律的一门学问。

综上文献回顾检视,我们可以得出,虽然西方生态政治理论起步较早,但派别林立、观点不一,迄今为止仍未形成统一概念和系统理论。随着我国改革开放和经济高速发展,生态环境问题日益凸显,我国社会各界开始关注和研究生态政治问题。我国学者关于生态政治的概念界定,大体可以归纳为以下三类:一是将环境保护与治理纳入政治领域,试图借助政治手段解决生态环境问题;二是试图调整和改造现有的政治运行模式,引导和实现向生态政治模式转化;三是以马克思主义生态理论为指导,积极构建政治、经济、文化、社会与自然相融合的"大政治系统"。

从国内外学者对生态政治的内涵阐释来看,在现有研究成果和研究视角的启迪下,我们认为生态政治就是应当注重宏观、中观和微观的研究视角,旨在追求人与自然和谐发展的最终诉求,通过政府部门、理论学界和社会各界力量的支持和帮助,借助政治、经济、文化、社会等手段和力量,以研究和解决经济社会无序发展所导致的日益严峻的自然生态和社会环境问题,努力探索和研究自然生态系统与政治生态系统的相互关系及其发展规律。当然,社会主义生态文明建设不能简单等同于生态社会主义建设,中国特色社会主义也不能简单等同于生态社会主义,中国特色生态政治更不能等同于生态社会主义的生态政治。中国特色生态政治建设既要坚持人与自

---

① 肖显静:《生态政治面对环境问题的国家抉择》[M].太原:山西科学技术出版社2003年版,第2-5页。

然和谐相处的社会主义生态文明建设和科学社会主义原则,又要积极学习和借鉴西方生态社会主义思潮中的一切优秀文明成果,而不能简单等同于西方发达国家的生态政治观。

综合我国学者关于生态政治内涵的理解,我们认为中国特色生态政治建设是以马克思主义生态理论为指导,以人与自然和谐发展为宗旨,将环境保护与治理纳入政治领域,对现有政治运行模式进行调整和改造,引导和转向生态政治模式,借助政治手段解决生态环境问题,积极构建政治、经济、文化、社会与自然相融合的"大政治系统"。我们要不断创新中国特色生态政治建设的科学理论与政治实践,激励更多社会公众与社会力量参与到生态政治建设之中,实现经济增长与资源环保互利共赢的双重目标,不断提升我国在全球生态环境保护方面的综合实力与国际竞争力。

(二)中国特色生态政治建设的理念与特征

1.中国特色生态政治建设的基本理念

按照党的十八大报告和十八届三中全会精神,我国要积极构建资源节约型和环境友好型社会,为此,中国特色生态政治建设的基本理念,应当符合中国特色生态政治建设的客观规律,主要包括环境正义与平等共享、尊重生命与尊重自然、人与自然和谐相处等内容。

(1)环境正义,平等共享

早在1987年的《我们共同的未来》一文中,联合国世界环境与发展委员会就曾指出:"环境是一个社会正义问题。"1994年,由美国国家环保局牵头组成跨部门的"环境正义工作组"。他们普遍认为,所谓环境正义是指在环境法律、法规、政策的制定、遵守和执行等方面,全体人民,不论其种族、民族、收入、原始国籍和教育程度,应得到公平对待并卓有成效地参与。相反的就是环境不公平或环境不正义。① 为了研究和解决全球现存的环境公平问题,环境正义与平等共享原则必须坚持公正分配和合理处置生态资源,维护现存代内与代际的公平正义。马克思主义政治学和法学普遍要求公民要具有维护与追求正义的基本理念,那么,中国特色生态政治和社会主义生态文明同样要求现存代内与代际之间要维护和追求环境正义,积极构建资源节约型和环境友好型社会。然而,在我国现实中存在着较为突出的环境污染、资源浪费和生态破坏等问题,这严重违背环境正义与平等共享原则。例

---

① 文同爱:《美国环境正义概念探析》[C].《武汉大学环境法研究所基地会议论文集》2001年版,第400-404页。

如,东中西部地区、城市与农村等地区对生态资源环境的实际拥有与享用明显不公,不同地区和社会阶层在环境污染的受害影响和利益补偿等问题存在事实不公现象。"今天各地为了赶超发达国家实施的建立在生态资源过度利用基础上的经济高速增长战略,以及为了政绩而采用的最大效率、最大生产、最大开发和最大消费以及高消耗、高破坏和高污染的发展模式,将会把矿产、土地、森林、煤炭、水电等数量有限的自然资源消耗殆尽,从而剥夺了后人的生存权利和发展权利,导致代际之间的不公正。"[①]为此,中国特色生态政治建设应当坚持环境正义与平等共享的基本理念,切实保障不同地区、阶层和代际能够实际拥有和平等享用生态环保资源。

(2)尊重生命,尊重自然

尊重生命和尊重自然的生命伦理观念越来越得到全世界范围内的广泛认同。1982年,联合国大会通过的《世界自然宪章》曾指出:"每种生命形式都是独特的,无论对人类的价值如何,都应得到尊重,为了给予其他有机体这样的承认,人类必须受行为道德准则的约束""应尊重大自然,不得损害大自然的基本过程"。1997年"世界环境日"纪念大会(也被称为"环境与道德大会")呼吁:"地球上生命的神圣应在我们的行为上得到表现。"同年,联合国环境规划署规定:自1998年起,"为了地球上的生命"作为每年"世界环境日"的恒定主题,不再改变。尊重生命、尊重自然的生态伦理观念应当包括以下内容:其一,人类是大自然的一部分,自然界对人类具有工具价值(即使用价值)。其二,人类发展应当承认自然的自身利益和内在价值。当代生态伦理学认为,动物对地球生命或生态维持系统具有持续生存的价值,动物具有自己的利益、目的和内在价值。人类活动不能超越生态系统的涵容能力,不能损害支持地球生命的自然系统。一旦人类发展破坏了其赖以生存的物质基础,则人类和生态难以可持续发展,发展也就没有任何意义可言了。其三,尊重生命、善待动物、不虐待动物。对生命的敬畏要从尊重生命做起,善待动物是尊重生命的基本内容,不虐待动物是尊重生命的起码要求。人类行为要自觉接受道德的约束,本着人道主义,让动物享受它们应得到的生存条件。[②] 为此,中国特色生态政治建设也应当坚持尊重生命和尊重自然的

---

① 方世南:《从生态政治学的视角看社会主义和谐社会的构建》[C].《政治学研究》2005年第2期,第41-48页。

② 蔡守秋:《论环境友好型社会的法制建设》[J].《甘肃政法学院学报》2006年第9期,第14-29页。

基本理念。

(3) 人与自然和谐相处

人与自然和谐相处是古今中外人类社会孜孜以求的发展目标。自古以来,中国哲学就强调天人合一,非常重视人与自然的和谐关系,并将"人与自然的和谐"作为王道政治的追求目标和基本要求。在《易经·象传》中曾指出"天地节,而四时成。节以制度,不伤财,不害民"。大概意思是说:天地运动有节度,才会有一年四季;效法天地之节度而制定规章制度,就能不浪费资财,也不损害老百姓利益了。1982年联合国大会通过的《世界自然宪章》明确指出:"人类与大自然和谐相处,才有最好的机会发挥创造力和得到休息与娱乐。""人与自然和谐相处"不仅是科学发展观的重要内容,更是全世界可持续发展所不可或缺的。就政治本身而言,它是指人们追求特定利益(包括生态利益)的一种社会活动和社会关系,而政治目的就是要将追求不同利益的对立面之间的冲突保持在"秩序"的范围之内。为此,中国特色生态政治建设主要通过法律法规、政策措施、组织机制等,优化和调整人与人、人与自然之间的关系,努力将人与自然的矛盾冲突维持在可持续性的发展范围内,切实保障人与人、人与自然的和谐共处。就其本质而言,人与自然的和谐相处不仅是贯彻落实科学发展观和构建社会主义和谐社会的重要内容,也是中国特色生态政治建设的核心内核和应有之义。中国特色生态政治建设必须坚持人与自然和谐相处的基本理念,限制两者之间的矛盾与冲突并将其控制在双方均可承受而不损害各自可持续发展的范畴之内,积极探索实现人与自然的和谐相处、和谐发展、和谐共赢。

2.中国特色生态政治建设的特征

随着西方国家社会"绿色运动"的发展,生态政治逐渐带有和平的"绿色"色彩和复合性特征,以人与自然的和谐关系为中心,强调政治、经济与社会发展的延续性。当代世界生态政治的崭新特征呈现为交叉性、利益性、意识形态多元化、规律性、广泛参与性等综合性特征,中国特色生态政治建设有着自身的特殊国情和时代背景,其内在逻辑和发展境遇决定着其自身发展的独特性,呈现为科学性、全面性、人文性、和谐性、社会公正性、民主性、有序性等特征。

第一,科学性特征。中国特色生态政治建设必须要以马克思主义生态理论和可持续发展理论为基础,通过实施科教兴国、人才强国和环境保护等,统筹兼顾地解决好中国发展过程中的生态环境问题。此外,在政府部门行政决策等权力运行制约和监督过程中,要尊重和遵循自然界、人类社会和主观思维等客观规律。在以自然资源管理和生态环境保护为主的生态政治实践过程中,我们应当广泛采用先进科学技术、管理经验和保护理念,正确处理好尊重自然规律和发挥人的主观能动性的关系,努力维护人类社会与自然界的相对平衡状态,促进整个生态系统的良性互动与可持续发展。

第二,全面性特征。中国特色生态政治建设必须揭示其与经济社会之间的相互关系。众所周知,生态环境问题往往是由经济不当行为所引起的,而生态环境问题逐步扩大会演变为社会问题、政治问题。为此,生态政治建设事关经济社会发展全局,其涵盖面和涉及领域极为宽泛。鉴于我国生态环境问题波及范围广、影响面积大等特征,无论何种社会阶层都无法逃避生态环境恶化所带来的危害和灾难。政府部门关于环境保护与生态治理的政策和措施,必须克服"自扫门前雪"的传统思维,努力树立区域"一盘棋"的宏观理念。同时,政府部门和社会公众都是生态政治建设的参与主体,只有依靠全社会力量的共同努力,综合运用政治、经济、社会和文化等多种手段,才能彻底解决生态环境问题。

第三,人文性特征。中国特色生态政治建设必须坚持科学发展观以人为本的核心地位,不断满足人民群众日益增长的物质文化需求,积极促进人的自由、全面而健康发展。"以人为本"的人文精神的提出是人类自然观的一次飞跃,避免了理论界关于"人类中心主义"和"自然中心主义"的争执。这有利于避免将人混同于世间万物的消极"生物中心主义"倾向,也有利于纠正工业文明以来"征服自然"的"人类沙文主义"倾向。"以人为本"真正体现了"人是万物之灵"的思想,是儒家传统"伦理道德阶梯论"的当代诠释。我们要大力实施人才强国和科教兴国战略,积极开发和利用我国丰富的人力资源,加快由环境资源依赖型经济向知识创新型经济转变的步伐,重视科技进步、人力资源和以人为本的人文思想。

第四,和谐性特征。这是中国特色生态政治区别于传统政治制度的显著标志。中国特色生态政治建设所追求的就是实现人与自然的和谐相处。自然环境是人类赖以生存和发展的重要物质基础,人与自然和谐相处是尊重自然规律和可持续发展的客观要求。要强化全社会可持续发展的生态价值观念,切实保护生态资源环境和人民生命健康安全,坚决遏制生态恶化和避免"先污染,后治理"的发展歧途。尊重自然规律和关注生态健康,建设社会主义生态政治,促进人与自然和谐相处与和谐社会建设。中国特色生态政治建设的和谐性要求是对资本主义竞争理论的彻底修正,与共产主义社会价值目标和追求一脉相承,公平、公正实现全体人民的共同富裕和自由发展,真正实现"人和自然界之间、人和人之间的矛盾的真正解决"①。

第五,公正性特征。这有利于实现社会稳定、充满活力的政治目标和功能,切实保障人人平等共享的发展机会与权利。良好的生态环境、清洁水源、清新空气等都是人民群众赖以生存和发展的物质基础,任何破坏生态环境的行为或举措都是对社会公众生存与发展权益的非法侵犯。市场经济和市场机制可以有效配置资源,增加社会财富和推动社会进步,但却不能解决生态资源和社会财富占有和消费不公的问题。中国特色生态政治建设必须要综合运用系统思维和整体研究方法,在代内和代际公平合理分配生态服务和资源,正视"容忍今天的奢华就是牺牲明天的生存,承认富人的浪费就是漠视穷人的饥渴"的社会正义问题,才能真正实现中国特色生态政治建设的全面、协调和可持续发展。

第六,民主性特征。这体现了人民当家作主的社会主义民主政治。中国共产党带领全国各族人民当家作主,广泛动员和组织人民依法管理国家和社会事务,维护和实现最广大人民群众的根本利益。社会公众参与和基层民主,不仅体现了中国特色生态政治建设的民主性特征,也是社会主义生态文明建设的重要组成部分。为了保障公民生存与发展的环境权益,我们必须充分发挥人民群众的主观能动性和劳动创造精神,使人民群众依法、民主参与生态环境保护的社会活动。人民群众民主参与、和平解决生态环境问题,有利于避免因生态环境利益引发社会动荡,有助于实现社会公众参与和监督政府的生态决策与管理。鉴于基层人民群众对其周围生态环境的较强认知和适应能力,他们的民主参与可以促进政府生态决策与管理的民主化、科学化和公开化,有助于避免在生态环境利益和生态系统管理方面的政治腐败或决策失误。

第七,有序性特征。这是良好政治生态系统的重要标志。只有实现政治、经济、文化和社会的持续、健康和有序运行,才能真正保障我国政治、经济、文化和社会等各项事业有章可循。环境问题和生态恶化将直接影响人民群众的生命健康和社会的发展进步,政府部门和全社会亟须依靠法治和社会管理来研究和解决生态环境问题。可见,完善法律制度和营造良好法治氛围是中国特色生态政治建设的内在要求和必要保障,也是实现中国特色生态政治建设目标的重要途径。因此我们要加强生态环境法律法规的宣传教育,强化社会公众环保的权利义务意识,提高公民环境保护和资源利用

---

① 《马克思恩格斯选集》[M].北京:人民出版社1979年版,第4-120页。

的科学认识,加大对生态环境违法犯罪的法律制裁与惩处力度,逐步完善生态环保法律的立法、执法、司法工作,积极构建"知法守法、安定有序"的生态法治社会。

三、中国特色生态政治建设的路径选择与制度安排

生态政治建设是推动政治走向生态化的前提和基础,政治生态化是生态政治建设的必然选择和最终结果。只有不断加强生态政治建设和有效解决生态危机,才能实现经济、政治、文化、社会等全面可持续整体和谐发展。因此,建设和实现中国特色生态政治,是推动政府转型、服务型政府等建设与发展的必然选择。目前,中国特色生态政治建设应当着重从生态法律法规、生态政策制度、生态政治意识、生态政治体制机制、公民政治参与、生态国际政治建设等方面入手,思考和推动我国生态政治建设,构建符合科学发展观和社会主义生态文明建设要求的新型政治形态。

(一)强化政府部门的生态责任,推动生态治理的范式转变

如果说"生态责任的基本内涵包括生态治理的义务或职责,以及对没有切实履行生态保护与发展职责的相关责任主体实行严格问责制,要求其承担相应后果"[1],那么,"政府生态责任是指政府在社会发展中,科学考量生态环境的承载力,在促进社会、经济和人的全面发展的同时,所担负的保护和治理环境,诱导企业、公众和非政府组织多中心参与环境管理,保证生态平衡与协调发展的责任"[2]。目前,我国正处于社会主义现代化建设的关键时期,为了避免出现类似西方国家"先污染后治理"的严重后果,在全球生态政治视阈中进行中国生态政治建设及早应对环境问题将是明智之举。事实证明,各国生态环境问题的生态治理,只有将其纳入政治框架之内,才能真正得以有效遏制和根本解决。

1.加强政府部门的生态责任,发挥政府部门的环保职能

政府部门作为公共管理的核心主体以及决策主体,拥有合法的强制性和权威性,政府部门的政策措施将对整个社会发展具有强势的导向作用。为了不断强化国家环境保护部门的管理职能和环保职能,2008年我国将国家环保总局升格为生态环境部,使其具备其他国家政府部门的地位和力量。

---

[1] 谢菊:《论生态责任》[J].《北京行政学院学报》2007年第4期,第28-30页。
[2] 何清平:《我国生态型政府建构的意义与路径》[D].湖北大学2010年硕士论文,第23页。

这表明我国政府部门对环境保护工作的重视程度,也标志着我国生态政治建设开始步入了一个转型时期。因此,应当强化政府的生态责任,开展生态行政。① 就环境保护而言,市场机制自身难以克服环境污染、生态破坏等外部不经济行为,现代国家要想克服这些市场缺陷只能依靠政府部门。我国生态政治建设客观要求政府部门必须充分履行环保职能,加强中央与地方、各个部门之间的沟通与协商,加大组织协调和政策资金的支持力度,加强对重要战略资源的统一规划和集中管理;切实做好环境保护的长期规划、实际方案、具体规则等制度体系建设,积极通过行政、法律和其他合法手段予以贯彻落实,以充分发挥政府部门对环境保护的主导作用。

由于生态政治建设涉及广泛的公共物品的持续性提供,并带有明显的公共性和长期性,只能依靠政府部门的积极引导和推动,才能够顺利实现生态政治的建设目标。从生态责任的角度来看,在生态政治建设过程中,政府部门主要扮演倡导者、组织者和推动者三种角色。政府部门应当建立、引导和塑造有利于建设生态文明的文化环境、价值伦理观念和思想道德体系;构建有利于建设生态文明的政策法规体系,规范和约束各市场主体的经济行为,减少和避免由于发展模式转变所引发的利益矛盾;通过提供的公共物品和公共服务,矫正可持续发展中的市场失灵,积极促进和实现代内公平和代际公平。总之,政府在建设生态文明过程中的主要任务,是通过制度安排与制度创新,提供合理的促进可持续发展的制度框架来发挥主导作用。②

2.遵循生态政治建设的基本原则,推动政府生态治理的范式转换

生态政治建设的立足点是建立人与自然的和谐关系,其核心应通过生态政治建设的内在基本原则来规范人与自然和谐共生的行动框架,强化法治精神,遵循市场在资源配置中的决定性作用,激发公众的广泛参与,这是有效推动政府生态治理范式转换的总体原则。

第一,坚持法治原则。由于我国生态政治建设涉及全局性的利益调整而非局部性的改善,所以,我国生态政治建设必须坚持依据宪法和法律来治理国家政治,逐步提高国家治理能力和治理体系的现代化,加强生态政治法律体系建设的协调性与持续性。在生态政治的法治建设过程中,要凸显宪

---

① 袁林鹏:《论科学发展观视域中的生态政治建设》[J].《党政干部论坛》2010年第4期,第31-33页。

② 刘希刚,徐民华:《全球生态政治视阈中的中国生态政治建设》[J].《科学社会主义》2010年第6期,第73-76页。

法作为法律"母法"的基础性地位,强化依宪治政与依法行政的相互衔接与重要作用。在生态政治的法律制度结构上,应当始终保持基础性与衍生性法律制度的协调性与一致性,高度重视正式制度与非正式制度之间的衔接性与互补性。

第二,坚持市场在资源配置中的决定性作用,以有效的市场配置和市场机制为优先原则。迄今为止,市场机制是人类社会最为有效的资源分配方式和配置机制。改革开放以来,我国正处于向社会主义市场经济转型的关键时期,要坚持市场在资源配置中的决定性作用,充分发挥政府部门的作用。为此,我国生态政治建设的制度顶层设计,必须坚持不损害有效的市场机制为底线、以优先发挥市场力量为原则。

第三,坚持公众参与原则。相比我国传统发展模式而言,生态文明建设和新型发展模式则涉及更为广泛而复杂的利益矛盾、观念冲突和各种纠纷。只有将社会公众、新闻媒体、社会组织等多元主体,逐步纳入我国生态政治建设之中,才有可能有效监督和及时制止政府部门等相关主体破坏生态环境的"行政"行为,自觉抵制和改变日常生活中不可持续的消费行为,从根本上减少政府部门决策失误的发生率,维持我国持续发展的强劲动力。为此,政府部门应当积极构建公众利益表达的合法渠道,逐步拓展公众民主参与、民主决策的有效机制,不断强化政府部门的生态责任和社会责任。

西方国家"先污染,后治理"的发展模式,就是要维持人类生存与发展良好的生态状况。环境保护是生态治理的重要组成部分,而生态治理则贯穿于人类社会生产和生活的整个过程。生态治理并非简单地保护环境,而是要在人类生存与发展的基础上,实现人与自然的和谐相处。简而言之,生态治理注重环境保护和社会发展,在发展过程中保护环境。政府部门要想承担起生态政治建设的重要责任,亟须在生态治理方面实现以下三个范式转换。

第一,实现由污染治理到污染预防的范式转换。传统术语中的生态治理概念,仅仅是指对环境污染的有效治理。随着世界新公共管理运动的不断兴起,治理概念的内涵和外延发生了一些转变,治理不仅是整治,更侧重于预防。生态治理则存在于自然资源管理和生态环境保护的全过程,存在于人类社会生产、生活的各个方面,生态治理的对象逐渐从环境污染扩大到所有对人类社会和整个自然界构成影响的不良行为。生态治理的这种范式转换,标志着人们对生态治理的认识层次有所提高,实现了由消极被动接受污染结果到积极主动防止污染的范式转变。

第二,实现由局部治理到整体治理的范式转换。人类社会和整个自然界是一个有机的整体、统一的系统,我们需要用部分与整体、联系与发展的观点来看待我国的生态治理问题。然而,全国各级政府部门往往根据本地区的行政区划或地域位置,结合本地实际情况,因地制宜地实施生态环境问题的局部治理,自然资源管理和生态环境治理难度较大。整体治理则要求我们抛弃根据政府区域和功能划分的传统局部治理模式,彻底打破"画地为牢、分区而治"的僵化模式,以便于统一组织和协调各层级各地域管理主体的具体行动。全国各地政府部门通过建立生态治理平衡机制和生态补偿机制,以促进各治理主体相互协调、统一行动,共同治理、共享收益、共担责任。

第三,实现由政府管制到多元治理的范式转换。长久以来,政府管制是政府部门干预经济发展的一种方式,也是政府部门实施环境保护政策的重要手段。然而,生态治理要在发展过程中保护环境,仅有政府部门的行政手段是远远不够的,还需要多元化主体参与的有效治理模式。这就要坚持市场在资源配置中的决定性作用,充分发挥政府部门的重要作用,鼓励用工企业、非政府组织和全体公民广泛参与,通过协商与合作达成伙伴关系,以治理和保护大家共同生存的生态环境。

3.建立健全科学的政绩观和考核标准,逐步开展"绿色行政"和生态行政

政府部门应该树立起科学的政绩观,建立"绿色GDP"的考核标准,以便于政府部门行使公共管理职能,开展"绿色行政"和生态行政,主动承担起保护生态环境的主要责任。在我国传统的GDP核算体系中,自然资源损耗和生态环境破坏都属于"免费商品"。正是这种不科学的核算方法,使得政府决策者们往往通过自然资源的过度消耗来换取高速增长的经济速度,而忽视经济结构、经济质量和社会效益,对生态建设和环境保护也不闻不问。为此,尽快"建立和推广'绿色GDP'的核算体系,逐步将土地资源、矿产资源、生物资源、流动性资源(水力)等保护和利用程度,环境保护程度以及森林存量、废旧物品再生利用率等多种指标纳入国家和地方经济整体的核算体系之中,消除原有核算方式的弊端"[1]。

2004年3月10日,胡锦涛同志在中央人口资源环境工作座谈会上,首次明确提出"绿色GDP"的概念,明确指出我们"要研究国民经济绿色核算方法"。自2005年1月开始,国家环保总局和国家统计局在北京、天津、河

---

[1] 袁林鹏:《论科学发展观视域中的生态政治建设》[J],《党政干部论坛》2010年第4期。

北、四川、安徽、广东、浙江、内蒙古等十个省区市启动了"绿色GDP"试点工作,内容包括建立地区环境核算框架、开展污染损失调查和开展环境核算等。2006年9月,国家环保总局发布了《国民绿色经济核算研究报告》,其计算方法就是把自然资源使用和环境退化所产生的成本从GDP中减出。2006年7月,中共中央组织部印发了《体现科学发展观要求的地方党政领导班子和领导干部综合考核评价试行办法》,在实绩考核的12项内容中直接涉及生态环境的有三项,分别是资源消耗与安全生产、耕地等资源保护、环境保护。2013年5月24日,习近平同志在主持中央政治局第六次集体学习时强调,生态环境保护是功在当代、利在千秋的事业。要坚定不移加快实施主体功能区战略,严格按照优化开发、重点开发、限制开发、禁止开发的主体功能定位,划定并严守生态红线。要牢固树立生态红线的观念,在生态环境保护问题上,不能越雷池一步,否则就应该受到惩罚。2014年4月21日,十二届全国人大常委会第八次会议审议通过的新环保法增加规定:国家在重点生态功能区、生态环境敏感区和脆弱区等区域划定生态保护红线,实行严格保护;各级人民政府对具有代表性的各种类型的自然生态系统区域等应当采取措施予以保护,严禁破坏。很显然,设立法定"生态保护红线",是积极贯彻党中央关于加强生态文明建设战略的直接体现,有助于维护和保障国家生态安全,同时对推动政绩考核转变和"绿色GDP"核算办法试点工作、建立科学的评估机制和实现绿色生态行政意义重大。

4.不断强化全社会公众的生态责任,将环境保护与治理纳入政府宏观规划

长期以来,我国政府部门行使社会公共决策等权力,制定和实施的公共政策对全体社会公众具有重要的导向作用。为此,不断强化政府部门的生态责任,无疑将会强化全社会的生态责任基础。十八大以来,党中央、国务院高度重视自然资源管理和生态环境保护工作,并将环境保护规划列入国务院审批的专项规划,环境保护部专门组织专业人员开展相应的编制工作。针对本地区的生态环境问题,有些地方政府部门也开始制定一系列环境保护的具体政策和措施。例如,江苏省在全国范围内率先制定了全面小康的指标体系,并将生态环境建设指标列为能否跨入全面小康社会的关键门槛。新疆维吾尔自治区提出要"以生态立自治区",全国30多个省、自治区正在创建生态省、自治区。政府部门逐步将环境保护和治理工作纳入宏观规划层面,有利于不断强化政府部门和全社会的生态责任。在我国社会主义政治现代化建设过程中,政府部门作为生态政治建设的主导力量,必须充分发

挥其权威性和合法性,积极开展"绿色行政"和生态行政;要将谋求经济发展、加速工业化建设和生态环境破坏问题,逐步纳入我国经济社会发展的总体框架之中并予以科学审视;要从国家战略资源和生态环境保护的高度,制定和实施有利于生态政治建设的国家发展战略;加大生态环境保护的宣传教育力度,在全社会弘扬和塑造社会公众的生态价值观和科学发展理念。

(二)完善生态环保监管体制,健全生态环保管理机制

1.完善我国生态环境资源保护与监管体制

改革开放以来,随着我国生态环境保护监管体制改革步伐的加快,我国环境监测、环境执法、环境基础与科技支撑等方面均取得了较大进步。目前,我国实行国家、省、市、县等分级负责的环境监管体制,全国和省、市、县级别环境监察执法机构和工作人员逐渐增多。为此,2005年12月,监察部和环保总局联合颁布了《环境保护违法违纪行为处分暂行规定》,初步建立起我国环境保护行政执法责任制度。胡锦涛同志和习近平同志都曾在全国人口资源环境工作座谈会上,明确提出建立健全"国家监察、地方监管、单位负责"的环境执法监管体制。回顾近年来全国依法查处的环境违法案件、取缔关闭违法排污企业和对环境污染问题的挂牌督办等,生态环保监管体制都极大地推动了我国生态环境保护事业健康有序发展。

就我国生态环境保护建设事业而言,生态环保监管体制是有效保护生态环境的制度基础,也是依法行政、服务管理和执法监督的根本保证。严格执法和有效监督是保障生态环保体制顺畅运行的重要保障,而地方各级政府部门的环保监管范围却不够明确,跨省界环境问题较为突出。党中央国务院和环境保护部门应当提高跨省界重大环境问题的监管能力,关注潜在风险和降低环保事件发生概率,注重"事前预防、事中预防、事后预防",转变以往注重事后弥补而忽视环保预防的工作局面。为此,不断优化和调整环境保护监管体制是环保部门依法行政和服务管理的根本保障,必须逐步建立健全全国统一的环境执法监察管理体制,完善生态环境保护和执法监督体制机制。

目前,我国环境保护和执法监察等体制机制尚不健全,主要体现在以下几个方面。其一,从环保监管的微观层面看,我国环保监管过分依靠行政审批,环保部门微观管理过多,监管方式偏重于事后"追惩",而忽视事前警惕和预防。其二,从环保监管的宏观层面看,我国地方各级政府的环保监管范围不明确、国家环保监管体系不健全以及行政管理处于分割状态,难以有效解决跨省界的环境保护与生态治理问题,致使跨省界重大环境事故与纠纷

频繁发生，而缺乏解决跨界环境问题的协商机制与制度设计。其三，从环保监管的机制层面看，我国环保监管主体、监督内容、程序和方式尚不明确，环保部门环境保护和生态治理能力薄弱，社会公众关注生态环境建设，却不了解本地区环境状况、环境执法现状、环保执法程序与方式等问题。其四，我国环保监管职能划分不合理，纵向地方分治管理生态和地方保护主义盛行，横向政府部门职能分割而无法整体开放、保护和利用生态环境资源。其五，我国环保监管标准体系尚不完善，存在环境保护和生态治理等监测标准和法律法规之间关系尚未完全理顺等问题。

强化我国生态环境保护与监管体制建设，有利于切实推动生态环境保护与监管工作。其一，要逐步明确地方各级政府环保监管的职责范围，明确企业法人和有关组织应当承担环境污染、生态治理和生态恢复等方面的具体责任，不断完善国家和省边界环境保护区域督察派出机构，尽快建立健全"国家监察、地方监管、单位负责"的环保执法监管体制。其二，环保部门与农业、林业、水利、国土资源等部门要加强资源环境的开发规划和监督管理，不断完善生态环境保护的综合决策、协调和监管机制，以便于统筹协调、分工负责和充分论证重大环境问题的相关政策，继续做好生态环境保护与治理恢复工作的联合执法，完善生态环保执法信息通报、联合办案、案件移交移送等制度。其三，要强化生态环境保护的立法监督，制定全国生态监测评价、安全评价以及各项环保监管的统一标准，强化和完善人大监督、舆论监督、行政监察、公众举报、政府问责等制度，理顺和明确各监督主体的监督权限、职责范围，畅通以网络、听证、电话等方式的社会公众参与渠道，逐步形成分工合理、相互协调、严密有效的高效监管体制。其四，要加强生态环保监管机构、技术设备和人才队伍建设，明确环境监察人员待遇、执法地位和岗位标准，加强生态环保的事前预防、事中控制和事后"差错纠偏"，不断完善环境信息披露制度和环境影响评价制度，积极转变由"事后补救"到"事前警惕"的生态环保工作思维。

2.建立健全我国生态环保管理机制

中国特色生态政治建设要求各级环保主管部门应当肩负起环境保护和生态治理的具体职责，建立健全政府主导、企业参与、社会公众共同行动的生态环保管理体制。资源节约型与环境友好型社会，突显环境保护和资源节约的重要性，以真正实现人类社会与自然界的可持续性发展。这就要求我们必须建立健全环境保护和资源节约的经济制度和长效机制，逐步形成有利于资源环境保护的财政、税收、土地、金融等方面的经济政策，严格实施和执行环境保护和资源节约的法律法规。同时,环境保护和资源节约是一项重大的系统工程,必须建立健全环境保护和资源节约的各项制度,制定和实施较为严格的环境影响评价标准和体系,积极培养专业扎实而训练有素的环保执法监察队伍,以行动迅速和行之有效的执法手段,切实有效地保护环境和节约资源。为了摆脱生态危机而建设生态政治文明,我国必须加强生态政治制度和环保管理体制创新,从法律制度、体制和机制上明确生态机构管理的独立性,充分发挥市场机制在资源环保和生态治理方面的基础作用,以促进我国社会主义生态文明建设的健康、有序发展。要推动中国特色生态政治建设,必须深化资源环境管理工作体制机制改革,提高管理效率和降低管理成本,科学践行政府部门及官员的绿色政绩考核评价标准。

由于我国环保机构与其他部门的职权交叉严重使监督无所遵循,"争抢利益""推诿扯皮"等严重影响了法律的监督与执行,因此,亟须整合我国环保组织结构,明确相关部门的具体职权。为此,我国环保部门职能需要重新定性和归类,通过环保部门工作人员岗位交换、联合办公等,及时了解和全面掌握部门职权交叉点,理清相关职权范围以减少或避免职权交叉现象。尽快依法确立地方各级政府与环保机构之间的关系,明确环保机构的职权范围、权威性和独立性,保持环保机构和人才队伍的相对稳定,以保障环保人员独立行使环保管理权和监督权。这有利于缓解我国现行环保部门职权较小、难以参与政府生态环境保护决策的尴尬境地,避免经济与资源环境承受力的失调发展。

由于我国各级环保部门财政不独立、地方经济发展不平衡、财政状况差距较大等因素的综合影响,全国各级环保部门经常因执法缺乏独立性和权威性,致使环境保护和生态治理工作困难重重。全国各级政府部门应当逐步实现环保部门财政的独立化,建立全国环保统一的财务机构和财政预算,明确各类污染税费标准以便于统一管理。同时,将"污染者付费"等税收所得划归为环保部门独立支出项目,以法律法规和政策措施等形式确立和实施生态环保举措。大力发挥市场机制中价格因素的重要作用,有效保护资源环境和开展生态治理,优化和调整全国各地的资源环境利益因素。为此,中国特色生态政治建设应当确实保障各级环保部门的独立性,在政府绩效考核制度上践行资源节约和生态环保的绿色绩效评价标准和评价体系,建立健全资源环境保护和可持续发展的激励与约束机制。

政府绩效考核制度作为我国政治体制和政府机构改革的重要内容,将直接约束和指引国家权力的运行方向,深刻影响公务人员的行政行为和行政理念。可以说,"政府绩效考核具有推进我国政治体制改革、监督政府行为、提高政府绩效、维护政府信誉和形象、发挥政府政治功能与管理功能等作用"①。从政府部门和公务人员的自身利益角度来看,政府部门及其官员必须考虑生态考核指标,建立健全政府绿色绩效考核机制,变革我国现有的干部考核体系,积极转变政府部门及其工作人员的政绩观。生态考核指标应包括空气质量、水质与水量、森林覆盖率、环保投资率、生产活动污染排放量等多个因素,并严格规制其落实情况。② 政府部门绿色绩效考核体系的建立与完善,将会有利于维护社会公共利益和全社会协调发展,有利于政府部门积极转变服务管理和行政理念。同时,政府部门必须积极引导社会公众形成社会主义生态价值观念,努力搭建社会主义生态文明的建设平台,构建中国特色生态政治建设的制度、体制和机制。

(三)强化生态政治建设的相关制度,完善生态政治建设的政策体系

改革开放以来,我国生态环境保护事业深入发展,先后颁布了《关于在国民经济调整时期加强环境保护工作的决定》(1981年)、《关于环境保护工作的决定》(1984年)等行政法规和部门规章,逐步将环境保护确立为一项基本国策,并陆续出台了一系列环境保护的基本制度和政策措施。20世纪80年代后期到90年代,《中国21世纪议程》等文件明确规定实施可持续的发展战略,逐步建立环境管理的政策措施和制度体系。20世纪90年代中后期,《2000至2010年环境保护目标》和《全国生态建设规划》等相继出台,不断深化和细化我国环境保护政策和制度建设。党的十六大到十八大以来,党中央国务院提出科学发展观、和谐社会的政治理念和构建资源节约型、环境友好型的社会目标,逐步将生态环境保护政策与制度建设推到一个崭新阶段。从环保制度的宏观层面来看,尽管我国已经基本形成了比较全面的环保制度体系,主要有环境影响评价制度、排污收费制度、"三同时"制度、环境保护目标责任制度、城市环境综合定量考核制度等环保制度。但随着生态文明建设实践发展的需要,政府部门应当尽快制定面向社会公众的环境信息公开制度、环境监督监察制度、社会公众参与制度等,面向企事业单位的环境保护税收制度、排污权交易制度、环境损害责任保险制度等,面

---

① 祖海芹,郑艳丽:《对公共管理中政府绩效考核的探析》[J].《河北经贸大学学报》2005年第3期,第74-77页。
② 邓研华:《生态文明建设过程中的政府治理》[J].《贵阳学院学报(社会科学版)》2008年第4期,第30-33页。

向政府部门的环境影响评价责任追究制度、环境信息披露制度、生态政绩考核制度、项目审批制度等,预防和制止环境保护制度漏洞,逐渐形成全方位、多层次的环境保护制度体系。

实践表明,我国环境保护制度建设仍有漏洞,环保制度体系尚不健全,有些制度仍需逐步细化,极少数制度规范和法律条款不够科学。为此,我国必须不断加强生态环境保护的法律法规和制度建设,切实保障我国生态政治建设的法治环境和制度氛围。我们应当全面贯彻落实《国务院关于落实科学发展观加强环境保护的决定》,尽快制定和实施《关于推动我国生态政治建设和环境友好型社会的实施方案》。环境保护部应当建立健全生态环境保护责任制度和机制,认真贯彻落实《环境保护违法违纪处分暂行规定》,严厉追究重大责任事故、环境质量恶化等责任人的具体责任。全国各级政府部门必须认真贯彻落实《中华人民共和国环境影响评价法》,真正实现建设项目与环境保护设施同时设计、同时施工、同时投产使用的"三同时"制度,严格控制从源头上的环境污染和生态破坏。同时,注意生态功能区划和区域总量控制要求,严格审批建设项目和对重要环境敏感的生态项目,通过调整和优化选址选线、工程方案等,以有效避免生态环境破坏。

当然,我们在强化生态政治建设的制度匹配的同时,生态治理政策逐渐成为国家生态建设的重要内容和政策手段。在我国政府主导的传统生态体制下,政府部门的生态政策往往容易受到经济政策的影响和冲击,生态政策本身也存在运行机制不健全、政策执行不充分、内外监督缺乏、处罚力度欠佳等现实问题。为此,要强化和调整政府部门对生态环境保护的政策内容,适当引进国外先进技术和管理经验,以不断加强我国环境保护能力和生态治理能力。

一方面,要强化环境保护与生态治理的政策内容和工作力度。鉴于我国环境保护、生态治理与政治经济、社会文化等领域的紧密关系,中国特色生态政治建设就要不断拓展环境保护与生态治理政策的领域范围,彻底打破政府部门各自为政的传统模式和管理理念,以便于加强环境保护和生态治理的政策内容和工作力度。由于在我国现行的环境管理体制之下,环境保护部门权力相对较小,权威性明显不足。地方各级环境保护部门仅有限期治理、停产治理等建议权,却没有查封、扣押、没收等行政强制执行权。为此,我国必须尽快制定相应法律法规和规章制度,使环境保护政策实现由"软约束"到"硬制约"的转变,赋予环境保护部门明确的行政强制执行权。

当然,我国环境保护和生态治理的政策转型难以一步到位,既需要严格制度迫使政府官员重视环保、紧抓环保和治理环保问题,又需要环保政策本身不断调整、补充和完善。中国特色生态政治建设应当建立政府主导、公众参与和社会监督的多元主体共同参与的生态政治机制,通过信息公开、民主程序、依法听证、媒体监督等方式方法,切实保障社会公众等社会力量广泛参与和融入政策制定过程中,不断推动我国生态政治和环境保护政策的充实与完善。同时,政府部门相互之间应当及时沟通、协商合作与紧密配合,积极引导企事业单位和社会公众重视环境保护和生态治理,不断增强政府、企业和公众的责任感和使命感,依法主张环保权益和自觉履行环保义务。

另一方面,要强化环境保护的相关政策,创新生态治理的管理手段。当前,我国政府的生态管理职能较弱,生态管理往往处于被动状态,难以与生态文明建设的步伐相适应。我们应积极转变价值观念,增强服务意识;建立完善的生态管理制度体系;鼓励社会环保组织积极参与,建立协同会商管理机制;建立健全政府生态管理的绩效评估体系,通过将生态政策工具和手段广泛运用于生态治理的实践之中,对推动环境生态保护和生态治理的可持续性、协调性和有效性发展,推动政府生态治理创新大有裨益。

第一,完善排污收费政策,即"污染者付费"原则。排污收费政策主要是指对向环境排放污染物的污染者,按照其排放污染物的种类、数量和浓度征收费用,对高能耗、重污染等企业制定与其消耗生态环境成本对等的收费政策;针对团体和个人的"高碳"消费制定有针对性的收费标准,以促使社会公众普遍加入减排行动之中,并使节能减排成为一种生活习惯与社会态度。根据污染者的排污量等实际情况,政府环保部门就可以确定其排污费用的收取标准和水平,通过排污收费来激励排污者不断提高环保技术革新,减少污染物排放量,增强生态环保意识。环保部门收取的排污费用,可以用以建设预防污染和生态治理的公共基础设施,也可以对那些清洁生产者进行适当的环保补贴等。虽然我国已经实施了排污收费制度,但其具体实施过程中仍存在诸多问题,亟须研究和解决生产者责任和消费者付费等制度的可操作性,明确生产者、销售者和消费者等不同主体在废品收回、处理和利用过程中的具体权利和义务。

第二,完善征收环境税收和押金-退款政策。环境税收是指国家机关对开发、保护和使用资源环境的单位和个人,按照其对资源环境的开发利用、污染破坏和保护程度所进行的征收或减免的一种税收,例如燃油税等。实施征收环境税收政策,有利于对消耗、破坏资源环境的生产者和消费者课以重税,也有利于对保护资源环境的行为主体予以税收优惠,以有效激励改善生态环境的环保生产与消费行为。征收环境税收政策更具有广泛性、稳定性和透明性,更能保证环保资金来源,从源头防止污染和提高资源利用率。这种税收差别政策能够有力地扶持引导环境无害产业和环保产业的发展。[①] 而押金-退款政策则是针对那些具有潜在污染性产品,在其销售时收取一定数量的环保押金,当产品废弃物被送回到指定的处理或循环利用中心后即可退还押金的环保政策。这种政策可以有效减少废弃物污染,实现废弃物循环再利用,最终达到节约资源和保护环境的目的。虽然押金-退款政策影响面不大,但在对于电池、金属罐、塑料瓶等这些可能会被不适当处理而极易产生严重环境污染问题的产品而言,押金-退款政策最能发挥其巨大潜能。

第三,完善排污权交易政策。1968年,美国学者戴尔斯首先提出排污权交易的学术术语,并于1976年开始在美国实施该项政策。排污交易权的主要内容是政府环境管理部门可以根据一定环境质量标准或目标来确定某一区域环境可承载的污染物总量,以按照排污总量的上限对排污权进行初始分配,以许可证等形式发放给相关企业,并允许排污权可以在市场上自由交易。排污权交易与其他环境经济手段相比,更能充分发挥市场机制的重要作用。实际上,排污权交易就是将排污权作为一种商品进行买卖,通过价格杠杆来调解排污企业自主选择的排污行为。然而,排污权交易政策需要相对成熟的市场条件,需要稳定有序的市场交易规则,需要行之有效的政府管理和监督。为了研究和解决江苏等地区的太湖水污染问题,在国家发改委、财政部、环境保护部等部门的支持下,江苏省在2008年启动太湖流域主要水污染物排放权交易市场的试点工作。伴随着我国社会主义市场经济发展、市场机制和市场交易规则日趋成熟,我国政府部门环境保护和管理水平将不断提升,排污权交易政策有望成为我国生态环境治理广泛应用的治理手段。

第四,完善生态补偿政策与机制。生态补偿就是指人类社会对于生态环境污染和自然资源破坏所进行的"治理污染和减少破坏,使其恢复、维持自净能力、承载能力、生长能力等生态功能的活动"[②]。我国应当建立健全生态补偿政策与机制,这将会有利于充分调动地区生态环境保护的积极性,

---

① 蔡守秋:《论中国的环境政策》[J].《环境导报》1997年第6期,第1-5页。
② 李阳:《论当前我国生态政治建设的必要性及基本途径》[J].《保定学院学报》2009年第5期,第46-48页。

以便于各地区制定经济发展规划之时,充分考虑生态环境和自然资源的损耗成本,调整和优化生产力等各种经济要素的总体布局和区域发展。同时,资源环境消耗主体也会考虑成本收益,以合理安排经济活动和转变经济增长方式,从源头上促进区域经济和资源环境保护的协调发展,充分发挥地区比较经济优势和缩小区域经济发展差距。

(四)强化生态政治的国际合作,积极应对全球性环境挑战

经济全球化与世界多极化成为当今世界发展的主旋律,全球环境问题日益成为全世界和全人类所共同面临的全球化重大问题。在全球性生态危机的影响下,生态政治逐渐超越了国界并成为国际政治的重要内容,并且全球性生态环境危机对世界各国的政治观念、行为准则、政治实践等都产生了深远影响。世界各国政界和社会各界人士需要广泛开展国际合作和制定共同遵守的行为准则,以整体性政治思维模式主动参与到全球保护和治理生态环境当中去,这才是人类共同应对环境挑战和解决环境问题的有效途径和必然选择。我们应当努力保持适度经济增长与生态环境的和谐共进,不能以牺牲环境为代价而片面追求经济指标。为了解决全球贫穷、饥饿和环境等问题,世界各国应当按照公平原则加强南北合作、南南合作和东西合作,探讨和建立全球性和区域性的国际环境合作与交流机制,制定加强全球沟通对话、交流合作和共同行动的具体目标和实施方案。

中国特色生态政治建设亟须一种全新的国际经济政治新秩序,积极构建包括环境与发展等因素在内的全球伙伴关系,以便于世界各国尤其是发展中国家实现环境保护和经济发展相互协调、可持续性的发展目标。这种国家经济政治新秩序必须建立在公平平等的国际和平共处关系准则基础之上,充分考虑不同国家对全球生态环境恶化的具体责任和相应义务,根据各国不同的经济发展水平和承载能力,全面考虑历史事实与现实标准来对不同国家和地区提出不同要求。只有世界各发达国家与发展中国家共同参与,才能够建立这种国际社会积极参与、务实有效的"新型全球伙伴关系",以真正实现全球生态环境可持续发展的人类共同目标。2009年2月,联合国环境署第二十五届理事会郑重提出"实行绿色新政,应对多重危机"的倡议,号召以联合国为主体的国际社会高度重视全球生态环境问题的研究和解决。南非德班全球环境大会经过激烈博弈,在国际环境问题上取得了积极成果。

然而,世界各国关于《京都议定书》中减排温室气体的承诺能否实现,有待于进一步沟通、交流和协商。随着国际政治经济和社会发展关系越来越紧密,全球环境问题和区域环境问题整体呈现持续恶化态势,跨界环境摩擦和崭新环境问题不断涌现,加强世界各国之间的国际环境交流与合作迫在眉睫。伴随世情、国情、党情和各国经济发展模式的发展变化,世界各国都在积极探索适合本国发展的现代化之路,努力做好本国生态环境保护工作,积极参与国际环境和经济发展的交流合作。发展中国家有权根据自身经济发展和环境保护的优先顺序,制定发展目标,利用自然资源,保护生态环境,也有义务承担与其国家发展水平相适应的国际义务。中国作为一个负责任的发展中大国,积极负责处理各种国际事务,切实履行在国际社会中应当承担的各项义务,并制定和实施了积极可行的措施和行动计划。

为了研究和解决国际国内的生态环境问题,中国作为世界上最大的发展中国家,必须不断开展国际环境的沟通对话和交流合作,以使中国生态政治建设造福于整个人类社会。目前,很多海外环境保护 NGO(非政府民间组织)已经进入中国,例如,针对我国三峡工程涉及的"国际河流网络"、我国特有物种藏羚羊的国际合作等,世界自然基金会(WWF)、国际爱护动物基金会和"全球绿色资助基金"等国外环保 NGO 都给予我国民间环保网站、学生环保组织等,从会议资金、装备支持到海外宣传等多方面的捐款和帮助。

可以说,中国环境保护事业的发展壮大离不开国际环境保护学界和国际环境保护友人的无私帮助和亲密合作。他们不仅为中国培养了大批环境保护方面的专业人才,也提供了世界先进技术、管理经验和大量资金,逐渐成为我国环境保护事业建设和发展不可或缺的一支重要力量。同样,国际环境保护事业的健康发展也离不开广大发展中国家的积极参与。中国特色生态政治建设致力于不断提高普通民众的生态环保意识和政治参与程度,大力提高政府部门的生态行政能力和国际交流合作,以促进我国环保事业和国际环保事业的健康发展。

我国作为世界上最大的发展中国家,必须要坚持环境保护与经济发展协调发展原则,发展中国家需要原则,共同但有区别的责任原则,尊重各国主权、互不干涉内政原则,发展中国家的广泛和有效参与原则等"和平共处五项原则"的基础上,[①]积极开展环境外交以维护国家利益。此外,中国特色生态政治建设应当积极推动双边、多边和区域国际环境交流与合作,努力做好国际环境公约谈判并履行公约的具体工作,积极参与国际环境组织举

---

① 曲格平:《环境保护知识读本》[M].北京:红旗出版社 1999 年版,第 196 页。

办的各种活动以扩大我国环境外交的影响力,提高我国参与国际性和区域性环境事务的国际地位。同时,中国特色生态政治建设,还应积极引进国外先进技术、管理经验和各种资金,以促进国内生态环境保护和生态治理工作的顺利开展,加强我国环境立法、执法、司法和监督等相关法律环节的针对性和可操作性。

鉴于我国人口众多、贫富差距、经济发展水平等实际国情的考虑,积极解决民生问题,实现人民安居乐业和社会稳定的目标,始终要坚持和重视经济发展不动摇。很显然,中国特色生态政治建设面临经济发展的下行压力,我国生态环境保护现状也不容乐观,为此,必须制定符合中国基本国情的工业化发展方针,建立健全资源节约、环境友好型的工业化体系,以促进经济健康、有序和迅速发展,不断提高人民群众的生活水平。总之,探索和实现中国现代化和工业化的现实路径,积极推动中国特色生态政治建设的发展道路,建设符合社会主义本质要求的社会主义生态文明,可谓任重而道远。在世界绿色革命的激烈竞争中,中国特色生态政治建设必须始终坚持环境保护与经济发展相互协调的发展方针,积极转变传统发展方式和经济增长方式,大力推广和实施循环经济和环保节能新技术,不断深化中国民主政治体制改革。同时,中国特色生态政治建设亟须党政机关和社会各界人士的广泛参与,鼓励和支持社会公众参与整个社会治理模式的改革进程,积极构建符合我国基本国情的社会主义生态政治文明。

当前看来,基于生态政治变革驱动下的中国新发展模式建构,其为发展中国家提供了一种有别于西方的发展模式,对世界上其他国家在某些方面和领域具有重要的参考和借鉴价值,并有效发挥着全球治理的作用。中国新发展模式呈现出"社会主义市场经济法治化和民主化""工业化、信息化、城镇化、农业现代化和绿色化"五化融合的现代化道路以及"经济、政治、文化、社会、生态"五位一体科学布局,堪称发展中国家发展的典范,既有效克服了传统社会主义发展模式的种种弊端,尤其是突破环境生态资源红线后带来的负向效应的有效规制,能激发出社会发展活力,推动经济社会实现可持续性发展。与此同时,又能充分诠释出社会主义特有的价值导向和制度规范,开创出社会主义发展中国家迈向现代化的独特生态治理道路。与此同时,中国新发展模式使得中国与世界的发展关系更加紧密,在着眼于内部发展的同时也积极关切外部世界的发展格局,并主动承担起发展中大国应有的身份和国际责任,这种原本属于中国内在的发展模式转换也正深深地影响着全球的生态治理与治道变革。

第七章 中国特色生态文化建设

文化是民族的血脉和灵魂,是每一个民族共同创造与认同的集体记忆和精神家园,并跟随这个民族走向世界、走向未来,成为亘古不变的识别码。在中国大踏步地走向现代化、实现中华民族伟大复兴之际,中国特色生态文化建设的重要性凸显出来。21世纪,人类必然由后工业化时代走向生态文明时代,大力弘扬和繁荣生态文化,是人类文明生态转型以实现可持续发展的必然选择。中国特色生态文化是以生态价值观为理念的人类的一种全新的生存发展方式,作为符合历史发展潮流的社会文化现象,是审视人类生存危机新的文化选择和价值取向,是传承中华民族优秀传统文化与生态智慧、融合现代文明成果与时代精神的文化,是促进人与自然和谐共存、协调发展的文化,是建立在科学基础之上的一种社会意识形态,也必将成为支撑中国特色生态文明建设的主流文化,成为民族凝聚力、向心力和创造力的重要源泉,成为建设美丽中国、实现中华民族伟大复兴中国梦不可缺少的精神铺垫和强大驱动力。

一、中国特色生态文化建设的理论语境与理论内涵

生态文化,作为人类文化发展的新阶段,是在人类拯救工业文明时代生态危机的现代环境运动中形成的,是对现代文化中"人类中心主义"的批判与反思的产物;是一种追求人与自然生态系统和谐相处、协同进化的新型特色文化。

(一)生态文化兴起的理论语境

1.对全球生态环境危机的反思与应对

生态文化的兴起与发展直接源于现代化进程中生态危机的加剧。随着全球工业化进程的加快和社会经济发展速度的增长,人类与自然的矛盾越

来越突出。环境污染、资源破坏、能源枯竭、人口膨胀、土地荒漠化、森林退化、湿地减少、粮食短缺、淡水匮乏、酸雨和温室效应加剧、气候变暖、生物多样性减少、自然灾害频发等生态破坏、生态污染问题接踵而来,使地球及人类面临着前所未有的生态失衡危机,直接威胁着人类的生存和发展。就我国而言,近年来一系列严重的生态灾难事件频频发生,已成为社会公众关注的焦点:黄河、长江、松花江、珠江等重要大江大河的洪涝灾害频繁出现,显示了我国植被破坏和水土流失的严重后果;海河流域水生态失衡和水环境严重污染,制约着京津冀经济社会持续发展;沙尘暴的肆虐,使公众联想起大西北的草场退化和土地荒漠化;众多珍稀物种的加速灭绝,使自然界和人类的生物链条逐步被打断。生态危机引发的生态环境安全问题,已影响到国家安全、民族安全、社会安全和人的身心安全。

可以说,工业革命以来,科学技术为人类提供了前所未有的认识和改造自然的工具,将人类社会从农业文明时代推进到工业文明时代。但近代科学技术也导致了人与人以及人与自然关系的全面扭曲甚至破裂,以损害自然环境为代价来创造和实现物质利益的工业文明,导致了自然界的严重透支,造成全球性生态危机。"人类利用自然力的性质的转变已经带来了两个相互联系的灾难性后果:广泛威胁着一切有机生命的供养基础,生物圈的生态平衡,以及不断扩大的人类对于一个统一的全球环境的激烈的斗争。每一灾难或两者都会造成这个星球现在形成的一切生物生命的毁灭或剧烈的变化。"[1]因为,自然能满足人的合理需要,但不能满足人的贪婪。无视地球的承载能力,挥霍浪费自然资源,无限制地追求物质享受,犹如饮鸩止渴,只会加剧人类自身的危机。正如恩格斯在《自然辩证法》中所指出的:"我们不要过分陶醉于我们人类对自然界的胜利。对于每一次这样的胜利,自然界都对我们进行报复。每一次胜利,起初确实取得了我们预期的结果,但是往后和再往后却发生完全不同的、出乎预料的影响,常常把最初的结果又消除了。"[2]而且,"这种事情发生得越多,人们就越是不仅再次地感觉到,而且也认识到自身和自然界的一体性,那种关于精神和物质、人类和自然、灵魂和肉体之间的对立的荒谬的、反自然的观点,也就越不可能成立了"[3]。生态危机的现状表明,人类不合理的活动正把人类自身置于危险的生存困境。

---

[1] [加拿大]威廉·莱斯:《自然控制》[M].重庆:重庆出版社1993年版,第7页。
[2] 《马克思恩格斯选集》(第4卷)[M].北京:人民出版社2009年版,第560页。
[3] 《马克思恩格斯选集》(第4卷)[M].北京:人民出版社2009年版,第560页。

当人类反思所面临的全球性生态危机和过去的自然观、生产观、价值观时,发现问题的根源在于我们的文化系统出了问题。正如美国著名的环境史学家唐纳德·沃斯特所指出的那样:"我们今天所面临的全球性生态危机,起因不在生态系统本身,而在于我们的文化系统。要度过这一危机,必须尽可能清楚地理解我们的文化对自然的影响。……研究生态与文化关系的历史学家、文学批评家、人类学家和哲学家虽然不能直接推动文化变革,但却能够帮助我们理解,而这种理解恰恰是文化变革的前提。"①

2.对现代文化的批判与反思

生态危机的深层原因或从根本上讲是一种文化危机。工业革命以来的现代文化在价值观上是"人类中心主义",具有鲜明的"反自然"性质,认为只有人有价值,推行以人类中心主义为指导的社会意识形态、人类精神和社会制度。长期以来,在现代文化的"人类中心主义"思想的影响和支配下,人类把自然界既当"水龙头"又当"污水池",伦理生活中只涉及人与人的社会关系,不涉及人和自然界的关系。自然只是人类利用的对象,人无须对自然界承担责任,从而导致人的主体性极度张扬,占有欲极度膨胀,时常以征服者的姿态贪婪地向自然索取,进而引发了各种生态危机。然而,对于地球而言,所有的生态危机只不过意味着自然界由一种存在状态转向另一种存在状态,都是以人为价值主体所做出的价值判断。可以说,正是"生态文化缺失"支配下的价值取向出现了严重偏差,才导致了今天生态危机和生态灾难的降临。

与前现代文化对比,现代文化最突出的特点之一就是能最有效率地激励各民族国家永无止境地追求富强,劝诱人们以占有物质财富的方式追求人生意义,倡导快乐主义、享乐主义、消费主义、经济主义,形成了各民族国家竞相追求富强的全球竞争漩涡,现代文化的这种整体功能正剧烈地破坏着地球的生态健康,继而造成全球性的生态破坏。于是,现代文化就这样运作着:"在和平时期,各民族国家通过国际竞争,尽力谋求经济增长,这种人类共同体内部的暂时和平是以人类对自然的掠夺和盘剥为前提的。各国日益庞大的工业体系日夜生产出越来越多的工业品,人类生活处于'大量生产-大量消费-大量废弃'的恶性循环之中。在这样的世界,环境污染日益加剧,随着污染物和人工制品的积累、扩散,野生动植物的生存空间日益被挤

---

① Donald Worster:The Wealth of Nature:Environmental History and the Ecological Imagination, New York:Oxford University Press,1993,p.27.

占,地球的生态健康日益恶化。"①当现代文化将反自然的倾向推向极端时,人类就面临着自诞生以来最为严峻的考验:我们能否以文化生存的方式与地球生态系统和谐共存?这成为拷问21世纪人类的时代课题。

随着生态化生产方式和可持续发展实践的不断开展,现代文化理念中的人类中心主义和反自然的意识形态受到不同流派哲学的理论批判以及各种行为的实践拷问,从而促进了人们思想观念的转变和人们生活方式的改进。"人类在反省的过程中认识到生态危机的发生主要是由于人类自身行为的失范,在此原因的背后,则是由传统的人类中心主义价值观支撑的发展观和发展模式。要克服当代全球性的生态环境危机,就必须彻底扬弃传统发展模式和发展观,树立生态发展理念,建立以生态价值为支撑的生态化发展模式。"②而文化具有强大的渗透性,可以渗透到社会各领域和人的内心,转化成为一种信仰、观念等使人们以发自内心的主动行为来实现环境保护,也只有文化才能成为生态环境自觉保护的牢固根基③。

反思过去、面对现实、展望未来,人类要解决全球生态危机,实现可持续性发展的目标,必须对原来的传统文化进行反思,重构文化价值体系和支撑体系,树立非人类中心主义价值观,体认自然规律的客观性与人类自身的有限性,批判、放弃、改正一切对自然界失去理性的享乐主义行为,从价值取向到生产生活习惯自觉地进行重大的调整和变革,提倡和发展人与自然和谐相处的新型文化,促进人类社会由工业文明向生态文明过渡。可以预见,"创新、协调、绿色、开放、共享"的发展理念和发展方式,必然成为理性审视人类生存危机的新的文化选择和价值取向。于是,一场席卷全球的绿色文化或生态文化浪潮逐步兴起。

3.生态文化崛起势在必行

传统的工业文明依赖于自然资源过度消耗、生态环境高污染维持经济增长的方式,虽然创造了巨大的物质财富,后果却超出了自然的承载能力和自我修复能力,由此付出了沉重的代价。生态灾难与生存危机,人与人之间的异化所造成的压力,唤起了人类珍爱自然、珍惜资源、保护环境的生态觉

---

① 卢风:《论生态文化与生态价值观》[J].《清华大学学报(哲社版)》2008年第1期,第89-98、159页。

② 王丽,肖燕飞:《生态文化在生态城市建设中的作用刍议》[J].《广西社会科学》2009年第2期,第125-128页。

③ 麻朝晖,麻乐平:《论生态示范区与生态文化建设》[J].《贵州社会科学》2003年第5期,第31-32页。

醒和道德良知,人类开始深刻反思自己的行为与文化,重新选择发展道路。从 1798 年马尔萨斯的《人口原理》到 1902 年埃比尼泽·霍华德的《明日的田园城市》,到 1962 年美国学者卡逊的《寂静的春天》,再到 1972 年罗马俱乐部的《增长的极限》的公开发表,引发了全球有识之士广泛而又热烈的讨论和系统而又深入的研究。越来越多的人日益深刻地认识到:所谓的文化实际上就是人类维持生态平衡的实践,以科学技术至上为特征的科学文化实际上不能引导人类走上持续发展的道路,而生态文明是既继承现代文明的一切积极成果又避免现代文明的致命弊端的一种更高级、更复杂的文明。可以说,从 20 世纪七八十年代开始,美国、德国等发达国家已经变被动的治理环境污染为主动的生态环境建设,并逐步将生态文化教育纳入从幼儿园到大学到整个社会教育系统之中,对全体国民进行生态环境教育,从制度上确保生态环境观念深入人心。20 世纪 80 年代末以来,得益于理念的变化,西方发达国家的生态环境普遍有所改善。在《寂静的春天》问世 30 年后的 1992 年,联合国在巴西的里约热内卢发表了《里约环境与发展宣言》和《21 世纪议程》两个纲领性文件,"可持续发展"逐渐成为全球共识,并在全世界范围内掀起了又一次环境保护运动的高潮。这些生态思想、生态行为、生态观念,都是生态文化逐渐崛起的世界性背景,更是推动人类文明发展的重要动力源泉。

同时,以生态学和环境学为代表的跨自然科学和人文科学等交叉学科的不断发展,也为人类与自然的未来关系描绘了粗略的蓝图。生态学原本是研究生物与环境之间相互关系的一门科学,随着全球性生态危机的日益严重和生态需求的不断高涨,生态科学迅速发展成为与多学科交叉的科学群,尤其以生态科学的人文化发展作为研究对象,催生了一系列生态科学与人文社会科学相互交叉、融合、渗透的新兴学科,形成了相对独立的生态文化体系和研究领域。生态文化显示出强大的生命力,以其对生态建设、环境保护、文明发展和社会意识形态的巨大作用,越来越受到各国的重视,正在成为当代社会文化的重要力量。[①]

基于这样的背景,一种旨在建立人与自然和谐关系的生态文化逐渐兴起,从公众生态意识的觉醒到较为系统的理论探索,从生态政治运动到制度建设中对生态的关注,以生态理论和原则为导向的新文化运动正在从生态

[①] 江泽慧:《生态文明时代的主流文化——中国生态文化体系研究总论》[M].北京:人民出版社 2013 年版,第 77 页。

哲学、生态伦理、生态神学、生态政治、生态文学等领域向社会生活的各个层面扩展开来,构成了我们这个时代特有的文化景象,并逐渐成为一种活跃的前沿学科和一种标志人类文明前景的上升的文化。它的崛起表明人类正在经历一次历史性的变迁,在这种文化的引导下,人类将告别过去,走向一种新型的文明,这种文明要求人类从极端追求财富的角逐中解脱,过一种建立在"人与自然"和谐相处意义上的新生活。而且,这种文化的产生、繁荣和发达,将给人类创造以往无法比拟的福祉,使人类文化发展走向一个崭新阶段。[①]

进入 21 世纪以来,生态文化已经上升为破解困扰人类生存与发展生态难题的战略问题,成为促进资源环境与经济社会协调发展、绿色发展、和谐发展和可持续发展的关键问题,日益引起国内外学者的广泛关注和热心参与,这也为深入开展生态文化理论研究奠定了厚实基础。从学理层面看,生态文化是介于生态学和文化学之间的一门新兴的边缘交叉学科,建立人与自然和谐共存关系,实现人与自然双向良性互动,始终是生态文化研究的主线和方向。目前欧美国家研究生态文化,主要侧重于生态美学、森林文化与森林美学、环境美学、景观美学、生态美学、审美体验、审美生态学等领域。国内则主要侧重于研究文化与文明的关系、文化与生态文化的关系、生态文化的概念、生态文明的综述等。

站在新的起点上,开展中国生态文化体系研究,建设中国特色生态文化,对于世界生态综合体系的平衡发展以及实现建设美丽中国的美好夙愿具有重要的理论价值和现实意义。我们必须以现有研究成果为理论基础,以中国特色生态文明建设实践为立足点,用全方位、多元化、深层次、宽视野的眼光,坚持逻辑与历史相统一的方法论原则,全面、系统、完整地研究和探讨生态文化建设体系的理论构成和逻辑关系,研究和探讨生态文化的核心理念、主要内容、发展规律、发展趋势,研究和探讨生态文化体系的完善与我国环境、人口、资源、社会、经济等问题的内在关联性等问题,真正构建充满生命活力的生态文化体系,不断增强生态文化建设体系的理论底蕴和逻辑魅力,也为生态文化的建设提供学理支撑和实践方向。

(二)生态文化的内涵

"生态文化"和"文化生态"是两个较易模糊的理论范畴,但对其内在关系的阐释和解读对于提升学术研究的科学性、规范性,对于科学把握生态文

[①] 余谋昌:《生态文化论》[M].石家庄:河北教育出版社 2001 年版。

化特定的内涵和特征,对于指导生态文明建设具有极其重要的理论和实践价值。

1.文化生态的内涵阐释

"文化生态"的广义说和狭义说。广义的"文化生态"首先是一种世界观,也可以说是一种文化世界观,是一种文化的生态学。它和一般生态学一样,也是建立在人类对生态系统的依赖性这一基础上的。文化生态研究的主要内容包括:文化与环境的交互关系;文化群落和环境的组成、结构、分布以及发育变化的情况。其中心概念是文化生态系统,即在特定的文化地理环境内一切交互作用的文化体及其环境组成的功能整体。近年来,这种广义的文化生态研究又有新的发展,即认为文化生态是指影响文化产生、演进的自然环境、科学技术、经济体制、社会组织以及价值观念体系等变量构成的整个文化生态系统。而狭义的文化生态是建立在广义的文化生态理论基础之上的,主要是指精神文化与外部环境以及精神文化内部各种价值体系之间的生态关系。人类创造出的精神文化形态在其产生和发展的过程中,不仅与其产生的自然生态环境、社会生态环境有着直接的关系,而且在精神文化内部也存在着一种生态关系,即各种具体的观念文化,如哲学、宗教、伦理(道德)、文学、艺术、语言等之间也存在着一种相互的生态关联。① 可以说,狭义的文化生态学是用生态世界观对各种观念文化形态重新进行生态学审视的一种文化生态理论。目前,哲学生态学、审美生态学、生态伦理学、生态文艺学、政治生态学、教育生态学、人类生态学等狭义文化生态学科已纷纷产生。

"文化生态"的生态系统说。还有学者指出,所谓文化生态是借用生态学的方法研究文化的一个概念,是关于文化性质、存在状态的一个概念,表征的是文化如同生命体一样也具有生态特征,文化体系作为类似于生态系统中的一个体系而存在。在生态学中,生态是生命体通过同化和异化与环境进行物质交换和能量转换的互动关系,生态系统是由生命系统和环境系统在特定空间的结合所构成的体系。② 运用生态学透视文化的运动和发展,可以看到,人类所创造的每一种文化是在与其他文化及所处的社会环境交流互动中演化发展着,因而,完全可以把文化体系看成一个生态系统进行

---

① 柴毅龙:《生态文化与文化生态》[J].《昆明师范高等专科学校学报》2003年第6期,第1-5页。
② 高建明:《论生态文化与文化生态》[J].《系统辩证学学报》2005年第3期,第82-85页。

分析研究。可以说,从生态的角度研究文化,开辟了文化研究的新视野、新领域,有助于我们更好地把握文化的演化发展规律。

2.生态文化的基本内涵

当前,在生态文化理论研究层面,国内外关于生态文化及其相关领域的理论研究成果颇丰,可谓仁者见仁,智者见智。尽管各自在研究背景、视角、方法和路径等方面存在差异,但就其基本观点和基本范畴,以及在人与自然相互关系的核心观点和价值取向上仍具有趋同性或相近性。国外学者多从人类学的角度来论述与生态文化相关的理论。例如,Jovan 通过分析生态文化的基本组成,探讨了人-生态之间在不同层次之间的相互影响,提出个体反映是生态文化的核心①。国内很多学者一般认为生态文化是一种物质生产与精神生产高度发展、自然生态与人文生态和谐统一的文化,是以人与自然和谐发展为取向的价值观念、情感态度及心理意识。代表性的观点和表述有以下几种。

其一,生态文化是人与自然关系上的一种新的价值取向和生存方式。著名环境伦理学家余谋昌认为:"从狭义理解,生态文化是以生态价值为指导的社会意识形态、人类精神和社会制度,如生态哲学、生态伦理学、生态文艺等;从广义理解,生态文化是人类新的生存方式,即人与自然和谐发展的生存方式。"②陈璐进一步指出:"生态文化是基于对人与自然界关系的正确认识,以人与自然和谐发展为价值取向,以人类生死存亡及人生意义为终极关怀、与当前生态文明相适应的一种文化形式。"③余达忠认为:"生态文化作为一种价值观,体现的是人、社会、自然和谐发展的一种生存方式,是以生态价值观为指导的意识形态和精神价值,是基于生态意识和生态思维为主体构成的文化体系。"④

其二,生态文化是一种正在崛起的新文化形态。余谋昌认为,生态文化相对于人类文化已经经历的自然文化、人文文化和科学文化而言,是人类的新文化,是人类精神文化的新方向。⑤ 唐彬等认为:"生态文化是一种物质

---

① Jovon R. Toward an Ecological Culture: Sustainability, Post—Domination and Spirituality, The University of Maine,2001.
② 余谋昌:《生态文化:21 世纪人类新文化》[J].《新视野》2003 年第 4 期,第 64-67 页。
③ 陈璐:《试析生态文化的内涵与创建》[J].《广西社会科学》2011 年第 4 期,第 148-151 页。
④ 余达忠:《生态文化的形成、价值观及其体系架构》[J].《三明学院学报》2010 年第 1 期,第 19-24 页。
⑤ 余谋昌:《生态文化是一种新文化》[J].《长白学刊》2005 年第 1 期,第 99-104 页。

生产和精神生产都高度发展,自然生态与人文生态和谐统一的文化,是人类面对全球危机,以及这种危机为人类发展提供的新的机遇的基础上选择的新型文化。"①郭少棠等认为:"所谓生态文化,应是一种建立在对近代西方文化进行彻底反思并吸收人类一切优秀文化在内的、人与环境和谐共存的新'文化'。"②

其三,生态文化是一种生态文明观,亦是一种人与自然和谐发展、共存共荣的生态意识、价值取向和社会适应。生态文化有广义和狭义之区别。陈寿朋、杨立新认为:"广义的生态文化是一种生态价值观,或者说是一种生态文明观,它反映了人类新的生存方式,即人与自然和谐的生存方式。这种定义下的生态文化,大致包括三个层次,即物质层次、精神层次和制度(政治)层次。狭义的生态文化是一种文化现象,即以生态价值观为指导的社会意识形态。"③江泽慧等认为:"广义生态文化是指人类在社会历史发展进程中所创造的反映人与自然关系的物质财富和精神财富的总和。生态文化的研究范围是为适应自然环境,维护生态平衡,改善生态环境,实现自然生态文化价值,满足人类物质文化与精神文化需求的一切活动与成果。狭义生态文化是指人与自然和谐发展、共存共荣的生态意识、价值取向和社会适应。它既包括反映人与自然相互关系的生态哲学、生态伦理、生态文艺和价值观念等,又包括建立人口资源环境与经济社会可持续发展相适应的思维方式、生产方式、生活方式、行为方式、文化载体和生态制度。"④

其四,生态文化是一个民族对于生活于其中的自然环境的适应体系。郭家骥认为,生态文化实质上是一个民族在适应、利用和改造环境及其被环境所改造的过程中,在文化与自然互动关系的发展过程中所积累和形成的知识和经验,这些知识和经验就蕴含和表现在这个民族的宇宙观、生产方式、生活方式、社会组织、宗教信仰和风俗习惯等之中。⑤

其五,生态文化即绿色文化。周鸿从生态学角度阐述,"文化是我们适

---

① 唐彬,梁红:《生态文化:新时期文化创新的新方向》[J].《理论月刊》2008年第9期,第45-48页。
② 郭少棠等:《西部大开发中的生态文化建设与可持续发展》[J].《清华大学报(哲社版)》2000年第5期,第6-12页。
③ 陈寿朋,杨立新:《论生态文化及其价值观基础》[J].《道德与文明》2005年第2期,第76-79页。
④ 江泽慧:《生态文明时代的主流文化——中国生态文化体系研究总论》[M].北京:人民出版社2013年版,第27页。
⑤ 郭家骥:《生态文化论》[J].《云南社会科学》2005年第6期,第86-90页。

应所处环境的重要手段""是人类对所处环境的一种社会生态适应"。①

此外,还有很多学者发表了很多具有独到见解和观点,这里就不一一赘述。

总体来看,生态文化属于文化范畴,是人与自然和谐共存、协调发展的绿色文化,是21世纪人类面对气候变化、环境污染、荒漠化加剧、自然灾害频发、生物多样性减少等诸多生存危机所做出的一种新的生存方式和价值取向,也是一种人类尊重自然、顺应自然,在发展中实现自我反省、自我调节的生态觉醒、行为修正和社会生态适应。

3.生态文化与文化生态的辩证关系

由上述分析可见,生态文化与文化生态既有联系又有区别。两者有完全不同的内涵,不可混淆。"生态文化"论的侧重点在"文化"上。如果以"生态文化"为核心概念建立"生态文化学",那么,其重点应是一种"文化学"研究,其学科应属"文化学"的分支。如果以"生态文化"为核心,建构一种思维方式,那么,它实质上是人类在遭遇了环境问题的压迫后所做出的新的文化选择。不同的是,"文化生态"论的重心是在"生态"上。它是用生态学的思维方式,从人类生存的整个自然环境、社会环境、精神环境中的各类因素交互作用来阐释人类及其文化的产生、发展和变异问题的。它将生态系统科学视为一种世界观。② 简言之,生态文化是文化的一个种类和重要组成部分,文化生态是各种文化之间及其与环境的互动关系,侧重于各种文化之间形成的生态系统关系。

尽管两者研究的重点不同,在思维的广度和深度上也有不同的指向,但二者的内在关联性是显而易见的。一方面,它们都以对生态学的发掘为自己的理论基础,都把对自然生态的问题扩展到了社会、文化和精神领域,把"文化"问题放在人类生态系统中进行考察,都从较高的理论层面上,把生态学作为考察人类文化的方法论和价值学基础。另一方面,由于生态文化是文化生态的有机组成部分,研究文化生态不可避免要研究生态文化,由于生态文化不是孤立发展起来的,而是在与其他文化的互动中形成发展的,研究生态文化也离不开对文化生态的研究。尤其当人类迈入生态文明这一更高文明发展阶段时,"文化生态"与"生态文化"展现出相互转化和交织的趋势。

---

① 周鸿:《人类生态学》[M].北京:高等教育出版社2001年版,第1、190页。
② 柴毅龙:《生态文化与文化生态》[J].《昆明师范高等专科学校学报》2003年第2期,第1-5页。

(三)生态文化的主要特征

伦理性。生态伦理性是生态文化最基本、最核心的特征之一。生态伦理是人们建立在对某种环境价值观念认同基础上,维护生态环境的道德观念和行为要求,是反映和研究人与自然关系的生态道德文化。它不仅包括对人与人、人与自然关系行为处理中的道德态度和行为规范,而且蕴涵着对道德观念和行为规范的哲学思考。中华民族是以"生"为核心的生态伦理体系,在对"生生不息""生生之道"的认知中,践行着"天人合一""与天地合其德、与日月合其明、与四时合其序"的易理文化。可以说,"五千年文明积淀所形成的生态伦理、生态智慧与道德,不仅深刻揭示了宇宙万物的普遍规律,充分彰显了中华民族对'生'的理解和对生命的敬重与颂扬,而且形成了中华民族优秀传统文化强大的凝聚力、生命力和创造力,影响了历朝历代人们的意识形态、价值观念和行为准则,并渗透到人们生产、生活的每一个领域"[①]。尤其在当代,只有树立起正确的生态伦理观,才能激发人们保护生态环境的道德责任感,使人们自觉地调节人与自然之间、人与人之间的利益冲突,从而为生态保护实践活动提供坚实基础和内在动力。

整体性。生态文化的内涵十分丰富,具有多领域、多层次性。在社会生活领域,从观念到制度,再到体制机制、社会运行等,都需要生态环境意识的渗入;就学科领域而言,生态学、生态哲学、生态伦理、生态经济、生态政治、生态制度、生态科技、生态教育、生态美学、生态文学、生态宗教文化、生态传媒、生态产业、生态产品、生态建筑等均是生态文化的构成要素;就研究层次而言,可以分为物态文化、体制文化、行为文化以及心智文化等;作为观念体系,生态文化包括人与自然共生共荣的宇宙观,人与自然和谐相处的价值观,循环经济的生产观,可持续发展观,绿色、适度、节俭的消费观等。这些要素之间相互作用、相互影响,共同构成生态文化建设体系。

传承性。所谓传承性即历史连续性,是相对于断裂性而言的。数千年来,中国文化连同生态文化自从产生的那一刻起,人们便相互学习、仿效、传授、约定俗成,在历史的传承、创造和发展中,经纬交织,一脉相承,从未中辍,以其独具的特色、鲜活的感染力和强盛的生命力,在历史长河中奔腾不息、经久不衰。而生态文化融合于民族文化之中,借助于民族文化的厚重积淀,借助于历代哲人对天人关系、生命价值、伦理道德和行为规范等生态智

---

① 江泽慧:《生态文明时代的主流文化——中国生态文化体系研究总论》[M].北京:人民出版社2013年版,第41页。

慧的集成,以其经典著作、诗词歌赋、民风习俗等特有的表达方式,向世人展示着中华民族生态文化的勃勃生机与活力。[①]

地域性。"生态文化是人类与自然关系的某种推演和表现,而人类与自然关系的发生、发展都在特定的地域中进行。不同地域的自然生态系统存在差异性,特定区域的人们对其生存环境的长期适应过程,自然产生带有区域环境特色的思想意识、创造地域特色的物质文化、精神文化和制度文化。"[②]而且,由于地球表面气候和地形的差异性带来与之相适应的土壤植被和自然生态系统的多样性,决定了人地关系表现的差异性和多样性。正是不同的地域生态文化之间相互包容、相互促进,共同推动着生态文化朝着多元化方向发展。

时代性。生态文化随着人类社会的发展而发展,不同发展阶段生态文化的特点是不同的,亦即人类对自然的认识及根据对自然认识的基础与自然发生关系的方式和结果不一样,具有时代特征。生态文化的地位也反映了其时代性,只有到了生态文明社会阶段生态文化才可能成为主流文化。

普惠性。生态文化是属于大众的文化。生态文化及其价值观的基础是一种互利互惠思维方式的建构和确立。生态文化由人民创造,其成果也由人民共享,这既是时代的要求、民众的呼声,也是政府与社会的责任。所谓共享,是指所有公民,不分民族、年龄、职业、性别、贫富,不分城乡、地域,都可以无差别地享受到生态文化的公共服务。可以说,生态文化几乎所有的表现形式、本质内容和各种载体,都与改善人居环境、丰富文化生活、保障身心健康等民众最关心、最迫切的问题紧密联系在一起。因此,生态文化的建设和发展,以满足人民群众日益增长的生态文化需求、保障人民群众的基本文化权益为己任,以覆盖城乡、融入生活为要求,最终目标是实现人与人、人与社会、人与自然的和谐发展。也正是由于生态文化事业具有很强的社会公益性、民众参与性、体验互动性和共建共享性,才构成了生态文化鲜明的普惠共享性。

全球性。人类只有一个地球,人类要想更好地生存和发展,必须爱护地球、保护生态。生态文化不是哪个地域或民族独创的文化,而是各民族与自

---

① 江泽慧:《生态文明时代的主流文化——中国生态文化体系研究总论》[M].北京:人民出版社2013年版,第43页。
② 廖荣华:《论生态文化及其若干关系》[J].《邵阳学院学报(自然科学版)》2006年第4期,第64-67页。

然环境相互关系推演和表现的结果,特别是精神文化层次的生态文化思潮具有世界性和全球性。各个区域、各个民族之间存在文化差异,但在生态文化范畴及价值观上不存在根本冲突。生态文化作为处理人类与自然关系的手段、工具、准则,在社会伦理上是中立的,可以为不同地域、不同阶级、不同民族、不同国家共同拥有,为不同层次的价值主体共同接受,它是人类共同的文化财富,是全球性的文化。

二、中国特色生态文化建设的战略意义

秉持"弘扬生态文化、倡导绿色生活、建设生态文明"的宗旨,发展生态文化、保护文化生态平衡是人类科学文化发展的必然趋势,是深入落实以人为本、全面协调可持续发展的科学发展观的战略选择。在生态文明和可持续发展需求日益高涨的新形势下,在大力建设社会主义文化强国的新要求下,加强生态文化建设,必将在绿色增长方向调控、生态文明价值整合、和谐社会力量凝聚等方面发挥积极的重要作用,成为推动经济社会又好又快发展的重要引擎。

(一)绿色增长功能:经济社会可持续发展的重要动力

生态文化是人类与自然和谐共进的可持续发展文化,中国经济社会可持续发展需要生态文化创新,可持续发展与创新生态文化在本质上是一致的。可持续发展是人类对环境的社会生态适应的成果,是既满足当代人需要又不对后代人满足其需要的能力构成危害的发展,是不超越生态系统承载力和自我更新能力的发展,它旨在促进人与自然之间、人与人之间的关系和谐,其中生态系统的可持续是整个社会可持续发展的基础。所以,可持续发展本身就属于生态文化,或说是生态文化发展的结晶。

生态文化可以为可持续发展提供理论根据和理论指导。一方面,人们只有掌握了生态规律,运用科学的理论作为指导,才能更好地适应生态,实现人类与环境协调发展,最终实现可持续发展。生态文化的不断创新,生态学、环境科学的发展,将加深人们对生态规律的认识,从而为可持续发展提供坚实的理论基础和依据。可以说,人们对生态文化发展程度的认识决定和体现着可持续发展的水平,因此,要搞好可持续发展必须大力宣传普及生态知识,不断发展创新生态文化。另一方面,文化是把可持续发展的观念渗透到社会政治、经济行为和公民素质中去的重要渗透机制。"当可持续发展成为世界性的历史选择的时候,与之相适应的必定是一种新型的文化。生

态文化作为社会意识形态,它为社会可持续发展提供生态世界观、生态价值观、生态伦理观和生态科技观。"①

生态文化可以为我国经济社会可持续发展提供动力和支撑。生态文化的形成和弘扬将产生强大的物质力量,凝聚起强大的精神力量,对可持续发展发挥极大的推动作用。例如,生态文化中的生态经济、生态产业和生态产品,能克服现代工业在创造物质文明中带来生态危机的弊端,节能降耗减污,推动形成节约能源资源和保护生态环境的产业结构、增长方式、消费模式,加快经济发展方式的根本性转变,实现经济社会又好又快发展。生态文化中的生态制度创新,比如环境信息发布制度、生态环境评价制度、生态破坏补偿制度、环保公众参与制度、环境政绩考核制度等,将为人们提供行为规范,对管理部门、企事业单位及广大市民的活动具有约束力,促使人们遵循生态规律办事,并最终转化为自觉的行动。生态文化中生态产品和生态技术的创新,如污染预防控制处理技术的发展,将为可持续发展提供有效的手段、途径、工具和方法。尤其生态文化中的生态精神、生态理念的树立,具有不可替代的激励和教化作用,它有利于激发人们自觉保护生态环境的情感,能使人讲求生态道德和美德,以保护生态环境为荣耀,以节约自然资源为美德,从而为建设资源节约型、环境友好型社会奠定良好的心理认同基础。所有这一切,都是经济社会可持续发展的动力源泉。

生态文化同样也可以为可持续发展提供新的生长域。从生态角度看,人类社会发展每个方面(无论是吃和穿、还是住和行)、每个领域(无论是生产、流通领域,还是消费领域)、每个产业(无论是第一产业、第二产业,还是第三产业、第四产业)都存在生态创新的新领域。生态文化中的生态产品、生态技术、生态产业的不断创新和发展,将为可持续发展持续提供越来越多的新的生长域,既不破坏生态,又能满足人们的发展需求,并为人们提供新的就业机会。②

(二)价值整合功能:弘扬和培育社会主义核心价值体系的重要维度

人是以文化的方式存在的,人类的一切活动都可看成是受一定价值观的作用,并依靠自己的文化对自然环境进行的一种适应和体验。党的十八大将"社会主义核心价值体系深入人心,公民文明素质和社会文明程度明显

---

① 王丽,肖燕飞:《生态文化在生态城市建设中的作用刍议》[J].《广西社会科学》2009年第2期,第125-128页。

② 高建明:《论生态文化与文化生态》[J].《系统辩证学学报》2005年第3期,第82-85页。

提高"作为全面建成小康社会宏伟目标的重要内容,并要求我们积极倡导富强、民主、文明、和谐,倡导自由、平等、公正、法治,倡导爱国、敬业、诚信、友善的社会主义核心价值观。但就我国现实而言,生态环境问题日益突出,生态文化还没有走进大众生活,也还没有在广大民众的意识理念中扎下根来,还远未成为社会的整体行为取向和价值惯性力量。现阶段,我国要培育和践行社会主义核心价值观,必须大力开展生态文化,使生态文明理念成为社会共识,成为全社会的价值认同和自觉追求,发挥其对社会舆论和价值观念的引领作用。

社会主义核心价值体系是一个开放、发展的体系,在全球致力于解决资源环境生态危机的今天,在生态文明成为社会主义乃至人类社会发展方向的今天,形成以生态伦理、生态正义、生态良心、生态责任等为主要内容的生态文化价值体系,培养人们理性处理人与自然关系的高度自觉和文化修养,建设以人与自然平等、和谐、互惠互利为价值观基础的新文化,成为生态文明时代对生态文化建设的基本要求,丰富了社会主义核心价值体系的时代内涵。而所谓发展生态文化,"就是尽可能用生态文化的哲学智慧,不断提升民族的生态感情,逐步养成热爱自然、保护自然、建设自然的行为习惯,从根本上提高全民族的生态素质,提高遵循生态规律办事的自觉性、主动性和创造性,这是生态文明建设的较高境界和重要目标"[①]。可以说,生态文化体现和表征了社会主义社会的时代精神和人类社会发展的价值目标。

中国特色生态文化在本质上是一种社会意识形态,是社会主义先进文化的重要内容,体现着社会主义先进文化的时代特色。先进文化是体现时代发展趋向、社会发展趋势以及人类实践发展新走势的文化。以人与自然和谐发展为取向的生态文化,是对人支配、统治、控制自然的文化观念的扬弃,是一种正在崛起的新的文化形态。生态文化理念及其所倡导的行为方式,有利于提高人的道德修养和增进人的身心健康,有利于增强文化发展活力,是科学发展观在思想文化领域中的具体表现。

生态文化价值观与社会主义核心价值体系具有内在的契合性,要努力将致力于实现人、社会、自然的共生共荣、和谐发展的生态价值观融入社会主义核心价值体系中。要按照生态优先、保护优先的原则,开展生态价值观宣传教育活动,充分认识到森林、海洋、湿地、草原、沙漠绿洲等自然生态系

---

① 江泽慧:《生态文明时代的主流文化——中国生态文化体系研究总论》[M].北京:人民出版社 2013 年版,第 82 页。

统和农田、城市、村镇等人工生态系统的生态功能价值、生态经济价值、生态文化价值和生态服务价值。努力转变价值观念,树立"生态有价、环境有价、资源有价"的生态价值理念。转变发展方式,坚持绿色发展、循环发展、低碳发展,树立维护生态、保护环境、节约资源的生态责任意识。转变生活方式,坚持勤俭节约、绿色出行,理性消费,树立文明健康的民族传统美德,将生态文明价值理念上升为民族意识、主流思潮和时尚追求,在全社会营造"保护自然、珍爱生命,关注生态、珍惜资源"的良好氛围。[①]

公民生态意识的培养和生态道德的塑造是生态文化建设的核心和关键,是弘扬和培育社会主义核心价值观的重要维度。生态意识是人们生态文化活动的基础和前提,也是生态文化建设的动力源泉;生态道德是作为道德主体的人类对自然、对生态环境追求一种和谐相处的认同或认知,是生态文化建设的重要目标导向和内容。建设生态文化,就是要在全社会倡导生态理念,培育生态和谐精神,引导人们用生态的理念协调人与自然、环境与发展的关系,自觉转变日常生产和生活方式,养成科学、健康、文明的行为习惯,自觉遵守生态文明建设的各项准则,促进生态技术、循环经济、清洁生产的实施,推进生态社区和生态农村的建设进程,提倡生态良心、生态正义和生态义务,使生态道德成为衡量人的道德素质、品行善恶、灵魂美丑的标准,让违背生态道德的行为遭到社会谴责,真正形成积极健康的生态社会风气,这是弘扬和培育社会主义核心价值观的题中应有之义。

(三)文化引领功能:人类走向生态文明的文化铺垫

文明是人类文化发展到一定阶段的成果,是人类社会进步的标志,文化则是文明的基础和核心。每一个时代都有与其相适应的文化,并随着社会的演进而发展。从人类历史长河看,人类社会历经野蛮时期、农耕文明以及工业文明三个阶段,与之相对应的主导文化分别是原始文化、农业文化和工业文化。而 21 世纪,人类将要或者说正在开启由工业文明走向生态文明的新时代,正是在此背景下生态文化应运而生。生态文化作为人类文化发展的新阶段,是与生态文明时代相对应的主流文化,是当代文化建设的新生力量和重要内容。

十七大报告提出了建设生态文明的重大战略决策,明确要求在全社会牢固树立生态文明观念。党的十八大提出要大力推进生态文明建设,建设

---

① 江泽慧:《生态文明时代的主流文化——中国生态文化体系研究总论》[M].北京:人民出版社 2013 年版,第 383 页。

生态文明,是关系人民福祉、关乎民族未来的长远大计。面对资源约束趋紧、环境污染严重、生态系统退化的严峻形势,必须树立尊重自然、顺应自然、保护自然的生态文明理念,把生态文明建设放在突出地位,融入经济建设、政治建设、文化建设、社会建设各个方面和全过程,努力建设美丽中国,实现中华民族永续发展。党的十八届五中全会又进一步提出要坚持绿色发展理念,必须坚持节约资源和保护环境的基本国策,坚持可持续发展,坚定走生产发展、生活富裕、生态良好的文明发展道路,加快建设资源节约型、环境友好型社会,形成人与自然和谐发展的现代化建设新格局,推进美丽中国建设,为全球生态安全做出新贡献。强调生态环境质量总体改善,推动形成勤俭节约的社会风尚,为实现全面建成小康社会奋斗目标,实现中华民族伟大复兴的中国梦奠定更加坚实的基础。可以说,生态文化是弘扬生态文明的先进文化,是建设生态文明的文化基础。

  生态文明作为一种独立的更高级的文明形态是以生态文化为理论基础的。生态文化是人类按照生态规律而处理人与自然之间关系的生存方式,其形成和发展的价值观基础是人与自然的和谐共荣。生态文明就是要人类在生态文化的指引下,摒弃传统文化中"反自然"的错误观念,确立生命和自然界的内在价值,走出"人类中心主义"思想桎梏,使人类在社会生产和生活实践中能自觉地尊重和维护生态环境,达到人与自然的和谐共处。生态文化中的平等相宜、价值共享的核心理念是生态文明制度建设的基本价值取向,因此,生态文化是生态文明建设的内在支撑力量。如果说生态文化更多地表现在价值观念、思想方法、理论观点等精神层面,生态文明的内涵则更加丰富,它不仅包括价值观念、生产和生活方式的转变,还必须是精神、物质和制度的结合。在这个意义上讲,生态文明是生态文化的基本思想、核心价值及其观念的体现,是生态文化发展的最高成果和终极目标,也是生态文化的最高表现形式。正是在科学技术的作用下,人类文化趋向生态化,而生态文明则孕育在生态文化之中,生态文化发展的结果,就是生态文明的实现。[1]简言之,人类文化的创新向生态化方向发展,人类文化生态化的结果孕育着生态文明。

  生态文化是生态文明建设的核心和灵魂,生态文明建设离不开生态文化的引领和支撑,特别是在社会生产方式和生活方式的转变方面更有赖于

---

[1] 黄理稳,王仙:《生态文化视域下的生态文明建设》[J].《长沙理工大学学报(社会科学版)》2011年第6期,第15-18页。

生态文化的发展。生态文明建设不仅需要生态环境、生态经济、生态社区等物质领域的建设,还需要生态制度、生态教育、生态科学、生态哲学、生态艺术等文化方面的建设,需要生态物质文化与生态精神文明的协调发展。文化中所蕴含的生态观念、生态意识、生态思维以及在此基础上发展起来的生态伦理、生态经济、生态教育、生态科技、生态文学、生态艺术以及生态法学等一系列与生态环境相关的文化科学成果,充分表明生态文化不仅正在改变人们的思维方式,而且已深刻影响着当今的社会生产和社会生活。正如有学者所说:"因为生态文化是大众的文化,是植根于人民群众日常生产生活实践的文化,来源于群众,服务于群众,对人们思想观念和行为方式的影响无处不在、无时不有。"[①]因此,要推进生态文明的健康发展,使生态文明观念在全社会牢固树立,我们必须积极落实科学发展观,用先进的生态文化理念引领制度创新,将社会主义制度优势与生态文化优势相结合,推动整个社会走上生产发展、生活富裕、生态良好的文明发展道路。

如今,以促进人与自然和谐共存为理念的生态文化,已经走进我们的生活,渗透并融入经济、政治、文化和社会建设的各个领域和全过程,正在形成人与自然相适应、经济社会发展与资源环境承载力相协调的思维方式、发展方式和生活方式,担当起保护美好家园、推进绿色发展、建设美丽中国、走向生态文明新时代的历史使命和神圣责任。

(四)社会凝聚功能:社会主义和谐社会建设的精神基础

我们要大力建设的社会主义和谐社会,是民主法治、公平正义、诚信友爱、充满活力、安定有序、人与自然和谐相处的社会。其中,人与自然环境是人类生存和发展的两个基本前提和必要条件,人与自然和谐相处是全面建成小康社会,实现生产发展、生活富裕、生态良好的重要标志,是贯彻落实科学发展观、构建社会主义和谐社会的关键,而生态文化就是追求人与自然和谐统一的文化。从根本上说,繁荣和发展生态文化与贯彻落实科学发展观、建设美丽中国在本质上是一致的。而研究和加强生态文化建设,对于解决人与人、人与社会的矛盾,对于构建社会主义和谐社会,具有重要的现实意义。

中国特色生态文化建设能为和谐社会建设奠定精神基础。一个国家或一个地区,实现社会和谐必须要有共同的精神信仰作为基础。当代中国人

---

① 陈德钦:《生态文化与生态文明》[J],《吉林工程技术师范学院学报》2009 年第 7 期,第 59-61 页。

民的共同信念就是以中国特色社会主义理论为指导,积极推进社会主义核心价值观的牢固树立,努力实现中华民族的伟大复兴。生态文化建设的根本理念与此是契合的。一方面,生态文化与传统文化的精华是一致的,都强调"和"与"生"。和谐就是强调生态系统中要素的多样性和要素之间的有机协调。生命就是强调尊重生命的价值以及生态系统发展的可持续性。弘扬和发展生态文化,主要目的就是传播和谐与绿色的观念,在共同价值观的基础上凝聚全社会力量,推进社会更加和谐和可持续性。① 另一方面,生态文化有利于传播生态观念,提升生态意识。生态文化在面向社会普及和宣传生态科学知识,使全社会树立生态文明观念方面发挥着重要作用。只有使生态科学知识和生态环保意识走出书斋、走向大众,在全社会形成浓厚的生态文化氛围,使全民充分认识到生态系统在经济社会发展中的基础地位,用生态文明观念指导行为实践,才能实现和谐社会的永续发展。

中国特色生态文化建设能促进人与自然和谐、增进人身心和谐,从而增强社会和谐与凝聚力。其一,生态文化是旨在促进人与自然发展的新文化。而且人与自然的和谐与人与人的和谐互为条件、互相促进。因此,它必然要求不同群体有共同的目标、共同的信念,从而使得社会凝聚力、向心力、创造力会进一步增强,进而使社会系统的公平性和效率都会大大提高。其二,繁荣和发展生态文化,能够有效改善城乡人民物质和精神生活水平,提升人民生活品质,增进人民的身心健康。当前,人们对人与自然和谐价值观有着强烈的精神需求,对亲近自然、回归自然有生活消费需求,可以说,对生态文化需求日益高涨。例如,森林文化是生态化的主体,通过对各种林业的开发,对森林空间的多功能利用,不仅开辟了农民就业增收的新渠道,而且改善了广大山区的生态环境和城乡人居环境,显著提高了人们的幸福感指数。以森林公园生态旅游为例,截至 2014 年底,全国森林公园游客人数已达到近 5 亿人次,全国森林公园旅游收入达到 3800 亿元。在北京,天坛公园、植物园和奥林匹克森林公园等,正是由于那里凝聚着壮观的古树群、优美的植物景观、浓郁的文化内涵,吸引着无数的北京市民和中外游客前往观光游览,大大满足了人们的精神需求,提升了人们的生态文明素质。

总之,生态文化建设为和谐社会建设凝聚社会合力和向心力,良好的生态文化将影响人的价值取向、行为模式,启迪一种融合传统的天人合一思想

---

① 江泽慧:《生态文明时代的主流文化——中国生态文化体系研究总论》[M].北京:人民出版社 2013 年版,第 81 页。

的生态境界,诱导一种健康文明的生产和消费方式,增进人的身心健康,增强社会和谐系数,从而能大大推进社会主义和谐社会的建设进程。

三、整合与创新:中国特色生态文化建设的路径选择

创新是生态文化发展的推进器。中国特色生态文化建设是以生态学为科学依据,以人与自然和谐为核心而展开的生态文化实践活动。它要求我们要以科学发展观引领生态文化建设,树立生态价值观,自觉提高公众的生态文化修养,加强生态文化制度的改革与创新,建立健全生态文化发展的体制机制,促进经济社会的可持续发展,充分彰显出中国特色社会主义的制度优势和时代特色。

(一)价值理念:树立和弘扬生态价值观

价值观问题在生态文化的形成和发展中具有基础性作用。深入考究当前引发生态危机的深层原因,就是与传统发展模式和发展观相适应的传统价值观出现了问题。"从一定意义上可以说,人类精神世界中价值取向的偏狭,才是最终造成地球生态系统失调的根本原因。"[1]因此,要克服当代全球生态危机,就必须从狭隘的"人类中心主义"的思维模式中走出来,确立人、社会和自然协调发展的新型生态价值观。

生态价值观是根据现代生态科学研究成果,重新反思、审视人类文明形态而建立起来的新观念,其实质是一种与传统的极端功利性思维方式相对立的互惠互利共生型的思维方式,它致力于追求人与自然、人与社会、人与自身的协调发展和人类的可持续发展,追求自然生态系统、社会整体性价值与人的主体性价值的共同实现、共同发展,以实现人类的自由幸福和人的全面发展为最高价值目标。它要求我们必须认识到人的生存发展依赖于自然,人必须遵循自然,这是人和人类社会发展进步的前提。环境学家罗尔斯顿说过:"人的所有行为都是自然的,因为不管愿意与否,自然律都从内部和外部对我们发生影响。我们只能遵循自然,别无选择。"[2]"真正的人需要栖身于某个环境中。没有一个充满资源的世界,没有生态系统,就不可能有人

---

[1] 陈寿朋,杨立新:《论生态文化及其价值观基础》[J].《道德与文明》2005年第2期,第76-79页。

[2] [美]罗尔斯顿:《环境伦理学:大自然的价值以及人类对大自然的义务》[M].杨通进译,北京:中国社会科学出版社2000年版,第45页。

的生命。……除非人们能时时遵循大自然,否则他们将失去大自然的许多精美绝伦的价值。人们确实没有消融于其环境中,但他们应在其新兴的文化的帮助下欣然适应其环境。"① 这种新兴文化就是以生态价值观为理念的生态文化,这种崭新的思维方式符合现代化建设的要求,是人类文化不断发展进步的结晶。

生态文化价值观以整体论思想为基础,以生态化或绿色化的生产方式和生活方式为实践基础,以谋求人与自然协同发展为宗旨,它并不主张否定人的主体性,但生态文化所理解的主体,不是脱离自然凌驾于自然之上的主体,而是自然生态系统的有机组成部分。作为生态系统的调控者,它要求发挥人的能动性、创造性,促进人与自然的协同发展。"人类对自然的利用与改造,必须以保证整体生态系统的动态平衡为前提。人类干预、改造自然及其运动过程,必须以不破坏自然界物质循环和能量有序流动为底线。"② 所以,人类不能只是一味地开发自然、利用自然、索取自然,还要正确认识到自然生态系统对人类生存发展的基础作用和制约作用,将人自身的生存目的与自然生态系统的演化规律统一起来。"因此我们每走一步都要记住:我们决不像征服者统治异族人那样支配自然界,决不像站在自然界之外的人似的去支配自然界——相反,我们连同我们的肉、血和头脑都是属于自然界和存在于自然之中的,我们对自然界的整个支配作用,就在于我们比其他一切生物强,能够认识和正确运用自然规律。"③ 尊重自然、保护自然、补偿自然、按自然规律办事,关爱自己生存的家园,敬畏生命,是我们的应然之举。

一个社会只有建立了自觉的价值理念,才会有自觉的实践行动。任何理念也只有转化为实践才会获得真正价值。因此,推进生态文化建设,要将以生态价值观为核心的价值理念转化为一种实践形式、一种社会发展方式和人类生活方式,使生态文明理念成为全社会的价值认同和自觉追求,这样才能逐步建设一个生态文明的社会、一个美丽的中国。

---

① [美]罗尔斯顿.:《环境伦理学:大自然的价值以及人类对大自然的义务》[M].杨通进译,北京:中国社会科学出版社 2000 年版,第 545 页。
② 黄治东:《论科学发展观视域中的生态文化建设》[J].《苏州大学学报(哲学社会科学版)》2010 年第 3 期,第 5-8 页。
③ 马克思,恩格斯:《马克思恩格斯选集》(第 4 卷)[M].北京:人民出版社 2009 年版,第 560 页。

(二)体制融合:创新生态文化建设的制度体系

在政策体制上,要体现绿色政策的导向,努力夯实生态文化发展的体制基础,为生态文化建设支撑起一个绿色的发展框架,使生态环境保护走上法治化、制度化、规范化轨道。

要建立体现生态文明要求的绿色考核体系和奖惩机制。要进一步完善经济社会发展综合评价体系,把资源消耗、环境损害和生态效益实绩列入党政领导政绩考核内容,将生态文化建设的综合评价结果作为党政领导班子调整任用、培养教育的重要依据,使党政领导干部的政绩观由"以 GDP 论英雄"转变到提高环境质量和提升民生幸福指数上来,转移到经济与生态、社会的协调发展上来[1],充分发挥考核的引导、激励和约束作用。政府要制定相应的行政和经济激励政策,建立资源循环利用激励制度,鼓励企业积极申请 ISO14000 标准认证,对企业主动治理环境的行为给予绿色补贴,鼓励生产者、销售者承担起产品回收和再资源化的责任,对投资环保产业的企业和个人给予资金资助,对于提高资源循环利用的技术开发者、生产经营者给予扶持和奖励,以此作为企业生态文化建设的基础。

建立国土空间开发保护制度,完善最严格的耕地保护制度、水资源管理制度、环境保护制度。我国辽阔的国土资源是中华民族繁衍生息和永续的家园。审视当前,我们面临着耕地减少过多过快、生态系统功能退化、环境资源开发破坏强度大、空间结构不合理、绿色生态空间减少过多等突出问题。为此,我们要珍惜每一寸国土,优化国土空间开发格局,按照人口、资源、环境相均衡,生产、生活、生态三类空间科学布局,经济、社会、生态三个效益有机统一的原则,注重顶层设计,调整空间结构,科学合理地开发利用各种资源,促进生产空间集约高效、生活空间宜居适度、生态空间山清水秀。对依法设立的各级自然保护区、风景名胜区、森林公园等要建立禁止开发的制度,对涉及国家粮食、能源、生态和经济安全的战略性资源实行开发利用总量控制、配额管理制度,避免超出生态环境的承载能力,以给自然留下更多修复空间,给子孙后代留下天蓝、地绿、水净的美好家园。[2]

建立反映市场供求和资源稀缺程度、体现生态价值和代际补偿的资源

---

[1] 黄治东:《论科学发展观视域中的生态文化建设》[J].《苏州大学学报(哲学社会科学版)》2010 年第 3 期,第 5-8 页。

[2] 江泽慧:《生态文明时代的主流文化——中国生态文化体系研究总论》[M].北京:人民出版社 2013 年版,第 345 页。

有偿使用制度和生态恢复补偿制度。资源性产品主要包括水、能源、矿产、土地四大类产品,这是人类赖以生存的重要物质基础。但当前,资源性产品价格和税费改革相对滞后,价格未反映市场供求和资源稀缺程度,许多资源性产品的价格只反映资源开发成本,而生产过程中资源破坏和环境污染的治理成本没有体现在成本中,即外部成本没有内部化。针对这些问题,要做到以下几点。第一,要明晰生态产权,落实生态资源的开发权、使用权,促使环境外部成本内部化到市场主体决策中,促进各类经济主体自觉履行生态保护的义务。第二,实行生态资源有偿使用和补偿机制,按照"谁保护、谁受益,谁污染、谁付费"的原则,形成科学、高效的资源开发利用体系,继续实行退耕还林还草等生态补贴政策和森林生态效益补偿制度,不断提高生态资源的开发利用效率。第三,建立和完善生态税收制度。要积极探索绿色经济核算制度和相关的统计制度。要把目前实行的超标排污费制度改革为排污收费制度,任何主体只要向环境排放污染物,就应根据排污的数量、种类和污染程度交纳规定的费用。第四,要逐步推行绿色核算制度。改变传统的资源消耗的增长模式,大力倡导资源的减量化(Reduce)、再利用(Reuse)和再循环(Recycle),使有限的自然资源由单纯的经济利用转变为经济社会与生态的综合利用,推行低投入、低消耗、低排放、高效益的绿色发展方式,走具有中国特色的现代化发展道路。第五,完善并坚持推行生态环境影响评价制度。加强对资源开发和项目建设生态环境影响评价和环境监督管理,健全生态环境保护责任追求制度和环境损害赔偿制度,积极推行重大决策的生态环境听证制度。

建立生态文化建设的社会参与和监督机制。要积极发挥公众在生态制度制定和执行过程中的利益表达和监督作用,增强环保组织的监管能力,鼓励其参与行政机关的管理过程,监督行政机关的自由裁量权的运用。积极畅通群众监督和举报通道,设立举报接待日、举报热线、举报信箱等,并及时有效地反馈处理结果,充分发挥新闻媒体的舆论宣传和监督作用,对生态文化建设好坏两方面的典型进行及时报道或曝光。

(三)行为实践:创新生态文化教育与传播体系

弘扬生态文化,建立新的生态文化观,确立绿色消费方式,必须提高公众的生态文化教养,加强以生态科学知识和生态和谐思想等为主要内容的生态文化教育,培养全民生态文化观念,提高公众参与生态文化建设的意识和能力,为弘扬生态文化提供深厚而广泛的社会土壤和群众基础。

弘扬生态文化,必须加强生态文化教养。要加强以包括生态意识、生态科学和环境知识、生态法制教育等为主要内容的生态文化教育,"使受教育者获得关于人与自然关系、人在自然界的位置和人对生态环境的作用、生态环境对人和社会的作用、如何保护和改善生态环境以及如何防治生态破坏等知识"[①],从而提高公众参与生态文化建设的意识和能力。同时,在进行现代生态科学和环境科学的知识教育的同时,还要突出不同国家和民族的生态文化特质,把现代生态科学知识的教育融合进本民族的生态文化传统,从而有助于解决不同民族特殊的生态问题。进一步来讲,"我们应该以培育具有建设生态文明能力、具有生态文化教养的人的教育理念,来建立和不断完善独具特色的生态文化教育体系,以此来开展长期的、全面的生态文化教育,以保障全民的生态文化素质达到生态文明建设的需要"[②]。

学校首先应担负起生态文化教育的重任。要通过各种形式各种传播媒介,从幼儿园、小学、中学到大学,对学生进行不同层次的生态文化意识和知识的宣传教育,使公众形成良好的行为习惯和环境道德风尚,提高人们的生态意识和生态素养。为此,要采取治本措施,学习先进国家经验,把生态教育作为学生素质教育的重要内容,尽早制定环境生态教育大纲,将生态文化理念纳入教育体系之中,做到生态文化教育进教材、进课堂、进校园文化、进户外实践,分别对不同层次的大、中、小学生进行较为系统的环保科普知识和环境道德伦理知识教育,并通过组织开展生态夏令营、生态公益等实践活动,普遍提高学生的生态意识。要在各级各类职业教育培训学校、干部教育学校等开设生态环境教育课程,努力提高各级领导干部和企业管理人员的生态文化素质,使生态建设和环境保护成为政府决策和企业行为的自觉行动。同时,"为了使媒体的宣传与学校的教育能够建立在科学的基础上,政府及相关组织应采取措施,如筹集设立专项研究基金,用于支持资助有关生态环境方面的科学研究与教育,组织学术界从不同的学科、方向,进行跨学科攻关,建立起具有中国特色的生态环境教育体系"[③]。

社会要通过各种教育方式和环境的熏陶浸染,唤起社会成员的生态道德意识。要积极进行社区生态教育,通过在社区便利店设立绿色产品专柜、

---

① 陈寿朋,杨立新:《论生态文化及其价值观基础》[J].《道德与文明》2005年第2期,第76-79页。

② 余正荣:《生态文化教养:创建生态文明所必需的国民素质》[J].《南京林业大学学报(人文社会科学版)》,2008年第3期,第150-158页。

③ 郭少棠等:《西部大开发中的生态文化建设与可持续发展》[J].《清华大学报(哲社版)》2000年第5期,第6-12页。

放置分类垃圾桶和家用电器以旧换新等措施鼓励居民形成绿色生活方式。要结合"世界环境日",积极开展"绿色进社区""送生态保护知识下乡"等环保科普活动,大力开展全民义务植树等公益活动,增强公民投身生态事业的积极性和主动性。要充分发挥主题活动的作用,在文学创作、书画摄影、广播电视等领域积极创作更多贴近实际、贴近生活、贴近群众的优秀生态文化产品,普及生态知识,满足人民群众日益增长的生态精神文化需求,提高公众的生态文明素质。

要创建生态文化宣传教育阵地,营造建设和弘扬生态文化的舆论氛围。新闻媒体对社会舆论和民众生活的影响日益扩大和加深,成为影响公众生活方式或思想观点的主要因素之一。在生态文化建设中,应充分发挥各种传播媒介的舆论监督和宣传动员作用,广泛开展生态环境知识和生态城市建设的宣传教育活动,使之成为传播生态文化的重要阵地。如报刊开辟生态文化宣传专栏、电台开办生态文化讲座、加强对网络文化的应用和管理等,从而以正确的生态文化观影响民众,对不利于生态文化建设的观念与行为进行曝光批评,对于生态文化建设的先进事例进行褒扬,以期促进公众传统价值观的顺利转型。

在全社会倡导绿色消费观和生活方式。实行绿色消费,有利于人们消费心理和消费行为向热爱自然、追求健康、节约资源的可持续方式转变,有利于人与自然的和谐以及人的全面发展。首先,大力宣传教育,辅以一定的行政和法律手段,在居民生活中提倡、引导、培育一种符合生态建设要求的低碳、简朴、文明、健康的生活方式以及消费观念,崇尚精神和文化享受,注意节约并选择消费可循环使用的绿色产品。定期举办宣传活动和实践活动,在全社会形成浓厚的参与生态文化建设的氛围。其次,制定地方生态型消费的细则,倡导生态消费,推广使用环保产品。比如:提倡使用清洁能源、太阳能、生物能等新型能源;提倡使用节能技术和新产品;提倡节约用水和水资源的二次使用,减少生活垃圾、生活污水的产生;提倡食用绿色食品、再循环食品,适量消费和打包服务,严禁食用国家保护的野生动植物;提倡适度消费,反对商品过度包装,不购买和使用对环境有害的商品和危险品;倡导生态旅游等。由于这种绿色消费模式,既能满足人的消费需求,又符合生态生产的发展水平,日益受到人们的推崇。

总之,提高全民生态文化教养的教育,是一种终身的和持续的教育,一种全民参与的教育,是一种融合自然科学和人文社会科学知识为一体的综合教育,只有学校、各环保团体、传播媒介的广泛参与和通力合作,尤其是各

(四)重点工程:驱动生态文化事业与生态文化产业"比翼齐飞"

生态文化事业和生态文化产业是生态文化系统中重要的组成部分,是提高国民生态意识、推进科学发展的重要途径,是满足群众生态文化需求的主渠道。在全社会向生态文明转型的新时期,正确认识生态文化产品和服务所具有的公益性与经营性,一手抓生态文化事业,一手抓生态文化产业,是全面建设生态文化体系的题中应有之义,也是推动社会主义文化大发展大繁荣的重要维度。

1. 生态文化事业的公益性和加强生态文化事业建设的路径

生态文化事业是以非营利为特征、以政府公共部门为主提供的、以保障公民的生态文化权利为目的、向公民提供公益性生态文化产品与服务的文化领域。生态文化作为公益性公共文化服务体系的有机组成部分,必须纳入各级政府的公共文化服务体系的构建中,遵循文化事业发展的规律。由于生态文化事业具有社会公有性、社会共享性和社会公用性等特征,因此,大力开展公益性的生态文化建设,为公众提供均等化的公益性的生态文化产品和服务,增强公民珍惜自然资源、保护生态、治理环境的自我约束和社会约束的意识,成为生态文化事业建设的重要内容[①]。所以,生态文化事业建设不仅能为惠及人民提供丰硕成果,满足人民群众对生态文化的需求,而且对于促进经济社会转型发展、推进我国生态文明建设和提升国家文化软实力具有重要作用,成为关乎民生福祉、推动现代文明发展进步的重要维度。

面对当前生态文化事业建设中存在的认识程度低、重视不够、投入不足、政策不够完善、公民主体作用不突出以及社会机制尚未形成等问题,我们没有现成的经验可以借鉴,只能不断更新理念、完善政策、积极进行实践探索,既重视生态文化的普及,又要推动生态文化的创新提高。

第一,加强生态文化事业建设的组织领导。在中国特色社会主义制度下,政府是生态文化事业建设规划的顶层设计者、战略决策者和组织落实的责任者。政府应履行好公共职能,成立政府生态文化建设领导小组,通过体制机制创新,提高建设生态文化事业的能力。同时,必须开拓多层次多类型

---

① 江泽慧:《生态文明时代的主流文化——中国生态文化体系研究总论》[M].北京:人民出版社2013年版,第267页。

的服务模式,将生态文化建设融入百姓日常生活,融入区域经济建设、生态环境建设、城乡社会建设中齐抓共管。要健全生态文化管理机构和有效的工作机制,明确各部门分工和职责,提高工作人员专业素质和质量效益,并在组织机构、人员配置、事业经费上给予保证。加强生态文化事业管理机构和人才队伍培养,并建立稳定的财政投入机制。可以说,完善生态公共文化服务体系,关键是要保证有钱干事、有人干事、干事规范、有考核监督,健全组织机构和监督机制。

第二,加快构建生态文化公共服务体系。生态文化公共服务体系建设是生态文化事业发展的核心。生态文化的公共服务体系是"在政府主导、社会参与下,通过以公共财政为主、其他社会资源为辅,公共文化机构为主、其他文化机构或社会组织为辅共同建设,为全体国民提供普及生态文化知识、传播生态文化理念、满足人民群众生态文化需求的各种生态文化公共产品和服务的总和"。[①] 为此,一是要加强生态文化的基础设施建设,包括生态博物馆建设和生态文化休闲游憩园地建设,这是弘扬生态文化的物质载体。二是要加强生态文化服务能力建设。要加大生态文化服务支出占财政支出的比重,把完善公共文化服务网络、公益性文化活动经费等纳入公共财政经常性支出预算。建立以人民群众需求为导向的、优质高效的、普遍均等的新型城乡生态文化服务机制,形成城乡生态文化公共产品和服务"菜单化"供给模式。完善人民生态文化需求表达途径,广泛调动和汇聚民智民力,建立和健全生态文化需求表达和决策参与机制。创新公共文化服务体系建设模式,形成科学有效的文化管理体制、投融资机制和考核评价机制。采取政府采购、项目补贴、定向资助、贷款贴息、税收减免等政策,鼓励各类公共文化服务企业参与公共文化服务,增强公共文化服务的活力。

第三,完善生态文化的传承与创新体系建设。生态文化的繁荣发展,离不开对我国传统优秀文化的传承与创新。为此,要坚持保护利用、普及弘扬并重,加强对优秀传统文化思想价值的挖掘和阐释,维护民族文化基本元素。一是要加强生态文化的传承。加强对体现人与自然和谐关系的自然遗迹和人文景观等生态文化遗迹的保护,做好生态文化遗产资源普查、搜集、分类和鉴定工作,采取有效措施保护历史生态文化遗产和非物质文化遗产的保护力度,积极组织申报世界自然和文化遗产,特别要重视少数民族特色

[①] 江泽慧:《生态文明时代的主流文化——中国生态文化体系研究总论》[M].北京:人民出版社 2013 年版,第 277 页。

生态文化保护与传承工作以及对濒危生态文化的抢救、修复和传承工作,以充分发挥生态文化遗产的文化和科普价值。如侗族人每当有新生儿出生,长辈亲人都要上山为孩子种上几十甚至上百株"十八杉"或"女儿杉"的生态习俗,至今侗族人仍然保留着这一风俗,发挥了维护生态平衡的功能。二是要建设生态文化创新体系。广泛开展生态文化理论创新和主体创新研究,这是生态文化保持生命力的内在要求。要建立专门的研究机构和团队,加强生态文化价值体系建设,重视对生态文化内涵及其历史价值的挖掘和提炼。加强生态伦理、生态道德建设研究,繁荣发展生态哲学和社会科学,研究和推广生态学、生态经济学理论和方法等。

2. 生态文化产业的功能及其发展路径

生态文化产业作为新兴的具有中国特色的文化产业模式,作为生态文化体系的重要内容以及文化产业的组成部分,对于促进我国文化产业的繁荣发展、助推绿色经济发展、弘扬我国博大精深的生态文化思想和绿色生活理念、提高人民的文化素养和推进生态文明建设有着不可替代的作用。

生态文化产业是从事生态文化产品生产和提供生态文化服务的经营性产业。具体来讲,它是在国家政策指导和市场引导下,以反映人与自然关系为主题的,体现生态文化理念,为社会公众提供实物形态的生态文化创意产品,提供可参与、可选择的生态文化服务为主的市场化、产业化经营活动。其类型大致包括四个方面:(1)为社会公众提供实物形态的生态文化产品和娱乐产品的活动,如书籍、报纸的出版、制作、发行等;(2)为社会公众提供可参与和可选择的文化娱乐服务,如广播电视服务、电影服务、文艺表演服务等;(3)提供生态文化管理和研究等服务,如文物和文化遗产保护、图书馆服务、文化社会团体活动等;(4)生态文化与生态产业融合产生的产业类型,如生态文化旅游业、生态文化休闲餐饮业、茶文化产业、花文化产业、生态文化创意家具业等。[①] 生态文化产业既具有文化产业的基本属性,同时又具有自身所特有的生态主导性、文化交融性、社会公益性以及民族地域性等特点。其中最具有生命力的特点之一就在于它的每一个分支几乎都与一个相关产业相连接,如树木文化与木材文化,竹文化与竹产业,花文化与花产业,茶文化与茶产业,森林、湿地、沙漠文化与生态旅游产业等。

当前,我国生态文化产业发展方兴未艾,涌现出许多优秀的生态文化产

[①] 江泽慧:《生态文明时代的主流文化——中国生态文化体系研究总论》[M].北京:人民出版社2013年版,第301-302页。

品和具有鲜明地域特色的生态文化产业模式,加之我国经济实力显著增强,产业不断转型升级,人民消费需求旺盛,激励和扶持性政策陆续出台等,这些都为生态文化产业的繁荣发展提供了契机。但同时,我国生态文化产业还面临着理论导向不清晰、产业政策不完善、企业管理水平相对滞后、产业市场竞争力相对薄弱等挑战。为此,在遵循生态精神价值的弘扬与经济价值的创造相统一的基础上,要不断完善生态文化产业发展的政策体系,把生态文化纳入文化产业发展总体规划,明确产业发展重点:大力发展森林、草原、沙漠生态旅游,打造精品线路,提升生态旅游的文化品位;积极推动生态文化与健康养生、休闲娱乐、体育健身相融合;积极发展木雕、竹藤、生态影视等特色生态文化产业,促进农民增收;打造以自然山水、生态名人、生态故事、生态民俗为主题的文化精品;积极发展生态文化展演、传媒、设计等文化产业,提升生态文化传播力和影响力;新建一批生态文化基础设施,丰富生态文化传播渠道,提升生态文化产业竞争力。[①] 同时,要以生态文化企业为主体,加快建设一批具有重大示范效应和产业拉动作用的重大生态文化产业项目,结合各地区自然生态和文化资源情况建设一批生态产业园区,为生态文化产业发展提供有力支撑。积极吸收社会资金进入政策允许的生态文化产业领域,加快建设一批群众参与度高的生态文化体验园,逐步引导农村生态文化消费。

(五)国际维度:建立以生态文化创新为目标的全球合作机制

1. 积极构建多元生态文化交融与共荣的新格局

全球性生态危机十分明显的今天,人们逐渐意识到,生态环境问题不仅是每个国家和地区要解决的问题,更是国际社会普遍关注的问题和全球所有国家的共同责任。生态安全问题是跨越国界的,一国的生态灾难有可能危及邻国的生态安全,甚至危及全球,如非洲沙漠化和热带雨林的消失同样可以危及发达国家。可以说,面对生态问题,全球各国是一个命运共同体。生态学的整体主义也表明,人不是超越于地球生态系统之上的神,也不是游离于地球生态系统之外的仙,人就是依赖于生态系统之完整性和稳定性的一个物种。[②] 人类只有一个地球,人作为一个生物有机体也要依赖与服从

---

① 江泽慧:《生态文明时代的主流文化——中国生态文化体系研究总论》[M].北京:人民出版社 2013 年版,第 317 页。

② 卢风:《论生态文化与生态价值观》[J].《清华大学学报(哲学社会科学版)》2008 年第 1 期,第 89-98、159 页。

地球生物规律,人类不能只一味破坏、盘剥、榨取地球生物圈,保持生态系统的完整、稳定和美丽是我们义不容辞的责任和义务。

同时,随着经济文化全球化的不断深化发展,增加了东西方生态文化之间交流的机会,为东西方生态文化在求同存异的原则下减少对立和冲突、走向文化融合与互补提供了契机。每个民族都孕育着独特的生态文化思想和行为实践,使得全球生态文化在地域分布上呈现出多元且鲜明的特点。要想彻底摆脱人类的生存困境,必须树立整体主义的基本观念和方法,打破传统的民族、国际界限,使不同文化和文明由分歧走向融合。作为一种文化现象,世界多元生态文化的包容性发展构成了人类文明发展的必然趋势。

2. 积极开展国际生态文化的合作与实践

生态问题的全球性特点,使得越来越多国家的有志之士认识到,各国只有跨越生态文化鸿沟,理解和尊重多元文化,广泛参与世界文明对话,促进文化相互借鉴,实现优势互补,走国际生态文化合作与交流的道路,建立以生态文化为目标的全球合作机制,才能促进世界生态文化的和谐发展,才能改变全球生态危机现状。生态环境保护与生态文化建设是跨越国界的全球事业,无论哪种生态文化类型都对其民族区域生态环境起到保护作用,使我们形成人与自然和谐发展的生态文化观。也正因为各国间生态文化差异和经济社会发展的不平衡,使得国与国的生态文化之间具有互补性,具有利益关切性,因而也最有可能开展国际合作。生态文化国际交流与合作涉及多种层次和多个领域,不同主体在生态文化国际交流与合作中会采取不同形式,发挥不同作用。"在内容上,生态文化的国际交流与合作可包括人员交流,生态科技交流与合作,生态教育、培训交流与合作,生态立法交流与合作。在交流主体上,包括国家政府、地方政府、科研教育机构、社会团体组织、各行业特别是文化行业的企业单位以及个人。"[①]

生态文化创新是生态文明时代全人类的共同使命,各国进行生态环境保护与建设实践离不开普及和弘扬生态文化,各个国家都要在生态文化建设中有所创造、有所作为、有所成就。各国要在拥有广泛共识的基础上,通过广泛的生态文化交流与合作,在交往中借鉴吸收其他国家的经验和成果,迅速发展和弘扬我国的生态文化。同时,生态文化国际交流与合作的过程,既是学习优秀经验的过程,也是展现中国特色生态文化的过程,有助于增进国际社会对中国生态文明建设的了解和认同,也有利于提升我国负责任的

---

① 参见杨雅琳:《促进生态文化国际交流与合作》[J].天津经济,2007年第6期,第42-44页。

大国形象。① 从不同社会生态文明建设所需要的文化前提看,"只有当世界各国和各民族都形成了自己的生态文化,才会出现多彩多姿、百花争艳、相互补充的全球生态文化,才能够提高各国、各民族的生态文化教养,建立起各具特色的生态文明的社会"②。因此,进入21世纪,加强国际生态文化的交流与研究,既是顺应世界文明发展潮流的必然选择,更是新时期生态文化发展的必然趋势,是各国走向生态文明时代的共同期待。

综上所述,建设生态文化最重要的就是要将以生态价值观为核心的价值理念转化为一种实践形式、一种社会发展方式和人类生活方式。而要把生态价值观转变为人们的现实行动,就必须将其同生态制度建设紧密结合起来,用先进的生态文化理念引领生态制度创新,用完善的生态制度规范人们的生态行为,从而增加人们的文化自觉和文化自信,养成良好的行为习惯,使生产更加环保、生活更加绿色、环境更加优美、生态更加和谐,使人类生活的各个层面都彰显出人与自然和谐发展的格局和面貌。中国的社会主义制度优势和底蕴深厚的优秀传统文化优势的结合,必将引领世界生态文化的新方向,引领人类生态文明建设的新潮流。相信,如果我们能把中国特色生态文化建设好,我们就能在现代化进程中重新拾回青山绿水的优美意境。我们可以在闲暇之余,与家人、朋友结伴而行,走进一片森林、草原、湿地,尽情享受大自然带来的那一份轻松、愉悦与恬静;或在闲暇之时,漫步于山间、林中、河岸、绿茵的小路,仰望头顶那一片蓝天白云、日月星辰,深深呼吸郊野清新的空气,静静聆听林中莺歌蝉鸣的旋律……此时此刻,人、社会和自然和谐融为一体。"美丽的中国梦"并不遥远。

---

① 江泽慧:《生态文明时代的主流文化——中国生态文化体系研究总论》[M].北京:人民出版社2013年版,第389-390。

② 佘正荣:《生态文化教养:创建生态文明所必需的国民素质》[J].《南京林业大学学报(人文社会科学版)》,2008年第3期,第150-158页。

第八章　中国特色生态社会建设

2015年10月,中共十八届五中全会审议通过了《中共中央关于制定国民经济和社会发展第十三个五年规划的建议》。"十三五"规划高度重视生态文明建设,把"环境保护"和"绿色生态"作为重要国策,将转变经济增长方式、实现经济发展与环境建设的平衡作为未来中国的发展战略。这意味着未来一段时期,中国将致力于环境保护和清洁能源的使用,实现经济温和增长,继续推进经济再平衡,推进"绿色发展""可持续发展""文明发展",构建"环境友好型"生态社会。

一、中国特色生态社会建设的意义

日益严重的生态危机已经成为引起世人广泛关注的世界性问题,不断恶化的生态环境直接威胁着人类可持续发展,使得当代人不得不就此做出理论和实践两个方面的回应,以化解生态危机所造成的有关人类生存和发展的困境。中国把生态文明建设视为关系人民福祉、关乎民族未来的长远大计,坚持节约资源和保护环境的基本国策,致力于探索建设中国特色生态社会。

(一)生态社会建设是走向生态文明新时代的必然要求

文明是相对于野蛮而言的。处于野蛮状态的人,还不是严格意义上的从本质上区别于动物的人。诚如马克思所说,制造和使用工具使人开始区别于动物。劳动和智慧使人类日趋文明,文明化了的人才成其为人。当然,文明化不是一蹴而就的静态结果,而是一个具有阶段性的动态发展过程,在不同的阶段又表现出相对稳定的特征——"静态结果"。① 在不同的文明化阶段，人类都面临着如何认识自然、如何认识自己、如何认识社会的问题。文明程度的高低则通常以对此问题认知的深刻程度加以衡量，换言之，从本质上来讲，文明的外在形式和内在结晶都包含着人类的存在方式，体现着人类不同的生存理念。反之，在生存理念主导下的人类生存方式又决定着人类不同时期的文明形态。通观悠悠历史长河，我们可以说，人类社会是从野蛮状态走向现代文明的动态进化过程。

在人类社会约400万年的历史进程中，人类文明经历了三个发展阶段：原始文明、农业文明和工业文明。人类文明的演进史也是人与自然关系的变迁史。生产力水平极端低下的原始社会，人类基本上还处于石器时期，人类生存和发展尤其是从事物质生产还依赖于集体协作的力量，还只能通过原始的植物采集和狩猎等活动直接从自然界获取食物。从人与自然的关系看，原始文明阶段，人与自然还没有主体与客体之分，人类还处于对自然敬畏和崇拜的阶段，人类近乎完全依赖于大自然的"恩赐"，几乎对自然没有伤害。正如马克思所说："自然界起初是作为一种完全异己的、有无限威力的和不可制服的力量与人类对立的，人们同它的关系完全像动物同它的关系一样，人们就像牲畜一样慑服于自然界。"②

铁器的出现标志着人类生产力发展的新阶段，人类文明进入了农业文明时代。人们可以手握铁器去征服自然，可以按照自己的意愿去移植和种养野生植物，驯服野生动物也不再如原始社会时期那般困难，这就为人们提供了较为稳定的物质生产生活来源。此时，人力在一定程度上是可以与自然力相对抗，人类逐步摆脱了"像牲畜一样慑服于自然界"的境地而获取了相对的独立性。从人与自然的关系看，农业文明阶段，人类开始对自然进行探索、初步开发，人们开始从对自然的敬畏和恐惧中解放出来，然而，人仍然是依赖于自然界的。人们生产生活的主体形式还是"靠天吃饭"，人们认识人与自然关系的思想层面则是"天人合一"，人类对自然的破坏力相对较小，人与自然的关系基本上和谐融洽。

到了工业文明阶段，生产力高速发展，科技进步日新月异。马克思说资产阶级从地下唤出了自己无法控制的"魔力"。这一"魔力"即生产力，生产

---

① 杨英姿：《伦理的生态向度——罗尔斯顿环境伦理思想研究》[M]，中国社会科学出版社2010年版，第177页。

② 《马克思恩格斯选集》（第一卷）[M]，人民出版社1995年版，第81-82页。

力水平的提高使人类大量从自然界索取生产和生活资源,人们的生活水平得到了极大的提高。伴随着工业革命的喧嚣,人类开始了大规模征服自然、改造自然的实践,开始肆无忌惮地"向大自然宣战"。人类似乎能够随心所欲地征服和掠夺自然界,"只有在资本主义制度下自然界才不过是人的对象,不过是有用物;它不再被认为是自为的力量;而对自然界的独立规律的理论的认识本身不过表现为狡猾,其目的是使自然界(不管是作为消费品,还是作为生产资料)服务于人的需要"①。自然界已然不再神秘,人类以主宰者的身份自居,人类与自然的主客体关系显而易见。人类如此程度割裂主客体的关系,无视自然的价值,最终导致人与自然关系不断恶化。

纵观人类社会发展历史,尤其是经历了三百年工业文明的辉煌之后,许多学者和社会各界精英开始梳理贯穿人类社会始终的人与自然关系这一线索,开始反思工业辉煌带来生态苦难诱发性原点。工业社会的经济生活归根到底是依赖自然资源的供给和消耗,高速增长的工业产值背后是资源的大量投入。人类欲望是无限的,自然资源却是有限的。人类的贪欲日益侵蚀着自然资源,在短短的三百年间,人类创造了超出以往所有时代创造的共同物质和精神财富,但是,自然环境的污染、自然资源的消耗、自然生态的破坏是获取这些财富所付出的代价。人口膨胀、资源枯竭、环境污染、大气污染、水体污染、森林砍伐、土地侵蚀沙化荒漠化、温室效应等,就像一柄悬在人类头上的达摩克斯利剑,让人们不得不惊醒和反思工业文明所塑造出来的生产方式和生活方式的合理性,不得不检讨物质化、工具化生存理念的片面性和狭隘性,从而发展出一种与工业文明相对立的生态文明理念,力图从根本上改变人类的存在方式。②

1995 年,美国著名作家、评论家罗伊·莫里森在其《生态民主》一书中指出,"生态文明"是一种正在生成和发展的文明范式,是继工业文明之后人类文明发展的一个高级阶段,是人类社会一种新的文明形态。生态社会是人类社会发展的新阶段,在经济发展上理应摒弃"先污染、后治理"的模式,走出一条"低消耗、高产出、低污染、高产值"的新型道路;在生活方式上理应摒弃"高消费、不节约"的模式,倡导"绿色、环保、人与自然和谐相处"的生活理念;在国际关系中面对环境问题时理应摒弃"将污染产业转移到发展中国

---

① 《马克思恩格斯全集》(第四十六卷上)[M],人民出版社 1980 年版,第 393 页。
② 杨英姿:《伦理的生态向度——罗尔斯顿环境伦理思想研究》[M],中国社会科学出版社 2010 年版,第 179 页。

家"的老路,建构"兼济天下、协同合作"的机制,共同应对影响全人类利益的资源和环境问题。

我国现在处于工业化中期阶段,因此需要继续发展工业文明,同时,必须大力建设生态文明,通过绿色发展来实现工业化。我们党将生态文明建设纳入国家现代化发展的整体布局,是主动适应人类文明转型、引领人类文明发展新潮流的战略选择,是我国全面建成小康社会、实现工业化,进而实现中华民族永续发展的必然要求,也是我国对全球生态环境安全高度负责任的重要体现。[①] 因此,我们说,生态文明是人类文明的一个新形态,全球文明正在向生态文明转型,中国共产党提出生态文明建设的主张,是主动适应人类文明转型、引领人类文明发展新潮流的重大抉择。生态社会建设则是人类文明演进的必然趋势,是走向生态文明新时代的必然要求。

(二)生态社会建设是社会主义和谐社会的基本载体

中国共产党十六届四中全会上,和谐社会的概念首次被正式提出。2005年,构建社会主义和谐社会成为中国共产党治国理政的战略任务。和谐社会是一种和睦、融洽且社会各阶层齐心协力的社会状态,是中国共产党审时度势提出来的追求"民主法治、公平正义、诚信友爱、充满活力、安定有序、人与自然和谐相处"的社会发展目标。

我们认为,和谐社会与生态社会是相互联系、密不可分的。生态社会建设是构建和谐社会的载体,人与自然的和谐是和谐社会的重要组成部分,人与自然和谐相处是和谐社会其余内容的自然要件。"众所周知,地球上生物所必需的氧、二氧化碳、氮等物质,都是生物借助于自然力而制造出来的。也就是说,消化植物吐出的氧气,动物生长。消化动物吐出的二氧化碳,植物生长。这些动植物不久死亡成为遗骸,分解后,还原为氮,重归于土。可见,自然中存在下列循环:'生产—消化—分解—还原的循环'。"[②]我们可以得知,这一循环模式体现着一种生态伦理。人类是地球上的灵长动物,仍然要受之于上述生态伦理的规范。也就是说,人的自然理性是人与自然和谐得以构建的基础。自然理性是人类理性的起始,而人的自然理性的获得则需要其能力与环境之间达到一定程度的协调。遵循生态伦理而构建的生态社会之于和谐社会,不仅能够协调社会内部区域之间不平衡、协调城乡发展不均衡,而且能够调节不同社会阶层、不同地域民众对于自然界共生意义的

---

① 赵美玲:《走向生态文明建设的新时代》[N],《南开大学报》,2013年4月1日。
② [日]岸根卓郎著,何鉴译:《环境论》[M],南京大学出版社1999年版,第1页。

和谐。生态社会是遵循自然界基本规律运行的社会,在这一社会中,人们承担的自然基本权利和义务是均等的。在此基础上,人类才能够在生产力进步的同时建设生态自然社会,才能够真正理顺人类社会中不同社会阶层、不同群体、不同公民与自然成员之间的关系,促进全面的和谐社会建设。

和谐社会是生态社会建设的发展愿景,人与自我、人与人、人与社会的和谐又促进人与自然的和谐。社会的和谐需要伦理规范、价值杠杆的调节以达成共识。因此,构建和谐社会必须以一种追求"公共的善和根本性的正义"的公共理性去寻找各民族国家社会法律与风俗习惯中那些共同的东西。平等无疑是和谐社会最重要的伦理规范价值。和谐社会所蕴含的平等价值追求与生态社会所倡导的核心价值是趋同的,在人与自然密切而又亲近的交往中,平等的价值追求也是至关重要的环节。这种趋同的价值观以及由它们创造的信仰和权利体系是建立在道德规范基础之上的,关系到构建生态社会的根本。诚如哈贝马斯指出,建立在单向度人交往基础上的"个人社会化"会呈现出多样化的基本生活规范,基于对差异的包容而形成的社会普遍认同的道德价值规范更是公民与自然界成员之间相互对话、彼此沟通的产物。因此,从一定意义上来讲,和谐社会是一个人与自然和谐相处的社会,是一个公民生态权利平等、环保意识一致、自然权利与义务相兼备的社会,是一个去除了自然歧视与物种排斥的生态社会。和谐社会将公众共识的民主法治、公平正义、诚信友爱、充满活力、安定有序、人与自然和谐相处等价值运用于实践中,实际上也是表现出一系列生态社会认同的伦理取向,它折射为我们所强调的生态伦理。[1] 故而,我们认为,和谐社会是生态社会的发展愿景。

立足中国实际,尤其是改革开放以来发生深刻变化的国情,我们可以得知,日趋完善和良好运行的市场经济冲破了传统利益格局的樊笼,无形中实现着财富在不同群体之间的转移,加之受全球化、信息化和生态现代化等影响,在新的经济结构、生产方式、分配方式与利益关系面前,出现了新的环境意识、生活观念、组织形式与就业形态,而对于自然生态的讨论越来越成为整个社会的关注点。"环境组装了一个庞大的、极其复杂的活的机器,它在地球表面上形成了一个薄薄的具有生命力的层面,人的每一个活动都依存于这部机器的完成和与其相适应的功能。"[2] 换言之,生态利益逐渐成为建

---

[1] 周国文:《自然权与人权的融合》[M],中央编译出版社 2010 年版,第 255 页。
[2] [美]巴里·康芒纳著,侯文蕙译:《封闭的循环》[M],吉林出版社 1997 年版,第 12 页。

设中国特色社会主义事业不容忽视的重要部分。而现代中国社会是"断裂的社会",当然也包括生态的断裂。在中国社会的经济增长成果和广大社会成员的生活之间,在经济增长数量和社会状况的质变之间,已经出现了断裂。它愈演愈烈所导致的"断裂的社会"是一个资源占有极不均衡的社会,它是社会中不同社会群体分别于经济社会发展截然不同的阶段相对应、彼此之间缺乏有机联系的社会。资源配置从改革初期的扩散模式转变为20世纪90年代的积聚模式产生的第一个直接社会结果是:社会中开始形成一个支配着政治经济权力和资源的强势精英群体。弱势群体比社会强势精英缺少获得资源的手段,而且许多资源也向所谓的精英集团转移,如果大多数人在社会转型中丧失利益且得不到有效帮助,社会断裂导致的社会排斥将愈演愈烈。中国社会结构出现断裂的另一个特征是社会城市化过程的中断,从而出现城乡之间的永久性隔离。① 区域之间、城乡之间、社会阶层之间所蕴含的自然资源占有的结构性矛盾与生态冲突,也随着这种生态断裂的深度分化趋势愈演愈烈。

从当代中国的基本生态价值诉求上来理解,生态社会建设之于构建和谐社会,体现了生态历史规律的客观性和生态主体的目的性。构建生态和谐社会是使生态社会整体中的各个子系统、各种要素处于一种相互依存、相互协调、相互促进的均衡状态。和谐社会的人与自然平等和谐之价值取向,也在于运行环境道德杠杆来调节生态社会矛盾,减轻生态社会冲突,寻求生态社会的稳定,创造生态社会的信任与友爱。也就是说,和谐社会的构建,有赖于新的生态社会要素和结构的生成与配套,和谐社会的构建与生态社会建设密切联系,不可分割。

(三)生态社会建设是以人为本理念的实现形式

"以人为本"最早是由胡锦涛同志提出的。2004年3月10日,胡锦涛同志在中央人口资源环境工作座谈会上的讲话中明确指出:"坚持以人为本,就是要以实现人的全面发展为目标,从人民群众的根本利益出发谋发展、促发展,不断满足人民群众日益增长的物质文化需要,切实保障人民群众的经济、政治和文化权益,让发展的成果惠及全体人民。"②

学习和研究"以人为本",首先要探讨"人"的概念。按照马克思辩证唯

---

① 参见孙立平:《断裂——20世纪90年代以来的中国的社会》[M].社会科学文献出版社2003年版。

② 《十六大以来重要文献选编》(上)[M].中央文献出版社2005年版,第369页。

物主义和历史唯物主义的观点,人是自然界演化到一定历史阶段的物质运动的特殊形态的产物,是肉体的、有自然力的、有生命的、现实的、感性的、对象性的存在物,是唯一由于劳动而摆脱纯粹动物状态的"类"的存在。① 这里面蕴含着两层含义。一方面,人类是自然界发展到一定阶段的产物,是依赖于自然界而存在的。这就从很大程度上肯定了自然界不依赖于任何意志而存在,指明了自然界是包括人类社会在内的客观存在。另一方面,人类又有主体性,具有自觉意识和主观能动性。这就是说,人类能够发挥主观能动性去探寻自然和社会的客观规律以达到自己的目的。正如列宁所说,世界不会满足人,人决心以自己的行动来改变世界。基于此,中国共产党提出"以人为本",并将其作为科学发展观的核心,就是把马克思主义关于人与世界的物质统一性,以及人具有自觉意识和主观能动性的基本观点,贯穿于社会发展论之中。生态社会建设作为一种新的文明形态意义上的社会建设本身也蕴含着以人为本的诉求。在生态社会建设中,"以人为本"强调作为客体的自然界内在的优先性地位,肯定自然规律是影响和制约人类改造主客观世界实践活动的重要因素,倡导尊重自然,回归自然;同时,又突出人在自然界发展和人类历史进程中的主体性,指明人是改造自然、改造自身、改造人类社会的决定性力量,主张开发利用自然与珍视保护自然相结合,人与自然的和谐相处。

以人为本,从根本上来说是要尊重人的生存权,重视人呼吸的新鲜空气、饮用清洁水源等自然因素在社会生活中的作用。立足于生态社会建设,我们按照马克思主义的观点剖析"人是什么",客观而理性地认识人与自然界的关系,明确人是广义自然界中极为高级的生命体。也就是说,尊重人的生存权是我们认识和理解生态社会的基础平台,也是在这一平台进行生态社会方式构建的认识前提。恩格斯曾就此告诫过人们:"不要过分陶醉于我们对自然界的胜利。对于每一次这样的胜利,自然界都报复了我们。每一次胜利,在第一步都确实取得了我们预期的结果,但是在第二步和第三步却有了完全不同的、出乎预料的影响,常常把第一个结果又取消了。"②恩格斯还以美索不达米亚平原变成沙漠为例论证了自己的观点。因此,尊重人的生存权,才可以认识到生态社会构建的价值追求和根本目的,才可以让现实

---

① 李慎明:《以人为本的科学内涵和精神实质》[J].《中国社会科学》,2007年第6期,第4-17、204页。

② 《马克思恩格斯全集》第二十卷[M].人民出版社1971年版,第519页。

人类和地球上的众多生灵万物乃至整个地球生态体系在生态危机和社会危机中化险为夷。空气和水是人维持生命体健康存在并进行实践活动，为了生存繁衍而必须与之处于持续不断交互作用过程的最重要因素，关注人的生存权就必然要关注新鲜空气和清洁水源。离开了这些，人就不能够实现生命的延续，无法实现人活着的目的，也不能认识自己、了解世界，更无法推进人的自由而全面的发展且实现人类社会的进步。

生态社会建设要关照人的需要，更要关照作为主体的人。按照马克思的说法，人类特性本质上就是自由的，是自觉的活动。他在《德意志意识形态》中曾经生动地描述过理想社会里人的自由状态："任何人都没有特殊的活动范围，而是都可以在任何部门内发展，社会调节着整个生产，因而使我有可能随自己的兴趣今天干这事，明天干那事，上午打猎，下午捕鱼，傍晚从事畜牧，晚饭后从事批判，这样就不会使我老是一个猎人、渔夫、牧人或批判者。"[①]也就是说，当我们以人是由无限性物质和精神组成的从属性感知体的正确认识，来对待自己连同这个世界的时候，作为感知体的人，在整体的构成上必然地包括现实人类连同地球上的众多生灵万物及整个地球生物体系在内。[②]人的概念外延伸展了，人扮演的角色也不再单调，这本身就是生态社会建设的内在属性。生态社会建设强调关照社会中的每一个人，主张调动和发挥人的主观能动性，促进人的自由发展。显而易见，生态社会和马克思所构想的共产主义社会在关注人的自由、关照人本身等方面有着共通性，并继承下来了共产主义关于人的自由而全面发展的追求。生态社会将人本主义的伦理和非人类中心的自然主义伦理相结合，明确了关注环境在社会价值体系中的位置，并逐步建立内容丰富的道德评价体系来协调人类与自然系统及经济与生态系统之间的关系。

当然，构建生态社会无疑也是紧紧围绕着让人活着，并能够活得更好一些。以此为前提，人类的主体性作用能够得到充分的发挥，人在认识自己、认识自然和认识世界的实践过程中始终能够秉持生态的思维，怀着对生命的尊重，理性地对客观事物进行分析，建设和谐的生态社会。

---

① 《马克思恩格斯选集》第一卷[M].人民出版社1995年版，第85页。
② 肖育欣:《构建生态社会》[M].知识产权出版社2013年版，第160页。

二、中国特色生态社会建设的内涵与本质

探讨中国特色生态社会建设,我们首先要弄清楚生态社会、生态社会建设的概念和内涵。当前,关于这两个重要的概念界定,学术界仁者见仁、智者见智,众说纷纭,尚未达成统一认识。通过探讨和研究,我们认为,所谓生态社会是标志着人类文明走向新时代的理性社会,是有着理想的人与自然关系的和谐社会,是拥有一整套生态伦理和道德体系的可持续社会。生态社会的建设则更是处在初步探讨阶段,鲜有人将"生态社会"和"生态社会建设"加以辨析,然而,两者内涵各有不同,却又是辩证统一的。我们试图从建设的角度、本质的层面等来探讨和解读生态社会建设。

(一)生态社会的内涵解析

关于生态社会的内涵,国内外学者众所纷纭,莫衷一是,尚未达成共识。美国学者默里·布克金从社会生态学建构的角度提出了生态社会观,罗伊·莫里森在《走向生态社会》一书中认为,"生态社会是从生态学的角度去理解自然"[1]。国内学者有的从政府、制度、文化等价值层面,有的从生态哲学视角对生态社会的内涵进行界定。姚淑群撰文指出:"生态社会不仅是人与自然之间良性循环的社会,而且是具有社会性、强调人类社会的稳定、公平、和谐与可持续发展的社会,生态社会首先是人与自然之间良性循环的社会。"[2]李雪玲则认为:"生态社会是指在生态系统承载能力范围内运用生态经济学原理和系统工程方法改变生产方式和消费方式。"[3]徐传谌等认为,"生态社会是指人类社会关系和谐化、生态化"[4]。白志礼给生态社会下定义为:"应该是以系统论为统领,以经济学、生态学、社会学思想的综合为理论依据,旨在改变工业社会的生产、消费方式和文化、制度观念,高效合理地利用一切可再生的资源,由以碳为主的经济转变为以氢为主的经济,实现经

---

[1] [美]罗伊·莫里森著,明空译:《走向生态社会》[J].《中国社会科学学报》,2010年第4期。
[2] 姚淑群:《生态社会与和谐社会的思考:兼论现代社会的"绿色劳动"》[J].《广东社会科学》,2005年第6期,第53-57页。
[3] 李雪玲:《可持续的循环经济载体与政府实践》[J].《上海城市管理职业技术学院学报》,2009年第6期,第55-57页。
[4] 徐传谌,鲁雁:《从工业社会到生态社会:政府的功能与定位》[J].《中国行政管理》,2011年第1期,第53-57页。

济效益、生态效益、社会效益三效合一的社会。"①

1. 理性的生态社会:社会主义生态文明的新时代

工业社会在其发展过程中推动和促进了生产力的发展,但工业文明却以"高投入、高消耗、高排放"的粗放型经济发展模式为主导,所创造的大量财富也是以牺牲自然环境利益为代价的。自工业革命伊始,人类社会生产力水平得到极大提高,尤其是20世纪以来,伴随着经济社会发展而来却是生态环境遭受史无前例的污染和破坏,粗放型经济发展已经成为制约生产力发展的主导因素,能源的耗竭已经无法支持工业社会的高能耗运转。非理性的工业社会过分强调人的价值,将经济利益凌驾于自然之上,割裂了人与自然的本质联系。实践证明,非理性的发展理念,以破坏环境为途径的工业现代化之路是行不通的,理性的生态社会应运而生。

人类各种社会形态的更迭与发展,归根结底是由生产力决定的,生产力是促进人类社会向前发展的最终决定性因素。生态文明是工业社会生产力发展到一定阶段的产物,是超越工业文明的新型文明境界,是在对工业社会带来严重生态安全进行深刻反思基础上逐步形成和正在积极推动的一种文明形态,是人与自然和谐的社会形态。至今,西方发达国家已然逐步完成工业现代化的进程,开始反思工业社会的不理性并"滴入式"地将生态建设融入经济社会发展的各个领域,在生态社会建设的体制层面、发展策略和意识形态等诸多方面都取得了很大的进展。人类文明正逐步由工业时代进入"后工业时代"。因此,生态社会是人类社会从农业文明、工业文明向更高级的生态文明的社会发展阶段转变的一场世界性的运动和革命。生态文明建设是促使经济增长和环境保护成为和谐互动的有机系统,是积极推动经济社会的科学发展、自然资源的保护增值和生态系统的修复改善三者之间有效结合点,从而开启整个人类发展进程从"工业社会"向"生态社会"之绿色资本与生态文明之路的有序转换。②

随着经济发展与生态环境这对矛盾的凸显,我国意识到重新规范和协调环境与经济发展关系的重要性,认为二者协调发展才是可持续的生态发展之路,是理性的生态社会建设所需,是人与自然、人与社会、人与人和谐发展的生态发展模式,是人类社会长足发展的必然选择。因此,生态社会是在

---

① 白志礼:《生态和谐社会:社会观的创新》[J].《生态经济》,2010年第1期,第191-195页。
② 参见包庆德:《从"工业社会"到"生态社会"生态现代化研究进展》[J].《内蒙古大学学报(哲学社会科学版)》,2011年第3期,第9-15页。

工业现代化进程中,不断沿着生态路线前行,建立新的可持续的经济增长方式,为整个世界提供一条绿色资本与理性生态文明之路,从而使经济增长与环境保护协调永续发展。可见,生态社会建设是顺应历史发展潮流和经济发展生态化趋势的,是人类进行生态环境改革强有力的理论支撑。

2.和谐的生态社会:理想的人与自然关系

生态社会是人与自然和谐发展在社会层面的体现。默里·布克金认为,生态社会不仅仅是人类的特性,而且是人类与自然特性的结合。① 生态社会首先应该是人与自然良性循环的社会。如前文所述,人是自然的产物,自然是人类赖以生存的基础,人和自然是统一的。只有人和自然和谐相处,良性循环,人类社会的发展才会有一个永续的空间。

现代人之所以在自然界面前迷失了自我,发生人性的危机,是因为近现代以来人与自然界发生了本质的断裂。古代中国儒、道、释思想中有"天人合一"的宇宙观,古希腊有人的"小宇宙"与"大宇宙"和谐一致的自然观,都是以自然宇宙为参照标准诠释人在宇宙中的位置。然而,近现代发展起来的机械论自然观,彻底颠覆了古代人的自然观,否定了自然宇宙对人生存的意义和价值。这种割裂人与自然宇宙本质关联的狭隘自然观和人性论,共同的价值旨趣和追求就是:占有自然、征服自然、掠夺自然。也就是说,现代人不再像古代人那样以自然宇宙为背景揭示了人的存在本质,而是完全以人自身的特征为参照认识人性。

我们认为,和谐的生态社会应该以和谐的人与自然关系为基础,内涵地推动人自身的和谐、人与人之间的和谐以及人与社会的和谐。首先,人与自然之间关系的和谐发展。现代人之所以会在自然界面前迷失自己,归根到底是人与自然之间关系没有处理好。社会生产力与自然生产力的协同共进是人与自然和谐的根本所在,因此,要将人的具体实践活动与自然的可承受程度、自然的自我净化能力以及生态环境的容量结合起来,实现经济社会系统与自然生态系统的良性循环运行。其次,人自身的和谐是生态社会和谐发展的前提条件。人自身的和谐就在于具备健康的人身、健全的人格,树立正确的自然观和世界观,理性而客观地看待自身和谐与自然、他人、社会和谐的关系,自由而全面的发展自我并能在丰富的自然和社会实践活动中真正融入自然与社会。再次,人与人之间关系的和谐发展。人与人之间的关

---

① [美]默里·布克金著,荀庆志译:《自由生态学——等级制的出现与消解》[M].山东大学出版社2008年版,第2页。

系是社会和谐的基本元素,生态社会也是如此。因此,生态社会的和谐发展,要最大公约数地达成共识,关注不同人、不同群体和不同阶层的核心利益,妥善处理"代内和谐"与"代际和谐"的关系,让和谐的生态社会建构在每个人的经济社会实践活动之上。最后,人与社会之间关系的和谐发展。人的发展与社会的发展是密不可分的,人与社会关系的和谐是生态与社会和谐发展的必然要求。在和谐的生态社会中,个人利益的实现与社会整体利益的实现是本质统一的,人与自然、人与社会、社会与自然是共赢的,而要达到共赢则必然是个人依靠社会和社会约束个人的有机统一。如此,人类社会才会向着人与自然和谐的生态化方向全面、协调、可持续发展。

3.可持续的生态社会:从生态学观点去理解自然

生态学(ecology)一词源于希腊文 oekologie,oekologie 是由词根 oikos 和词尾 logos 构成,oikos 的含义是"住所"或"栖息地",logos 的含义为"研究"或"学科"。从字面上理解,生态学是研究生物及其环境之间相互关系的科学。1866 年,德国动物学家海克尔最早提出了"生态学"的概念,并在《有机体普通形态学原理》一书中,把生态学定义为有机体与环境之间相互关系的科学,强调生态学是研究有机体在其生活过程中与环境的关系,尤其指动物与其他动、植物之间互惠或敌对的关系。① 生态学是人类对其生活方式与自然之间的互动关系所做出的哲学反思,其发生、发展经历了一个漫长的过程,反映了人类的基本生态道德取向。

生态学研究向我们表明,自然界中的生物尽管形形色色、千差万别,但有一点是共同的,就是任何生物,不管是动物、植物还是微生物,都是在自然环境中生存的,生物个体或生物种群与其生存环境发生相互关系和相互作用。生态学所构建的一整套概念和生态伦理道德,使人类明确了自己在自然中的位置,开始懂得必须要遵循生态学所揭示的生态规律。在实现学习生态知识向生态伦理道德认同的认识深化过程中,社会既已形成的价值体系也容纳和吸收了生态价值理念,这无疑是人类认识人与自然关系、认识人与社会关系的深化。

认识到这一点非常重要。这样的认识必须作为每一代人在驾驶好地球之船时所遵循的道德价值的基础之一。在生态学知识转换为道德规范的过程中,生态学描述必须遵循生态规律,这是客观规律对人类活动的制约,需

---

① 曹孟勤,徐海红:《生态社会的来临》[M].南京师范大学出版社 2010 年版,第 213-214 页。

要同人的价值体系相结合。①

生物中心论认为一切生命都有内在价值,人之外的生命形式并不是为人而设的,因此要敬畏生命。泰勒指出,有机体是生命目的中心,它旨在努力保护自身,以自己的方式实现自身的好,"它的内部功能和外部活动都是目的定向的,它在所有时间里总是趋向于维持自己的有机体的存在,并依靠繁殖同类和不断适应变化着的环境成功实现这一点。正如这个有机体固有的统一的功能,即指向实现自身的好,使它成为活动的目的中心"②。因此,从生态学的角度去理解自然、理解人与自然就是从实现可持续发展的目标,构建可持续发展的生态社会。1987年《我们共同的未来》报告第一次提出可持续发展理念,1992年联合国环境与发展大会发布《里约宣言》和《21世纪议程》,正式提出走可持续发展道路。我们认为,建设可持续的生态社会、推进绿色生态治理,对有效解决现行发展中不平衡、不协调、不持续性等问题,具有重要的方法论意义和现实指导意义。③

(二)生态社会建设的内涵

如前所述,学术界关于生态社会建设内涵的探讨和研究,目前还处于初始阶段。学者肖育欣认为,生态社会的构建包括认识生态体系、适应生态体系和构建生态体系三个方面的相关内容。我们认为,生态社会建设应该从生态社会建设的自然属性、社会属性和战略属性三个层面来剖析,立足生态环境的改善、人民生活质量的提高和社会的可持续发展来构建生态社会,最终实现从物质经济向生态经济、物质文明向生态文明、物质社会向生态社会的转变。

1.改善生态环境:生态社会建设的自然属性

工业社会之所以被认为是人类社会发展的高级阶段,是因为工业时代的人类不用再像传统社会那样顺从自然、崇拜自然、敬畏自然,而是成为借助自然科学控制自然世界、借助社会科学控制人类社会的支配者。诚如阿尔·戈尔所说:"我们成为某种技术自大狂的牺牲品,这种心态诱使我们相信自己的新力量是无限的。我们大胆设想,所有技术引起的问题均可以通过技术来解决。文明似乎已对自己的技术伟力敬若神明,为这种做梦也想

---

① 任重:《生态伦理学维度》[M].江西人民出版社2012年版,第24页。
② Taylor,P.Respect for Nature,NewYork:Princeton University Press,1986.pp.121-122.转引自:曾建平《自然之思:西方生态伦理思想探究》[M].中国社会科学出版社2004年版,第169页。
③ 马明冲、赵美玲:《可持续发展视域下的绿色生态治理》[J].《生态经济》,2014年第7期第175-178页。

不到的神奇而陌生的力量所折服。在希腊神话的现代版本中,我们的自大狂诱使我们自私地盗用了可怕的力量,不是从诸神那里,而是从科学技术那里盗用了这种力量,诱使我们向自然要求神一样的特权以满足自身无度的奢欲。技术自大狂使我们看不见自己在自然秩序中的位置,自以为什么都能心想事成。"①然而,对大自然无止境的开发,使得生态环境日趋恶化,人类逐步沦为"生态难民","人自身的价值也就随着自然价值的消解而消解了——人占有得越多,得到的却越少"②。"索取的比奉献还多"势必导致地球生物圈物质循环的生态学基础损害,严重威胁人类及其他地球生命的生存环境和空间。现实表明,价值观的扭曲是导致严重生态环境问题的最直接因素。

生态社会建设则主张人类社会与自然世界的内在一致和本质的统一,认为人不仅需要用理性、用社会性照亮自身的存在,同样也需要用自然世界的存在照亮自身的本性,指出改善自然环境是其内在自然属性。工业文明的社会物质生产从来就只关注人的存在,而不考虑其他物种的生存,甚至往往是以牺牲自然界生存的方式来发展社会生产力。而生态社会认为人并不是与自然界分裂的存在,而是在自然界之中的存在,在人之为人的本质上,人与自然世界有着不可分割的联系性。从价值观层面来讲,也就是,人在自然世界中,自然世界也在人之中,人在其本质上与自然世界具有统一性,人在其本质上属于生态性的存在。自然世界的存在命运与人类社会的存在命运便紧密地结合在一起,并成为人类社会自己存在的命运。由此,关爱自然环境、保护自然环境和改善生态环境,便成为生态社会建设本身的内在要求和终极目的,或者说生态社会建设必须承担的一种道义。

2.提高人民生活质量:生态社会建设的社会属性

相较于改善生态环境的自然属性而言,生态社会建设的社会属性是提高人民的生活质量。民生是社会建设之本,说到底,生态社会建设,就是为了提高人民的生活质量,满足人民日益增长的对良好生态环境、对优质生态产品的需求。生态社会建设中,我们应该积极推进经济结构调整和经济增长方式的根本性转变,切实改变"先污染后治理、边治理边破坏"的状况,依靠科技进步,发展循环经济,倡导生态文明,强化环境法治,完善监管体制,

---

① [美]阿尔·戈尔著,陈嘉映等译:《濒临失衡的地球》[M].中央编译出版社1997年版,第177页。

② 孙道进:《马克思主义环境哲学研究》[M].人民出版社2008年版,第119页。

建立长效机制,建设资源节约型和环境友好型社会,努力让人民群众喝上干净的水、呼吸清洁的空气、吃上放心的食物,在良好的环境中生产生活。①上述几个因素都是人民生活质量得以保障的必备因素,干净的水、新鲜的空气和放心的食物如果不能保证,人民的身体健康难以维系,生命安全难以保障,何谈生活幸福,何谈人的自由而全面的发展。

中国古语讲:皮之不存,毛将焉附。人生活在自然环境中,所以自然环境是人类生存的基本条件,是发展生产、繁荣经济的物质源泉。当前,生态环境保护是摆在我们面前的一个迫在眉睫的人类共同课题。如果天空不再蔚蓝,土地变成荒漠,河流不再清澈,广阔的自然环境变成废墟堆积地和严重污染区域,人类是不可能长期生存和繁衍的。加之,人口快速增长给地球和自然环境带来的沉重负担;工业及生活排放的废弃物不断增多,从而使大气、水质、土壤污染日益严重,自然生态平衡受到了猛烈的冲击和破坏,许多资源日益减少,并面临着耗竭的危险;水土流失、土地沙化也日趋严重,粮食生产和人体健康势必会受到严重威胁。

尽管近年来我国生态文明建设取得了重要进展,但经济发展面临着越来越突出的资源环境制约,人民群众对良好生态环境的要求越来越迫切,原因如下:一是资源约束趋紧,我国石油的对外依存度上升到56.7%,重要矿产资源的对外依存度也在快速上升,多年平均缺水量536亿立方米,2/3的城市缺水,110座城市严重缺水,耕地逼近18亿亩红线;二是环境污染严重,环境状况总体恶化趋势没有得到根本遏制,一些重点流域水污染严重,部分城市灰霾天气增多,环境群体性事件频发;三是生态系统退化,全国水土流失面积占国土面积的37%、沙化土地面积占18%,90%的草原不同程度退化,地面沉陷面积扩大,生态系统破坏带来的自然灾害频发。② 因此,保护生态环境、保持生态系统平衡是关系到广大人民生存、社会发展的根本性问题,保护生态环境,关系到广大人民的生活质量和根本利益,关系到中华民族发展的长远利益。

3.实现可持续发展:生态社会建设的战略属性

生态社会建设的战略属性是实现可持续发展,这是立足中国经济社会发展国情,总结我国发展实践,学习和借鉴国外发展理论和经验,适应新的发展要求认识到并提出来的。

---

① 《十六大以来重要文献选编》(下)[M].中央文献出版社2008年版,第86页。
② 杨伟民:《大力推进生态文明建设》[N].《人民日报》,2012年12月12日。

20世纪80年代初,一些国际组织相继提出"发展与环境协调论"。1980年2月,联合国环境规划署(UNEP)、联合国开发计划署(UNDP)、世界银行有关经济发展环境政策宣言指出,经济和社会发展是缓和重大环境问题的根本,经济发展和社会目标应力求避免造成环境污染,尽量使污染减少到最低程度。1980年3月,国际自然与自然保护联盟(IUCN)《世界自然保护大纲》的发表,标志着可持续发展思想的正式形成。该报告首次提出了"可持续发展"一词,并明确要求各国政府改变目前开发和保护脱节的做法,把两者紧密联系起来。1987年世界环境与发展委员会(WCED)发表了《我们共同的未来》,首次系统地阐述了"可持续发展"的概念和内涵,认为可持续发展就是"既满足当代人的需要又不对后代人满足其需要的能力构成危害的发展",并指出满足人类的需要和愿望是发展的主要目标,它包含经济和社会循序渐进的变革。之后,可持续发展的概念在两个重要国际性文件中得到进一步阐释,一个是 Caring for the Earth: A Strategy for Sustainable Living (IUCN,1991)[①];另一个是《21世纪议程》(Agenda 21),这也是1992年联合国环境与发展大会通过的行动计划。1992年6月,在里约热内卢召开的联合国环境与发展大会上,可持续发展成为人类的共识。人类最终理智地选择了可持续发展,这是人类诀别传统发展模式、开拓现代文明的一个重要里程碑。

人类社会发展的历史证明,以往的一切社会实践形式,特别是工业文明的社会生产,都以眼前最直接、最现实的劳动成果为目标,而"往后和再往后却发生完全不同、出乎意料的影响,常常把最初的结果又消除了"[②]。由此,我们可以得知,人类要科学探索并正确运用自然规律,决不能以牺牲生态环境为代价来求得一时的经济增长,决不能以谋求眼前的、局部的发展而危害到长远的、整体的发展。如果说工业文明取代农业文明是可以延缓的话,生态社会建设则是刻不容缓的,拖延就意味着环境污染的加重和生态危机的加深,代表着生态危机由可能性变为现实性程度的加重。莱斯特·R.布朗在《生态经济》中尖锐地提出了"时间够吗"的问题,人与自然关系需要"加速

---

① 详见丹尼斯·米都斯:《增长的极限——罗马俱乐部关于人类困境的报告》[M].吉林人民出版社1997年版,第12页;胡涛、陈同斌:《中国的可持续发展研究——从概念到行动》[M].北京:中国环境科学出版社1995年版,第15-18页;世界环境与发展委员会:《我们共同的未来》[M].王之佳等译,世界知识出版社1988年版,第52页;《世界银行中国国家经济备忘录:推动公平的经济增长》[M].清华大学出版社2004年版。

② 《马克思恩格斯选集》第四卷[M].人民出版社1995年版,第383页。

回归",这一回归应当是主动的、高度自觉的,是为了维护人类社会可持续发展和地球永续美好的回归。

(三)中国特色生态社会建设的本质

生态社会建设应该成为而且必须成为我国社会发展不可缺少的内容,缺少生态目标的社会建设是不健全的。自改革开放以来,我国生产力水平彰显出强有力的活力和迸发力,经济步入了较为迅速的发展阶段。但相对于我国自然资源相对匮乏、生态环境脆弱的现状,生态承载能力与经济增长速度的矛盾不断加剧,使我国环境问题日益严峻。生态社会建设实际上就是在社会建设中关照人和制度建设两个方面的因素,以此树立人们可持续的发展观念、环境忧患意识,建构较为完善的生态社会制度、环境保护体制机制,促进生态社会良好运行和协调发展。

1.价值建构:中国特色生态社会中必需的文化和制度因素

文化和人的和谐价值建构在生态社会建设中起着举足轻重的作用,人与生态和谐的文化是生态社会的重要组成部分。先进文化是人类前进的方向,人的素质的不断提高,文明水平的不断提升,生态文明理念的深入人心,是真正步入生态社会的不竭动力。"我们必须创造一种新的文化,一种并非仅仅旨在消除我们所面临危机的具体特征而不触及其根源的运动。我们也必须根除我们心里架构的等级制取向,而不仅仅消除体现社会支配关系的制度。"[①]价值观是文化的核心。我们认为,生态社会建设应该倡导价值理性与工具理性相契合的生态价值观。人和自然界万物都是具有自身价值的。从人类生存和发展的内在价值的实现与其他自然万物的工具价值关系来看,人类并非因为自然万物具有自身价值而不能对其加以利用。对比中西方,我们可以得知:中国生态文化和伦理传统偏重于价值理性,偏向于以自然人文主义的态度对待自然,对工具价值的重视远远不够;而西方工业文明以来造成的生态恶化和环境问题则是因为缺乏高尚的价值理性引导。因此,我们认为,要理性地建设生态社会,就必须将价值理性与工具理性统一起来,把人类生存价值的实现与工具价值的发挥统一于生态社会建设的全过程。

如何调节人与自然的利益是生态社会建设的另一重要命题。诚如前文所述,人类中心论者坚持认为利益只是相对于人类而存在,非人类中心主义

---

① [美]默里·布克金著,荀庆志译:《自由生态学——等级制的出现与消解》[M].山东大学出版社2008年版,第10页。

则明确肯定动物或所有生物具有自己的利益。生物的利益是生命物种及其个体在生物共同体中实现其生存和延续的客观需要。生物满足其生存需要的活动在自然环境中是一种生态活动,因此要受到生物共同体中其他生物生态活动的影响和制约,就像人的利益要受到社会共同体中其他成员活动的影响和制约一样。因此,生物的利益不能脱离生物共同体,它要受生命共同体中生物间的相互利益关系的约束。① 生态社会建设在处理人与自然万物之间利益时,要确立生态道德行为规范,也就是说,人类对自然生态的道德期望必须与其对自然生态的道德责任相联系。在生态社会建设中,人们要正确认识人类利益与生物利益在生命共同体中的多维关系,尊重生物的生存权利、自主权利和安全权利,纠正对待自然界严重的不公正行为,利用环境道理和生态伦理调节人类利益与自然界万物之间的利益关系,实现人与自然之间的公正,促进生态社会和谐发展。

制度建设是带有根本性意义的保障性措施。生态制度建设同样是生态社会建设的必不可少的组成部分,制度建设代表生态社会的软实力。社会本身就侧重于人类行为,制度正是人类行为的调节器。理论上讲,我们依赖于科技进步和资金投入也可以营造良好的生态环境,但是缺少了人的素质和制度水平的同步提高和进步,则很难说是完整意义上的生态社会建设。从这个角度来理解,生态制度在生态社会建设中是居于核心地位的。生态制度是指在全社会制定或形成的一切有利于支持、推动和保障生态社会建设的各种引导性、规范性和约束性规定和准则的总和。其表现形式有正式制度(原则、法律、规章、条例等)和非正式制度(伦理、道德、习俗、惯例等)。② 党的十八大报告对生态文明制度进行了战略性部署,指出要把资源消耗、环境损害和生态效益纳入经济社会发展评价体系,建立生态文明要求的目标体系、考核方法、奖惩机制,并逐步建立国土空间开发保护制度、耕地保护制度、水资源管理制度和环境保护制度等。我们认为,人与自然关系的和谐是生态社会建设中建立健全生态制度的核心。因此,人类与自然之间必须建立一种等价交换机制,以此限制、消除人类对自然生态不负责任的行为和自利欲望的膨胀,匡正天人之间的严重不和谐关系。

2.生态意识:中国特色生态社会中人的主观能动因素

生态社会建设不是简单地从污染治理入手,而是以改变人的行为模式

---

① 叶平:《生态伦理学》,东北林业大学出版社1994年版[M].第187页。
② 夏光:《生态文明制度如何创新》[N].《中国环境保报》,2013年2月27日。

为切入点，有意识地塑造生态理念，增强生态意识，通过改变经济和社会发展模式，通过生态技术创新、制度创新，以降低人类活动对环境的压力，实现环境保护和经济发展的共赢。这也就是说，生态社会建设中人的主观能动性主要是从意识的能动反映和行动的自觉性两个方面体现，即树立生态理念，增强生态意识和探索经济社会发展新模式，落实生态社会建设行动。

在生态社会建设中，我们应该注重发挥意识的能动作用，增强人们的生态环保意识，树立良好的生产、消费、制度和观念结构等的绿色化和生态化理念。生态意识是指人们了解生态规律、尊重生态价值、努力追求生态平衡、积极参与生态建设的认识状态和思想倾向，其核心是人与自然和谐的理念，它是人们自觉开展环境友好活动、采取维护生态平衡行动的内在动力。[1] 也就是说，人们在认识层面要对自然生态、生态平衡以及生态规律、生态机制有正确理解，并对自然生态及其价值给予充分而又必要的尊重。现阶段，建设中国特色社会主义生态社会，其生态建设理论日臻成熟，但单纯的理论研究和探索是远远不够的，最关键的还应该是提升全体国民的生态意识。生态意识的培育和塑造与生态社会建设是休戚相关的。提高国民的生态意识是我国生态社会建设的关键，是实现生态现代化的着力点。我国有学者提出了提升国民生态意识的建议：第一，建立关键岗位环境责任制，奠定生态意识的法律基础；第二，建立关键项目环境风险评价制度，奠定生态意识的管理基础；第三，继续控制人口规模，奠定生态意识的科学基础；第四，加大生态和环保教育投入，从小学开始普及生态知识；第五，建立环境信息公开制度，促进环保活动和非政府环保组织的健康发展。[2]

只有行动没有认识，行动的自觉性和持久性就很难保证，而只有认识没有行动，则说明认识还不够深刻。从微观的层面来讲，每个人的行动都是有益而必要的。生态社会的构建不仅需要人们树立生态意识和保护环境的理念，更需要把这种认识外化为致力于人与自然环境友好和谐的行动，外化为不惜牺牲单向度的经济价值而去付诸实施维护生态系统平衡的实践活动。生态社会中的每个人都能够自觉地选择有利于绿色发展的生产和生活方式，主动地把绿色消费方式落实到生活的点滴和细节中。人们这种由内而外的自觉活动能够更加持久，能够把近期发展和长远发展统一起来，促进代

---

[1] 丁宪浩：《试论生态文明社会的标志》[J]，《南京林业大学学报（人文社会科学版）》，2008年第3期，第26-30页。

[2] 何传启：《生态现代化的战略思考》[J]，《科学决策》，2007年第9期，第6-8页。

内公平和代际公平,始终推动生态与社会的可持续发展。从宏观的层面来讲,无疑是把保护生态环境落实到国家战略和经济社会生活中去,积极探索经济社会发展的新模式。因此,根据生态社会建设的时代要求,结合我国生态文明建设的现实情况,我们应积极培育并不断推进符合节约能源和保护生态环境的产业结构、发展方式和消费模式,积极促进和探索生态化产业结构优化和升级。在具体实践环节上,就是要协调好城乡关系和区域关系,统筹好中央和地方、个人和集体、当前和长远、局部和整体、国内和国际的关系,把对自然资源和生态环境系统的利用控制在其自我恢复、可承载能力所允许的限度内,建立"人-自然-社会"和谐统一的消费方式,不断探索符合生态现代化要求的经济社会发展新模式。此外,社会实践活动还要积极开发环保新能源、节能新材料、生态新技术,发挥新科技的作用,尽量减少人们实践活动对资源的消耗和对环境的污染,促进新兴科技向"生态化"转化。

三、中国特色生态社会建设的路径选择

关于中国特色生态社会建设的路径选择,应该以"人与自然和谐发展"为指导思想,通过生态文明建设引领发展模式和生活方式变革,努力将生态社会建设融入构建资源节约型、环境友好型社会的全过程,从制度和人的现代化双重维度促进生态社会建设。

(一)以"人类社会与自然界的和谐"为指导思想进行生态社会建设

1.人与自然和谐统一

生态社会以"人与自然和谐发展、自然和社会融合一致"作为基本理念,这是对人类"社会"概念的反思和重构。从生态社会的伦理学意义上来讲,和谐是生态社会的利益主体通过生态道德价值规范的认同和生态行为选择的协调而形成的多元社会。人和自然是生态社会的主要利益主体,需要通过道德价值规范的利益主体则是人。因此,必须处理好人与自然的关系,促进两者的和谐统一。

人类来自自然界,人不能脱离自然而存在,人类发展更不能违背自然规律,否则就会遭到自然界的惩罚。所以,马克思说:"人直接地是自然存在物。人作为自然存在物,而且作为有生命的自然存在物,一方面具有自然力、生命力,是能动的自然存在物;这些力量作为天赋和才能、作为欲望存在于人身上;另一方面,人作为自然的、肉体的、感性的、对象性的存在物,同动植物一样,是受动的、受制约的和受限制的存在物,就是说,他的欲望的对象

是作为不依赖于他的对象而存在与他之外的。"马克思还指出:"当现实的、肉体的、站在坚实的呈圆形的地球上呼出和吸入一切自然力的人通过自己的外化把自己现实的、对象性的本质量力量设定为异己的对象时,设定并不是主体,它是对象性的本质力量的主体性,因此这些本质力量的活动也必须是对象性活动。对象性的存在物进行对象性的活动,如果它的本质规定中不包含对象性的东西,它就不进行对象性活动。它所以只创造或设定对象,因为它是被对象设定的,因为它本来就是自然界。"[①]人的动物性或自然属性,主要表现在人的衣、食、住、行、性等生存需要,如果人类为了满足自身的需要而向自然界过度索取,却忽视了对自然界的回馈和保护,人和自然必然就不再和谐,生态问题就会接踵而来。

现代社会中的人们并不能理解这一深刻道理,相反,却认为人类社会进步就在于其对自然的征服和统治。在他们看来,自然是一种恶,自然意味着灾难、瘟疫、残暴和难以控制,人类必须借助社会的力量和科学技术的力量对其加以征服,才能消除自然世界对人类的威胁,保证人类在自然世界中的安全生存和发展。因此,对自然世界的征服和统治被现代人看作人类社会进步的象征。但是,诚如恩格斯所说:"人来源于动物的事实已经决定了人永远不能摆脱兽性,所以问题永远只能在于摆脱得多一些或少一些。"[②]

中华人民共和国成立60多年来,特别是改革开放以来,我们国家一些地区为了加快经济发展方式的转变,片面追求经济效益,全然不顾对生态环境的污染和破坏,造成一定程度上的严重环境污染和资源枯竭。此时,我们不能再一味地低估传统社会"天人合一"的朴素自然观具有的当代价值,而是开始考虑着手构建可持续的生态社会。这是对全面协调马克思主义科学发展观的继承与实践,是对传统人与自然关系思想的扬弃,是在对现实发展进程中发展的速度与结构、质量与效益、短期与长期、优势与劣势对比分析和经验总结的基础上,科学发展规律的凝练与升华。

2.自然与社会和谐统一

自然和社会和谐统一强调的是自然与社会作为一个整体,是内在的统一。社会的和谐需要自然尤其是自然生态伦理的支持。人们要在其能力和环境之间达到一定程度的协调而获得自然理性,而自然生态伦理的完备又能够理顺社会不同阶层、不同人群和不同公民与不同自然界成员之间相互

[①] 马克思:《1844年经济学哲学手稿》[M].人民出版社2000年版,第114页。
[②] 《马克思恩格斯文集》第九卷[M].人民出版社2009年版,第106页。

的关系,从而达到自然和社会的和谐统一。

古代的社会观把自然凌驾于社会之上,对自然充满敬畏,近现代的社会观把社会置于自然之上,对自然进行盘剥和掠夺,造成严重的生态危机。凡此种种,都将自然和社会对立起来,自然是被排斥在社会之外的,社会是反自然的。人类要走出困境,就必须确立一种新的生态社会观。明确在生态社会中人与自然的关系不应是统治与被统治、征服与被征服的关系,而应是一种和谐共生、协调发展的关系。地球资源和人类生存空间是有限的,当人们从地球获取越来越多的消费物质时,必然会使地球维持人类生存的能力不可逆转地衰弱下去,其直接后果就是导致自然资源的极大浪费和生态环境的严重破坏。工业文明的价值观奉行"人类中心主义",认为人是唯一的价值评定者,自然存在的意义就是满足人的需求、为人的目的服务。在这一人化的价值世界里,人类误认为自身的"生存"就是对自然世界无止境的"索取",即"无止境的索取＝完全的自由＝绝对的幸福"。这样,开发土地、伐采林木、探明矿藏,"所有这一切理由最终都这样或那样地与人类利益有关,而不是大自然本身的利益"[1]。因此,社会如果不是人与自然的统一体,就会成为人的樊笼。因而生态社会要求我们合理、科学地组织社会消费,对消费过程进行规范、限制和协调,使人的消费活动与环境资源的供应能力和再生能力相适应,以维持生态系统的良性循环和人类社会的可持续发展。唯有如此,才能真正实现人与自然的和谐发展,才有利于生态社会的构建。[2] 将自然与社会和谐统一的思想贯穿于生态社会建设的实践过程中,就是要防止由于人类生活、生产建设活动造成自然环境恶化,并努力改善环境、美化环境和保护环境使自然环境更好地适应人类生活和工作的需要。换言之,人们要始终警惕再犯片面追求经济效益的错误,在经济社会协调发展中运用自然科学和社会科学的理论和方法,在尊重自然规律的前提下利用资源,深入探求控制和消除可能对环境造成污染和破坏的各类因素,有计划地保护环境,防止环境恶化而影响人们的生活质量和社会的正常秩序,促进生态社会与自然环境协调发展。

---

[1] 甘绍平:《应用伦理学前沿问题研究》[M].江西人民出版社2002年版,第134-135页。
[2] 潘赞平,康定华:《析生态社会的基本要求及建设思路》[J].《前沿》,2010年第14期,第138-141页。

（二）以生态文明建设引领发展模式和生活方式的变革

恩格斯曾说，人们会重新感觉到而且也认识到自身和自然界的一致，而那种把精神和物质、人类和自然、灵魂和肉体对立起来的荒谬的、反自然的观点，也就愈不可能存在了。"但是要实行这种调节，单是依靠认识是不够的。这还需要对我们现有的生产方式，以及和这种生产方式连在一起的我们今天的整个社会制度实行完全的变革。"[①]由此提出了自然生态问题的社会化解决思路即发展模式和消费方式的改变。

1.生态文明引导发展模式变革

发展模式是一个系统概念，为达到社会整体系统的发展，必须将发展的理念付诸一定的发展模式，这一发展模式必然是包括经济制度、政治制度、文化制度、社会制度和生态制度等综合要素的系统性的整合。工业革命后，资本主义发展模式经过自身的不断发展和完善，逐步成为一种被广泛采用的社会发展模式。这一发展模式以追求经济增长来涵盖发展问题，把经济的增长当作发展的全部。基于这一发展观，人们主要关心的是人均国民生产总值的增长数量，并以此作为衡量一国发展水平高低的唯一标准。然而，一些国家在取得暂时经济增长的同时，却也引发了一系列社会问题，出现了"有增长无发展"甚至"负发展"的状况。从社会总体实施效果来看，经济增长所赋予的种种良好预期不仅没有兑现，相反却引发了社会分配不公、失业人数增多、社会矛盾加剧等诸多社会问题，所谓"拉美陷阱"的出现就是对这种发展困境的集中概括。由此，一些学者开始质疑"发展＝增长"的观念，启动发展认识论层面的变革，"事实上，似乎经济增长不仅不能解决社会和政治上的困难，而且某些类型的增长实际上会引起这些困难"[②]。所以说，发展模式的转变是始于人们在面对发展观传统范式的全面危机中对传统发展观的理论性反思，也是人们逐渐突破以往单一的、单向度的发展思维模式，开始以综合的、整体的、系统的角度对于发展的前瞻性思考。

在西方资本主义国家探索形成自己发展模式的同时，不发达国家也从外部来寻找自身不发达根源，认为其不发达的原因在于西方的殖民统治，希望从自身出发寻找适合本国发展的发展模式。中国共产党人在成功探索中国特色社会主义的过程中，走出了中国特色社会主义道路，形成了中国特色

---

① 《马克思恩格斯全集》第二十卷[M].人民出版社1971年版，第521页。
② [英]杜德利—西尔斯：《发展的含义》，见塞缪尔—亨廷顿等：《现代化理论与历史经验的再讨论》[M].上海译文出版社1993年版，第47页。

社会主义理论体系,构建了中国特色社会主义制度,及三者辩证统一的中国特色社会主义发展模式。中国特色社会主义发展模式最大的特色就在于其坚持节约资源和环境保护的基本国策,着力推进绿色发展、循环发展、低碳发展,形成节约资源和环境保护的空间格局、产业结构、生产方式、生活方式。这里具体指出了生态社会建设的实现途径,就是以生态文明引领发展模式和生活方式的根本性变革。这一变革主要是实现从生产到消费的全面生态化和绿色化,将传统发展模式中高投入、高消耗和高污染的发展理念和发展路径加以扭转,实现绿色发展、循环发展和低碳发展。在产业结构和工业化生产方式上,则是着力改造传统产业,改革生产方式,运用生态技术和生态工艺,发展以生态技术为支撑的绿色产业,转变传统的工业化生产方式,形成生态化的产业体系。工业生产则是开发和推广先进技术,在追求利益的同时兼顾环境保护,循环利用资源,发展清洁能源和可再生能源,提高能源资源利用效率,探索建立科学合理又适合中国国情的资源利用机制。此外,有序开发、调整和优化空间开发布局也极为重要,只有实现生产空间集约高效、生活空间宜居适度和生态空间山清水秀,才能最终实现生态经济社会的可持续发展。

2. 生态文明引导生活方式变革

如前文所述,以生态文明引领发展模式和生活方式的根本性变革是生态社会建设的实现途径,可见生活方式的变革对于生态社会建设而言亦是极为重要的。生态社会倡导人们追求生活的质量,反对过度消费和对物质财富的过度享受,同时,主张尽量降低由于生活方式低劣而对自然环境造成的污染,减缓生态恶化。改革开放以来,传统意义上的"吃、穿、用、住、行、游、玩"等生活内容都发生了极为显著的变化,而我们这里讲的生活方式变革主要是指推行简约的低碳生活,改变人们的消费方式。

低碳,就是指人们在生活中要尽力减少所消耗的能量,特别是二氧化碳的排放量。低碳生活则可以理解为,减少二氧化碳的排放,低能量、低消耗、低开支的生活方式。在生态文明引导下,低碳对于普通人来说是一种生活态度,选择"低碳生活"也成为每位公民的责任和义务。"低碳生活"节能环保,是把消耗的能量降到最低,从而减少二氧化碳的排放,这就有利于减缓全球气候变暖和环境恶化的速度,保护人类赖以生存的地球环境。可以说,低碳生活是一种经济、健康、幸福的生活方式,人们因采用循环消费、再消费、减量消费方式节约资源成本而获得收益,因采用绿色生活方式对生态环境保护有所贡献而获得心理满足。与此同时,生态环境因低碳生活方式而直接得到的维护、改善，人们重复利用自然资源、变废为宝，对废弃物的再利用直接减轻了环境压力，人们参与植树、种草、治沙等体验性休闲、旅游活动促进生态环境的改善。所以说，低碳生活不仅不会降低人们的幸福指数，相反会使我们的生活更加幸福。

生态文明引领生活方式变革的另一个方面是倡导绿色消费方式，这一消费方式是人们站在理性高度做出的选择，从根本上扭转了传统意义上追求最大限度物欲满足的做法，转变人们生活中奢靡风气和偏激行为，注重减少资源消耗，从而达到保护资源和促进生态平衡的目的。绿色消费旨在控制人们消费过程中的废弃物排放量，防止人们消费排泄物破坏生态系统，提倡循环式消费而避免浪费现象，主张生活绿色规划而降低能源资源消耗，号召回收再利用而减少对自然的损害。归根到底，也就是说绿色消费更加注重生态环境保护，注重保持资源利用的持续性，重视对人类生存环境、生活环境的保护和改善，是一种可持续型消费。也正因此，在生态社会绿色消费能够取代传统消费方式，成为社会的主体消费方式。绿色消费方式所倡导的生活范式有利于生态环境保护的社会氛围的营造和生态文化建设，能够兼顾人们生活水平的提高和生态环境的改善，符合生态社会关于人与自然和谐相处的基本要求。

（三）通过构建资源节约型、环境友好型社会促进生态社会的形成

改革开放以来，中国经济快速增长取得巨大成就，但经济增长方式尚未实现根本性转变，国民经济持续快速增长造成资源环境压力加大。立足现实国情，旨在从根本上解决已经出现的环境污染和生态破坏问题，2005年党的十六届五中全会第一次明确提出，要加快建设资源节约型、环境友好型社会，促进经济发展与人口、资源、环境相协调。建设资源节约型、环境友好型社会，旨在实现经济社会永续发展，实现经济发展速度和质量效益的协调统一，实现经济发展与人口资源环境协调统一，实现人们生产生活与生态环境的协调统一。为此，党的十七大报告再次强调要加强能源资源节约和生态环境保护，并指出，坚持节约资源和保护环境的基本国策，关系到人民群众切身利益和中华民族生存发展。必须把建设资源节约型、环境友好型社会放在工业化、现代化发展战略的突出位置，落实到每个单位、每个家庭。①

资源节约型社会，是指以能源资源高效率利用的方式进行生产、以节约

---

① 胡锦涛：《高举中国特色社会主义伟大旗帜为夺取全面建设小康社会新胜利而奋斗——在中国共产党第十七次全国代表大会上的报告》[M]，人民出版社2007年版，第24页。

的方式进行消费为根本特征的社会。当人们面临诸如物种灭绝、气候变暖、瘟疫频发、土地沙化、食品危机等之类生态危机频繁发生时,就开始了对传统社会发展模式的反思。相对于传统工业社会采用"粗放型"的生产经营方式和以牺牲自然环境为代价实现经济快速增长的发展模式而言,资源节约型社会建设体现了我们国家对经济发展方式的扭转力度,也是一种全新的社会发展模式的探索。针对我国资源相对短缺、生态环境脆弱和环境容量不足等实际情况,在经济社会发展的各个方面,我们都应该以节约使用能源资源和提高能源资源利用效率为核心,以节能、节水、节材、节地和资源综合利用为重点,以尽可能小的资源消耗获得尽可能大的经济和社会效益,从而保障经济社会的可持续发展。环境友好型社会,是指人与自然和谐发展的社会,是一种以人与自然和谐相处为目标,以环境承载能力为基础,以遵循自然规律为核心,以绿色科技为动力,坚持保护优先、开发有序,合理进行功能区域划分,倡导环境文化和生态文明,追求经济、社会、环境协调发展的社会体系。

通过对资源节约型社会和环境友好型社会概念的解读,我们不难发现,生态观念贯穿于"两型"社会建设要求之中,生态社会关于人与自然都和谐发展和绿色发展的基本要求体现得淋漓尽致。也就是说,生态社会建设与"两型"社会建设密不可分,互为前提。从生态社会广义概念的角度分析,生态社会包含着资源节约型社会和环境友好型社会的内容,在此种意义上,资源节约型、环境友好型社会建设是生态社会建设的重要组成部分。从生态社会狭义概念和社会建设的角度分析,生态社会、资源节约型社会和环境友好型社会又各有侧重。因此,我们认为,建设资源节约型、环境友好型社会与生态社会建设是辩证统一的。建设资源节约型、环境友好型社会的最终结果是推进生态社会建设;生态社会形成的前提条件是资源节约型、环境友好型社会的实现。资源是极其有限的,同时又制约经济发展的命脉,环境对人类社会的发展息息相关、至关重要,环境是人类生存的根本,它是不容随意践踏的。没有对资源的节约和对环境的友好,人与资源、人与环境的关系就处理不好,没有资源节约型、环境友好型社会的建设,生态社会建设就不可能彻底实现。因此,建设生态社会应以资源节约型、环境友好型社会的建设为基础。同时,没有生态社会基本理念、制度架构和生态意识的保障,挥霍资源、破坏环境的现象时有发生,资源节约型、环境友好型社会就不可能真正实现。生态社会建设、资源节约型社会和环境友好型社会建设三者统一于中国特色社会主义社会建设的实践之中。

此外，关照人与自然的和谐、在意自然环境的保护是生态社会、资源节约型社会和环境友好型社会一致的逻辑起点。资源节约型社会的核心是节约资源，把节约放在首位，坚持资源开发与节约并重的原则，强调以尽量少的物质消耗支撑起经济社会的持续发展，强化节约意识，从而达到保护自然资源的目的；环境友好型社会，顾名思义即追求人与自然关系的友好，人与自然和谐的社会状态，旨在达到人类生产生活行为不会破坏生态系统运转的良好状态。总之，构建资源节约型、环境友好型社会是生态社会建设的重要路径之一。着力推进"两型"社会建设要转变地方政府管理职能，创新地方政府管理模式，充分考虑人口承载力、资源支撑力、生态环境承受力，正确处理经济发展与人口、资源、环境的关系，把节约能源、保护环境放在突出的战略位置，进而促进生态社会的形成和发展。①

（四）树立生态意识是生态社会建设的重要抓手

在工业社会中，经济意识是占统治地位的社会观念，人们围绕经济利益这个核心从事经济活动和其他社会活动。经济效益成为衡量经济活动乃至其他社会活动成败得失的主要标准，最终却导致工业社会的畸形发展。生态社会作为在对工业社会扬弃基础上建立起来的全新社会发展阶段，也必然要有与之相适应的全新社会观念，用以指导人们的言行。作为社会主流观念，生态意识不仅受到社会舆论的大力推崇，也受到政府、公民、非政府组织等社会各方的充分认可肯定，还是各类社会组织及其他社会成员的行动指针，落实到社会生活的方方面面，从而成为体现生态社会文化特征的核心理念之一。②诚如习近平在参加首都义务植树活动时强调，全社会都要按照党的十八大提出的建设美丽中国的要求，切实增强生态意识，切实加强生态环境保护，把我国建设成为生态环境良好的国家。这启示我们，只有增强生态意识，才能处理好人与自然的关系，也才能探索出建设生态社会的科学路径。

何谓生态意识？学术界目前仍无定论，众说纷纭。我们认为，生态意识是人们对生存环境的观点和看法，是人类在处理自身活动与周围自然环境间相互关系以及协调人类内部有关环境权益时的基本立场、观点和方法。

---

① 潘赞平，康定华：《浅析生态社会的基本要求及建设思路》[J]，《前沿》，2010年第14期，第138-141页。

② 丁宪浩：《试论生态文明社会的标志》[J]，《南京林业大学学报（人文社会科学版）》，2008年第3期，第26-30页。

生态意识是生态社会中人们日益形成的一种人与自然和谐的价值观,一种生态系统可持续的处理眼前利益和长远利益、局部利益和整体利益、经济效益和环境效益、开发与保护、生产与生活、资源与环境等关系时应具备的生态学观念和常识。具体来讲,生态意识主要包括生态道德意识、生态忧患意识、生态科学意识、生态价值意识和生态责任意识五个方面。生态道德意识是用道德的关怀审视人与自然的关系,人们自觉承担对自然环境的道德责任;生态忧患意识是人类面对日益严重的生态危机而萌生的对自己前途命运的思考和认识,是对潜在的生态危机的觉察和防患于未然的意识;生态科学意识是要用生态科学的眼光审视自然、指导实践;生态价值意识,即生态价值观念,指人在实践和认识活动中形成的对地球生态环境的价值评价、价值取向;生态责任意识指每一个人对生态保护均负有责任,生态能否有效得以保护,关键取决于公民能否意识到自己对生态保护的责任和由此所决定的他们实际参与生态保护的程度。①

生态意识是生态理论体系的重要内容,在生态社会建设过程中,如果缺乏生态意识的支撑,人们的生态文明观念淡薄,生态环境恶化的趋势就不能从根本上得到遏止。因此,生态社会建设要求我们必须大力培育公民的生态意识,使人们对生态环境的保护转化为自觉的行动,为生态文明的发展奠定坚实的基础。

树立生态意识,首先需要以马克思主义生态文明理论为指导。在马克思看来,人类既属于物质世界的一部分,也是自然的存在物。整个自然界"首先作为人的直接的生活资料,其次作为人的生命活动的材料",变成了"人的无机的身体",从而两者原本非但不冲突,而且有着不可分割的内在联系。从历史角度看来,"可以把它划分为自然史和人类史。但这两方面是不可分割的;只要有人存在,自然史和人类史就相互制约"。也就是说,马克思主义生态文明理论强调人的自然属性和社会属性,强调自然界中的人与自然界中的其他存在物是平等密切的,强调人的社会属性是在改造自然的过程中形成的。中国特色生态社会建设需要培育和树立广大人民的生态意识,就应该以马克思主义生态文明理论为指导,正确处理人与自然的关系,应该在尊重自然规律的前提下积极地保护环境,做到人与自然的和谐。其次,树立公民生态意识,还有赖于社会氛围的营造。生态社会建设人人有责,每一位社会公民都应该自觉抵制和杜绝各种破坏生态的行为,自觉从事

---

① 依明卡力力克衣木:《树立公民的生态意识》[N].《学习时报》,2012年04月16日。

各种有益于生态发展的活动,这样就会营造一种人人参与生态社会建设的社会氛围,反之又会作用和影响于全体人民的思想观念和行为方式的转变。因此,应该优化社会环境,树立保护环境榜样示范典型,为人们生态意识的提高创造良好的外部条件;将生态社会建设细化到社会生活的细微之处,引导人们从点滴做起,低碳生活,树立保护环境人人有责的社会风尚;做好生态社会宣传和普及教育工作,做好城市和农村生态社会建设的统筹,为人们生态意识的树立提供重要载体。

(五)建立健全生态制度是生态社会建设的根本性保障

生态社会相较于工业社会是文明的新时代,而文明的本质是理性的。因此,生态社会建设就是要提高整个社会的生态理性,用公正和平等的视角看待客观世界,追求人与自然的和谐,达到人与自然可持续发展的境界。毋庸置疑,生态制度是生态理性提升的最可靠和根本性的保障。

1.生态制度建设的现实必要性

由于历史和现实的原因,中国的经济、政治以及社会生活中存在着更多地注重于社会利益关系的调整而忽视社会与自然协调的倾向,生态制度不健全和不完善的状况与生态社会建设的要求仍有较大差距。

生态政治意识偏低。党的十七大报告明确提出了建设生态文明的目标,但是很多地方政府的生态政治意识仍旧停留在较低的认知水平。"在我国传统政治思维中一直将自然生态系统看成人类社会的附属物,忽视自然生态系统的内在规律,表现出人类中心主义的倾向。这种传统的政治思维定式,一直不同程度地影响着人们的认识。"[①]当传统的政治思维仍然主导意识形态,进而忽视人与自然之间关系的时候,生态政治意识的缺失便成为束缚中国生态政治发展的重要因素[②]。中国的生态制度建设便缺少了首要的思想认识前提和纳入主流的意识形态动力。其中,党政领导干部的生态意识缺失阻碍着生态环境问题的政治主流化进程,企业的生态意识缺乏直接导致生态环境问题的层出不穷,全社会的生态意识缺乏使得生态文明建设缺乏社会基础。

资源环境保护法制不健全。据有关资料显示,迄今为止,我国已制定了

---

① 张首先:《生态文明:内涵、结构及基本特性》[J].《山西师范大学学报(社会科学版)》,2010年第1期,第26-29页。

② 陈治桃、李三虎:《生态的政治化与政治的生态化》[J].《广东社会科学》,2002年第1期,第80-85页。

8部环境法律,8部资源管理法律,20多项环境与资源保护行政法规,近百项环境保护行政规章,300多项环境标准[①],初步形成了环境与资源保护、完善生态社会建设的法规政策框架体系。然而,一些重要领域的环保法律法规和制度建设仍然严重不足,如有关畜禽养殖污染、面源污染、土壤污染等方面的立法尚处于空白。现行环境保护法律中一些相关规定的针对性和可操作性不强,更缺乏明确的责任追究和奖惩制度,这就势必会降低其约束性,给环保执法和环境问题的解决造成很大困难。

生态环境政策执行力度不够。环境政策能不能执行到位是当前中国面临的诸多生态环境问题寻求解决的关键之所在。关于生态环境保护政策执行存在问题的原因在于:一是资源环境管理体制机制和环保政策不配套,缺乏连续性和协调性,没有形成长效运行机制;二是在现有的行政管理体制中环保部门作用的发挥往往容易受到其自身人力、环保配套资金到位不足而导致财力和物力得不到保障等因素的制约;三是中国现行的是部门行业条块分割的资源环境管理体制,政出多门,责权不清,这些都会影响到政策的强制力和约束力,影响到政策之间的协调和配套执行力度。

2.生态制度建设的基本思路

针对生态社会建设中存在的主要问题,生态制度创新的方向就是要提出相应的制度安排。

完善科学决策制度,提高生态制度建设和决策的执行力。制度的保障就是要使各级党政决策切实落到具体的实施过程中,确保政策在执行过程中有效且有力度。当前,我们应该着手建立中央生态社会建设指导委员会,加快资源环境部门的大部门制改革进程,增加资源环境主管部门在经济发展决策中的话语权,将"生态环境"纳入各级政府考核评价体系之中,加大中央对地方资源环境问题的问责力度,从而促进和确保生态制度和环境保护政策落实到位。法治和制度建设是密不可分的,强化法治在决策和执行过程中的作用是极其明智的。目前,我国的资源环境政策法规体系虽已基本成型,但距离生态社会建设的目标还有较大差距。我们应该按照生态社会建设标准,加快生态相关方面的立法,推动现有各种法律生态化调整,加强资源环境等部门的执法队伍建设,提高执法水平,确保司法环节的通畅和司法过程的有序。

---

① 高毅:《生态化产业结构法律制度构建》[J].《中国石油大学学报(社会科学版)》,2007年第3期,第14-18页。

建立健全资源环境保护法律法规,创新生态管理制度与体制。在生态社会的建设过程中需要强有力的法律、法规作为支撑,通过鲜明的赏罚机制,在社会营造崇尚生态环境保护的浓厚氛围,促进生态社会法治的顺利实施。简言之,建立健全资源环境保护法律法规是生态社会建设有法可依的保障。关于生态社会建设中的制度与体制创新,我们认为,应该着手建立一系列绿色制度的创新体系,建立地区资源节约和生态环境保护绩效评价体系。大力发挥市场机制在资源保护和污染治理中的基础性作用,以内化环境行为的外部性为原则,对各类市场主体进行基于环境资源利益的调整,建立保护和可持续利用资源环境的激励和约束机制。此外,还应该大力推进资源环境管理工作的体制和运行机制改革,鼓励企业和社会组织自觉承担生态责任,完善和落实生态补偿制度,建立生态环境保护的激励机制。

建立健全全方位生态教育体系,加强生态教育制度建设。全方位的生态教育体系包括学校、家庭和社会的生态教育,这是生态教育的物质载体。学校教育是生态教育体系的关键。纵观全国,义务教育基本上得到普及,这就为生态教育的普及奠定了坚实基础。我们认为,应该在初等教育阶段普遍实施生态教育,结合实例将自然界的基本常识、基本规律融入教材体系中去,结合乡土教育将保护生态环境的理念寓教于行动。家庭生态教育是生态教育的基础。家庭是社会的基本细胞,也是个人形成生态意识重要的微环境,家庭是实施生态教育的理想场所。广大家庭应该积极营造保护环境、珍惜自然的良好氛围,通过家长的示范和引导,从点滴做起,启蒙孩子的生态意识。社会生态教育是生态教育的抓手。我们应该将生态教育融入生态社会建设的全过程,借助各种信息传播渠道以及其他大众传媒广泛开展社会舆论宣传,鼓励人们参与生态保护,提高人们保护环境的自觉性,以达到传播生态环境保护知识、提高人们生态素质的目标。

建立和完善环境保护道德文化制度,构造全社会环境保护自律体系。着手建立道德文化制度应该培养人们的社会责任感和荣誉感,广泛动员社会力量参与环保,提高全社会的生态文明自觉行动能力。这就需要将生态价值观纳入社会主义核心价值体系,培育人们的环境保护意识,形成资源节约和环境友好型的生态社会价值观念。也就是说,要培育公众的公益环境意识和环境权利意识,逐步形成"环境保护,人人有责"的社会主流风气。

参考文献

一、文献类

[1] 马克思恩格斯文集第1、2、5、7、8、9、10卷[M].北京:人民出版社,2009.

[2] 马克思恩格斯全集(第3卷)[M].北京:人民出版社,2002.

[3] 马克思恩格斯全集(第23卷)[M].北京:人民出版社,1972.

[4] 马克思恩格斯全集(第25卷)[M].北京:人民出版社,1974.

[5] 马克思恩格斯全集(第42卷)[M].北京:人民出版社,1979.

[6] 马克思恩格斯全集(第44卷)[M].北京:人民出版社,2001.

[7] 马克思恩格斯选集(第1卷)[M].北京:人民出版社,1995.

[8] 马克思恩格斯选集(第4卷)[M].北京:人民出版社,1995.

[9] 马克思.1844年经济学哲学手稿[M].北京:人民出版社,1985.

[10] 列宁全集第55卷[M].北京:人民出版社,1990.

[11] 毛泽东文集(第2卷)[M].北京:人民出版社,1993.

[12] 毛泽东文集(第6卷)[M].北京:人民出版社,1999.

[13] 毛泽东文集(第7卷)[M].北京:人民出版社,1999.

[14] 毛泽东文集(第8卷)[M].北京:人民出版社,1999.

[15] 毛泽东选集(第1卷)[M].北京:人民出版社,1991.

[16] 邓小平文选(第1卷)[M].北京:人民出版社,1994.

[17] 邓小平文选(第2卷)[M].北京:人民出版社,1994.

[18] 邓小平文选(第3卷)[M].北京:人民出版社,1993.

[19] 邓小平思想年谱(1975—1997)[M].北京:中共中央文献研究室,1998.

[20] 江泽民文选(第一卷)[M].北京:人民出版社,2006.

[21] 江泽民文选(第三卷)[M].北京:人民出版社,2006.

[22] 十七大以来重要文献选编(上)[M].北京:中共中央文献出版社,2009.

[23] 十五大以来重要文献选编(上)[M].北京:人民出版社,2000.

[24] 中共中央文献研究室.建国以来毛泽东文稿(第六册)[M].北京:中央文献出版社,1992.

[25] 中共中央文献研究室.十六大以来重要文献选编(上)[M].北京:中央文献出版社,2005.

[26] 中共中央文献研究室.十三大以来重要文献选编[M].北京:人民出版社,1991.

[27] 胡锦涛.坚定不移沿着中国特色社会主义道路前进 为全面建成小康社会而奋斗[M].北京:人民出版社,2012.

[28] 中共中央宣传部.科学发展观学习纲要[M].北京:学习出版社,2013.

[29] 中共中央关于全面深化改革若干重大问题的决定[M].北京:人民出版社,2013.

[30] 国家环境保护总局,中共中央文献研究室.新时期环境保护重要文献选编[M].北京:中央文献出版社,中国环境科学出版社,2001.

二、著作类

[1] [法]保尔·芒图.十八世纪产业革命[M].杨人,等,译.北京:商务印书,1997.

[2] [加拿大]本·阿格尔.西方马克思主义概论[M].北京:中国人民大学出版社,1991.

[3] [英]戴维·佩珀.生态社会主义:从深层生态学到社会正义[M].刘颖,译.济南:山东大学出版社,2005.

[4] [英]汤因比,[日]池田大作.展望二十一世纪[M].荀春生,等,译.北京:国际文化出版公司,1985.

[5] [美]詹姆斯·奥康纳.自然的理由:生态马克思主义研究[M].唐正东,臧佩洪,译.南京:南京大学出版社,2003.

[6] 马丁·耶内克,克劳斯·雅各布.全球视野下的环境管治:生态与政治现代化的新方法[M].李慧明,李昕蕾,译.济南:山东大学出版社,2012.

[7] 奥雷利奥·佩西.人的素质[M].沈阳:辽宁大学出版社,1988.

[8] 罗杰·希尔斯曼.美国是如何治理的[M].曹大鹏,译.北京:商务印书馆,1986.

[9] 乔治·恩德勒.面向行动的经济伦理学[M].上海:上海社会科学院出版社,2002.

[10] 卡尔·雅斯贝斯.时代的精神状态[M].上海:上海译文出版社,1997.

[11] [英]戴维·米勒,韦农·波格丹诺.布莱克维尔政治学百科全书[M].北京:中国政法大学出版社,2002.

[12] [美]约翰·H.帕金斯.地缘政治与绿色革命[M].王兆飞,等,译.北京:华夏出版社,2001.

[13] [美]丹尼尔·A.科尔曼.生态政治[M].梅俊杰,译.上海:上海世纪出版集团,2005.

[14] [美]罗尔斯顿.环境伦理学:大自然的价值以及人类对大自然的义务[M].杨通进,译.北京:中国社会科学出版社,2000.

[15] 安德鲁·多布森.绿色政治思想[M].济南:山东大学出版社,2005.

[16] John Barry, Rethinking Green Politics. Nature, Virtue and Progress[M]. London: SAGE Publications,1999.

[17] Donald Worster.The Wealth of Nature: Environmental History and the Ecological Imagination [M]. New York: Oxford University Press, 1993.

[18] Jovon R. Toward an Ecological Culture: Sustainability, Post Domination and Spirituality[M]. The University of Maine,2001.

[19] Albert W.The New Politics of Pollution[M]. Manchester University Press,1992.

[20] Alchian A.Economic Forces at Work[M].Indianapolis: Liberty Press,1977.

[21] Dryzek,J. The Polities of the Earth: Environmental Discourses [M]. Brook-field: Edward Elgar,Cheltenham,1996.

[22] Hajer A. The Politics of Environmental Discourse. Ecological Modernization and the Policy Process[M].Oxford University Press,1995.

[23] Holston R. Environmental Ethics: Duties to and Values in Natural Word.Philadelphia,1988.

[24] Kneese V,Schulze D.Ethics and Environmental Economics.InA. V. Kneese and J.C.sweeney(ed.),Handbook of Natural Resource and Energy Economies,1985.

[25] 陈勤.中国现代化史纲(上)[M].南京:广西人民出版社,1998.

[26] 程伟礼,马庆.中国一号问题:当代中国生态文明问题研究[M].上海:学林出版社,2012.

[27] 刘湘溶.我国生态文明发展战略研究(上、下)[M].北京:人民出版社,2013.

[28] 石仲泉.中国共产党与马克思主义中国化[M].北京:中国人民大学出版社,2011.

[29] 许纪霖,陈达凯.中国现代化史(第一卷)[M].上海:上海三联出版社,1995.

[30] 虞和平.中国现代化历程(一、二、三卷)[M].南京:江苏人民出版社,2007.

[31] 张静,等.现代化新路——马克思主义中国化与中国特色社会主义现代化[M].天津:南开大学出版社,2009.

[32] 中国科学院可持续发展战略研究组.2013中国可持续发展战略报告——未来10年的生态文明之路[M].北京:科学出版社,2013.

[33] 中国科学院可持续发展战略研究组.2014中国可持续发展战略报告——创建生态文明的制度体系[M].北京:科学出版社,2014.

[34] 周鑫.西方生态现代化理论与当代中国生态文明建设[M].北京:光明日报出版社,2012.

[35] 陈鼓应.老子注译及评价[M].北京:中华书局,1984.

[36] 陈学明.生态社会主义[M].台北:台湾扬智文化事业股份有限公司,2003.

[37] 程颢,程颐.河南程氏遗书·第二上[M].北京:中华书局,1981.

[38] 董仲舒.春秋繁露·立元神[M].[清]凌曙,注.北京:中华书局,1975.

[39] 傅佩荣.傅佩荣解读庄子[M].北京:北京线装书局,2006.

[40] 高放.当代世界社会主义新论[M].昆明:云南人民出版社,1998.

[41] 黄宗羲.宋元学案第1卷[M].北京:中华书局,1986.

[42] 金岳霖.自然与人[M].南宁:广西师范大学出版社,2005.

[43] [宋]黎靖德.朱子语类[M].北京:中华书局,1986.

[44] 刘成,刘金源,吴庆宏.英国:从称霸世界到回到欧洲[M].西安:三秦出版社,2005.

[45] 刘仁胜.生态马克思主义概论[M].北京:中央编译局出版社,2007.

[46] 罗荣渠.现代化新论[M].北京:北京大学出版社,1995.

[47] 孟子正义疏正[M].北京:中华书局,1981.

[48] 孟子精华[M].上海:中华书局,1925.

[49] 苏舆.春秋繁露义证[M].北京:中华书局,1992.

[50] 王守仁.王阳明全集[M].上海:上海古籍出版社,2011.

[51] 解保军.马克思自然观的生态哲学意蕴[M].哈尔滨:黑龙江人民出版社,2002.

[52] 徐觉哉.社会主义流派史[M].上海:上海人民出版社,1999.

[53] 徐艳.马克思生态学研究[M].北京:社会科学文献出版社,2007.

[54] 荀子新注[M].北京:中华书局,1979.

[55] 杨天宇.礼记译注(下册)[M].上海:上海古籍出版社,2004.

[56] 张载.张载集·正蒙·乾称[M].北京:中华书局,1978.

[57] 中国社科院现代化研究中心.第二次现代化——人类文明进程的启示[M].北京:高等教育出版社,1999.

[58] 柳杨青.生态需要的经济学研究[M].北京:中国财政经济出版社,2004.

[59] 刘思华文集[M].南宁:广西人民出版社,2000.

[60] 邹进泰,熊维明,等.绿色经济[M].太原:山西经济出版社,2003.

[61] 陈德昌.生态经济学[M].上海:上海科学技术文献出版社,2003.

[62] 张春霖.绿色经济发展研究[M].北京:中国林业出版社,2002.

[63] 郑永年.中国改革三步走[M].北京:东方出版社,2012.

[64] 成思危,等.改革是中国最大的红利[M].北京:人民出版社,2013.

[65] 张友渔.中国大百科全书·政治学[M].北京:中国大百科全书出版社,1992.

[66] 肖显静.生态政治——面对环境问题的国家抉择[M].太原:山西科学技术出版社,2003.

[67] 曲格平.环境保护知识读本[M].北京:红旗出版社,1999.

[68] 余谋昌.生态文化论[M].石家庄:河北教育出版社,2001.

[69] 周鸿.人类生态学[M].北京:高等教育出版社,2001.

[70] 江泽慧.生态文明时代的主流文化——中国生态文化体系研究总论[M].北京:人民出版社,2013.

[71] 曹孟勤,徐海红.生态社会的来临[M].南京:南京师范大学出版社,2010.

[72] 肖育欣.构建生态社会[M].北京:知识产权出版社,2013.

[73] 李崇富.生态文明研究与两型社会建设[M].北京:中国社会科学出版社,2011.

[74] 左亚文.资源 环境 生态文明——中国特色社会主义生态文明建设[M].武汉:武汉大学出版社,2014.

三、论文类

[1] 习近平.切实把思想统一到党的十八届三中全会精神上来[J].求是,2014(1).

[2] 何传启.中国生态现代化的战略选择[J].理论与现代化,2007(5).

[3] 何传启.中国生态现代化路径图[J].战略与决策研究,2007(3).

[4] 胡鞍钢,王毅,牛文元.生态赤字:未来民族生存的最大危机——中国生态环境状况分析(1989)[J].科技导报,1990(2).

[5] 黄英娜,等.20世纪末西方生态现代化思想述评[J].国外社会科学,2000(4).

[6] 蒋俊明.西方生态现代化理论述评[J].生产力研究,2008(22).

[7] 金书秦,Arthur PJMol,Bettina Bluemling.生态现代化理论:回顾和展望[J].理论学刊,2011(7).

[8] 李慧明.生态现代化理论的内涵与核心观点[J].鄱阳湖学刊,2013(2).

[9] 马国栋.发展中的生态现代化理论:阶段、议题与关系网络[J].中国地质大学学报(社会科学版),2011(5).

[10] 王增志.当代中国现代化马克思主义中国化与的契合性[J].求索,2009(1).

[11] 周鑫.西方生态现代化理论的反思与超越[J].唯实,2011(3).

[12] 朱芳芳.生态现代化的多重解读[J].马克思主义与现实,2010(3).

[13] 包庆德.从"工业社会"到"生态社会":生态现代化研究进展[J].内蒙古大学学报(哲学社会科学版),2011(3).

[14] 李桂花,高大勇.把生态文明建设融入经济建设之双重内涵[J].求实,2014(4).

[15] 环境保护组宣传教育司,中国行政管理学会联合课题组.从"五位一体"的高度把握生态建设与经济发展的关系[J].环境保护,2013(9).

[16] 俞可平.科学发展观与生态文明[J].马克思主义与现实,2005(4).

[17] 杨展里.试论中国环境执政能力建设[J].环境科学研究,2006(19增刊).

[18] 曲翠洁,张英魁.生态文明融入政治建设的机制研究——在十八届三中全会语境中[J].宁夏党校学报,2014(2).

[19] 佩切伊.21世纪的全球性课题和人类的选择[J].世界动态学,1984(1).

[20] 朱凤琴.人与自然关系视野中的生态文化构建[J].理论视野,2014(1).

[21] 陈孝兵.生态文明:科学发展的时代强音——解读党的十八大报告的理论自觉[J].当代经济研究,2013(2).

[22] 曹孟勤.试论解决生态危机的根本出路[J].南京师大学报(社会科学版)2007(4).

[23] 刘军.论和谐社会建设的生态理论依据[J].党政干部论坛,2013(6).

[24] 郑言,李猛.推进国家治理体系与国家治理能力现代化[J].吉林大学社会科学学报,2014(2).

[25] 孙柏瑛.当代政府治理变革中的制度设计与选择[J].中国行政管理,2002(2).

[26] 吴小爽.试论新公共管理的工具理性[J].辽宁广播电视大学学报,2010(2).

[27] 张健.中国国家治理体系和治理能力现代化:历史逻辑和实践框架[J].长沙理工大学学报(社会科学版),2014(3).

[28] 任运河.论企业的生态责任[J].山东经济,2004(3).

[29] 唐皇凤.理性化与民主化——西欧现代制度文明成长的内在机理分析[J].武汉大学学报(哲学社会科学版)2007(4).

[30] 江泽民.推动科技进步是全党全民的历史性任务[J].中华人民共和国国务院公报,1989(26).

[31] 关于毛泽东简朴生活情况的通信——刘斌珍同志给海外读者的一封复信[J].瞭望新闻周刊,1997(42).

[32] 赵树迪.毛泽东生态文明思想的当代启示[J].湖南科技大学学报(社会科学版),2010(3).

[33] 刘东.周恩来关于环境保护的论述与实践[J].北京党史研究,1996(3).

[34] 黄宏.毛泽东与新中国的水利建设[J].毛泽东邓小平理论研究,2013(11).

[35] 杨本津.关于地下水源污染与保护问题[J].环境保护,1973(2).

[36] 田家乐.永远的怀念——记邓小平峨眉山之行[J].党的文献,1999(1).

[37] 中华人民共和国自然保护区条例[J].中华人民共和国国务院公报,1994(24).

[38] 张春华.中国生态文明制度建设的路径分析——基于马克思主义生态思想的制度维度[J].当代世界与社会主义(双月刊),2013(2).

[39] 朱四海.国土开发的历史脉络与国土规划的基本逻辑[J].发展研究,2010(9).

[40] 李响."反规划"如何优化国土空间开发格局——聚焦首部《全国国土规划纲要》[J].国土资源,2012(11).

[41] 水利部等十部门联合印发《实行最严格水资源管理制度考核工作实施方案》我国全面启动最严格水资源管理考核问责[J].中国水利,2014(4).

[42] 全国环境宣传教育行动纲要(2011—2015年)[J].环境教育,2011(6).

[43] 田春艳,赵美玲.生态文明视阈下中国经济发展新模式探析[J].中共天津市委党校学报,2014(3).

[44] 陈瑜.生态现代化理论研究述评[J].吉首大学学报(社会科学版),2009(6).

[45] [美]杜维明.新儒家人文主义的生态转向:对中国和世界的启发[J].陈静,译.中国哲学史,2002(2).

[46] 杜维明,等.儒家与生态[J].中国哲学史,2003(1).

[47] 韩海涛.当代西方生态社会主义思潮评析[J].石油大学学报(社会科学版),2003(6).

[48] 何传启.生态现代化——中国绿色发展之路(摘要)[J].林业经济,2007(8).

[49] 胡志红.生态批评与《道德经》生态思想研究[J].西南民族大学学报(人文社科版),2009(9).

[50] 黄英娜,叶平.20世纪末西方生态现代化思想述评[J].国外社会科学,2001(4).

[51] 蒋俊明.西方生态现代化理论述评[J].生产力研究,2008(22).

[52] 李崇富.马克思主义生态观及其现实意义[J].湖南社会科学,2011

(1).

[53] 李广义,吕锡琛.道家生态伦理思想及其普世伦理意蕴[J].湖南科技大学学报,2009(1).

[54] 李慧明.生态现代化理论的内涵与核心观点[J].鄱阳湖学刊,2013(2).

[55] 金书秦,Arthur P.J.Mol,Bettina Bluemling.生态现代化理论:回顾和展望[J].理论学刊,2011(7).

[56] 刘春元,王鹏.佛家生态伦理思想对生态文明建设的启示[J].商业经济,2010(14).

[57] 刘静.马克思主义生态思想浅析[J].中共贵州省委党校学报,2010(4).

[58] 刘丽.中国古代生态伦理思想及其现实意义[J].沈阳农业大学学报,2004(3).

[59] 刘仁胜.马克思主义生态思想概述[C].中国现代化研究论坛,2007(8).

[60] 钱穆.中国文化对人类未来可有的贡献[J].中国文化,1991(1).

[61] [美]乔尔·科维尔.马克思与生态学[J]. 武烜,刘东锋,译.马克思主义与现实,2011(5).

[62] [德]萨拉·萨卡,布鲁诺·科恩.生态社会主义还是野蛮堕落?——一种对资本主义的新批判[J].陈慧,林震,译.马克思主义与现实,2011(3).

[63] 宋晓芹.论西方生态社会主义的时代贡献与理论缺陷[J].江苏教学学院学报(社会科学版),2005(4).

[64] 王振亚.生态社会主义价值观的多维透视[J].马克思主义研究,2003(1).

[65] 夏劲,项继光.儒道生态思想的当代价值[J].长沙理工大学学报(社会科学版),2013(1).

[66] 熊家学.论生态社会主义产生的社会背景[J].湖南师范大学社会科学学报,1994(3).

[67] 熊家学,刘光明.生态社会主义的基本主张与发展态势[J].当代世界社会主义问题,1994(2).

[68] 郇庆治.绿色乌托邦:生态自治主义述评[J].政治学研究,1997(4).

[69] 郇庆治.西方生态社会主义研究述评[J].马克思主义与现实,2005(4).

[70] 郇庆治.生态现代化理论与绿色变革[J].马克思主义与现实,2006(2).

[71] 郇庆治,[德]马丁·耶内克.生态现代化理论:回顾与展望[J].马克思主义与现实,2010(1).

[72] 杨卫军.马克思主义生态思想研究述评[J].中共福建省党委党校学报,2013(1).

[73] 余维祥.马克思主义生态思想探微[J].生态经济,2010(9).

[74] 赵成.马克思的生态思想及其对我国生态文明建设的启示[J].马克思主义与现实,2009(2).

[75] 周穗明.90年代西方生态社会主义的最新发展[J].马克思主义与现实,1997(2).

[76] 李金昌.生态经济学的产生和发展[J].环境保护,1983(1).

[77] 周立华.生态经济与生态经济学[J].自然杂志,2004(4).

[78] 王松霈.生态经济学为可持续发展提供理论基础[J].中国人口、资源与环境,2003(2).

[79] 罗必良.中国生态经济学:回顾反思与重构[J].农村经济与社会,1993(1).

[80] 王松霈.中国生态经济学研究的发展与展望[J].生态经济,1995(6).

[81] 李周.中国生态经济理论与实践的进展[J].江西社会科学,2008(6).

[82] 诸大建.生态经济学:可持续发展的经济学和管理学[J].中国科学院院刊,2008(11).

[83] 周生贤.中国特色生态文明建设的理论创新和实践[J].求是,2012(19).

[84] 邓玲.努力探索中国特色生态文明发展道路[J].中国社会科学报,2012.

[85] 陈民.生态经济在我国的发展及对策探讨[J].商业经济,2009(9).

[86] 贲克平.生态经济建设及其保护是中国实现可持续发展的一大命脉[J].学会月刊,2003(9).

[87] 孙智君,严清华.基于产业生态经济思想的我国产业政策调整[J].

经济管理,2006(13).

[88] 王建明.当代西方生态政治运动的踪迹与走向[J].苏州科技学院学报,2003(4).

[89] 吴枫,贾丽华.生态政治的产生与发展[J].边疆经济与文化,2006(9).

[90] 刘江翔.论全球化背景下我国生态政治的发展[J].闽江学院学报,2010(6).

[91] 王建明.当代西方生态政治运动的踪迹与走向[J].苏州科技学院学报,2003(4).

[92] 赵美玲,倪明胜.中国新发展模式的逻辑建构:一个分析框架[J].上海行政学院学报,2014(6).

[93] 马中,吴健.论环境保护管理体制的改革与创新[J].环境保护,2004(3).

[94] 杨朝霞.论我国环境行政管理体制的弊端与改革[J].昆明理工大学学报社科(法学)版,2007(5).

[95] 钟宁,赵连章.中国政府发展生态政治建设的困境[J].长春大学学报,2012(7).

[96] 赛明明,孙发峰.论当代中国生态政治建设[J].中州学刊,2006(5).

[97] 张连国.生态政治学研究述论[J].山东理工大学学报(社会科学版),2006(1).

[98] 吴海金,朱磊.环境政治问题的深层思考——评丹尼尔·A.科尔曼的环境政治观[J].理论月刊,2006(10).

[99] 茵国强.马克思恩格斯生态政治思想初探[J].江海学刊,2005(3).

[100] 刘京希.生态政治新论[J].政治学研究,1997(14).

[101] 方世南.从生态政治学的视角看社会主义和谐社会的构建[J].政治学研究,2005(2).

[102] 蔡守秋.论环境友好型社会的法制建设[J].甘肃政法学院学报,2006(9).

[103] 黄爱宝.论中国特色社会主义生态政治的主要特征[J].理论探讨,2012(5).

[104] [日]丸山正次.环境政治理论的基本视角——对日本几种主要环境政治理论的分析与批判[J].韩立新,译.文史哲,2005(6).

[105] 高建明.论生态文化与文化生态[J].系统辩证学学报,2005(3).

[106] 余谋昌.生态文化:21世纪人类新文化[J].新视野,2003(4).

[107] 陈璐.试析生态文化的内涵与创建[J].广西社会科学,2011(4).

[108] 余达忠.生态文化的形成、价值观及其体系架构[J].三明学院学报,2010(1).

[109] 余谋昌.生态文化是一种新文化[J].长白学刊,2005(1).

[110] 唐彬,梁红.生态文化.新时期文化创新的新方向[J].理论月刊,2008(9).

[111] 郭少棠,等.西部大开发中的生态文化建设与可持续发展[J].清华大学报(哲社版),2000(5).

[112] 陈寿朋,杨立新.论生态文化及其价值观基础[J].道德与文明,2005(2).

[113] 郭家骥.生态文化论[J].云南社会科学,2005(6).

[114] 刘思华.关于绿色经济的若干问题[J].可持续发展研究,2002(4).

[115] 柴毅龙.生态文化与文化生态[J].昆明师范高等专科学校学报,2003(6).

[116] 廖荣华.论生态文化及其若干关系[J].邵阳学院学报(自然科学版),2006(4).

[117] 王丽,肖燕飞.生态文化在生态城市建设中的作用刍议[J].广西社会科学,2009(2).

[118] 高建明.论生态文化与文化生态[J].系统辩证学学报,2005(3).

[119] 黄理稳,王仙.生态文化视域下的生态文明建设[J].长沙理工大学学报(社会科学版),2011(6).

[120] 陈德钦.生态文化与生态文明[J].吉林工程技术师范学院学报,2009(7).

[121] 卢风.论生态文化与生态价值观[J].清华大学学报(哲社版),2008(1).

[122] 王丽,肖燕飞.生态文化在生态城市建设中的作用刍议[J].广西社会科学,2009(2).

[123] 麻朝晖,麻乐平.论生态示范区与生态文化建设[J].贵州社会科学,2003(5).

[124] 柴毅龙.生态文化与文化生态[J].昆明师范高等专科学校学报,

2003(6).

［125］Christoff P.Ecological Modernization,Ecological Modernities. Discourses of the Environment, edited by Darier, Eric, Blackwell Publishers Ltd.,Oxford,UK,1996.

［126］Hajer Maarten A.The Politics of Environmental Discourse,Ecological Modernization and the Policy Process, Oxford University Press,1995.

［127］Janicke M.Staatsversagen,Die Ohnmacht der Politik in der Industriegesellschaft,Munich Zurich:Piper,1986.

［128］Mol A.Ecological Modernization:Industrial Transformations and Environmental Reform, in Redclift, M. and Woodgate, G. (eds.), The International Handbook of Environmental Sociology, Edward Elgar Publishing,Inc,USA.

［129］江泽民.全面建设小康社会,开创中国特色社会主义事业新局面(一)——在中国共产党第十六次全国代表大会上的报告[N].人民日报 2002-11-18,第 A02 版.

［130］胡锦涛.高举中国特色社会主义伟大旗帜　为夺取全面建设小康社会新胜利而奋斗——在中国共产党第十七次全国代表大会上的报告[N].人民日报 2007-10-25,第 001 版.

［131］胡锦涛.坚定不移沿着中国特色社会主义道路前进　为全面建成小康社会而奋斗——在中国共产党第十八次全国代表大会上的报告[N].人民日报 2012-11-18,第 001 版.

［132］中华人民共和国国民经济和社会发展第十一个五年规划纲要——2006 年 3 月 14 日第十届全国人民代表大会第四次会议批准[N].人民日报 2006-3-17,第 001 版.

［133］中华人民共和国国民经济和社会发展第十二个五年规划纲要——2011 年 3 月 14 日第十一届全国人民代表大会第四次会议批准[N].人民日报 2011-3-17,第 001 版.

［134］胡锦涛.在中央人口资源环境工作座谈会上的讲话[N].人民日报 2004-04-05,002 版.

［135］中共中央关于全面深化改革若干重大问题的决定[N].人民日报 2013-11-16,第 001 版.

［136］潘跃.纪念毛泽东等老一辈无产阶级革命家签名倡导火葬五十

周年座谈会在京举行[N].人民日报 2006-4-28,第 006 版.

四、电子文献类

[1]《1989 年中国环境状况公报》,2002 年 11 月 15 日
http://jcs.mep.gov.cn/hjzl/zkgb/1996/200211/t20021115_83139.htm.

[2]《2000 年中国环境状况公报》,2002 年 11 月 25 日
http://jcs.mep.gov.cn/hjzl/zkgb/2000/200211/t20021125_83824.htm.

[3]《2001 年中国环境状况公报》,2002 年 11 月 25 日
http://jcs.mep.gov.cn/hjzl/zkgb/2001/200211/t20021125_83808.htm.

[4]《2002 年中国环境状况公报》,2002 年 11 月 25 日
http://jcs.mep.gov.cn/hjzl/zkgb/2002/200306/t20030605_85382.htm.

[5]《2003 年中国环境状况公报》,2004 年 6 月 23 日
http://jcs.mep.gov.cn/hjzl/zkgb/2003/200406/t20040623_90822.htm.

[6]《2006 年中国环境状况公报》,2007 年 6 月 19 日
http://jcs.mep.gov.cn/hjzl/zkgb/06hjzkgb/200706/t20070619_105431.htm.

[7]《2007 年环境保护状况质量公报》,2008 年 11 月 17 日
http://jcs.mep.gov.cn/hjzl/zkgb/2007zkgb/200811/t20081117_131282.htm.

[8]《2008 年中国环境状况公报》,2009 年 6 月 9 日
http://jcs.mep.gov.cn/hjzl/zkgb/2008zkgb/200906/t20090609_152547.htm.

[9]《2009 年中国环境状况公报》,2010 年 6 月 3 日
http//jcs.mep.gov.cn/hjzl/zkgb/2009hjzkgb/201006/t20100603_190416.htm

[10]《2010 年中国环境状况公报》,2011 年 6 月 3 日
http://jcs.mep.gov.cn/hjzl/zkgb/2010zkgb/201106/t20110602_211566.htm.

[11]《2011 年中国环境状况公报》,2012 年 6 月 6 日
http://jcs.mep.gov.cn/hjzl/zkgb/2011zkgb/201206/t20120606_231040.htm.

[12]《2012 年中国环境状况公报》,2013 年 6 月 6 日
http://jcs.mep.gov.cn/hjzl/zkgb/2012zkgb/201306/t20130606_253395.htm.

[13]《2013 年中国环境状况公报》,2014 年 6 月 5 日
http://jcs.mep.gov.cn/hjzl/zkgb/2013zkgb/201406/t20140605_276480.htm.

[14]《2013 年环境保护状况质量公报》,2014 年 6 月 6 日
http://jcs.mep.gov.cn/hjzl/zkgb/2013zkgb/201406/t20140606_276556.htm

[15]《中共中央政治局就推进生态文明建设进行集体学习》,2013 年 5 月 24 日 http://www.gov.cn/ldhd/2013-05-24/content_2410799.htm

[16] 陈廷榔.水涨才能船高,2002 年 10 月 9 日

http://www.zhb.gov.cn/hjyw/200210/t20021009_80596.htm.

[17]《党和国家领导人质量论述摘编》,2014年9月15日 http://www.cqn.com.cn/news/zgzlb/diyi/951323.html.

[18]"十一五"期间中国单位GDP能耗下降19.1%,2011年3月10日 http://www.chinanews.com/ny/2011/03-10/2896109.shtml

全国农村沼气工程建设规划(2006—2010年),2007年4月18日 http://www.moa.gov.cn/zwllm/tzgg/tz/200704/t20070418_805366.

后 记

本书是张静教授主编的《马克思主义中国化与中国现代化》系列丛书之一，也是我主持的天津市社科基金规划项目"马克思主义中国化与中国生态现代化研究"（TJKS13-002）的成果。

马克思主义中国化与中国现代化是南开大学马克思主义中国化研究的重点研究方向。2006年南开大学马克思主义教育学院获得马克思主义理论一级学科的学位授予权，围绕马克思主义理论二级学科方向设立了马克思主义中国化研究部，由刘景泉教授和张静教授牵头具体负责马克思主义中国化研究、中国近现代史基本问题研究和中共党史研究的学科建设任务。研究部根据这三个二级学科的性质和学科定位，又结合研究部教师们的研究基础，确定了这三个二级学科的重点研究方向。就马克思主义中国化研究学科建设来讲，决定由张静教授牵头发挥集体优势，合力攻关，出版《马克思主义中国化与中国现代化》系列丛书。2009年，带有总论性质的《现代化新路——马克思主义中国化与中国特色社会主义现代化》由张静教授主编在南开大学出版社出版，随即，《马克思主义中国化与中国经济现代化》《马克思主义中国化与中国政治现代化》《马克思主义中国化与中国文化现代化》《马克思主义中国化与中国共产党的现代化》《马克思主义中国化与中国人的现代化》系列丛书在南开大学出版社陆续出版，并于2016年获得天津市第十四届社会科学优秀成果一等奖。《马克思主义中国化与中国生态现代化》是党的十八大之后，丛书新增加的一本。党的十八大提出中国特色社会主义现代化建设"五位一体"总体布局的发展战略，并要求把生态文明建设融入经济建设、政治建设、文化建设和社会建设的各个方面和全过程，把生态文明建设提高到前所未有的战略高度，因此我们认为，增加《马克思主义中国化与中国生态现代化》这本书，使这套丛书更加完整。

我很荣幸承担了《马克思主义中国化与中国生态现代化》的研究和写作任务，并在2013年得到了天津市社科基金重点项目的支持。三年来我带领我的博士生团队对这一新课题进行了系统研究，写作提纲几易其稿，书稿几经修改，终于形成本书的书稿。本书的写作提纲和计划由我提出，我和我的博士生团队对写作提纲进行了讨论并完成了写作任务。具体分工是：导论，赵美玲；第一章，杨秀萍；第二章，王燕珺；第三章，田春艳；第四章，柳兰芳；第五章，邱春林；第六章，夏静雷；第七章，滕翠华；第八章，马明冲。在初稿写作的基础上，由我负责修改、总纂和定稿。杨秀萍、柳兰芳、倪明胜参与了后期排版校对。

  在本书的写作过程中，引证了国内外的一些文献资料，参阅了部分学者的著作和文章，可以说，本书是在众多同行研究成果的基础上完成的，在此，对他们表示衷心的感谢。本书的出版得到了南开大学马克思主义学院和南开大学出版社的支持和帮助，在此也表示深深的谢意。

  由于《马克思主义中国化与中国生态现代化》的研究对我们来说是一个新的研究领域，尽管我们尽了最大努力历经三年时间研究并完成本书的写作，但由于我们水平有限，书中不成熟之处在所难免，有些问题还需要我们在实践的基础上进一步研究，我们真诚地希望得到各位专家和读者的批评指正。

赵美玲
2016 年 10 月